Reinventing Organizations

A Guide to Creating Organizations
Inspired by the Next Stage of Human Consciousness

ティール組織

マネジメントの常識を覆す次世代型組織の出現

Frederic Laloux
フレデリック・ラルー
著

鈴木立哉
訳

嘉村賢州
解説

Teal

英治出版

日本語版付録

本書における人類のパラダイムと組織の発達段階

進化型《ティール》

変化の激しい時代における生命体型組織の時代へ。自主経営（セルフマネジメント）、全体性（ホールネス）、存在目的を重視する独自の慣行。

7

多元型《グリーン》

多様性と平等と文化を重視するコミュニティ型組織の時代へ。ボトムアップの意思決定。多数のステークホルダー。

6

達成型《オレンジ》

科学技術の発展と、イノベーション、起業家精神の時代へ。「命令と統制」から「予測と統制」。実力主義の誕生。効率的で複雑な階層組織。多国籍企業。

5

順応型《アンバー》

部族社会から農業、国家、文明、官僚制の時代へ。時間の流れによる因果関係を理解し、計画が可能に。規則、規律、規範による階層構造の誕生。教会や軍隊。

4

衝動型《レッド》

組織生活の最初の形態、数百人から数万人の規模へ。力、恐怖による支配。マフィア、ギャングなど。自他の区分、単純な因果関係の理解により分業が成立。

3 ※原初の組織形態が登場

神秘的《マゼンタ》

数百人の人々で構成される部族へ拡大。自己と他者の区別が始まるが世界の中心は自分。物事の因果関係への理解が不十分で神秘的。

2

無色

血縁関係中心の小集団。10数人程度。「自己と他者」「自己と環境」という区別がない。

1

ティール組織

マネジメントの常識を覆す次世代型組織の出現

REINVENTING ORGANIZATIONS

A Guide to Creating Organizations Inspired by the Next Stage of Human Consciousness

by Frederic Laloux

Japanese translation rights arranged with Frederic Laloux
through Japan UNI Agency, Inc.

凡例

- 原文の段落は、読みやすさを考慮して、適宜、改行した
- 訳注、書誌情報は脚注に記載した
- 未邦訳の書名は本文中に原題を併記した

はじめに

新しい組織モデルの出現

目の前の現実と闘っても何も変えることはできない。何かを変えたければ、今あるモデルが時代遅れになるような、新しいモデルをつくるべきだ。

リチャード・バックミンスター・フラー

古代ギリシャの偉大な哲学者で科学者でもあったアリストテレスは、紀元前三五〇年に執筆した論文で、女性の歯は男性よりも少ないと主張した。[1] これがばかげた説であることを現在《いま》の私たちは知っているが、その後二〇〇〇年近くにわたって西欧諸国では常識とされてきた。そしてある日、だれかが最も革新的なアイデアを思いついた。「数えてみようじゃないか！」

私たちの思考には、仮説を立てて検証するという科学的方法があまりに深く染みこんでいるので、知的な人々が権威を盲目的に信じて仮説を試さない、というのは考えにくい。したがって、当時の人々はおそらくそれほど賢明ではなかったのだと考えてもよいのかもしれない。しかし、そう断じる前に、こう自問してみたらどうだろう。将来の世代も現在《いま》の私たちについて同じように驚くのだろうか？　私たちもまた、世界を理解するときについ安直な方法に頼ってしまっているのではないか？

そうかもしれない。たとえば、次の簡単な質問に答えてみてほしい。

「人間にはいくつの脳があるか？」

あなたの答えは「一つ」ではないだろうか（あるいは、これを何かの引っかけ問題だと疑った場合には、「二つ」と答えるかもしれない。右脳と左脳という言い方がよくされるからだ）。実は現在の科学では、ヒトには三つの脳があることになっている。もちろん一つ目は頭部にある大きな脳だ。そして胸の中にある小さな脳ともう一つは、腸の中にもある。二つ目と三つ目の脳は比較的小さいものの、[2]完全に自律的な神経システムだ。

さあ、ここからが面白いところだ。胸の中にある脳と、腸にある脳が発見されたのはつい最近なのだ。もっとも、科学的に考えれば、はるか以前に見つけられていても不思議ではない。死体とナイフと一般的な顕微鏡さえあればいい。実際、腸の中の脳は、ドイツのアウエルバッハという医師によって一八六〇年代に発見されていた。かなり昔のことだ。この発見は、イギリス人の二人の同僚医師、ベイリスとスターリングによって研究が進んだが★、その後、信じられないことが起こる。どういうわけか、医学界は腸の脳について忘れてしまった。一世紀にわたって、完全にそれを見失ったのである。アメリカの神経学者、マイケル・ガーションなどによってようやく再発見されたのは、一九九〇年代後半のことだった。

医学界が脳の存在を忘れてしまうなんて、どうしてそんなことが起こり得るのだろう？　それは、今の

★　腸の法則の発見。

時代の価値観と関係があると、私は考えている。階層的な世界観では、身体の指揮をつかさどる脳は一つしかあり得ない。どのような組織でもトップは一人でなければならないのと同じだ。「ハートが分かっている」とか「腑に落ちる」といった言い方が昔からあるとはいえ、世界は明確な階層がないと回らないはずだ――そう考えている限り、三つの脳が私たちの体内に共存しているなんてあり得ないことになってしまう。インターネットが暮らしの中で圧倒的な影響力を持つようになったのと同じタイミングで、ほかの二つの脳が発見（あるいは再発見）されたのも偶然ではないのかもしれない。インターネットの浸透は新しい世界観を生み出した。トップダウンの階層ではなく、分散した知性の可能性に目が向けられるようになったのだ。このような見方をすることで、「複数の脳が知性を共有して一緒に働くことがあり得る」という発想が受け入れられるようになった。

女性の歯の数は男性よりも少ない、というアリストテレスの主張を中世の人々がどうして信じることができたのかは、私たちにはよく理解できない。とはいえ、そういう私たちだって、昔の人と全く同じように自分たちの思考にとらわれてしまっているかもしれない。現代の科学者たちが顕微鏡を注意深く覗くことを怠ったのは、「脳は一つに決まっているから」と考えていたからだ。これは、ガリレオの時代の人々が望遠鏡を覗くことを拒否したのは、神のお造りになったこの星が宇宙の中心でないとは考えられなかったのと同じである。

現在の組織モデルの限界

私の関心事は医学でも天文学でもなく、組織と人々の協働だが、問いの立て方としては同じだ。組織に関する私たちの考え方は、既存の世界観による制約を受けているのではないか？　自分の価値観を変えさえすれば、より強力で、魂のこもった、意味のある協働体制を作り出せるのではないか？

これは現今《いま》の人類にとって、ほとんど無礼な問いかもしれない。何千年もの間、人々は飢饉の危機にさらされ、伝染病におびえながら生きてきた。すると突然、どこからともなく「近代」が突然やってきて、この二〇〇年の間にかつてなかったほどの富と健康がもたらされた。こうした驚くべき進歩は、どれも独りぼっちで活動している個人からではなく、組織として協働している複数の人々の取り組みが出発点となっている。いくつか例を挙げよう。

▼自由市場経済で生まれた大小の企業は西側世界に未曾有の富をもたらし、インド、中国、アフリカなどで暮らす数百万人の人々を貧困状態から引き上げた。とてつもなく複雑なサプライ・チェーンが発達し、人々は次第につながりあうようになり、かつて存在したどのような政治的な取り決めよりも多くの平和をもたらしたことは間違いない。

▼研究センター、製薬会社、病院、メディカル・スクール、医療保険会社など、さまざまな組織の緊密なネットワークが、わずか一〇〇年前には考えられなかったような非常に高度な医療システムに成長した。二〇世紀には、アメリカ人の平均寿命は二〇歳近く延びた。幼児死亡率は九〇％減少し、産婦死亡率は九九％減少した。ポリオ、ハンセン病、天然痘、結核は、世界の最貧国においてさえ過去のものになろうとしている。

▼教育分野では、幼稚園、小学校、高等学校、大学、大学院というシステムが構築され、かつては少数の

エリート向けだった教育が数百万人の子どもや若者のものになった。人類の歴史の中で、すべての子どもに公教育が無償で提供されたことはかつてなかった。私たちが現在当たり前だと思っている高い識字率は、前代未聞の出来事なのだ。

▼世界中で、非営利組織が数十年の間に驚くほど成長し、営利企業よりも速いペースで雇用を生み出している。これまでになく多くの人々が、自分にとっても世界にとっても重要だと思う問題を解決するために、時間と情熱とお金を差し出している。

わずか二〇〇年にも満たない、人類の全歴史から見れば瞬《まばた》きするほどの時間もたたないうちに、現代の組織のあり方が人類に見事な進歩をもたらしたのだ。人々が協働する媒体としての組織が機能しなければ、人類はこれだけの進歩を遂げられなかっただろう。

しかしながら、現代の組織のあり方が限界に近づいていると感じている人々は多く、組織での生活に幻滅するようになっている。組織の底辺で骨身を削って働く人々を対象とする調査では、「ほとんどの仕事は、情熱を向けるものでも人生の目的でもなく、恐ろしく退屈なもの」という結果になるのが常だ。管理的な職場を皮肉った漫画『ディルバート』が現代社会の象徴として評価されているという事実は、企業がいかに仕事をみじめで意味のないものにできるのかについて、多くを語っている。それは組織ピラミッドの底辺だけの話ではない。人材育成のコンサルタントとして一五年間企業のリーダーシップ研修を手掛けてきた私は、いささか外聞の悪い秘密を発見した。それは、組織ピラミッドのトップを務めるのはそれほど充実した仕事ではない、ということだ。身なりは立派で自信がありそうに見えても、大企業のリーダーたちの生活は静かな苦しみにつつまれてもいる。とてつもなく活発な活動が、むなしい心の奥底を懸命に隠そうとするみじめな努力であることも少なくない。パワーゲーム、政治的な駆け引き、内部抗争が相次げば、だれもがまいってしまう。トップでも底辺でも、組織はエゴを追い求めるという終わりのない努力をする場になっており、人々は心の奥底に抱いている情熱を十分に発揮できないのだ。

本書は、大企業が欲に目がくらんでいると騒ぎ立てる本ではない。企業以外の、行政機関や非営利組織に勤めている人々が自分の職場に熱狂していることはあまりない。天職につけた場合でも、組織の幻滅から逃れられるわけではない。教師や医師や看護師は、あこがれの職業ではなくなろうとしている。残念なことに大半の学校は、学生と教師が単に自分たちの役割を演じているだけの、魂の抜けた機械になってしまった。病院は冷たく官僚的な組織に変貌し、医師や看護師が心から患者に向き合う能力を奪ってしまった。

本書の引き金となった問い

組織が内部の問題を解決しようとするさまざまな方法は、状況を好転させるのではなく悪化させることが多いように思われる。ほとんどの組織は、事業の変更、合併、集中化、分散化、ＩＴシステム導入、ミッション・ステートメントの作り直しや評価・報奨システムの再構築を何度も経験してきた。現在の運営方法が限界に達したと感じ、こうした従来の処方箋が、解決ではなく問題の一部であるように思えることも少なくない。

もっと大胆で革新的な方法が求められている。しかしそれは本当に可能なのだろうか？　それとも単なる希望的観測なのだろうか？　人々の可能性をもっと引き出す組織とは、どんな組織だろうか？　どうすればそんな組織を実現できるのだろう？　本書の核心をなすのはこうした問いである。

これらは単に学術的な、頭の体操のための問いではなく、非常に現実的で実際的な問いだ。もし方法さえわかれば、血の通った組織をつくりたいと考える人々は増えている。新しいタイプの会社や学校、病院が求められていることを疑う人はそれほどいないだろう。必要なのは、「何とかできるはずだ」という信念と、いくつかの問いに対する具体的な解決策なのだ。

▼階層的なピラミッド型組織は時代遅れのように思われるが、どのような構造なら置き換えられるだろう？
▼意思決定の方法は？
▼企業のトップだけでなく、社員のだれもが意味のある判断をできるようになるべきだ。それはそうだとしても、そんな仕組みは単に混乱を招くだけではないのか？
▼昇進や昇給についてはどうだろう？　政治的駆け引きに囚われない方法を見つけられるのだろうか？
▼参加者が自分のエゴではなく、素直な気持ちになって話ができる、生産的で意欲のあふれるミーティングを実現するにはどうすればよいのだろうか？
▼組織の存在目的に照らして、あらゆる行動が行えるようになるにはどうすればよいのだろう？
▼どうすれば高尚なミッション・ステートメントが皮肉に響かなくなるのだろう？

我々は、経営が時代に取り残されてしまったことを本能的に知っている。経営の習慣的な規範や行為が、21世紀の夜明けの光の中では幾分おかしなものに見えることを知っている。だからこそ、『ディルバート』のような漫画や『ジ・オフィス』（イギリスで圧倒的な人気を誇ったテレビドラマ）のようなドラマを見ると、人々はすぐに親しみを覚え、いたたまれない気持ちになるのだ。
——ゲイリー・ハメル

必要なことは、単に新しい組織についての壮大なビジョンではない。ここに紹介したようないくつもの具体的な問いに対する具体的な答えなのだ。

もっとも、こうした、目の前の現実に即した視点を持ったからといって、もっと視野の広い、社会や環境への影響を考えないというわけではない。現代のビジネスのやり方は、地球の許容範囲を超えてしまった。現代の組織は、とてつもない勢いで天然資源を枯渇させ、エコシステムを破壊し、気候を変え、貴重な地下水と表土を使い果たした。人類は将来世代との「瀬戸際政策」ゲームをしているのだ。将来は科学技術が発達して癒やしてくれるだろう、という考えに賭けて、この地球を傷つけてきた。

経済的には、限られた経営資源で成長を続けるというモデルは、必ず壁にぶつかることになっている。最近の金融危機は、やがて来る大地震の前触れにすぎないのかもしれない。多くの種やエコシステム、そして人類自身は生き残れるのだろうか？　それは私たちが自分自身の意識を高められるかどうか、そしてこの世界との間に新しい関係を築き、この世界に与えてきた損害を癒やせるかどうかにかかっている。これはおそらく誇張ではなく、悲しい現実だ。

進化の過程にある組織（第Ⅰ部）

アインシュタインは「問題は、それが起こったときと同じ意識レベルでは解けない」という有名な言葉を残した。おそらく人類は、意識の新たな段階《ステージ》、新たな世界観に到達して組織を再生する必要がある。社会が別の世界観に移行し、これまでとは劇的に異なる、新しいタイプの組織をつくれるかもしれないという考え方は、希望的観測にすぎないと考える人々もいる。しかし、これはまさに人類の歴史の中で何度か実現してきたことなのだ。そして今、物の見方（そして、組織モデル）がさらに変化することを示す要素がいくつも存在している。

　これまで、かなり多くの学者（とりわけ心理学者、哲学者、人類学者）たちが、人の意識の発達段階を詳細に分析してきた。それによると、人類はおよそ一〇万年の歴史の中で、いくつかの連続的な段階《ステージ》を経験してきた。各段階で、周りの世界に対処する人々の能力は、知的にも、倫理的にも、心理的にも飛躍的に伸びた。実は、研究者たちがなぜか見逃してきた重要な点が一つある。それは人類の意識が新たな段階に移動するたびに、新しい協働のあり方、言い換えれば新たな組織モデルを生み出してきたという点である。本書の第I部はこの歴史を語る。「人間の意識がどのように進化し、新たな段階《ステージ》に進むたびに、どのようにして新たな組織モデルを生み出してきたのか」という物語だ（この連続的なモデルは現在も続いている。したがってこの歴史的な視点は、今日のさまざまな種類の組織や経営分野における論争を理解するのに大いに参考になる）。

　本当に面白くなるのはここからだ。発達心理学は、人類の意識がまさに移行しようとしている次の段階《ステージ》について多くのことを主張している。この次の段階《ステージ》に入ると、人は自分のエゴ（利己心）を抑制し、より自分らしく、健全な存在になる。過去が将来への案内役になるのであれば、人類が意識の次の段階《ステージ》へと成長すると、組織モデルもそれに応じて発展するはずである。

実証的研究——パイオニア組織から学べること（第II部）

　本書の第II部は、一歩先の段階《ステージ》にある組織が実際どのように運営されているかを詳細に紹介する。よく言われるように、未来はすぐそばに来ているのではなく、すでに現在の中に融合している。私はこの二年間、

混沌とした時代に最も危険なのは、混沌そのものではなく昨日と同じ論理で行動することだ。
——ピーター・ドラッカー

人類の次の発達段階《ステージ》に適合するようなモデルで運営されているパイオニア組織を調査してきた。この調査では、次のような問いを追究しようとした。

意識が次の段階《ステージ》まで発達した組織とは、一体どのような形をし、どう運営されているのだろう？ ほかの人々が同じような組織を立ち上げるときの見本になるように、こうした組織の構造、慣行、プロセス、文化をくわしく紹介する（つまり、この組織モデルを体系的に説明する）ことは可能になっているのだろうか？

調査を始めたとき、私はどのような組織に出会えるか皆目見当がつかなかった。「適当な事例を見つけられるだろうか」「規模の小さな、歴史の浅い、掘り下げてもほとんど何も学べない組織しか見つからないのではないか」「いずれにせよ、かなり厳しい基準を示せないと、この研究で何を訴えてもそれほどの価値がないのではないか」と感じた。調査対象となる組織の場所やセクター（営利企業、非営利組織、教育機関、医療機関、政府機関）は問わなかったが、少なくとも一〇〇人の従業員を抱え[3]、新しい発達段階《ステージ》の特徴をかなり備えた組織構造、慣行、プロセス、文化を最低五年以上維持していることを条件とした。

この懸念は杞憂だった。調査した一二の組織（全体像については第Ⅱ部第1章をご覧いただきたい）は、私の定めた基準をはるかに上回っていた。多くの組織が長期間（三〇～四〇年）にわたって新しいモデルで経営され、従業員の数も数人ではなく数百人、そして数千人に及ぶ場合もあった。

驚いたことがもう一つある。私はこのタイプの組織は主にサービス業（医療や教育）を行っているだろうと予想していた。こうした分野で働く人は自分の仕事を天職と考え、自分の利己的な動機を追求するよりも、組織全体の高貴な目標を達成しようとするのではないか、と考えたからだ。幸いなことに、その予想は間違いだった。営利企業も非営利組織も見つかった。事業分野は、小売り、メーカー、エネルギー、食品、そして教育や医療と幅広い。

こうした組織がお互いについて知らないことにも驚かされた。私は、おそらく彼らは同志を知っていて、考えや経験をお互いに交換しているだろう、と推測していた。だが実際には、どの企業も私の調査を通じて初めて、既存の経営手法に疑問を持っているのは自分たちだけではなかったことを知って喜んだのである。彼らはまるで、昔のテレビ・シリーズに出てきたような親しみやすい宇宙人のようだった。かなり長い年月にわたって人々の生活に溶け込み、超能力を備えているのだが、ほかの人々からはそのことを認知されていないのである。おそらく、時代が彼らに追いつこうとしているのだ。そして私たちはついに、こうした企業のありのままを素直に見る準備ができたのだ。親しみやすいが一風変わったアウトサイダーではなく、人類すべての未来を切り開く開拓者《パイオニア》として。

調査にあたっては大きく分けて二種類の質問票を用意した（付録①を参照）。一つ目は、組織研究において一般的に分析対象となる四五の組織慣行とプロセスに関するもので、次の要素に関連している。

- 戦略、マーケティング、営業、オペレーション、予算策定、統制《コントロール》など最も重要な組織プロセス。
- 採用、教育、評価、報酬といった主な人事プロセス。
- 会議、情報フロー、オフィス・スペースといった日々の生活に不可欠の慣行。

これらの分野のひとつひとつについて、パイオニア組織の組織慣行がどのように従来の経営手法と異なるのか（あるいは異ならないのか）を見極めようとした。このアプローチは意図的に対象を広くし、しかも範囲に制約をつけなかった。つまり、先入観なしに組織の構造、慣行、文化といった全体像に目をやった。調査方法は、公表資料、内部文書、インタビュー、現場の訪問などである。

パイオニア組織に共通点はあるのか？

パイオニア組織はいずれもそれ自体が驚くほどの存在で、一社について語るのに書籍一冊が必要だといっても過言ではない。しかしもちろん私は、横断的に見ることで、単なる事例の集合以上の価値があるのではないかという点に関心があった。つまり「一貫した新しいモデルを指向するパターンや共通性があるのではないか」「パイオニア組織は単に刺激を与えてくれるのではなく、もっと活気のある組織を作りたいと熱望している企業にとってのお手本になるのではないか」と考えた。

その答えはもちろん、「その通り」ということだ。パイオニア組織は互いの存在を知らず、独力で実験をしていた。セクターも規模もさまざまであるにもかかわらず、相当の試行錯誤の末、驚くほど似たような組織構造と慣行にたどり着いている。これに気づいたときには興奮を覚えずにはいられなかった。つまり、この世の中に新たな組織モデルが現れようとしているようなのだ。しかも私はそれを非常に詳しく語ることができる。なぜならば、それらは机上の理論でも理想でもなく、従来よりも高い発達段階《ステージ》の意識に基づく、現実の、極めて具体的な組織運営方法だからだ。もし、人の進化に方向性があるのなら、本書では相当思い切った、組織や仕事自体の将来像を示すことができそうだ。

今はこの新たな現象の黎明期だ、ということを私は十分認識している。本書は、これから本格化するこの組織モデルを明確かつ固定的に説明することを意図していない。この分野でイノベーションを起こし始める企業が増えるほど、そしてさまざまな角度から観察する研究者が増え、社会全体が進化するほど、この組織モデルにも厚みと深みが出てくるはずだ。しかし今でも、企業をどう運営すれば仕事の生産性が高まり、働く人々にとって充実した、意義深い活動を実現できるかの青写真を示すことはできるだろう。新しいタイプの組織をつくりたいと考える組織のリーダーは、完全に白紙の状態から始める必要はない。本書の第Ⅱ部は新しい方法が組織の中で結実するための原則や構造、組織慣行、文化について具体的な事例を示しながら説明しているので、そこからヒントを得ることができるだろう。

必要な条件（第Ⅲ部）

本書の調査では、そのような新しい組織が活気づく過程についての興味深い観点を明らかにしている（付録①の二番目の質問票を参照）。第Ⅲ部では、次のような問いに答えていく。

- この新しいモデルが機能するための条件は何か？
- 読者が組織を立ち上げ、最初から古いモデルを避けて新しい基盤の上に物事をスタートしたいと考えているのなら、すでにこれをやり遂げたパイオニア組織から何を学べるだろう？
- あるいは、規模の大小はともかく、すでにある組織を経営していて、この新たなパラダイムへの転換を

本書執筆のために調査した組織は、昔のテレビドラマに出てくる宇宙人のようなものだ。我々の間に生息していて、その素晴らしい力をだれも知らない。

考えているのであれば、どこからスタートし、同僚たちをその方向にどう導けばよいだろうか?

現代が抱える気の遠くなるほどの諸問題を克服しようとすれば、新しいタイプの組織、つまり今よりも目的意識の高いビジネス、人間味にあふれた学校、生産的な非営利組織が必要となろう。殻を打ち破って新しいことに挑戦しようとする者はたいてい抵抗にあうだろう。「あいつは理想主義者だ」あるいは「ばかだ」と呼ばれるのだ。人類学者のマーガレット・ミードはかつて「世界を変えることに打ち込んでいる少数の人々の力をあなどってはならない。実際、それこそが世界を変えてきたのだから」と言った。読者がもしすでにその一員で、ほかの組織よりも情熱的で、目的意識が高く、生産的な職場をつくっているという使命感をいだいているなら、本書は「できる」という自信を高めてくれるだろう。

本書が、読者のここからの旅に寄り添う実践的なハンドブックとなることを祈っている。世の中の準備はできており、あなたを待っていることは間違いない。

第Ⅰ部

歴史と進化

第1章

変化するパラダイム——過去と現在の組織モデル

見て信じるのではなく、信じるからこそ見える！　あなたは、物事をあるがままに見ているのではない。自分の目を通して見ているのだ。

エリック・バターワース

現代の職場であまりにもよく目にするような、病的な状態から解放された組織をつくることはできるのだろうか？　政治も官僚主義も、内部抗争も皆無で、ストレスや脱力感、あきらめも怒りも無関心もなく、トップでふんぞり返る者も、底辺で単純作業に苦しむ者もいないなどという職場はあり得るのか？　仕事が生産的で、充実して、意義深い新たなモデルをつくり直すことは可能なのだろうか？　人々の才能が花開き、何かをしたいという強い気持ちが尊重される、そうした情熱的な職場を、学校でも病院でも、企業、非営利組織でもつくれるのか？

あなたが組織の創設者かリーダーだったとして、職場のあり方をがらりと変えたいと強く思ったなら、この問いに対する答え次第でどうにでも変われるはずだ！　しかしまわりの人はこの発想を希望的観測だと切り捨て、そんな試みさえもやめさせようとするかもしれない。「人はしょせん人なんだ。自分がかわいく、他人を陥れてのし上がろうとするのが人というもの。他人を非難し、批判し、うわさを広めるのが大好き。これは決して変わらないよ」。この議論にだれが反論できるだろう？　しかし、その一方で、チームワークの力が最高に発揮され、何をやっても楽しく、苦労したつもりもないのに素晴らしいことを成し遂げられた瞬間をだれしも経験したことがあるはずだ。人間の知恵には際限がなく、革新的なイノベーションが、突然どこからともなく現れることがある。今よりもはるかにワクワクした職場などできっこないとだれが断言できるだろうか。

どちらの声に耳を傾ければよいのだろうか？　だれもがよく知る経営のあり方をいったん忘れ、新しい世界を求めて航路を定めることは可能なのだろうか？　それとも、知っている世界の向こうには何もなく、ただただ崖の向こうに消え去っていくのみなのか？

私はその答えの一部を、未来を考えているときではなく、過去をよく調べているときに、やや意外な形で見つけることができた。歴史の流れの中で、人類は人々が集まって仕事を成し遂げるやり方を何度も根底から革新し、そのたびに以前よりもはるかに優れた組織モデルをつくり出してきた。しかも、この歴史的視点で現状を眺めると、新しい組織モデルがもうすぐそこにまで来ていて、顔を出すのを待っているのかもしれないと思えてくる。

そして興味深いことに、重要な鍵は組織の歴史ではなく、もっと広い分野である人類の歴史と発達心理学をひもとくことによって見えてくる。歴史を振り返ると、人類がこれまでにつくってきた組織のタイプは、その時代に優勢だった世界観と意識にしっかりと結びついていたことがわかる。私たち人類が、一つの種として、世界に対する考え方を変えるたびに、それ以前よりも強靱な組織のタイプが生み出されてきたのだ。

「人類の意識の形態は、一体どのように進化してきたのだろう?」。歴史家、人類学者、哲学者、神秘主義者、心理学者、神経科学者など、実に多くの人々が、この最も魅惑的な問いに没頭してきた。「生まれてから大人になって完全に成熟した状態になるまで、人間の意識はどう進化するのだろうか?」という関連した問いに取り組む者もいた。

人々は、ありとあらゆる角度からこの問題を眺めてきた。アブラハム・マズローは、ヒトはその成長とともに、生理的欲求から自己実現の欲求へとどう進化していくかを研究したことでよく知られている。ほかにも、世界観（ジャン・ゲブサー）、認知能力（ジャン・ピアジェ）、価値観（クレア・グレイブス）、倫理性発達（ローレンス・コールバーグ、キャロル・ギリガン）、自己認識（ジェーン・ローヴィンガー）、精神性（ジェームズ・W・ファウラー）、リーダーシップ（スザンヌ・クック゠グロイター、ロバート・キーガン、ビル・トルバート）など、さまざまなレンズを通じてヒトの意識の発達を研究する人々もいた。

どの研究者にも共通していたのは、人間性が段階を踏んで進化するという点である。人類は、常に伸び続ける木とは違い、イモムシがチョウになり、オタマジャクシがカエルになるように、あるところで突然の変容によって進化する。人間の発達段階《ステージ》について、私たちはかなり豊富な知識を持っている。とりわけ、ケン・ウィルバーとジェニー・ウェイドは、主な発達段階《ステージ》モデルをすべて比較対照するという途方もない作業を行い、それらに強い収束性を発見した。どのモデルも、注目している場所は異なるが（あるモデルはニーズを見て、別のモデルは認知を見ている、といった具合だ）、同じ山を見ているというのだ。モデルごとに発達段階《ステージ》につけている名称は異なるし、時には異なる方法で分解し、再編していることもある。しかし、起こっている現象には変わりはない、というのだ。ちょうど、カ氏温度計とセ氏温度計が、水の凝固点と沸点を違った測定値で認識するのと同じである。

　意識の発達に関するこのような見方は、膨大なデータという動かぬ証拠に裏付けられている。何人もの研究者たちが、さまざまな文化、とりわけ組織や企業という環境条件の中で働く何千人もの人々にこの発達段階《ステージ》の理論を試してきたのだ。

　新たな発達段階《ステージ》への意識の移行が起こるたびに、人類は全く新しい時代に導かれてきた。社会（家族から種族へ、そして帝国から国民国家へ）、経済（狩猟から園芸、農業、そして工業へ）、権力構造、宗教の役割などありとあらゆるものが変化した。ところが、この転換期には、まだそれほど注目されていない一つの特徴がある。人類の意識が新しい段階《ステージ》に入ると、人々の協力体制にも大変革が起こり、新たな組織モデルが生まれていたのである。私たちが今日知っている組織は、私たちの現在の世界観、あるいは今の発達段階《ステージ》を表現したものにすぎない。過去には現在とは異なるさまざまなモデルがあり、あらゆる証拠が示すように、今後はさらに多くのモデルが現れるだろう。

　それでは、人類の歴史において、かつてはどのような組織モデルがあり、今はどうなっていて、将来はどうなりそうなのか？　本章では、人の意識がどのように発達してきたのか、それに伴って組織モデルがどう進化してきたのか、その主な発達段階《ステージ》の特徴をざっとご紹介しようと思う。なお、それぞれを説明するにあたっては、ウェイドとウィルバーのメタ分析を中心に多くの研究者の方法を拝借し、段階《ステージ》ごとに世界観、欲求、認知発達、倫理的発達などさまざまな側面に少しずつ触れている。

本書では、それぞれの発達段階《ステージ》と組織モデルを、名前と色をつけて呼ぶことにする。どの段階にも名前をつけることは常に苦労を伴う。単一の形容詞をつけても、人の意識の複雑な現実をすべて捕捉することなどできないが、それぞれの発達段階《ステージ》を最も象徴すると私が感じる形容詞を選択した。すでに存在している発達段階説から拝借したものもあるし、私自身がひねり出した表現もある。

インテグラル理論★は、さまざまな段階を名称ではなく色で示すことが多い。色で識別すると覚えやすくなる効果も期待されるため、本書を通じて、なるべく組織モデルの発達段階《ステージ》を色づけして呼ぶことにする（誤解を避けるために補足しておくと、本書で用いる色は、さまざまな研究を私自身が消化した結果が反映されている。区別に用いる色の種類について、ほかの研究者が用いている考え方と大きく矛盾はしないが、完全に一致しているわけではない）。

受動的パラダイム[1]（無色）

これは人類にとって最も初期の発達段階《ステージ》だ。時代はおよそ紀元前一〇万年～五万年頃で、人々は家族などの血縁関係という小さな集団で暮らしていた（現在も世界の辺境地にはこうした暮らしを続けている部族が残っており、私たちがこの段階《ステージ》について知るための手がかりとなっている）。この集団の規模はせいぜい十数人だ。人が複雑

★　人間・組織・社会を多様な視点から統合的にとらえるための新しい理論。思想家のケン・ウィルバーが提唱した。

な人間関係に対処する能力には限りがあるため、この規模を超えると集団は分解し始める。自我《エゴ》は十分に形成されていない。人々は他人から自分を、あるいは環境から自分を完全には区別してとらえられない（その結果、この段階《ステージ》では暴力や殺人が極端に多いという事実を無視し、この時代を二元論以前の楽園ととらえて理想化する研究者もいる）。生存を支えているのは狩猟である。分業を必要としないので（例外は女性が出産と育児の役割を担っていることぐらいである）、組織モデルのようなものはまだ何もない。実際、一族の中には階層が存在せず、リーダーシップを発揮する長もいない。

今日の世界には、このパラダイムの末裔となる部族がいくつか残っているだけだ。しかし、児童心理学者たちの研究によると、生まれたばかりの赤ん坊もこれらの人々と同じ発達段階《ステージ》にある。つまり、自己の概念が母親と環境から完全には区別されていない、というのだ。

神秘的《マゼンタ》パラダイム[2]

およそ一万五〇〇〇年前あるいはもっと早い時期から、人類は、一部の研究者が「神秘的な」と名付けた意識段階《ステージ》へと移行し始めた。この段階になると、集団の規模も小さな家族から、数百人の人々で構成される部族へと拡大し、心理的にも認知的にも、複雑な物事に対処できる能力へ飛躍する大きな一歩となった。肉体面でも感情面でも、自己と他者を概ね区別して認識しているが、それでもまだ自分自身が世界の中心にいると見ている。

因果関係、つまり原因と結果に対する理解は不十分で、世界全体がさまざまな神秘に満ち満ちている。

哲学者、古くからの知恵を信奉する神秘主義者、心理学者、そして神経科学者はみな、この最も魅惑的な問いを解こうと躍起になっている。「人の意識は、洞窟に住んでいた原始時代から今日に至るまで、どのように進化してきたのだろう?」

雲は自分を追いかけてくるのであり、日頃の行いが悪いと天気が悪くなって天罰が下る。この不思議な世界を静めるため、部族は儀式を行ったり、古老や巫女に従うことで安心を得ようとする。

ほとんどの人は「今」を生きており、過去と混在して物事を考える人もいるが、将来を予想する人はほとんどいない。認知学的には、まだ抽象も、分類も、巨大数といった概念もない。とりわけ死は現実のものとは見られておらず、死への恐れは極めて乏しい（だからこそ暴力や殺人の割合が高い）。この段階になってもまだ組織は存在していない。分業は極端なまでに少ないが、高齢者には特別な地位が与えられ、部族の中で一定の指導力を発揮する。

今日、これは生後三〜二四カ月ぐらいの子どもたちに多く見られる意識の段階《ステージ》である。人々は「感覚運動差異」（自分の指をかむときの感覚は、毛布をかむときとは異なる）や「感情差異」（自分は自分の生みの親ではないが、母親がそばにいると不思議なことに安心感を覚える）を獲得する。ほとんどの子どもは、適切な養育を受けてこの段階《ステージ》を乗り越える。

衝動型《レッド》パラダイム[3]

歴史的に見ると、衝動型《レッド》パラダイムは、人類にとって次の大きなステップだった。今から約一万年前に、最初の首長制と原始的な王国が、そして組織生活の最初の形態が生まれた（本書ではこの段階《ステージ》の組織を「衝動型《レッド》組織」と呼ぶことにする）。

自我《エゴ》は完全に目覚めており、人々は他者からも世界からも異なった存在としての自己を認識している。

自我《エゴ》を意識して最初に感じるのは恐れであり、死が初めて現実的なものとなる。自分が全体からは隔離された小さな存在にすぎず、苦しめられるか死ぬことになるかもしれない――そう考えるようになる。
世界は危険で、力強さとたくましさがなければ自らの欲求を満たせない場所に見える。力こそすべてだ。他者より強ければ、自分の欲求を満たすことができる。他者の方が強ければ、降参して庇護を求めるだろう。
感情をまだ十分に抑制できないため、かんしゃくを起こしたり暴力を振るったりすることで自分の欲求を表現することも多く、たいていは他者の感情に気づかない。

この段階でも、関心の方向は主として現在に向いている。「私はこれを欲しい。今欲しい」というわけだが、ごまかしや服従といった単純な戦略で、こうした衝動をある程度先延ばしすることもできる。アメとムチのような単純な因果関係も理解されている。ものの考え方も、強いか弱いか、君の方法か僕の方法か、といった白黒をはっきりさせる世界観で成り立っている。

他者と自己を区別できるので、役割分化、つまり本格的な分業も可能となる。組織には一人の長と多くの歩兵が存在する。大規模な奴隷制も見られるようになる。さまざまな作業が分離され、かつては敵同士でも、争いに敗れて囚われの身となった方に作業が割り当てられることもある。歴史を振り返ると、こうしたプロセスを経て首長制社会が勃興し、規模も数百人にとどまらず、数千人、数万人へと拡大した。どのパラダイムにも、それが最もうまくあてはまる状況がある。衝動型《レッド》組織は、戦闘地域、内乱、破綻国家、刑務所、治安の悪いスラム街といった敵対的な環境に非常に適している。

衝動型《レッド》組織

この組織は、まず強力な上下関係が原始的な王国へと成長する過程で形成された、小規模で支配的な集団という形で現れた。現代では、ギャングやマフィアなどにまだ見られる組織である。今日の衝動型《レッド》組織は現代風のツールやアイデアを取り入れ、武器や情報技術を駆使して組織的犯罪を考案している。しかし、その組織の構造と慣行は、たいてい衝動型《レッド》パラダイムの中で形成されている。

衝動型《レッド》組織の決定的な特徴とは何だろうか？　対人関係に力を行使し続けることであり、それが人と人とを結びつける要素になっているという点だ。オオカミの群れはよい比喩《メタファー》だ。オオカミの群れでは、「アルファ・ウルフ」と呼ばれるトップが、自らの地位を維持するために必要に応じて力を使う。[4]これと同じく、衝動型《レッド》組織の長がその地位にとどまるためには、圧倒的な力を誇示し、他の構成員を無理やり従わせなければならない。一瞬でも隙を見せると、他のだれかに寝首をかかれてしまう。トップは少しでも安定を得ようと、自分の周りを（他のメンバーよりはたいてい忠実な）家族で固め、獲物を分け与えて忠誠を買う。トップの側近メンバーも自分の配下の面倒を見て彼らを統率する。

全体としては、正式な階層も役職も存在しない。衝動型《レッド》組織の規模に一定の限界があるのは、まさにこのためだ。トップから何階層も離れたメンバーを統率することが実に難しいのだ。衝動型《レッド》組織の形態は（特に組織が衰退して分裂に向かうような敵対的環境の下では）極端に強力になる場合もあるが、「俺はこれを欲しい。だからいただく」という衝動的な行動パターンに立脚しているので、組織としては脆弱だ。トップは、いつも残虐性を示して罰を与え続けなければならない。組織の崩壊を防ぐのは恐怖と服従だけだからだ。トップの持つ絶対的な力を示す伝説がたびたび組織内を飛び交い、兵士は高い地位を目指そうとしなくなる。

衝動型《レッド》組織にとって最も重要なのは「今」なので、計画や戦略は得意ではないが、新たな脅威や機会が現れると即座に反応し、冷酷に利益を求める。つまり、内戦や国家の破綻などの混沌とした環境への対応力は高いのだが、安定した環境で計画や戦略を練りながら複雑な成果を達成するには不向きである。

順応型《アンバー》パラダイム[5]

パラダイム・シフトが起こるたびに、それまでにはなかった新たな能力と可能性が切り開かれる。順応型《アンバー》の意識が生まれた人類は、道具をほとんど使わずに単純農法に依存していた部族社会から、農業、国家、文明、制度、官僚制、そして宗教団体の時代へと飛躍した。発達心理学者によると、先進国社会における今日の成人人口の大半が、このパラダイムに従って活動している。

この段階では、現実はニュートン的な観点で認識されている。因果関係という概念は理解されており[6]、人々は（過去から現在、未来へと続く）線形的な時間の流れを把握し、将来に向けた計画を立てることができる。こうした土台があると農業が発展可能となる。植物を育てるには、今年の収穫物から種子を取って来年に備えるという、自己規律と将来を展望する力が必要だからだ。農業で食糧に余裕が生まれると、統治者階級や役人、僧侶、兵士、職人に分配できる余裕ができた。その結果、国家と文明が生まれたのが紀元前四〇〇〇年のメソポタミアである。

順応型《アンバー》の意識を持つと、他者の感情や物の見方をより理解できるようになる。児童発達心理学の先駆者であるジャン・ピアジェは、順応型《アンバー》の認知能力とは何かを決定づける実験を行った。子どもと大人の間に緑と赤の二色のボールを置き、緑の側を子ども、赤の側を大人に見せた。子どもは、順応型《アンバー》の意識段階に至るまでは、他人の目線で世界を見ていないので、自分も大人も緑色のボールを見ていると主張する。ところが、適切な環境に育った子どもの場合、六〜七歳ぐらいになると他人の目で見た世界を眺めることを学ぶようになり、大人がボールの赤い側を見ていると正しく指摘できるようになっているのだ。

　心理学的には、この実験の意味合いはとてつもなく大きい。自分の見たものと自分の役割をきちんと把握し、それが他者のものとは異なることをわかっている。他者が自分をどう見ているかも想像できる。自我《エゴ》と自尊心は、今や他者の意見にかなりの程度左右される。そして自分の属する社会集団に承認され、受け入れられ、そこからはじき出されないよう努力するだろう。集団の基準を自分の行動基準に取り込んで、自分は組織にうまく適合するような、正しい身なり、行動、発想をしているかということばかり考えている。衝動型《レッド》の二元的思考はまだ存在しているが、個人個人の「私のやり方か、あなたのやり方か」は集団的な「私たちか、彼らか」に置き換えられる。衝動型《レッド》に見られた自己中心主義は、順応型《アンバー》では自民族中心主義に変わる。ケン・ウィルバーは次のように説明する。

> 　思いやりと関心が自己から集団へ拡大される。しかし、それ以上にはいかないのだ！　もしあなたが同集団のメンバー、つまり私の部族、私の神話、私のイデオロギーのメンバーなら、あなたも同じく「救われ」る。だが、もしあなたが異なる文化、異なる集団、異なる神に属していれば、あなたは呪われるわけだ。[7]

順応型《アンバー》の視点を持つと、それまでは衝動型《レッド》パラダイムで物事を考えていた個人が自らを律し、自己抑制を働かせられるようになる。しかも人前だけではなく、個人的にもそれをできるようになる。順応型《アンバー》社会には、何を行うにも、人々に受け入れられた正しい方法が一つあり、それに基づく単純なモラルがある。順応型《アンバー》の世界観は静的だ。つまり正しい世界を成り立たせる不変の法則があって、物事は常に「正しい」か「正しくない」に分類される。正しいことをしていれば、現世でも来世でも報われる。間違ったことをしたり言ったりすると、罰せられるか集団から追い出される。そしてその後は苦しみを味わうことになる。人々は規則と道徳を自分に取り込み、そこから外れると罪の意識や恥ずかしさを感じる。何が正しく、何が間違っているかを決める権力は、今や（衝動型《レッド》組織のような）強力な個性ではなく、一つの役割に与えられる。権力を決めるのは僧侶の法衣なのであり、だれがそれを着ているかは、もはや問題ではない。

衝動型《レッド》組織から順応型《アンバー》組織へという視点の大きな変更は、解放的であると同時に恐ろしくもある。因果関係が存在し、線形的に時間をとらえ、他人の視点を意識する世界で安心を得るために、順応型《アンバー》の自我《エゴ》は秩序、安定、予見性を求める。そして制度や官僚制を通じた統制をつくりだす。厳密に定義された役割と自己認識の中にやすらぎを見いだす。順応型《アンバー》社会の明らかな特徴は、社会階級（階級制度）、厳格な男女差別などかなり階層化しやすい点だ。生まれたときの巡り合わせで、自分がどの階級に属するかが決まる。どのように振るまい、考え、食べ、どのような衣装をまとい、そしてだれと結婚するのかなど、あらゆることが自分の属する階級で決まる。

現代世界はあまりに流動的なので、順応型《アンバー》社会に見られる確実性を魅力的な避難先ととらえ、固定した道徳的価値への回帰を唱える人もいる。この見方は、厳しい社会規範や性的規範を定めた伝統的な社会のとてつもない不平等を無視している。どう控えめに言っても、女性や性的マイノリティー、社会的弱者、あるいは自由思想家と言われる人々にとって、順応型《アンバー》社会が不愉快であることは想像に難くない。

順応型《アンバー》組織

順応型《アンバー》組織は二つの点で運営方法に大きな進歩をもたらした。

1 組織は中長期で計画を立てられるようになった。
2 規模を拡大できる安定した組織構造をつくれるようになった。

この二つを組み合わせることで、衝動型《レッド》組織では想像もつかなかったような成果を上げられるようになった。歴史を振り返ると、灌漑システム、ピラミッド、万里の長城は順応型《アンバー》組織によってつくり出された。船を動かし、人々が商品を取引できる交易所を運営し、植民地に大規模農場をつくりあげた。ローマ・カトリック教会や、後の産業革命初期の大企業はこの枠組みに従って経営されていた。順応型《アンバー》組織は現代にも存在している。大半の政府機関、公立学校、宗教団体、軍隊などだ。

順応型《アンバー》組織の特徴①　長期的視点（安定したプロセス）

衝動型《レッド》組織は極めて短期志向で、数日後、あるいは数週間後まで成果を待つことができない。しかし順応型《アンバー》組織は、完成までに二〇〇年もかかる大聖堂の建築や、数千マイル離れた植民地に商業を根づかせる交易所のネットワークをつくりあげるといった長期プロジェクトに取り組める。

このような進歩は、プロセスの発明によるところが大きい。人々はプロセスを適用することで、過去の経験を未来に複製できる。「昨年度の収穫量は今年度の目標基準になる」「来年度の授業は今年度と同じカリキュラムで進められる」といった具合だ。プロセスのおかげで、何かをするのに不可欠な知識はもはや特定の人に依存することなく組織の中に組み込まれ、数世代にわたって伝達される場合もある。同じ役割なら、人員を入れ換えることもできる。組織のトップですら、継承プロセスがしっかりと整備されれば代替わりが可能である。こうして、順応型《アンバー》組織は数世紀にわたって生き延びられる。

個人レベルでは、順応型《アンバー》パラダイムに従って行動している人々は、秩序の維持と前例踏襲を何よりも重視し、変化には疑いの目が向けられる。順応型《アンバー》組織も同様で、過去の経験に基づいて将来の計画を立てられるような安定した環境に驚くほどよく合う。この組織は「物事を行う正しい方法は一つ。そして世界は不変だ（不変でなければならない）。過去にうまくいったことは将来もうまくいく」という暗黙の前提に基づいて運営されている。状況が変わり、これまでのやり方がうまく機能しなくなっても、順応型《アンバー》組織は変化する必要をなかなか認めたがらない。正しい答えは一つという発想が支配しているため、競争にはなじめない。歴史を振り返ると、この組織は支配と独占を得ようと努力し、今日でも競争を疑いの目で見る傾向がある。

順応型《アンバー》組織の特徴② 規模と安定（「正式《フォーマル》」な階層）

衝動型《レッド》組織では個人が力を求めて争うため、権力構造は常に流動的だ。順応型《アンバー》組織では、正式《フォーマル》な役職、固定的な階層、組織図によって、権力の安定がもたらされている。組織全体は堅固なピラミッド構造で、上意下達式の命令系統が正式に採用されている。たとえばローマ・カトリック教会では教皇から下に向かって枢機卿、大主教、主教、司祭、という具合である。これが工場なら、工場長が部門長に指示を出し、部門長はユニット・マネジャーを、ユニット・マネジャーはライン・マネジャーを、ライン・マネジャーは作業長を、そして作業長は機械作業員を管理する。歩兵は兵長に個人的な忠誠を誓う必要はない。階層的組織の中に組み込まれてしまうからだ。教皇に力がなくても、司祭のだれかが教皇を陥れてその地位を奪うことはない。数百人どころか数千人の労働者で構成された、はるかに大きな組織も可能になり、相当離れた地域にまたがる組織運営もできる。カトリック教会から東インド会社に至るまで、人類の最初のグローバル組織はいずれも順応型《アンバー》パラダイムに従って組み立てられていた。

計画立案と業務の執行は役割が厳格に分けられている。トップが考え、底辺の者たちが実行するのだ。トップでの決定事項が指揮命令系統を通じて下達される。衝動型《レッド》組織では常に上からの暴力という恐怖にさらされるが、順応型《アンバー》組織ではもっと微妙で精巧な統制メカニズムに取って代わられる。完全なルールの一覧ができあがっているのだ。コンプライアンスを担当するスタッフが、法や規則を十分に守っていない人々に懲戒処分や罰則を科す。「遅刻は減給、二回目は停職、三回目は解雇の可能性あり」といった具合だ。

その根底にある考え方は、労働者はほとんどが怠け者で、不正直で、つねに指示を待っている存在であり、常に監督され、指導を受けるべき存在だ、ということである。順応型《アンバー》パラダイムの点からは、参加型経営は馬鹿げた方法で、経営は結果を出すために命令と統制に依存しなければならない。前線の仕事は範囲が狭く、決まりきった仕事《ルーティンワーク》に近い。イノベーション、批判的思考、自己表現は求められない（認められないことも多い）。情報は必要に応じて与えられる。人々は実質的に交換可能な資源である。個人の才能が組織で認められることも開発されることもない。

これよりも後に出現した見晴らしの良い組織形態から見ると、非常に制約の多い組織に思えるかもしれないが、衝動型《レッド》組織よりはかなり進歩している。組織の底辺でルーティンワークに勤しむ人々でさえ、かなり開放的に感じるはずだ。衝動型《レッド》組織では、人々は（生き残るためではないにせよ）自分の領域を守るために、上司や同僚、部下たちと来る日も来る日も戦わなければならない。これに比べると、順応型《アンバー》組織の秩序と前例踏襲は安全な避難場所のように感じるはずだ。もはや、どこからいつ襲われるのかがわからない脅威や危険を警戒する必要はない。ただ決められたルールに従えばよいのだから。

衝動型《レッド》組織はいわば「オオカミの群れ」だ。順応型《アンバー》組織は違う。優れた組織は軍隊のように運営されなければならないのだ。厳格な階層を保つには、指揮命令系統がはっきりとし、「正式《フォーマル》な」プロセスが存在し、だれが何をするかを定めた明確なルールがなければならない。ピラミッドの底辺にいる兵士たちは命令に忠実に、疑問を差し挟むことなく整然と行進することが期待される。

社会的な仮面

順応型《アンバー》組織が大きな規模と安定性を保てるのは、組織内のメンバーが自分たちの領域にとどまることに満足し、高い褒美を求めようとしないからだ。この発達段階《ステージ》で活動している人々は、組織内での自分の役割や

人「手」がほしいと言うたびに、
「頭」までついてくるとはどう
いうわけなのだ？
——ヘンリー・フォード

特定の地位にひたりきってしまう。順応型《アンバー》組織は役職、階級、制服を発明し、それを日常的に使わせることによってメンバーを役割に一体化させようとする。司教の僧服を着ていれば、その人は司祭ではないことを示している。将軍の制服は、どんなに遠くからでも中尉や兵卒の制服と間違われることがあってはならない。工場では、オーナー、エンジニア、会計士、現場監督、機械技師は、今日でもそれぞれ異なる服装をしていることが多い。服とはつまり、社会的な仮面なのだ。私たちは、自分の階級と業務内容に期待されている態度を自分のものとして取り込む。制服だけの問題ではない。労働者なら労働者向けの食堂で、エンジニアなら工場のレストランで食事を取るのだ。こうした場所では、会話の話題も、冗談も、身の上話の内容も全然違う。社会的な安定は、仮面をつけ、個人的な性格や欲望や感情から自己を切り離し、社会に受け入れられる自己を獲得することで達成されるのだ。

歴史を振り返ると、このような組織における階層化は、社会の階層化と並行して起こってきた。司祭は農民の中から採用され、司教と枢機卿は貴族から選ばれる。組織内の地位には大きな溝がある。労働者階級に生まれた男性が（もちろん女性も）経営者の地位に上ることはない。幸いなことに、これほど堅苦しい社会階層は現代社会にはあまり存在しない。それでも、今日の順応型《アンバー》組織はこうした階層化を（それほど厳格ではないが）真似する傾向がある。政府機関や学校、軍隊では、一定レベル以上のポジションには今でも特定の学位や勤務期間が求められている。昇進とは、その役職に最適な人を素通りし、たまたま正しい要件を満たした人に与えられるのである。

「自分たち」対「彼ら」

順応型《アンバー》パラダイムで何よりも重要なのは、社会的な帰属意識だ。自分はその集団に属しているか、いないのか。これはつまり「自分たち」対「彼ら」という問題である。この境界線は順応型《アンバー》組織のいたるところに見つけることができる。たとえば「看護師 対 医師 対 管理者」、「ライン 対 スタッフ」、「営業 対 財務」、「現場 対 本社」、「公立学校 対 チャーター・スクール★」といった具合だ。集団内の争いを避けるため、問題や間違いがあると、責任はたいがい外部に押し付けられる。順応型《アンバー》組織には明確な縄張り意識があり、互いの境界線に目を光らせる。順応型《アンバー》組織は統制を通じて信頼を回復しようとする。ここでいう統制とは、縄張りの中にいる人々は必ず従わなければならない手続きを意味する。

組織を守ろうとする仕組みによって、外部との間に壁が築かれることになる。順応型《アンバー》組織は、できる限り自給自足を追求し、自律的であろうとする。要するに、外の世界を必要としてはならないのだ。初期の自動車工場は、ゴムのプランテーションや製鋼所を所有し、自前のパン屋を運営し、社員用の住宅を提供していた。従業員も会社に「所属」している。雇用は終身雇用が当たり前で、人々の社会生活は大半が会社の周辺で営まれている。したがって、もしクビにされると、仕事が与えてくれる自らの存在証明と、自分が組み込まれている社会機構のいずれも失うため、従業員にとって二重の意味での脅威となる。だれかが会社を辞めようと決断すると、裏切り者として糾弾されることはないにしても、本人も周りもかなり気まずい雰囲気になる。行政機関や学校など現代の順応型《アンバー》組織はそれほど厳格でないとはいえ、今もなお（正式なルールか、暗黙の了解かは別として）終身雇用制を採用し、多くの従業員の社会生活は仕事や職場を中心に営まれている。順応型《アンバー》組織で充実感を得られずに組織を離れることを決意した場合も、辞めるプロセスはかなりの痛みを伴うことが多い。古い生活を捨て、全く新しい生活をはじめなければならないのと同じなのだから。

★ 公的援助を受けた認可型の学校。

達成型《オレンジ》パラダイム[8]

達成型《オレンジ》の視点では、世界は新たな顔を見せる。世界は不変のルールによって支配される固定的な存在ではなく、複雑なゼンマイ仕掛けのようにとらえられる。もちろん、その中の仕組みは調査すれば理解できるのだが。「正しい」「間違っている」という絶対的な答えはなく、「これは他のものよりもうまく作用する」という相対的な世界観である。意思決定の基準が倫理から有効性に変わる。世界がどのように動いているかを理解すればするほど、多くのことを達成できる。最善の判断とは、最大の結果をもたらす判断のことだ。人生の目標は、前に進むこと、社会に受け入れられる方法で成功すること、自分に与えられたカードで最後まで全力を尽くすことになる。

この新しいパラダイムに伴う認識の変化は、ピアジェによるもう一つの実験を通じて明確に現れる。ケン・ウィルバーは次のように説明する。

> 被験者は透明な液体の入ったコップを三つ与えられ、それらを混ぜると黄色ができると説明を受けたうえで、黄色をつくるよう求められる。具体的操作期（順応型《アンバー》の認識を示す七〜一一歳の時期を意味するピアジェの用語）の子どもは、その液体をただでたらめに混ぜはじめるだけだろう。形式的操作期（達成型《オレンジ》の認識をマスターした一一〜一四歳の時期）の青少年は、まずコップAとコップB、次にAとCを混ぜ、次にBとCを混ぜなければならない、という一般的な概念を思い浮かべるだろう。その理由を被験者に尋ねると、「そうですね、最初に可能な組み合わせをまず試してみる必要があるからです」といったような

返事を得るだろう。

これは、その人がさまざまなあり得る世界を想像できるようになり始めているということだ。「もし……ならどうだろう？」「まるで……のように」という考え方ができるようになり、あらゆる種類の理想上の可能性が花開く。まだどうなるかわからないものを想像できるのだ！　思春期はいかにも騒がしい時期だが、それは単に性的開花のためではなく、心の目に可能性の世界が開かれるからだ。いわば「理性と革命の時期」なのである。[9]

こうした認識力を持つと、人は権威や、集団の規範や、代々受け継がれてきた体制に疑問を抱くことができる。西洋世界では、ルネサンス期に達成型《オレンジ》の思考が順応型《アンバー》世界に風穴を開け始めたものの、最初のうちは科学者と芸術家を中心とする実に少数の人々に限定された動きだった。啓蒙主義と産業革命期に入ると、達成型《オレンジ》思考は教養人たちの間に広がり始めた。第二次世界大戦が終了し、西洋世界では達成型《オレンジ》パラダイムへとシフトする人々の割合が飛躍的に拡大した。今日では、大半のビジネスと政治のリーダーにとって達成型《オレンジ》の世界観が支配的であることは間違いない。

達成型《オレンジ》の認識は、科学的な研究、イノベーション、起業家精神への水門を開いた。わずか二世紀という、人類全体の歴史から見ればほんの瞬きするほどの間に、達成型《オレンジ》組織は私たちに未曾有の繁栄をもたらした。平均寿命は数十年伸び、先進諸国では飢饉や疫病はなくなり、さらには開発途上国でも急激なペースで同じような進歩が実現している。

しかし、もう一段高いレベルから眺めると、どのパラダイムにも影があることは事実だ。最近は企業の貪欲さ、政治家の短期主義、負債過多、過剰消費、地球の資源やエコシステムの向こう見ずな浪費など、達成型《オレンジ》パラダイムの負の側面を無視することが難しくなってきた。もちろん、このパラダイムが人類に果たしてきた偉大な貢献はいささかも揺るぐものではない。人々は、権力者が正しい答えを持っているものだという思い込みから解放され（今や権力者は世界の複雑な仕組みを深く理解するために、専門家の助言を求めるようになった）、明らかとなった真実に対して健全な猜疑心を抱けるようになった。そして初めて、宗教上の教義や政治権力にかかわらず、自分の命を危険にさらすことなしに、真実を追求できるようになったのだ。私たちは自分が生まれた環境に疑問を持ってそこから外に踏み出せる。はるか昔に自分の性や社会階層に押しつけられてきた思考法を打ち破ることができる。衝動型《レッド》が自己中心的で、順応型《アンバー》が自分の属している組織を中心とする視点だとするなら、達成型《オレンジ》では世界を中心に物事を考える可能性が生まれたのだ。

　達成型《オレンジ》の視点からすると、すべての個人は自由に人生の目標を追求できるべきで、その分野で最も優れた者がトップまで上ることができる。しかし実際には、達成型《オレンジ》パラダイムは、これほど単純に順応型《アンバー》世界を完全に分解するわけではない。周囲から社会的に成功していると見られたいからこそ、社会的な習慣が役立つときにはそれを使うことを厭わないものだ。成功した人はたいてい、社会階層を示すものを喜んで見せびらかす。金持ちしか住めない郊外の土地に引っ越し、排他的なクラブに加入し、子どもたちを学費のかかる私立学校に入学させるというように。こういう考え方で社会生活を営む人々は宗教的な儀式に疑問を抱くことが多い。それでも、社会的な恩恵があるのなら（そしてリスク回避方法としても、神の啓示に何らかの真実が含まれているときのために）個人的な信仰を持たなくても宗教的なつながりを維持するだろう。

　この段階《ステージ》での世界観は実に物質的だ――見える、触れるものしか信じない。達成型《オレンジ》パラダイムは、経験的に証明や観察ができないものをなかなか信じられないため、精神性と（神の）超越性といったものを疑っている。私たちは「達成したい」「成功したい」という希望を抱いて自己実現に投資することで、私たちの自我《エゴ》は、心の底から湧いてくる深遠な問いに思い悩むことなく、この世界観における最大限の満足を得られる。物質的な世界では、大きいこと、多いことは良いことだとみなされる。私たちは、出世する、人生の伴侶を見つける、新しい家に引っ越す、新車を買うといった目標を達成すると幸せになるはずだ、という前提で生活している。達成型《オレンジ》パラダイムでは、自分で定めた目標を達成するために何をすべきかを考えることに夢中になって、事実上未来に生きている。今の瞬間を振り返り、達成型《オレンジ》の視点を持てたことで得た利益と自由に感謝することはほとんどない。

達成型《オレンジ》組織

今の時代における衝動型《レッド》組織はギャングやマフィアで、順応型《アンバー》組織の模範となるのがカトリック教会、軍隊、公立学校システムだ。そして、達成型《オレンジ》組織を具現化したのが現代のグローバル企業である。今の時代を代表するたいていの会社は（ウォルマートでも、ナイキでも、あるいはコカ・コーラでも）組織の構造、慣行、文化が達成型《オレンジ》パラダイムに導かれているはずだ。

業績面で比較すると、順応型《アンバー》組織は衝動型《レッド》組織では思いもつかないほどの水準を達成した。達成型《オレンジ》組織はこれをもう一段引き上げ、完全に次元の違う規模を実現した。それを可能にした三つの突破口は、イノベーション、説明責任、実力主義だ。

達成型《オレンジ》組織の特徴① イノベーション

ピアジェが行った液体のかき混ぜ実験が示すように、達成型《オレンジ》パラダイムにいる人々は、まだ起こっていないがいつか起こるかもしれない「可能性」の世界に生きている。彼らは現状に疑問を持ち、それを出発点に改善する方法をつくりだす。達成型《オレンジ》組織のリーダーたちが、変化とイノベーションは脅威でなくチャンスだと飽きることなく言い続けているのも不思議ではない。達成型《オレンジ》組織は、未曾有のイノベーション時代の先駆けとして、全体としては過去二世紀の間に莫大な富を生み出すエンジンとなった。研究開発やマーケティング、製品管理など、順応型《アンバー》組織にはなかった部門をつくり出した。順応型《アンバー》組織は全体がプロセスを重視して活動するのに対し、達成型《オレンジ》組織を動かすのはプロセスとプロジェクトだ。

達成型《オレンジ》組織は、基本的にはピラミッド構造を残しながらも、プロジェクト・グループ、オンラインでつながる仮想チーム、複数の部門や職種にまたがる横断的な取り組み、専門的なスタッフ機能、内部コンサルタントといった方法で厳格な部門や階層の境界に風穴をあけ、メンバー間のコミュニケーションのスピードを上げ、イノベーションを促す仕組みを持っている。

達成型《オレンジ》組織の特徴② 説明責任

リーダーシップとマネジメントのスタイルについては、微妙な、しかし意味深い変化が起こる。順応型《アンバー》組織での「指揮と統制」は、達成型《オレンジ》組織では「予測と統制」になる。競争相手よりも速くイノベーションを進めるために、組織内の多くの人材の知性を引き出すことが競争優位になる。組織内のなるべく多くの部門や人々が自ら考えて実行できるだけの業務範囲において、権限と信頼が与えられなければならない。

目標管理がすなわち答えとなる。トップ経営者が全体の方向性を決め、目標や重要な節目を定めて望ましい結果への到達を目指す。トップは、目標が達成されている限りは、どのようにそれが達成されたかをそれほど気にかけない。このような姿勢が、目的（予測）とフォローアップ（統制）を確定するための、今やよく知られている経営プロセスを数多く生み出した。戦略計画、中期計画、年間予算サイクル、主要業績指標（KPI）、バランススコアカードなどはほんの一例だ。達成型《オレンジ》パラダイムの世界観では、人々は具体的な成功を目指して動く。設定された目標の達成を促そうと、達成型《オレンジ》組織が実績評価、ボーナス制度、表彰制度、ストック・オプションなどのさまざまなプロセスをつくり出したのも、ある意味当然だろう。単純化するなら、順応型《アンバー》組織がムチだけに頼って組織運営していたが、達成型《オレンジ》組織はそこにアメを持ち込んだのだ。

自由が組織にもたらす突破口は本物だ。マネジャーと従業員には創造力と才能を発揮する自由とともに、どのようにして目標に到達したいのかを見極める裁量権が与えられるので、順応型《アンバー》組織の場合よりも仕事がはるかに面白くなるはずだ。さらに、インセンティブの仕組みがきちんと整えば（個人の目標と組織の目標が一致すれば）、対立関係になることの多い経営者と従業員が、双方に利益となる目標を追求することで両者の関係が円滑になるかもしれない。

ただし、これまでの事例を見ると、残念なことに、達成型《オレンジ》組織が目標を軸にした経営を常に約束通り実行するとは限らない。エゴを失う恐れが善意を蝕むことも多い。イノベーションとモチベーションを促すために意思決定の権限委譲を進めるというのは、達成型《オレンジ》組織を運営するリーダーにとっては至極真っ当な考え方だ。しかし、実際には、統制をあきらめることへの恐れが部下への信頼に勝ってしまい、本来委譲すべき意思決定権を上層部が放そうとしない。

あるいは、予算の決定時に社員全員に自分の目標数値を出させるというのは、自分で慎重に物事を考える余地を与えるという点で、ジグソーパズルの一ピースのような、欠かすことのできないプロセスである。これも原理としては完璧に理にかなっているのだが、経験者はこのプロセスがいかに崩れやすいものかをよく知っている。トップ経営者が各部門に予算策定を求めると、人々は「サンドバッギング」と呼ばれるゲームを始める。これは、収益目標を設定する際、最初からやる気満々で高い数字を提案するのではなく、なるべく低い数字を出しておき、悠々と目標を達成してボーナスをもらおうとする行為のことだ。経営陣は、数字が低すぎると感じた場合、株主に約束していた目標よりも高く、それを超えればボーナスも約束できる水準に独断で目標を引き上げ、部下たちはそれを受け入れるしかなくなる。何ができて何ができないのかを率直に議論するのではなく、人々は達成できないのではないかとの不安にかられて、架空の数字をやり取りする。このプロセスでは、予算は重要な目的の一つを実現できない。それは、人々が進んで説明責任を果たし、結果を出そうという動機づけだ。

達成《オレンジ》型組織の特徴③　実力主義

達成《オレンジ》型組織は実力主義という革命的な考え方を導入した。組織の階段を上れる可能性が全員に与えられ、同じポジションにとどまることが決まっている者などだれもいない、というのが基本的な発想である。郵便物集配室で働く少年も最高経営責任者（CEO）になれる。それが少年ではなく少女であっても、少数民族や少数のグループに属する人々であっても同じだ。実力主義を採用することで、人材の枠は劇的に拡大し、だれも初めから排除されることはない。一人ひとりの才能は開発され、だれもが組織全体に最も貢献できる役割を与えられるべきだ、という考え方が浸透している。階層化された順応型《アンバー》組織から実力主義の達成型《オレンジ》組織に移行したことによって、現代版の「人的資源」が生まれ、実績評価、インセンティブ制度、採用計画、人材管理、リーダーシップ研修、事業継承計画などの形で、プロセスと慣行が蓄積される。

実力主義という発想の歴史的重要性は、いくら強調してもしすぎることはないだろう。これは社会的な公平性を画期的に高めた。人々は、少なくとも理屈の上では、自分の才能と意欲に最も合った職業を選択する自由を得た。このプロセスでは、それ以前の発達段階《ステージ》では決定的に重要だった終身雇用制への意欲をひとまず忘れることが多い。人々は自分の仕事をしっかりこなす責任を担い、数年おきにポジションが変わることを期待している。異動は組織内のことも、組織外のこともあるだろう。

実力主義は、階層構造を象徴するものもおおむね排除する。階級を示す制服は採用されず、区別が明確ではない背広が好まれる。ポジションは頻繁に変わるものの、順応型《アンバー》組織によく見られるような、ピラミッドの中での階級と地位がその人自身と見なされる傾向は弱くなる。人々は仕事用の仮面をかぶるようになる。常に自分の果たす役割にふさわしく見えなければならない。いつも忙しく、しかし落ち着いて、能力を磨き、状況を掌握していなければならない。ほかの何よりも合理性に価値が置かれる。感情や疑念、夢は仮面の下にみごとに隠され、自分の弱みを外に見せることはない。人となりはもはや階級や地位とは融合せず、有能で成功しそうか、次の昇進への準備ができているか、といった見掛けで判断される。

ほとんどの職場では、厳密な意味での制服は廃れているが、地位の象徴は生きている。経営幹部が広い角部屋のオフィスを持ち、専用の駐車場を使うことができ、ファーストクラスの飛行機に乗り、十分なストック・

オプションを受け取れるのに対し、部下たちはエコノミークラスに乗って、個人用の仕事スペースでせっせと働くのだ。こうした特典は実力主義と矛盾しない。組織の成功にリーダーが果たす影響は最も大きいので、成功するための手段が与えられるのは当然である。しかも、経営幹部はそれを受けるに値するのだ。賢い人間が十分に努力すれば、こうした特典を得られるのだ。

機械としての組織

達成型《オレンジ》パラダイムは組織を機械と考えるが、これは還元主義的な科学と工業化時代からの遺物である。私たちは組織について語るときに工学の専門用語を用いることが多い。これは今日の世界において（無意識のことが多いとはいえ）私たちがいかにこの比喩にとらわれているかを表している。思いつくだけでも、「ユニット（units）」「層《レイヤー》（layers）」、「アウトプット（outputs）」「効率性（efficiency）」「有効性（effectiveness）」「レバーを引く（pulling the lever）」「針を動かす（moving the needle）★」「アクセルを踏む（accelerating）」「ブレーキをかける（hitting the brake）」「問題にスコープする（scope problems）」「解決策を比較する（scaling solutions）」「情報フロー（information flow）」「ボトルネック（bottleneck）」「リエンジニアリング（reengineering）」「ダウンサイジング（downsizing）」といった言い方がある。リーダーやコンサルタントは、組織を「デザイン（design）」する。人材は機械の歯車のように、グラフ上に慎重に並べられる「経営資源」でなければならない。変更や交代は「青写真」の上で入念に計画され、その後計画に従って慎重に「配置」されるべきものなのだ。機械仕掛けの一部が予想したリズムを下回って動くと、恐らくそれは「ソフトな」「介入」（臨時のチーム作り）のタイミングなのかもしれない。車輪の動きをスムーズにするためにオイルをさすのと同じである。

★「目立った変化をもたらす」という意味。

組織を機械にたとえることは一見人間味のないことのように響くが、達成型《オレンジ》組織の躍動的な性格を示すことでもある（これに対し順応型《アンバー》組織では、組織はルールと階層制によってガチガチに縛られた固定的な存在と考えられている）。達成型《オレンジ》組織にはエネルギー、創造性、イノベーションの余地がある。同時に、組織を機械にたとえることで、これらの組織が、どんなに活発であったとしても、生気も魂もないと感じられる場合もあるだろう。

どのパラダイムにも、その世界観に適切なリーダーシップのスタイルがある。衝動型《レッド》パラダイムは高圧的なリーダーを、順応型《アンバー》パラダイムは家父長的な権威主義を求める。達成型《オレンジ》パラダイムの求めるリーダーシップは、やはり組織を機械に見立て、経営を工学的な視点から眺めようとする。この段階《ステージ》のリーダーシップは、たいていは目標重視型で、目に見える問題を解決することに集中し、人間関係よりも業務遂行を優先させる。公平無私な合理性に価値を置き、感情に流されないよう用心し、意味や目的を疑問視することになじめない。

達成型《オレンジ》の影

どのようなパラダイムにも言えることだが、光に照らされる場所が広いほど暗い場所も広くなる。達成型《オレンジ》パラダイムの影の一つが「イノベーションの行き過ぎ」だ。基本的欲求の大半が満たされると、企業は次第にニーズをつくり出そうとし、私たちが本当には必要としていないもの（所有物、最新のファッション、若々しい肉体）が増えるほど幸せになれるという幻想を人々の間に膨らませようとする。でっちあげられたニーズに基づくこうした経済の多くが、金融的にも生態学的にも持続できないことが、次第に明らかとなり、成長

成功をめざす者は、どんなときも幸せのイメージを思い浮かべなければならない、というのが私の哲学だ。
――映画『アメリカン・ビューティー』に出てくる不動産王バディ・ケーンの言葉

のために成長を求めるという段階に来てしまった。これは医学用語では単純に癌《がん》と呼ばれる状況である。

成功が金銭と賞賛だけで測られると、もう一つの影が現れる。成長と利益だけが重要で、トップに到達する人生だけが成功だとしたら、私たちは人生の中に空虚感を見いだすことになる。中年の危機は達成型《オレンジ》組織に典型的に見られる疾病だ。中年期にいる人は、二〇年にわたって成功ゲームに参加し、厳しい競争社会を戦ってきた。そして今、自分がトップにはたどりつけないこと、あるいはトップになることがすべてではないことに気づいたのだ。原則的には、達成型《オレンジ》組織での仕事は、自己実現のための手段になり得る。しかし、何もかもが目標や数値、進捗状況と最終期限に落とし込まれ、さらには別のプログラムへの変更や部門間の調整といったことが何年も続くと、そもそも仕事の意味は何なのかと疑問を持ち、もっと別のことを望む人々が現れる。

この一〇年に起こった企業のスキャンダルを見ると、現代の組織が抱える最も明白な影は、個人と集団の強欲だと言いたくなる人もいるだろう。少数の最高経営責任者（CEO）が自らの報酬を引き上げ、自分たちに有利なルールを作らせようとロビー活動に精を出し、税金の支払いを極力逃れようと各国の政府に働きかけ、がむしゃらに業界を支配しようとし、取引先や顧客、従業員に対して権力を乱用するのだ。

多元型《グリーン》パラダイム[10]

達成型《オレンジ》パラダイムは、順応型《アンバー》パラダイムの絶対的な善悪を「成果があるかないか」という基準に置き換える。多元型《グリーン》の世界観は、この考え方もまだ単純すぎると考える。人生には、成功か失敗か以上の意味がある。

多元型《グリーン》パラダイムは、人々や社会に対する達成型《オレンジ》パラダイムの影を十分に意識している。それは物質主義、社会的不平等、コミュニティーの喪失だ。

　多元型《グリーン》は人々の感情にきわめて敏感だ。あらゆる考え方は等しく尊重されるべきであり、公平、平等、調和、コミュニティー、協力、コンセンサスを求める。この見方に基づいて自発的に動くには、だれとでも密接で協調的なつながりを築くよう努力しなければならない。達成型《オレンジ》が世界中心的なスタンスを約束したのに対し、多元型《グリーン》はその約束をうまく利用したいと考える。個人は古くからの決まり切った役割という監獄からだけでなく、世襲的な身分、社会階級、家父長制、組織化された宗教団体、そして打倒すべきその他の組織上のニーズから解放されなければならない。一八世紀後半から一九世紀の工業国では、多元型《グリーン》パラダイムに従って活動しているごく少数の人たちが、奴隷制の廃止や女性の解放、政教分離、宗教の自由、そして民主主義を唱え始めた。ケン・ウィルバーは次のように説明する。

> 理性と世界中心的な倫理への移行にともなって、現代の解放運動が興ってきた。奴隷、女性、不可触賤民の解放である。自分または自分の部族、自分の種族、自分の神話、自分の宗教にとって何が正しいかではなく、人種、性別、階級、あるいは信条にかかわらず、すべての人間にとって何が公正で、適正で、正しいかが問題になってきた。
>
> 　そうして、一七八八年から一八八八年ぐらいまでのわずか一〇〇年ほどの間に、地球上のあらゆる合理的な工業社会で奴隷制は非合法となり、廃絶された。前慣習的／自己中心的（衝動型《レッド》）および慣習的／自民族中心的（順応型《アンバー》）な倫理観では、奴隷制は完全に容認できるものだ。なぜなら、尊厳と価値の平等

はすべての人間に適用されるのではなく、自分たちの部族、種族、または、自分たちが選んだ神に適用されるものだからだ。ところが、脱慣習的な立場からすれば、奴隷制はまったく間違いで、許されないのである。★

ほとんど同じ理由で、まさに無数の解放運動が始まった時期、通常は一七九二年のウルストンクラフトが『女性の権利の擁護』を出版したときからと言われるが、全文化的規模でのフェミニズムと女性解放運動が見られた。

（そして、民主主義も）大規模だった点で根本的に新しい運動だった。古代ギリシャの民主主義にはこうした普遍主義のかけらもなかった。ギリシャの「民主主義」では、三人に一人が奴隷だったし、女性と子どもも実質上同様の扱いを受けていた。農業という基盤は、奴隷の解放を支持することができないのだ。[11]

一八世紀後半から一九世紀には少数のエリートのものだった多元型《グリーン》のパラダイムは、後の西洋思想の土台となった。二〇世紀に入ると、このパラダイムに染まった人々の数が着実に増えていき、一九六〇年代と七〇年代には反体制文化の中で声高に賞賛する人々も現れた。達成型《オレンジ》組織が今日の企業や政治において支配的であるのに対し、多元型《グリーン》はポストモダンの学術思考、非営利組織、社会事業家、地域社会活動家の中によく見られる。

この見方に立って仕事をしている人々にとっては、仕事の成果よりも人間関係の方が価値は高い。たとえば、達成型《オレンジ》組織は、客観的な事実、専門家からの助言、シミュレーションなどに基づいてトップダウンで意

★　前／脱慣習的……人間の判断は前慣習的（法に従う）、慣習的（法を維持する）、脱慣習的（良心に従う、法をつくる）の3段階を持つという、倫理性の発達理論に関するローレンス・コールバーグ（アメリカの心理学者）の用語。

思決定をしようとする。これに対して、多元型《グリーン》組織はボトムアップのプロセスを模索する。さまざまに対立する見解をなるべく多く集めて、最終的にはメンバーの総意に基づく決断を目指す。達成型《オレンジ》組織が明確なリーダーシップをほめたたえるのに対し、多元型《グリーン》組織では、リーダーは自分が率いる人たちのために奉仕すべきだと主張する。その基本スタンスは気高い——寛容で、他人の気持ちを理解し、相手への思いやりがある。この世界では不平等や貧困、差別が続いている。だからこそ人生には自己中心的なキャリアや成功の追求よりも大事なことがなければならない、と主張する。

ところが、この段階《ステージ》には明白な矛盾がある。あらゆる考え方は平等に扱われるべきだ、という立場になると、だれかが多元型《グリーン》パラダイムの寛容性を悪用してとんでもないアイデアを提案してきたときにも、平等に扱わなければならないことになってしまう。多元型《グリーン》が兄弟を愛するような気持ちで何かを差し出しても、自己中心的な衝動型《レッド》からはもちろん、確実さを求める順応型《アンバー》からも、多元型《グリーン》を理想主義と考え軽蔑する達成型《オレンジ》からも何かが返ってくることはほとんどない。ルールに対する多元型《グリーン》の関係は曖昧で矛盾している。ルールは常に、最終的には裁量によって決まる不公平なものなのだ。しかしルールを全部なくしてしまうと現実は回らず、権利の乱用が始まる。多元型《グリーン》は古い構造を壊すには強力な力を発揮するが、実践的な対案をつくりだすのはそれほど得意ではない。

多元型《グリーン》組織

多元型《グリーン》の視点は権力や階層とはなじまない。理想的には、どちらもなくしてしまいたいと思っている

現代に生きる私たちは、これまで以上に生きる手段をいろいろ手に入れたが、生きる意味を見失っている。
——ヴィクトール・フランクル

だろう。順応型《アンバー》と達成型《オレンジ》のモデルを捨てて、このあまりに過激な段階《ステージ》を白紙状態から始めようとした人々もいる。**「権力の不平等によって、トップの人々がいつも最下層にいる人々を統治する結果になるのなら、階級を廃止して、全員に平等な権力を与えることにしよう。すべての社員が平等に会社を所有し、だれもリーダーシップの地位を握ることなく、あらゆることをコンセンサスで（あるいはもし必要であれば、順番にリーダーシップを握ることにして）決めようじゃないか」**というわけだ。

たとえば、産業革命の結果生み出されたとんでもない不平等をなんとかしようとした、一九世紀後半から二〇世紀初頭の共同体運動の中に、あるいは一九六〇年代のコミューンの中に、（当時の反体制文化に触発されて）先に述べた考え方に従って新しい未来をつくろうという実験が行われた。今から振り返ると、こうした極端な平等主義が一定期間、十分と言えるほどの規模で成功した事例はなかった[12]。かなりの大人数でコンセンサスを形成することは、そもそも難しいのだ。そんなことをすれば、まず間違いなく激しい言い争いになって、ついには行き詰まるのが落ちである。その反動で、舞台裏では権力闘争が勃発し、物事を前に進めようとする試みが始まる。権力とは、なくそうとしてもそう簡単にはなくなるものではない。ギリシャ神話に出てくるヒドラのように、頭を一つ切り落としても、どこか別のところから代わりの頭が飛び出してくる。

極端な平等主義を採用すると、袋小路に入り込んでしまうのだ。しかし、多元型《グリーン》組織は、それ以前の発達段階《ステージ》と同じく、突破口のある独自のモデルを生み出し、一つ前の達成型《オレンジ》モデルから三つの点で飛躍的な発展を遂げた。ここ数十年で最も有名で成功してきた会社の中からは、サウスウエスト航空、ベン&ジェリーズ、ザ・コンテナ・ストアなど、多元型《グリーン》パラダイムの慣行と文化に基づいて経営されている例をいくつも挙げることができる。

多元型《グリーン》組織の特徴①　権限の委譲

多元型《グリーン》組織は達成型《オレンジ》組織の実力主義に基づく階層構造を残しているのだが、意思決定の大半を最前線の社員にまかせている。社員たちは、経営陣の承認を得ることなく重要な意思決定ができる。現場にいる人々は、圧倒的多数の小さな日々の問題に接している。だからこそ、専門家が現場からはるか彼方で組み立てるよりも、素晴らしい解決策を見つけられるはずだ。そういう信頼を寄せられている。たとえば、サウスウエスト航空のグラウンドスタッフ★のチームは、自らの創意工夫で乗客の抱えた問題に向き合う権限を与えられている。グラウンドスタッフがルールブックを超えた活動を認められている航空会社はほかにない。

分権化と権限委譲を大規模に行うことは生易しいことではない。トップとミドルのマネジャー層は権力を事実上分け合い、一定の統制力をあきらめることが求められる。これをうまく機能させるため、経営幹部や中間管理職を担う人々に対して期待する多元型《グリーン》のリーダーシップのあり方を、明確に描き出す必要があった。多元型《グリーン》組織のリーダーたちは、（達成型《オレンジ》組織のリーダーのように）問題を公平に解決できるだけではだめで、部下に耳を傾け、権限を委譲し、動機づけ、育てる**サーバント・リーダー**にならなければならない。そして、サーバント・リーダーを育てるにはかなりの時間と労力がかかる。

▼ 管理職候補は、**「権力を分担する用意ができているのか？」「謙虚に組織やチームを引っ張っていけるのか？」**といった点から心構えと態度を徹底的に審査される。

▼ 教育予算のうちのかなりの割合を投じて、新任マネジャーにサーバント・リーダーとしての心構えと

★ 地上勤務職員。

スキルを教える多元型《グリーン》組織が多い。

▼マネジャーは三六〇度フィードバックに基づいて評価される。上司は部下に対する説明責任があるからだ。

▼革新的な企業の中には、マネジャーが上司からではなく部下から指名されるところもある。つまり部下になる人々が候補者にインタビューをしたうえで自分たちの上司を選ぶ。[13] この方式を採用すると、必然的にマネジャーはサーバント・リーダーとして行動するようになる。

多元型《グリーン》組織の特徴② 価値観を重視する文化と心を揺さぶるような存在目的

強烈な文化が共有されていないと、権限委譲を前提とした組織をまとめるのは難しい。現場の最前線にいる社員が、がんじがらめのルールではなく、組織で共有されているさまざまな価値観に包まれて、正しい判断をする者として信頼される。

共有価値《シェアード・バリュー》という概念に幻滅してしまい、馬鹿にする人々がいることは確かだ。というのも、達成型《オレンジ》組織は時流を追わなければならないという義務感にとらわれるようになるからだ。一連の価値観を定め、それらをオフィスの壁や会社のウェブサイトに掲げたとしても、利益の観点から都合が悪くなると、あっさり無視してしまう。けれども、リーダーが共有価値《シェアード・バリュー》に心から従っているような多元型《グリーン》組織に入ると、従業員は自分たちが敬意をもって扱われていると感じ、権限を得て組織に貢献するという、驚くほど生き生きとした文化に出会うだろう。それが素晴らしい成果につながることも多い。各社の調査結果を見ても、価値観を重視する組織の業績は、同業他社を圧倒しているようだ。[14]

多くの多元型組織《グリーン》が、活動の核心部分に人々の心を揺るがすような目的を設定している。サウスウエスト航空は、自社が単に運送事業に携わっているのではなく、「自由」のビジネスを手がけているのだと主張する。乗客は、サウスウエスト航空の低料金がなければ行けなかったはずの場所に行けるようになる。自分たちの会社は、その手伝いをしている、というのである。ベン&ジェリーズといえば単なるアイスクリームのメーカーではなく、環境保護にも深く関わっている企業の代名詞だ。

達成型《オレンジ》組織では、戦略と執行が絶対である。多元型《グリーン》組織で最も重要なのは、その会社の文化だ。多元型《グリーン》組織のCEOは、企業文化と共有価値《シェアード・バリュー》を育てて守ることが、最も重要な仕事だと述べる。文化を重視する活動では、HR部門が中心的な役割を担う。HR部門のディレクターは、経営チームの中で影響力を持ち、CEOの相談相手にもなる人物であることが多く、研修や文化活動、三六〇度フィードバック、後継者選び、社員のモラル調査など、社員中心主義に基づいたさまざまな取り組みをつかさどっている。

多元型《グリーン》組織の特徴③　多数のステークホルダーの視点を生かす

営利企業は、株主の視点で経営されるべきだ、と達成型《オレンジ》パラダイムは考える。すなわち経営者の第一の（唯一の、と主張する人もいる）義務は、株主の利益を最大化することだ、というのである。アダム・スミスの「見えざる手」は、投資家を最優先するというスタンスが、長期的に見ればあらゆるステークホルダーの利益になることを説明するときによく引き合いに出される。しかし、ステークホルダーをそのように階層化して考えるべきではない、と多元型《グリーン》組織は主張する。企業は投資家だけに責任を負うのではなく、経営者、従業員、顧客、サプライヤー、地域社会、社会全体、そして環境に対する責任も負っている。リーダーの役割

文化は戦略を容易に打ち負かす。
——ピーター・ドラッカー

は、相反するさまざまな条件を調整してすべてのステークホルダーを幸福にすることだととらえる。

今日は、大組織であればどこもCSR（企業の社会的責任）の報告書を発行することになっている。多元型《グリーン》組織は、自社の社会的責任を果たすことがビジネスの中心であると考える。一方、達成型《オレンジ》組織はそのような報告書の作成を面倒な義務だとみなすことが多い。社会的責任は、企業のミッションの中心になることも多く、イノベーションを起こし、よき企業市民になろうという意欲を高める動機づけにもなる。多元型《グリーン》組織は開発途上国のサプライヤーと協力して労働条件の改善に取り組み、児童労働を防ぎ、二酸化炭素排出量を削減し、使用する水の量を減らし、自社製品のリサイクルや包装の削減に努力する。「ステークホルダーの視点」は短期的にはコストが高くつくかもしれないが、長期的には株主も含むあらゆる関係者にとって優れた結果をもたらすはずである。

指針となる比喩《メタファー》としての「家族」

達成型《オレンジ》パラダイムは組織を機械とみているが、ほとんどの多元型《グリーン》組織は自社を家族にたとえる。多元型《グリーン》組織のリーダーたちの発言に耳を傾けると、「家族」という言葉がそこかしこに聞こえるはずだ。**「従業員は同じ家族の一員」「皆が一緒」「お互いに助け合う」「お互いのために存在している」**といったように。

サウスウエスト航空（SWA）には「サウスウエスト・ウエイ」としての「奉仕の心」を示すために八つの命令がある。その一つが「SWAファミリーであることを受け入れる」だ。

透析センターの運営業者として業界をリードするダビータは、多元型《グリーン》組織の諸原則と慣行を一貫して実践している企業だ。[15] 同社は「コミュニティー」という比喩を使い、徹底してこの考え方を実践している。大企業であるにもかかわらず、自社のことを「ビレッジ」（村）、四万一〇〇〇人の従業員のことを「市民」と呼ぶ。本社はスペイン語で家を意味する「カーサ（Casa）」を使って「カーサ・ダビータ」（我が家ダビータ）として知られている。そして会長兼CEOであるケント・ティリは、「ビレッジの市長」と呼ばれている。なおティリは一九九九年に実質的に倒産していた同社を立ち直らせ、社内に多元型《グリーン》文化を持ち込んで現在の成功をもたらした立役者だ。

「衝動型《レッド》」から「多元型《グリーン》」へ——組織モデルの共存

私たちが知っている「組織」とは、実は極めて新しい現象を指している。人類はその誕生以来のほとんどの期間を、狩りと採集で忙しく過ごしてきた。大量の電子メールで右往左往することも、うんざりするほど長い予算会議に悩まされることもなかったはずだ。長い人類の歴史からみれば、私たちが農業中心の生活に変わったのはそれほど昔のことではなく、そのときでさえ「組織」は家族を大きく超える存在ではなかった。産業革命の時代になって、初めて組織は大規模な「人的資源」を雇用し始めた。経営学が学問分野の一つとして本格的な研究対象になったのは、この五〇年程度の話だ。

人の意識と組織に対する認識の連続的な発達段階《ステージ》を縦軸に、時間を横軸にして並べてみると、驚くべき事実が判明する。進化は加速しており、加速のスピードも増しているように見えるのだ。このトレンドがこのまま続くと、私たちが生きている間に多元型《グリーン》組織から一～二段階先の組織が現れるかもしれない。

この図は、興味深いもう一つの現象を明らかにしてくれる。人類の歴史の中で、これだけ多くのパラダイムを持つ人々が同時代に生きていたことはないという事実だ。これは組織についても言える。注意して見てみると、同じ町の中に、衝動型《レッド》、順応型《アンバー》、達成型《オレンジ》、多元型《グリーン》組織が隣り合わせに活動していることがわかるだろう。

ごく一般的な言い方をすれば、先進国の場合、衝動型《レッド》組織は合法的活動から逸脱した分野でしか生息できない。順応型《アンバー》組織は現在も行政機関、軍隊、宗教団体、公立学校に相当見いだせる。達成型《オレンジ》組織は、明らかに民間企業（金融機関から事業会社まで）に圧倒的に見られる組織形態だ。多元型《グリーン》組織で実践されているさまざまな活動は次第に勢力を増しており、今や非営利組織ばかりでなく、営利企業にまで及んでいる。次ページの表は、四つの組織モデルの内容、各モデルの特徴、特徴的な比喩をまとめたものだ。そして新しい組織モデルは、恐らくこの表を出発点にまもなく出現するだろう。

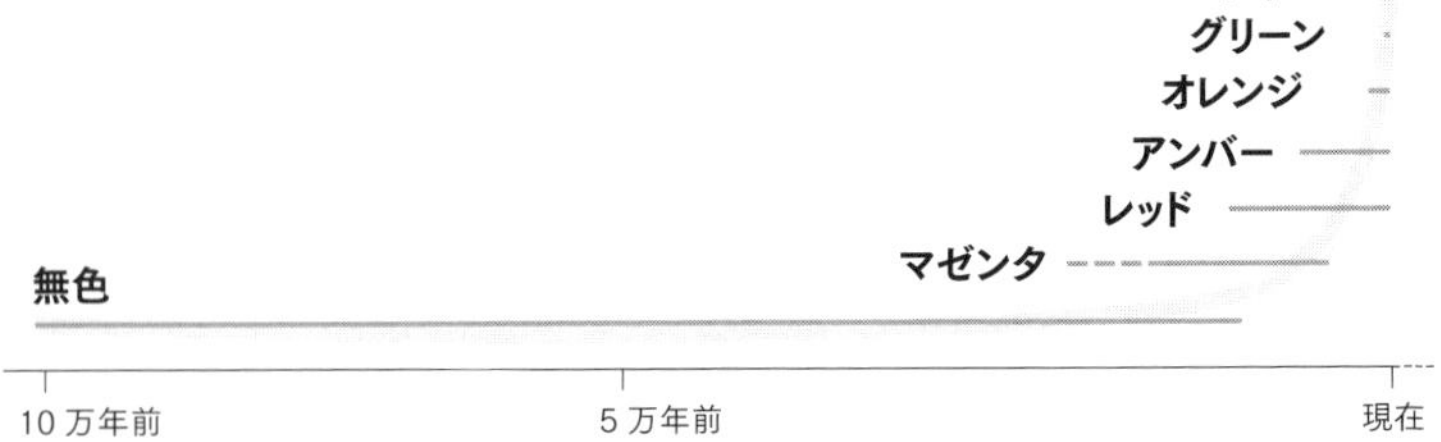

	現代に見られる事例	主な特徴	指針となる比喩（メタファー）
衝動型組織《レッド》 集団をまとめるために組織のトップは常に暴力を行使。 組織をつなぎとめるのは恐怖。 環境変化に対して極めて受動的で、短期志向で混乱には強い。	・マフィア ・ギャング ・部族の民兵	・労働分担 ・指揮権限	・オオカミの群れ
順応型組織《アンバー》 ピラミッド型の階層構造に適用される極めて型にはまった役割。 トップダウンによる指揮命令（何をするのかも、どうするのかも上が決める）。 厳格なプロセスにより何よりも「安定」が重視される。 未来は過去の繰り返し。	・カトリック教会 ・軍隊 ・大半の行政機関 ・公立学校のシステム	・「正式（フォーマル）」な役割（安定した大きな階級組織） ・プロセス（長期的視点）	・軍隊
達成型組織《オレンジ》 目標は競争に勝つこと。利益を獲得し、成長を目指す。 前進するための鍵はイノベーション。 目標達成のための経営（何をするのかは上が決める。どうするかは自由）。	・多国籍企業 ・チャーター・スクール（市民主導による公立学校）	・イノベーション ・説明責任 ・実力主義	・機械
多元型組織《グリーン》 古典的なプラミッド組織の中で、文化と権限委譲を重視して、従業員のモチベーションを驚くほど高める。	・文化重視の組織（サウスウエスト航空、ベン＆ジェリーズなど）	・権限の委譲 ・価値観を重視する文化 ・ステークホルダー・モデル	・家族
進化型パラダイム《ティール》	?	?	?

第2章

発達段階《ステージ》について

青年は幼児に比べて「良い」人間というわけではない。それと同じように、高い発達レベルにいる方が本質的に「良い」わけでは全くない。けれども、青年の方が幼児よりも多くのことをできるという事実は残る。というのも、幼児よりは高度に物を考えられるからだ。どのような発達レベルでも、問題はそのレベルが目の前の仕事に適切かどうか、ということなのだ。

ニック・ピートリー

もう一つ先の進化型《ティール》パラダイムについて考察する前に、一度立ち止まってみたい。人間の進化プロセスへの理解を深め、誤解を避けるためにある程度詳しく説明しておくのも有益かもしれない。「ヒトは段階的に進化する」という考え方に初めて接するとその魅力に惹かれてしまい、現実を単純化しすぎて何もかも進化モデルに当てはめようとする人々が現れることがある。一方で、全く逆の反応を示す人々もいる。モデルは人にレッテルを貼り、さまざまな箱に分類するために使われるかもしれないと感じて不愉快になるのだ。

　まずは予想される誤解を解くことにしよう。段階的に進化していくという発想は、人間同士の優劣を示唆しているのではないか、と受け取るのは実にもっともな懸念である。ある集団が他の集団よりも「優れている」という名のもとに、人類は植民地主義、奴隷制度、人種差別、性差別などを通じて互いを大いに傷つけ合ってきたからだ。

　人の意識は段階的に進化する。これは否定しようのない事実だ。しかし進歩には段階があるという現実が問題なのではない。そこにある階段を私たちがどう見るか、なのだ。ある段階がその前の段階よりも「良い」「優れている」と考え始めると面倒なことになる。むしろ、世界に対処するうえでの「より複雑な」方法なのだ、と解釈する方が有益だと思われる。たとえば、多元型《グリーン》組織で働く人は、衝動型《レッド》組織にいる人では到底できない方法で対立する意見をうまくまとめられるだろう。同時に、どの段階にもそれぞれの光と影、健全な面と不健全な面がある。たとえば、達成型《オレンジ》パラダイムに伴う近代化は、それ以前の組織形態では決して成し得なかった方法で地球に害を与えた。

　発達段階《ステージ》を一面的に判断しないための別の方法は、それぞれの段階《ステージ》が特定の文脈によく順応していると認めることである。内乱が起こって暴徒に家を襲われると、自分たちを守ろうと考え動くためには衝動型《レッド》パラダイムが最も適当だろう。一方、脱産業化社会が実現した平和な時代にあっては、衝動型《レッド》パラダイムはそのあとに現れたほかのパラダイムほど機能しない。

人類の進化の複雑さ

段階《ステージ》と色に関する議論は、現実の抽象化にすぎない。領域を単純化して表す地図のようなものだ。「色」は、込み入った現実の理解を促すための区分を示してくれるにすぎず、現実を完全に描写しているわけではない。前章では人類の進化を大急ぎで紹介したが、各段階《ステージ》を一つ一つ説明したので、人々（あるいは社会全体）は単に一つのパラダイムにきちんと収まって活動しているかのような印象を与えたかもしれない。しかし、私たち人類は恐ろしいほどに込み入った存在で、一つの段階に収束できるものではない（全く困ったことに！）。背景には次のような理由がある。

▼どのパラダイムも前のパラダイムを内包し、それを超えている。たとえば、達成型《オレンジ》パラダイムに基づいて行動するようになったとしても、時と場合によっては順応型《アンバー》や衝動型《レッド》のパラダイムで行動する能力を持っているということだ。逆もまた真という側面もある。たとえば、多元型《グリーン》パラダイムに従って行動している人々に囲まれている場合、自分がそのパラダイムを十分に吸収していなくても一時的に多元型《グリーン》の行動を取るかもしれない。

▼認知面、倫理面、心理面、社会面、精神面など、人の発達にはいくつもの次元があって、必ずしもそのすべてが同じペースで成長するわけではない。たとえば、達成型《オレンジ》の認知能力を身につけて、革新的なビジネスに取り組んでいながら、精神面では順応型《アンバー》のキリスト教原理主義を信奉しているかもしれない。

そのため、特定の個人を指してその人の全体が「多元型《グリーン》」「達成型《オレンジ》」あるいは「順応型《アンバー》」と決めつけたくはない。せいぜい言えるのは（そして私はこの言い方に極力こだわりたいのだが）、**人はある特定の瞬間に、ある一つのパラダイムに「基づいて活動している」**ということだろう。発達心理学者クレア・グレイブスの弟子であるドン・ベックはこの点について鋭い比喩を使って説明している。「進化を音楽にたとえると、発達段階《ステージ》は一定の周波数で振動している音符のようなものだ。人は、さまざまな音符をたどって演奏できる弦楽器である。どこまでの範囲の音符を演奏できるかは、自分たちが調整できる弦の張り具合による」

なお、同じ発達段階《ステージ》のパラダイムに基づいて活動している（つまり、同じ音符を演奏している）人々は一定の認知的、倫理的、あるいは心理的特徴を共有しているにもかかわらず、人によって世界がかなり異なって見えるかもしれない、という点は押さえておくべきだ。保守的なキリスト教原理主義者と革新的な労働組合のリーダーはいずれも順応型《アンバー》パラダイムに基づいて活動しているかもしれないが、ほぼすべての問題について異なる結論に達するだろう。見かけは派手なウォール街のトレーダー、内向的な科学者、そして流行の最先端にいるグラフィック・デザイナーは、いずれも達成型《オレンジ》もしくは、順応型《アンバー》パラダイムを通して世界を見ているはずだが、カクテル・パーティーに参加してもそれほど共通の話題はないだろう。私たちは、自分が今いる場所よりも一段次の段階《ステージ》からの視点を吸収して垂直的に発展することができるが、ある段階《ステージ》の中でも同じくらい水平的に発達する余地も大いにあるのだ（たとえば同じ順応型《アンバー》パラダイムの中でも、不寛容で偏狭な段階《ステージ》から寛容で開放的な段階《ステージ》に移動できる）。

別の段階《ステージ》に移行する

人の意識がもう一段次の、より複雑な段階《ステージ》に発達するきっかけは何なのだろう? 研究によると、成長のきっかけは常に、現在の世界観からは解決できない人生の大きな試練という形でやってくる。そのような試練に向き合うアプローチは、二つありうる。問題を解決するための複雑な視点を持つように成長するか、現在の世界観にこだわって(あるいはもっと単純で安心できる以前の世界観に戻って)問題を無視しようとするかだ。

順応型《アンバー》から達成型《オレンジ》への移行を考えてみよう。人がいくつかの集団(家族、友人、職場、教会など)に忠誠心を抱いているときに集団同士の規範に矛盾が生じると、順応型《アンバー》の世界観が揺らいでしまう。何かが同時に正しくもあり、間違っていることなどありえない。その状況への反応としては、単純にどちらかのグループの信念を選んでもう一方のグループを拒絶するか、絶対的なルールがそもそも有効なのかを疑い始めることだ。

認知的にも、心理的にも、そして倫理的にも、新しい段階への移行は大変なことだ。以前には正しかったものを捨てて、新しい世界観を試す勇気が求められるからだ。しばらくは、何もかもが手探りで混乱しているように思えるかもしれない。孤独に感じ、友人や家族との親しい関係が崩れ、縁が切れることさえあるかもしれない。これまでに経験のない意識の段階《ステージ》に進もうとすることは、どんなときも非常に個人的で、独特で、やや神秘的なプロセスである。そのような経験はだれかに押しつけられるものであってはならない。いくら善意によるものであっても、意識の進化を強制などできない。コーチやコンサルタントが、いくら組織のリーダーに複雑な世界観を身に着けてもらいたいと願ったとしても、説得を通じて実現することなどできない。これは厳正な事実なのだ。できることは、次の段階《ステージ》への成長に役立つ環境をつくりだすことだ。自分よりも複雑な世界観をすでに獲得した仲間に囲まれ、安心して自分の心理的葛藤を探求できる環境が与えられると、その人が大きく成長できるチャンスが高い。[1]

発達段階《ステージ》を組織に当てはめる

組織に発達理論を適用するときには、単純化しすぎないように十分注意する必要がある。「この組織は何型ですか？　あの組織は？」と質問をされることがある。私は順応型《アンバー》、達成型《オレンジ》、多元型《グリーン》といった特定の発達段階《ステージ》で運営されている組織について説明するとき、常々注意していることがある。私が話しているのはシステムと組織文化であって、そこで働く人々についてではない、ということだ。ある組織の構造、慣行、文化的要素に目を向ければ、それらがどのような世界観を出発点としているかがたいてい分かる。報酬の問題を取り上げて具体的に説明しよう。

▼社長が思いつきで自由に給料を上げたり下げたりできるとしたら、それは衝動型《レッド》パラダイムの発想に近い。

▼組織における階級（あるいは資格）によって固定給が決められていれば、それは順応型《アンバー》のように見える。

▼個人ごとに目標を管理し、達成すれば報酬アップで報いるシステムは、達成型《オレンジ》の世界観に基づいていると考えてよいだろう。

▼チーム単位のボーナスを重視するのなら多元型《グリーン》だ。

人生で出会う課題はどれも分かれ道だ。どちらの道を選ぶのか——後退するか、前進するか、挫折するのか、突き抜けるかだ。

——イフェアニ・エノク・オヌオハ

報酬だけではなく、組織のあらゆる構造、慣行、文化をこうした観点から見てみると、それらはさまざまな発達段階《ステージ》の中にバラバラにちらばっているのではなく、一つの段階《ステージ》の周辺に集まっていることがわかる。つまりある段階《ステージ》があたかもその組織の重心のような存在となり、組織内のほとんどの慣行を決めているのだ。私が、たとえば「達成型組織《オレンジ》」と言うとき、この重心について語っている。ただし、その職場のあらゆる行動や交流が達成型《オレンジ》パラダイムに従っている、あるいはその組織に働くすべての人が達成型《オレンジ》の観点に基づいて活動していることを意味しているわけではない。そのような組織などあり得ない。いつ、どのようなときでも、さまざまな段階《ステージ》の組織のさまざまな人々が日々活動し、互いに交流しているのだ。「達成型組織《オレンジ》」という用語は、組織の構造、慣行、プロセスの大半が達成型《オレンジ》パラダイムによって形成されているということだ。

大きな組織では、部門や地域が異なると、重心の位置もそれぞれ異なるかもしれない。典型的な例を紹介しよう。大規模な多国籍企業の場合、本部がほぼ達成型《オレンジ》パラダイムに従って運営され、一部の工場が順応型《アンバー》に偏っているケースは十分にありえる。したがって、私たちはあまり単純化しすぎず、「何々型」というレッテルが何に当てはまるのか、そして何には当てはまらないのかを明確にするよう注意すべきだ。

リーダーシップ

組織の発達段階《ステージ》を決める要因は何か？　それは、リーダーがどの段階のパラダイムを通して世界を見ているかによる。意識しているかどうかは別として、リーダーは自らが合理的だと考える組織構造、慣行、文化

あるツールを使うと、そのツールに組み込まれた経営哲学も採用していることになる。
——クレイ・シャーキー

を整える。言い換えれば、自分が世の中と関わっていくときの、自分のやり方に合った組織をつくろうとする。

つまり、どんな組織もリーダーの発達段階《ステージ》を超えて進化することはできないのだ。共有価値《シェアード・バリュー》やミッションステートメントがどう決まっていくかを見ると、組織の性格がよくわかる。こうした活動はかなり普及しており、達成型《オレンジ》組織のリーダーたちは、特別チームをつくって何らかの価値観やミッションステートメントをひねり出さなければならないと次第に強く感じるようになっている。しかし、組織が多元型《グリーン》パラダイムに達していないと、価値観とミッションステートメントに照らして判断をしても意味がない。なぜなら、達成型《オレンジ》組織における意思決定の基準は、成功するかしないかだからだ。「売上高か利益か、どちらかで結果を出そう」というわけだ。達成型《オレンジ》組織では、リーダーは口先では社員の価値観を支持するかもしれない。しかし利益か価値観のどちらかを選ばなければならない局面では、まず間違いなく前者を選ぶだろう。そのリーダーは、次の発達段階《ステージ》で生まれる慣行や文化（このケースの場合は価値観を重視する文化）を支えられないのである。[2]

自分の意識段階《ステージ》に引き寄せようとするリーダーたちの力には二つの方向性がある。次の段階《ステージ》での慣行を「後退させる」（先ほどの例のように意味のないものにしてしまう）か、前の段階《ステージ》の慣行を力強く「前進させる」かだ。リーダーたちが組織の構造、慣行、文化を整えると、そこで働く従業員は、以前は個人として十分吸収できなかった複雑なパラダイムの行動を取りやすくなる。

たとえば私がもっぱら順応型《アンバー》パラダイムの視点から世の中を見ているミドル・マネジャーだったとしよう。部下と接するときの私の自然なスタイルは上意下達的な傾向が強く、部下が何をどのようになすべきかを

物事に対する見方を変えると、
見ている物の方が変わる。
――ウエイン・ダイアー

事細かく指示するはずだ。

しかし、多元型《グリーン》組織のマネジャーなら、部下には極力権限を委譲してほしいという要請をトップから受けるはずだ。ほかのマネジャーを見てみると、部下にかなりの自由裁量を与えていることに気づく。年に二回、私は三六〇度フィードバックの評価を受ける。直属の部下も評価者の一人となって、私が権限委譲をどのようにうまく行っているかを指摘される（これが私のボーナスに影響を及ぼす可能性がある）。そして、半年ごとにチームメンバーと膝を突き合わせて、チームが組織に生きている会社の価値（権限委譲を含む）に沿った行動ができているかを対話する機会を設けるように求められる。多元型《グリーン》組織の文化と慣行というある種強烈な環境の中に入ると、私は多元型《グリーン》パラダイムのスキルと行動をある程度支持するようになるだろう。周囲の環境が私の意識を引き上げてくれるので、もし放っておかれたらとうていできなかったような複雑な方法で、物事を進められるようになる。そして恐らく、時間がたつうちに、私の側に準備ができていれば、その環境のおかげで新しいパラダイムの中に心から溶け込めるだろう。

これこそが組織の神髄だ。人々をその気にさせて実力以上の能力を引き出し、自分だけではできなかったはずの結果を成し遂げさせてしまうのだ。これは、近代化によって傷ついてしまった世界を癒やすために多元型《グリーン》組織と進化型《ティール》組織の意識を必要とする時代には希望となる見方である。

第3章 進化型《ティール》

二一世紀の最も輝かしい躍進は、テクノロジーではなく、人間とは何か、というコンセプトを拡大することによって成し遂げられるだろう。

ジョン・ネイスビッツ

人間の進化における次の段階《ステージ》は、マズローの「自己実現への欲求」に相当し、「本物の《オーセンティック》」、「統合的《インテグラル》」、あるいは（本書の言い方では）進化型《ティール》など、さまざまな呼び方をされてきた。[1] この段階《ステージ》は、マズローの欲求五段階説の最後の欲求とされているが（もっともマズローは晩年、もうひとつ上の「自己超越」段階があると発表した）、しかし他の研究者や思想家たちは、かなりの確信をもって人の進化はここで止まらないと主張した（付録②は、その後に続く段階《ステージ》を簡単に説明している）。いずれにせよ、研究者たちは、多元型《グリーン》から進化型《ティール》への移行が人の進化において極めて重要だという点で見解が一致している。さらに、グレイブと彼の支持者は多元型《グリーン》までの全段階《ステージ》を「第一段の」意識、進化型《ティール》から始まる段階《ステージ》を「第二段の」意識という用語を使って区別し、進化型《ティール》への発達の重要性を示そうとした。彼らによれば、「第一段」の段階（衝動型《レッド》、順応型《アンバー》、達成型《オレンジ》、多元型《グリーン》）にいる人々は、自分たちの世界観だけに価値があり、ほかの人々は取り返しがつかないほどに間違っていると考える。[2]進化型《ティール》パラダイムに移行して初めて、意識は進化すること、そして世界に対処するための複雑で洗練された方法に向かおうとする気運が高まっていることを認識するようになる（この段階《ステージ》を「進化型」としたのはこういうわけである）。

エゴを失う恐れを抑える

意識レベルが一段高くなると、世界をより広い視点から眺められるようになる。新しい視点を得るためには、それまで自分が埋没していた環境から自己を切り離さなければならない。たとえば、自分の欲求を衝動的に満たそうとする状態をうまく抑えられるような慣行や仕組みを習得すると、衝動型《レッド》から順応型《アンバー》に移行する。また、自分の属する集団の決まり事を拒否するようになると、順応型《アンバー》から達成型《オレンジ》に移行する。私たちが自分自身のエゴから自らを切り離せるようになると、進化型《ティール》への移行が起こる。自分のエゴを一定の距離を置いて眺めると、その恐れ、野心、願望がいかに自分の人生を突き動かしているかが見えてくる。支配したい、自分を好ましく見せたい、周囲になじみたいといった欲求を最小化する術を得る。もはや自分のエゴに埋没しておらず、自分の人生がエゴを失う恐れによって反射的に振り回されることはない。このプロセスの中で、私たちはほかの、自分自身の深い部分にある知恵に耳を傾けられるようになる。

恐れに置き換わるものは何だろう？　**人生の豊かさを信頼する能力だ。**私たちに古くから伝わるさまざまな知恵は、生き方の本質は二通りあるという深遠な真理を前提にしている。それは、「恐れと欠乏感にまみれた人生か、信頼と潤沢に満ちた人生か」というものだ。進化型《ティール》の視点を持つと、この大きな隔たりの間を横断し、人々や物事を支配したいという欲求を抑制できるようになる。予想外のことが起こっても、あるいは間違いを犯しても、物事はいつか好転し、そうでないときには、学び成長する機会を人生が与えてくれたのだと考えるようになる。

コンパスとしての隠れた正しさ

私たちがエゴに埋没していると、外的な要因（ほかの人々は何を考えているのか、どのような結果が達成できるのか）によって判断が左右されがちになる。衝動型《レッド》の観点では、**自分の欲しい物を獲得できる**判断こそが正しい。順応型《アンバー》では、判断を**社会規範への順応度に照らして**考える。家族、宗教、あるいは社会階層が正しいとみなす範囲を超える判断は、罪や恥となる。達成型《オレンジ》では、**効果**と**成功**が判断の基準だ。多元型《グリーン》の場合、物事は**（組織への）帰属意識**と**調和**を基準に判断される。

進化型《ティール》では、**意思決定の基準が外的なものから内的なものへと移行する。**自分の内面に照らして正しいかどうか、つまり「この判断は正しそうか？」「私は自分に正直になっているか？」「自分がなりたいと思っている理想の人物は同じように考えるだろうか？」「私はこの世界の役に立っているのだろうか？」を重視する。エゴを失う恐れが少ないので、一見危険に思える意思決定ができる。どんな結果になるのかをすべて考慮しなくても、内面の奥底にある確信に沿っているからだ。周囲からの反対に直面したり、成功しそうに

（進化型［ティール］パラダイムでは）エゴは絶対的な存在というよりは、相対的な存在になる。
——ビル・トルバート

ないと思われたりしても、「誠実さ」や「自分らしさ」という感覚を出発点に、本当は正しいとは思えない状況、自分が声を上げ、行動を起こさなければならない状況に対する感覚を養う。

進化型《ティール》では他人から認められること、成功、富、帰属意識は快楽的な体験であり、エゴを充足させる甘酸っぱい「わな」ととらえられる。そのため、それ以前の段階《ステージ》とは対照的に、優先順位が入れ替わる。良い人生を送るためには他人からの評価や成功、富、帰属意識を求めず、充実した人生を送るよう努める。他人から認められることや成功、富、愛は結果にすぎない。

人生は、自分の本当の姿を明らかにする旅

これ以前の段階《ステージ》では、愛や名声や成功を追い求めていくと、ゆっくりと、しかし確実に、私たちが（詩人メイ・サートンの言葉を借りれば）「他人の顔を身にまとう」ようになってしまう。進化型《ティール》パラダイムでは、内面の正しさを求める旅を続けると、自分が何者で、人生の目的は何か、という内省に駆り立てられる。人生の究極の目的は成功したり愛されたりすることではなく、自分自身の本当の姿を表現し、本当に自分らしい自分になるまで生き、生まれながら持っている才能や使命感を尊重し、人類やこの世界の役に立つことなのだ。進化型《ティール》パラダイムでは、人生とは自分たちの本当の姿を明らかにしていく個人的、集団的な行程と見られている。

一生懸命取り組めば何にでもなりたいものになれると言われる時代にあって、これはコペルニクス的転回である。「進化型《ティール》で行く」ことになると、人生の目標を設定して、どの方向に向かうべきかを決めるのでは

なく、人生を解放し、一体どのような人生を送りたいのかという内からの声に耳を傾けることを学ぶ。著作家であり、教育者、活動家でもあるパーカー・パーマーは、著書『人生に語りかけてもらいなさい』（未邦訳／*Let Your Life Speak*）の中で、この見方が人生と職業に及ぼす影響について美しく説明している。

職業とは何かを突き詰めていくと、「エゴ」の（本当は触れてほしくない）本音を覗くことになる。それは、だれもが日々意識している「自分」ではなく、器としての「自分」を通して人生を送ろうとしている、という事実である。

つまり私が「自分の人生」と呼ぶ、表面的な、職業の型（器）にはまった経験の下には、実はもっと深い、もっと真実の、本来なりたい自分が送るべき人生がある。この違いを感じ取るには、時間と過酷な経験が必要だ。[3]

この段階《ステージ》まで進んできた人々の多くは、瞑想、集中、武術、ヨガ、あるいは単に自然の中を歩くといった慣行を通じて静かな場所を見つけ、真実と指針を自分に語りかけてくれる内なる魂の声を耳にすることができる。このような見方で人生を見つめながら生活し、目的の深い意味に到達する個人は、恐れをまったく知らずに自分の使命を追求できる。自分のエゴを抑制し、挑戦せずに後悔するぐらいなら失敗するほうがましだと考える。クレア・グレイブスが進化型《ティール》パラダイムに従って活動している人を説明するときによく使うフレーズが、「大志を抱いているが、野心的ではない人」だ。

自分の本質に迫り、自分の使命に向かって努力するというのが彼らの原動力で、同じ見方をできない他の

今や私は自分自身になった。時間はかかった。多くの年月がかかり多くの場所を訪ねた。私は打ちのめされ、うろたえた。他人の顔を身にまとってきた。
——メイ・サートン

人々にとってみると、進化型《ティール》パラダイムで行動する人は、自分の個人的な成長を邪魔する人々を許せず、人生の目的と合わない状況を受け入れたくない人のように映るかもしれない。

強さの上に人生を築く

自分の深い内面と結びついていない人生の目標を設定すると、つまり他人の顔を身にまとっていると、私たちは自分自身の強さの中に立っていないことになる。必然的に、自分には何か欠けており、自分の弱みを克服しようとするか、あるべき自分になっていないのは自分または他人のせいだと非難することにやっきになってしまう。

人生を「自分の本当の姿を明らかにする行程」だととらえれば、自分の限界を現実のものとして冷静に見つめ、目に入るものを心穏やかにとらえることができる。人生とは、自分の中にもともと素養がないものに無理をしてなろうとすることではない。私たちはまた、周囲の人々や状況には何が足りないか、あるいは何が間違っているか、といったことではなく、そこに存在するもの、美しいもの、可能性に注意を向けるようになる。決めつけよりも思いやりと感謝を優先する。心理学者たちは、**「欠点を見る」のではなく「長所を生かす」というパラダイム変化が起こっている**と指摘する。これは経営から教育、心理学からヘルスケアなど、さまざまな分野でゆっくりと深く進行している。その出発点は、自分は人として、他人や周囲から解決してもらうことを待っている「問題」なのではなく、本質が明らかになることを待っている「可能性」なのだ、という前提である。

逆境に優雅に対処する

人生を発見の行程だと考えれば、人生で出遭う挫折や失敗、さまざまな障害に潔く対処できる。「この世の中に失敗などは存在しない。ただ自分自身や世界の奥底にある本当の姿に近づくための経験にすぎない」という精神的な悟りへの入口をつかむことができる。

これ以前の段階《ステージ》では、人生に立ちはだかる障害物（病気、ひどい上司、うまくいかない結婚生活）は、サイコロの悪い目、不運とみなされる。怒りや恥ずかしさ、他人を責める気持ちでこれらに向き合うと、他人ばかりでなく自分自身からも離れてしまう。

一方進化型《ティール》パラダイムでは、人生における障害物とは、自分自身とは何か、世界とは何かを学べるよい機会なのだ。エゴにとっては有益な防御壁だが、魂にとっては無能な教師となる怒り、恥ずかしさ、非難を素直に手放せる。そもそもこの問題の原因は自分にあったかもしれないと考え、そこから成長するには何を学べるだろうと調べてみる。進化型《ティール》より前のパラダイムでは、何もかもうまくいっていると自分に言い聞かせ、問題が大きくなり、雪崩になって初めて、人生の中で変化を無理やり受け入れる。現在の私たちは、人生の途上で遭遇する問題から学び、成長しながら、何度も何度も微調整を図ることが多い。多元型《グリーン》までの段階では、変化は個人レベルでは恐ろしいと感じられる。進化型《ティール》になると、個人的な成長の過程で経験する楽しい緊張となることが多い。

ある程度の謙虚さを持っていれば、自分には世界を支配できる能力がないことを受け入れられる。敗北も人生の一部なのだということも。私たちは逆境や苦しみを恐れない。新しい学びや成長、希望、そして新しい人生はそこから生まれるのだから。
——デニス・バーキ

理性の先の知恵

達成型《オレンジ》パラダイムでは、合理性が最も重視される。どの判断が最高の結果につながるかを追求する中で、合理性は絶対的な力を振るう。事実と論理的な理由がなければ、あらゆる見解は「非合理的」で、捨てられなければならない。しかし皮肉なことに、結果へのこだわりが現実を明確に見る能力を曇らせることも多い。複雑な判断を下すために必要な情報の山に囲まれると、自分の世界観や予測に反する情報を見落としがちになる。情報が壁いっぱいに貼りだされていても、人々はヒントを無視する（あるいはあえて声に出そうとしない）。一方、進化型《ティール》パラダイムは結果にそれほどこだわらないので、時に不愉快な現実の真理を比較的容易に受け入れられる。したがって進化型《ティール》パラダイムにおける合理性の方が、データが正確に伝わる場合もあるわけだ。

この段階での「認知」とは、意思決定を支えるために、事実と数字だけではない、幅広い範囲の情報源に触れることを意味する。達成型《オレンジ》パラダイム的な現代科学の視点は、合理的に推論する私たちの能力を曇らせかねない「感情」を警戒する。一方、多元型《グリーン》パラダイムはときにその対極に行く。すなわち意思決定の基礎として分析的な「左脳」によるアプローチを拒絶し、「右脳」的な感情を重視する。進化型《ティール》パラダイムは「知ること」についてのあらゆる領域を積極的に利用する。分析的なアプローチから得られるヒントはいくつかある。自分の感情についても、その意味合いをよく調べてみると得られるものがある。**なぜ私は怒りを覚え、恐れ、大胆になり、あるいは興奮しているのだろう？　この感情を通じて、私自身や私の置かれている状況について何が明らかになってきているのだろう？**

知恵は直感の中に見つかることもある。直感は、現実における複雑で、曖昧で、矛盾し、不連続な性質を尊重する。私たちは無意識のうちに、理性的な心では思いつかない方法でさまざまなパターンを見いだしている。直感は論理的思考と同じく、訓練によって鍛えることのできる一種の筋肉だ。私たちが自分の直感に注意を払い、尊重し、それらが含んでいるかもしれない真実と指針に問いをぶつければぶつけるほど、直感的な答えが多く現れる。

さらに深いところに答えが見つかるはずだと考えている人も多い。古くから伝わる知恵や哲学、そしてトランスパーソナル心理学は、次のようなことを教えてくれる。単純に問いを尋ねるのではなく、その問いを活かせば、森羅万象の中にある予期せぬ出来事と共時性《シンクロニシティ》から、あるいは夢と瞑想の中で生まれる言葉とイメージからヒントを得られるかもしれない。非日常的な意識状態（瞑想、黙想、幻覚、フロー体験、至高体験）はどのような意識段階《ステージ》でも得られるが、進化型《ティール》パラダイムから先では、人々は定期的にこうした状態に浸る実践を通じて、人間の経験の全領域に触れようとする。[4]

認知上のもう一つの突破口は、矛盾しているもの同士を合理的につなげる能力を得ることだ。つまり「AもBも」という複雑な思考を通じて、単純な「AまたはB（のいずれか）」を超越するのだ。「息を吸う」行為と「息を吐く」行為がこの違いを簡単に示してくれる。「AまたはB」という思考方法では、私たちは二つを対立するものとして見る。「AもBも」という思考では、互いを必要とする二つの要素ととらえる。息を吸えば吸うほど息を吐けると考えるのだ。「息を吸う」と「息を吐く」という行為の矛盾を把握することは容易だが、人生の大きな矛盾の中にはそれほど明らかでないものもあり、「自由と責任」、「孤独とコミュニティー」、「自己と他者」などについては、進化型《ティール》パラダイムに達して初めて本当の意味で理解しはじめる。

これまで述べてきた、エゴを失う恐れを知らない合理性と、感情や直感や出来事や矛盾に見られる知恵を

直感的な心は神聖な天賦の才能であり、理性的な心はその忠実な召し使いである。私たちは、その召し使いをあがめ、天賦の才能を忘れてしまった社会を創ってしまった。
——アルバート・アインシュタイン

すべて一緒にしてみよう。すると進化型《ティール》は、達成型《オレンジ》パラダイムの合理還元主義と多元型《グリーン》パラダイムのポストモダン的な世界観から「知ること」に対する全体論的なアプローチへと進化を遂げるのだ。

全体性《ホールネス》に向けた努力

ところで、エゴから自己を切り離すことは、人生を解放するための一つのステップである。しかし、この脱同一視化は分離を生む。進化型《ティール》の段階《ステージ》にいる人々の多くは、分離が私たちの人生をいかに粉々にし、それがどれだけ負担になるかについての感覚が鋭くなる。私たちは自分のエゴにかまけているうちに魂の静かなる声を沈黙させてしまった。私たちの文化では心を祝福して身体を無視しがちとなる。女性らしさよりも男性らしさに価値を置くことも多い。私たちはコミュニティーを失い、自然とのつながりもなくしてしまった。

進化型《ティール》の段階になると、全体性《ホールネス》を心の底から渇望するようになる。エゴと自分自身の深い部分を突き合わせ、心、身体、魂を統合し、内部の女性らしい部分と男性らしい部分を発掘し、他の人と充実した関係を築き、人生と自然との壊れた関係を修繕する状態を望むようになる。進化型《ティール》パラダイムへの移行は、しばしば超越的な精神領域への解放と、私たちが大きな一つの完全体の中でつながり、その一部であるという深い感覚とともに起こる。多くの連続的な脱同一視化を経て完全に独立し、自分とまっすぐ向き合えるようになると、逆説的ではあるが、私たちは本当の意味であらゆる物の一部になる。

全体性《ホールネス》に対するこの強烈な憧れは、世の中にあるほとんどの職場が（無意識とはいえ）促進している「分離」と対立する。どこの職場でも、エゴと合理性があまりにも強調される一方で、精神性と感情が無視されている。人々は働いている部門、階級、バックグラウンド、あるいは業績に基づいて分離される。職業が個人から分離され、組織が競争相手や自分を取り囲むエコシステムから分離されている。私たちは普段使うボキャブラリーからも教えられることが多い。たとえば組織では、よく「ワークライフ・バランス」という。これは本当に重要なことがたくさんあるのに、その大半から自分を切り離して職場に来ているため、人生の中で仕事がいかに少ししか占めていないかを示している。進化型《ティール》パラダイムに移ろうとする人々にとって、職場でのこうした分離はかなり苦痛なので、転職や独立などを行い、自分自身や他人との全体性《ホールネス》を得られるもっと協調的な働き方を選択することも多い。

ほかの人々との関係における全体性《ホールネス》

進化型《ティール》パラダイムでは、**判断**と**寛容**という対立を超越できる。進化型《ティール》以前の段階《ステージ》では、私たちはほかの人々と意見が異なると、「自分たちが正しく、彼らが間違っている」と決めつけて対峙することもある。そうなるととるべき選択肢は、説得する、教えて間違いを正す、解雇するということになる。あるいは寛容という名の下に（これは多元型《グリーン》組織では理想的な態度であるが）、意見の違いをうまく取り繕って、すべての真実は等しく価値があることを認める。

進化型《ティール》パラダイムでは、この対立性を超越し、**決めつけない**ことでより高次の真実にたどりつける。私たちは自分の信念を点検し、実際にはそれが優れていることを発見するのだが、同時にほかの人のことも、基本的に等しい価値の人間として受け入れることができる。

判断をしない世界では、他者との関係性は新たな形をとる。他者の話に耳を傾けるとき、それはもはやうまく説得し、状況を修正し、否定するための情報収集に限られるものではない。判断から解放された共有スペースを作り、相手の話にとことん耳を傾けることによって、ほかの人々が自分の声や真実を見つけられる手助けをする。もちろん、それはお互い様である。達成型《オレンジ》パラダイムで、人々は順応型《アンバー》組織の抑圧された、規範に従うコミュニティーから解放された。今や、お互いに耳を傾けて自分らしさと全体性《ホールネス》を得られるような、新しい下地の上にコミュニティーを作りなおす機会を得たのだ。

人生と自然との全体性《ホールネス》

逆説的ではあるが、ここでも、人々は自己に誠実に向き合うほど、自分がもっと大きな何か、人生と意識がお互いに結びついた一つの織物のようなものの一部、その一表現にすぎないことがわかってくる。この気づきはとても嬉しいと同時に苦しいものかもしれない。というのも、自分の生活と自然との関係がいかに深刻に破壊されてしまったかを理解しているからだ。人々はその関係を修繕しようと懸命に努力するが、それは倫理的な義務感からではなく、内面的な気づきによるものだ。自分は自然から**分離している**のではなく、自然と**一体なのだ**、という覚醒である。人類が自らを他の生命の上に立つ存在と位置づけることは、愚行かつ高慢な姿勢だ。そのことに気がついた人は、ほかの生命を含めた大自然の中で、真実でつつましい場所を見つけようとしている。人生と自然との関係が立ち直ると、多くの人は、自分が必要だと思っていた所有物に振り回されない簡素な生活を送るようになる。そのうちに、自分が豊かなのは、何かを所有しているからではなく、自分の魂を育んでくれるさまざまな「つながり」があるからなのだ、ということを理解できるようになる。

進化型《ティール》パラダイムにとっての意味

本書の第I部では、新しい組織モデルが現れるたびに、それ以前のモデルでは思いもつかなかったほど素晴らしい成果がどのように達成されてきたかを論じてきた。さらに、クレア・グレイブス、ビル・トルバート、スザンヌ・クック＝グロイター、キース・アイゲルをはじめ、数多くの研究者がもう一つの面白い現象を目撃している。どの組織形態（たとえば達成型《オレンジ》組織）でも、組織の上位にいる人々が段階《ステージ》を上れば上るほど業績が伸びる、というのだ。たとえば、トルバートは、大企業の組織変革プログラムの成否は、CEOの発達段階《ステージ》が大きく影響することを立証した（そしてその範囲内では、進化型《ティール》パラダイムに基づいて活動するリーダーが圧倒的に成功していた）。クレア・グレイブスは異なるアプローチで同じような結論にたどり着いた。彼は、行動の主なよりどころとなっているパラダイムに基づいて人々をグループ分けし、複雑な作業を与えた（括弧内は本書の段階《ステージ》の名称に置換している）。

似たような考え方の人々の集団をさまざまな状況に置いて、複数の回答があり得る問題を解決するよう求めた。すると、驚くなかれ、作業結果が私の手元に集まり始まると実に特異な現象に気がついたのだ。［進化型《ティール》］グループがほかのグループ全体を合わせたよりも多くの解決策を見つけ出していた。

つまり、彼らの出した解決策は［衝動型《レッド》］プラス［順応型《アンバー》］プラス［達成型《オレンジ》］プラス［多元型《グリーン》］の合計よりも多かったのだ。しかも解決方法の質はほかの集団よりも驚くほど優れていた。［進化型《ティール》］グループが一つの解決法に到達するまでの平均時間はほかのどのグループよりも圧倒的に短かった。[6]

それ以前のパラダイムと全く同じように、進化型《ティール》パラダイムにも進化の法則が当てはまるようだ。世界観や認識が込み入ってくるほど、私たちは直面する問題にうまく対処できるようになるのである。

　これは組織の未来にとっては明るいメッセージだ。とりわけ組織の中にいる個人だけでなく、組織自身も進化型《ティール》の原則と組織慣行に従って活動している場合にはなおさらである。進化型《ティール》パラダイムにおける個人の振る舞いから、進化型《ティール》組織のあり方をある程度定義できるかもしれない。エゴを抑制すれば、組織の構成や運用の仕方が大きく影響を受ける可能性がある。

　今日、企業に蔓延する病気の多くは、恐れに基づく自分勝手な行動に原因があるといっても過言ではない。官僚的なルールやプロセス、際限もなく続く会議、分析麻痺、情報隠し、秘密主義、希望的観測、見て見ぬふり、信ぴょう性の欠如、縄張り主義、内輪もめ、トップへの権限集中といったようなものだ。

　進化型《ティール》パラダイムでは、エゴに動かされる度合いが低いので、こうした企業病をある程度は避けられそうだ。一般的な言い方をすれば、力（権限）との関係が根本的に変容するかもしれない。それでは、信頼が恐れに置き換わった場合でも、ピラミッド型の階層構造は最適な組織構造なのだろうか？　規則や方針、詳細な予算、目標、工程表といった、今日のリーダーが「自分はこの組織を統制している」と感じられるようなさまざまなものはすべて必要なのだろうか？　おそらく、エゴを失う恐れがなくなると、組織の運営方法は現在よりもはるかに容易になるだろう。

進化型《ティール》パラダイムに従う人々は自分の人生の使命を探すことに忙しいので、明確で崇高な目的を持った組織のみが密接な関係を築きやすい。収益性や成長、市場シェアよりも存在目的が組織の意思決定を導く原則になるだろう。進化型《ティール》パラダイムとは、全体性《ホールネス》とコミュニティーを目指して努力し、職場では自分らしさを失うことなく、しかし人と人との関係を大事に育てることに深く関わっていくような人々を支える組織なのだ――そう言ってしまっても過言ではないだろう。

以上は、世界を進化型《ティール》パラダイムを通じて見ている個人の振る舞いを基にした推測である。幸いなことに、今日の我々は実際の組織でこれを確認できる。本書の第Ⅱ部では、すでにこのパラダイムに基づいて運営されている組織を紹介する。傑出した先駆者である一二の組織について、その構造、慣行、文化を検証し、進化型《ティール》モデルの実際の姿を詳細に描写する。情熱的で、生き生きした組織を生み出そうという使命感にかられた人々にとって参考となるモデルはすでに存在しているのだ。

企業を動かすものは、エゴを失う恐れか人に対する愛情のいずれかである。
――リチャード・バレット

第Ⅱ部

進化型《ティール》組織の構造、慣行、文化

第1章

三つの突破口《ブレイクスルー》と比喩《メタファー》

時を得たアイデアほど強いものはない。

ヴィクトル・ユゴー

第I部で説明したように、人類はこれまで四つのパラダイムに基づく協働方法をつくりだしてきた。衝動型《レッド》、順応型《アンバー》、達成型《オレンジ》、多元型《グリーン》のそれぞれのモデルは、組織運営のあり方に突破口《ブレイクスルー》を開き、以前よりも複雑な問題に取り組んで大きな成果を上げられるようになった（63ページ参照）。
その次の段階である進化型《ティール》のパラダイムをもつ人々が増えるほど、進化型《ティール》組織が増えていくと考えてよいだろう。では進化型《ティール》組織はどのような突破口を開くのだろうか？　この組織の本質をとらえた比喩《メタファー》は何なのだろう？　本章では、時代を切り開く進化型《ティール》組織への調査から浮かび上がってきた、いくつかの答えを紹介しよう。

新たな比喩《メタファー》──生命体としての組織

達成型《オレンジ》パラダイムは組織を「機械」にたとえ、多元型《グリーン》パラダイムは「家族」という比喩《メタファー》を使う。本書の調査対象となった進化型《ティール》組織の創業者の何人かは、この組織形態をよく表す新しい比喩が必要だと明言する。明らかに、組織を「機械」として見ると人間味がなく、束縛するような感じがする。進化型《ティール》組織の創業者たちは、自分が組織の頂上でレバーを引くと、従業員たちが機械の歯車のように動き始めるといった、絶対権力者になりたいとは思っていない。また、「家族」というたとえも奇異に映る。だれもが知っているように、家族には、必ずしも私たちの本性の良い面ばかりが現れるわけではない。残念ながら、時に穏やかに、時に激しく機能不全に陥ることも意外と多いからだ。そして現実問題として、もし私があなたの上司だとしたら、私は父親であなたは子ども、ということになるのだろうか？　多元型《グリーン》組織は社員に対する面倒見の良さを重視し、リーダーとは社員に奉仕する存在だと考える。しかし進化型《ティール》組織のリーダーは組織の中でだれの父親になろうとも思わないし、ましてや社員に配慮し、奉仕する父親になる気などない。

進化型《ティール》組織のリーダーたちは、理想の職場のあり方として、家族とは別の比喩を使う。実は彼らの多くが、自分の組織を「生命体」や「生物」ととらえている。生命は、進化に向けてあらゆる知恵を働かせながら、底知れぬ美しい生態系を維持している。生態系は、全体性《ホールネス》、複雑性、そして高い意識に向けて常に進化し続けている。自然は、自己組織化に向かうあらゆる細胞とあらゆる有機体の欲求につき動かされて、常にどこかで変化している。そこには、命令を出したりレバーを引いたりする中央からの指揮も統制もない。

このたとえは新たな地平を切り開く。人間味に欠け、重たくて不格好な機械のような組織を設計しないのであれば、どのような組織が想像できるだろう? 組織を生命体のように扱ったら、組織を組織自身の進化の力に任せて運営したら、組織は何を達成できるだろう?

進化型《ティール》組織が開く三つの突破口《ブレイクスルー》

本書で取り上げる先駆的な進化型《ティール》組織の事例研究によって明らかになったのは、以下の三つの突破口《ブレイクスルー》だ。

▼**自主経営《セルフ・マネジメント》**――進化型《ティール》組織は効果的に機能するための鍵を見つけ出した。大組織にあっても、階層やコンセンサスに頼ることなく、仲間との関係性のなかで動くシステムである。

▼**全体性《ホールネス》**――職場に行くときには、狭い「専門家」としての自己をまとい、もう一つの自分の顔はドアの外に置いておけ――組織とは、そこで働く人々に常にそういうことを期待する場所だった。そうした組織の中では、男性的な強い意志、決意と力を示し、疑念と弱さを隠すよう求められることが多い。合理性がすべてであり、情緒的、直感的、精神的な部分はまず歓迎されず、場違いだと見なされてしまう。進化型《ティール》組織は、私たちの精神的な全体性《ホールネス》があらためて呼び起こされ、自分をさらけ出して職場に来ようという気にさせるような、一貫した慣行を実践している。

▼**存在目的**★――進化型《ティール》組織はそれ自身の生命と方向感を持っていると見られている。組織のメンバーは、

★ 原書では「Evolutionary purpose」。組織が存在意義を問いかけるという意味で用いられているため「存在目的」とした。「Evolutionary」とついているのは、進化型（ティール）の自己組織化するモデルにおいては、その目的自体が進化・変化していくという意味も含まれていると思われる。

将来を予言し、統制しようとするのではなく、組織が将来どうなりたいのか、どのような目的を達成したいのかに耳を傾け、理解する場に招かれる。

この三つの突破口《ブレイクスルー》は、時に微妙に、時に徹底的な形で、従来の経営手法とは異なる、具体的な日々の実践を通じて実現していく。次章以降では、パイオニアたる進化型《ティール》組織のエピソードを示しながら、その実践活動の様子を紹介していく。第Ⅱ部の第2章と第3章は自主経営《セルフ・マネジメント》について触れ、続く第4章と第5章では全体性《ホールネス》を追求するための取り組みを詳しく説明し、第6章では組織の存在目的を取り扱う。第7章では、組織文化、つまり進化型《ティール》組織モデルの「ソフト」面を考察する。

各社の慣行の全体像に関心のある読者は、付録④を参考にしてほしい。ここでは、進化型《ティール》組織の組織慣行を、従来の主要な機能プロセス（戦略、イノベーション、マーケティング、営業）、人事プロセス（採用、実績、管理、報酬）、日々の主な実践活動（ミーティング、意思決定、情報フロー）に沿って紹介している。

調査対象となった組織の特徴

次章以降では、本書の調査対象となった組織が、あたかもドラマの主人公のようにさまざまなタイミングで登場する。ここでは、読者の参照用として、各社の業界、事業地域、組織規模といった基本情報を紹介する。

AES

▼エネルギー／グローバル／従業員四万人／営利企業

AESは、ロジャー・サントとデニス・バーキによって一九八二年に米国で設立され、その後短期間で世界トップクラスの電力会社の地位に上り詰めた。世界中に一二の発電所を構え、従業員数は四万人。

BSO／オリジン

▼ITコンサルティング／グローバル／従業員一万人（一九九六年時点）／営利企業

BSO／オリジンはエッカルト・ウインツェンによって一九七三年にオランダで設立された。一九九六年にウインツェンが事業をフィリップスに売却して同社を去ったときには、二〇カ国に一万人の従業員を抱えていた。

ビュートゾルフ

▼ヘルスケア／オランダ／従業員七万人／非営利組織

ビュートゾルフはヨス・デ・ブロックと一組の看護師チームによって、二〇〇六年に設立された非営利組織だ。現在はオランダ最大の地域看護師の組織として、高齢者や病人の在宅ケアサービスを提供している。

ESBZ

▼学校（第七〜一二学年）／ドイツ／生徒数一五〇〇名と職員、保護者／非営利組織

ベルリンセンター福音学校（ESBZ）は、同校のディレクターであるマーグレット・ラスフェルトが主導して、二〇〇七年にベルリンで設立された公立学校だ。その革新的なカリキュラムと組織モデルが国際的な注目を集めている。

FAVI

▼金属メーカー／フランス／従業員五〇〇名／営利企業

FAVIは、もともとは家族経営の金属部品メーカーとして一九五七年にフランス北部で設立された。一九八三年に、ジャン・フランソワ・ゾブリストがCEOに就任し、抜本的な組織の変革に取り組みはじめた。主力製品は自動車産業向けのギアボックス・フォーク★だ。

ハイリゲンフェルト

▼メンタルヘルス病院／ドイツ／従業員六〇〇名／営利企業

ハイリゲンフェルトは現在、リハビリテーション・センターと四つのメンタルヘルス病院をドイツ中央地域で運営している。同社はヨアヒム・ガルスカ、フリッツ・ランの両博士により一九九〇年に設立された。ガルスカはこの病院を立ち上げる前、従来型のメンタルヘルス病院で自分のビジョンを包括的アプローチによる精神疾患の治療に適用しようとして失敗したという経験をしている。

★　変速用の部品。

ホラクラシー

▼組織運営モデル

ホラクラシーは組織運営モデルのことで、もともとはフィラデルフィアのスタートアップ企業ターナリー・ソフトウェアのブライアン・ロバートソンがチームメンバーと共に開発した。ターナリーの経営を次のリーダーに引き継いだあと、ロバートソンは、研修、コンサルティング、リサーチ企業のホラクラシーワンを共同設立した。同社はこの新モデルの普及を事業としており、規模の大小を問わず世界中の営利、非営利組織で採用されるようになった。

モーニング・スター

▼食品加工／米国／従業員四〇〇〜二四〇〇名／営利企業

モーニング・スターはクリス・ルーファーによって一九七〇年に設立されたトマト専門の生産・運送業者で、今日、アメリカ合衆国におけるトマトの加工および運送分野で圧倒的なシェアを確保している。アメリカでピザやミートソース・スパゲティを食べたことのある人なら、モーニング・スターの製品をどこかで口にしているはずだ。

パタゴニア

▼アパレル／米国／従業員一三五〇名／営利企業

イヴォン・シュイナードという、おそらく史上最もビジネスとは縁遠いと思われる男が、のちに「パタゴニア」と呼ばれる企業を設立してピトン（登山用の鉄製のくさび）の生産を始めたのが一九五七年。カリフォルニアを拠点とするこの会社は、世界的なアウトドア用品メーカーに成長し、環境問題の改善に本格的に取り組んでいる。

RHD

▼人事／米国／従業員四〇〇〇名／非営利組織

リソーシズ・フォー・ヒューマン・ディベロップメント（RHD）は、フィラデルフィアを拠点にアメリカ合衆国の一四州で事業展開をしている非営利組織だ。精神疾患、各種依存症からの回復、ホームレスといった分野でさまざまな形態の住居やシェルター、各種プログラムを提供して支援を求める人々にサービスを提供している。ロバート・フィッシュマンによって一九七〇年に設立された。

サウンズ・トゥルー

メディア／米国／従業員九〇名と犬二〇匹／営利企業

サウンズ・トゥルーは、スピリチュアル・マスター（霊的な能力がある人たち）の録音、書籍、オンライン研修プログラム、音楽などを通じて霊的な知恵を広める事業を行っている。タミ・サイモンによって一九八五年に設立された。

サン・ハイドローリックス

油圧部品／グローバル／従業員九〇〇名／営利企業

サン・ハイドローリックスは二人のエンジニアによって一九七〇年に設立され、油圧カートリッジ・バルブ★とマニホールドの設計および製造を手がけている。現在はフロリダ（本社所在地）、カンザス、イギリス、ドイツ、韓国に工場を構える上場企業である。

調査手法上の理由で、デプス・インタビュー（インタビューアーと対象者との一対一の面談調査）を実施したのは従業員一〇〇名以上の組織のみだった（ただし、サウンズ・トゥルーは犬二〇匹を加えてやっと一〇〇に達した。サウンズ・トゥルーの犬を従業員数にカウントしたことが全くのインチキではないという点については第Ⅱ部第4章で触れる）。次章以降では、右に紹介した以外の組織も必要に応じて紹介していく。日本のインターネット企業のオズビジョン、教育、ヘルスケア、宗教、ビジネス分野のリーダーたちと協働する非営利の教育団体である「勇気と再生センター」（センター・フォー・カレッジ・アンド・リニューアル）、オランダの小規模な組織コンサルティング会社のリアライズ！、シアトルを拠点とするゲーム・ソフトウェア企業のバルブなどだ。

紹介した組織のうち、AESとBSO／オリジンは、不幸な理由とはいえ特別な教訓を得られる事例である。両社とも進化型《ティール》パラダイムに基づいて運営されていた二〇年間はめざましい実績を上げたのだが、リーダーが変わると、従来型の経営体制にもどってしまい、現在は進化型《ティール》スタイルの名残をほとんど留めていない。二社の経緯を振り返ると、進化型《ティール》パラダイムを実践するための必要条件について、価値あるヒントを得ることができる。この点については第Ⅲ部で取り上げる。

★ 内燃機関の吸気もしくは排気を行う際などに用いられる部品。

本書の第Ⅰ部で述べたとおり、私が「進化型組織《ティール》」について語る場合でも、そこで働く人々全員が、日常どんなときでも、日々のすべてのやりとりをこのパラダイムに従って行っている、ということではない。第Ⅰ部第2章で述べたように、人類は（ありがたいことに）あまりにも複雑すぎて、そのような単一のラベルを貼ることができないからだ。私が「進化型組織《ティール》」と言うときには、組織の構造、慣行、文化的側面の大半ではないが、多くが進化型《ティール》段階の意識レベルに合っている、という意味と解釈していただきたい。

調査対象組織のうち数社はほとんど純粋に「進化型《ティール》」だったが、大半の組織はブレンド、すなわち一部の分野では一貫して進化型《ティール》の行動に従ってイノベーションを達成してきたが、ほかの分野では従来の達成型《オレンジ》や多元型《グリーン》のパラダイムに基づいて行動している。極端な例はトマト加工業者のモーニング・スターだ。同社は自主経営《セルフ・マネジメント》の側面を強烈に推し進めて洗練させたが、残り二つの突破口《ブレイクスルー》をそれほど追求していない。同社のことは多元型《グリーン》・進化型《ティール》組織と呼んだ方が正確かもしれず、ほかの組織にも同じことが当てはまるかもしれない。幸いなことに、これは事例としての質を落とすものではない。進化型《ティール》の要素の一部が欠落していたとしても、どの分野でも全体としては進化型《ティール》と呼べる組織のあり方となっているからだ。同じように運営したいと考えているほかの組織にとって十分役立つ指針を提供できるように、それぞれの事例における実践は詳しく描いたつもりだ。また、その方法があらゆる組織に適用できる構造や慣行か、特定の組織や産業の特徴に合わせる必要のあるものかを区別することもできるだろう。

第2章

自主経営／組織構造

セルフ・マネジメント

なぜこれほど多くの人々はあんなに働いてからディズニーランドに逃げ込むのだろう？　ＴＶゲームはどうして仕事よりも人気があるのだろう？　なぜこれほど多くの労働者は引退のときを夢見て、その後の計画を立てることに何年もかけるのだろう？　その理由は単純だが、気がめいるものだ。私たちは職場を欲求不満のたまる、つまらない場所にしてしまった。社員は言われたことをやるだけで組織の意思決定に加わる方法がほとんどなく、自分の才能を十分に発揮もできない。当然の帰結として、自分の生活を自分である程度コントロールできる楽しみに引かれるようになる。

私が世界中でこれまでに関わってきた組織ではたいてい、働く人々の「上」に本社があって、従業員に相談することなく、彼らの生活に著しい影響を及ぼす判断を下している。

デニス・バーキ

権力をトップに集め、同じ組織に働く仲間を権力者とそれ以外に分けるような組織は、問題を抱えて病んでいく。組織内の権力は、戦って勝ち取る価値のある希少なものと見られている。人はこうした状況に置かれると、いつも人間性の影の部分が浮き彫りになってくる。個人的な野望、政治的駆け引き、不信、恐れ、ねたみといった感情だ。組織の最下層では「あきらめ」と「怒り」の感情が広がりやすくなる。組織の底辺の力を結集しようと労働組合が生まれ、トップからの権力行使に立ち向かうようになる（トップはトップで労働組合を破壊しようとする）。

社内全体にモチベーションの欠如が広がっている組織をよく見かけるが、これは権力の不平等な分配によって生まれる、破壊的な副作用の一つである。職場とは、自分らしさを失わず楽しく振る舞え、有意義な目的を目指しながら同僚たちと仲間意識をはぐくめるような場所だ——そう感じているのは少数の幸運な人たちだ。圧倒的多数の人々にとって、職場は苦役に服する場所なのだ。毎日いくらか労力を「提供して」、その引き換えに給料を得る場にすぎない。これは、才能と情熱の無駄づかいにほかならない。

「ちょっと言い過ぎでは?」そう思われた読者には、人事コンサルティング会社タワーズワトソンが二〇一二年に実施した調査結果を紹介しよう。これは二九カ国の民間企業に働く三万二〇〇〇人へのアンケートで、従業員の会社へのエンゲージメント★（および従業員の経営陣への信頼度や、経営陣が従業員の幸福にどの程度関心があるか、といったエンゲージメントに貢献している主な要因）を測ったものである。この調査で明らかになった最も重要な結論は、自分の仕事に愛着を持っている人々の割合がおよそ三分の一（三五パーセント）だということだ。それ以上の人々が仕事に「無関心」か、「意欲を持とうとしない」（四三パーセント）。残りの二二パーセントは「（会社から）支えられていない」と感じている。この調査は、例外的に悪い結果を示し

★　組織に対する貢献する意欲や愛着心を指す。

ているのではない。同じ調査が長年続いており、今回よりも悪い結果だった年もある。組織論の研究者ゲイリー・ハメルは、この調査結果を「経営の恥」と適切に表現している。

多元型《グリーン》組織は権力の不平等という問題を、権限委譲、すなわち意思決定を組織ピラミッドの下位の人々に担わせることで解決しようとしている。その結果、他社よりもはるかに高いエンゲージメントを実現している会社も多い。しかし、権限委譲を実現するには、トップにいる者が、自分の権力の一部を譲れるほどに賢明か高潔でなければならない。

しかし、もし権力がゼロサム・ゲームでなかったとしたらどうなるだろう？　もし、だれもが強い権限を持ち、無力な者が一人もいないので権限委譲が必要ないという組織構造と行動様式を設計できたらどうなるだろう？　これが、進化型《ティール》組織が到達した最初の突破口《ブレイクスルー》だ。だれがだれに対しても権力を行使できる立場にはなく、しかし（逆説的ではあるが）組織全体としては、ほかの組織形態よりもはるかに強力になっている——そのような組織構造と行動様式を通じて権力の不平等という昔からの問題を乗り越えているのだ。

本章では、組織が自主経営《セルフ・マネジメント》を実現できる組織構造を詳細に検討する。現代の組織に特徴的なピラミッド構造、スタッフ機能の役割、経営陣、プロジェクト・チームが今度どうなっていくかを議論する。そのうえで、次章（第Ⅱ部第3章）では、自主経営《セルフ・マネジメント》を機能させるのに必要な組織慣行（この新しい組織構造ではだれが何を決めるのか、情報はどう流れるのか、人々はどのように評価され、昇進し、報酬を与えられるか）について説明する。

一つの事例——達成型《オレンジ》組織から進化型《ティール》組織へ

オランダで地域密着型の在宅ケアサービスを提供する組織のビュートゾルフは、今日の支配的な組織モデルである達成型《オレンジ》から進化型《ティール》という新しいパラダイムへの変化を示す、おそらく最も優れたケースだろう。

背景を簡単に紹介しておこう。オランダでは、一九世紀以降どの地域にも、病人や高齢者に在宅ケアサービスを提供する地元の看護師がいる。こうした地域看護師はオランダの医療制度になくてはならない存在で、ホームドクターや病院システムと密接に協力してきた。一九九〇年代に、オランダの健康保険制度（長年の経緯を経て医療費のほぼ全額を負担していた）に「自営業である看護師を組織化したらどうだろう？」というアイデアが組み込まれた。大勢いる看護師の数とスキルを活かすという点で、理にかなった仕組みだ。一人の看護師が休暇を取ろうと思えば、別の看護師が仕事を引き継げる。だれかに仕事が偏った場合には、組織が仕事の負荷を調整できる。また、看護師全員があらゆる種類の病状について対処方法を知っているわけではないので、スキルの面からも互いに補完し合える。

看護師を束ねる組織は、合併によって規模を大きくしていき、組織の数は一九九〇年から九五年までのわずか五年間で二九五から八六に急減した。徐々に、達成型《オレンジ》組織の理屈が根を深く張り始めた。仕事は専門化し、新規顧客の開拓担当者が、看護師のケアサービスのやり方に口を出すようになった。プランナーが採用され、日々のスケジュールを看護師に提供して、患者から患者への移動を最適化するようになった。コールセンターの従業員が患者の電話を受けはじめた。規模が拡大するとともに、地域マネジャーとディレクターが、現場の看護師を上司として管理するようになった。正確なスケジュール管理を目指し、効率を上げるために、あらゆる種類の処置に標準時間が設定された。たとえば、静脈注射はちょうど一〇分、入浴は一五分、傷の手当ては一〇分、足を圧迫するための弾性ストッキングの交換は二分半、という具合である。コストを引き下げるため、こうしたさまざまな医療処置（「商品」と呼ばれるようになっていた）は、求められる専門知識に応じて階層化された。経験豊富で報酬の高い看護師ほど難しい商品だけを取り扱い、報酬の低い看護師は残りの仕事を一手に引き受ける。効率の向上を監視し続けるため、すべての患者の自宅玄関ドアにはバーコードの付いたステッカーが貼られ、看護師は「商品」を提供し、訪問が終わるたびにバーコードをスキャンしなければならなかった。中央のシステムですべての活動の時間が記録され、遠隔地から監視・分析できる仕組みになった。

規模とスキルの両面で効率を求める達成型《オレンジ》パラダイムの視点からは、こうした変化は十分理にかなっている。ところが、これは患者と看護師を同じくらい苦しめるプログラムであることが明らかになった。患者は、かつて存在していた看護師との個人的な信頼関係を失ってしまった。毎日（あるいは状況によっては日に何度も）新しい、見知らぬ人が玄関先に現れる。患者は（高齢者が多く、時に混乱しながら）自分の知らない、しかも時間がなく急いでいる看護師に対して自分の病歴を何度も話すために、精力を傾けなければならない。看護師は包帯を取り換え、注射を打ち、すぐ次の家へと飛び出していく。このシステムは患者をもはや人として認識しておらず、患者は「商品」が適用される対象になってしまった。人間的なつながりがなくなると、医療の質も低下する。継続的なケアではないため、毎日違う看護師が訪問するうちに患者の健康状態がどう進んでいるのかという微妙な、しかし重要なヒントがしばしば見過ごされる。

看護師の方も、労働環境が悪い方向に向かっていることに気づく。ほとんどの看護師は、ケアを求めている人々を看護するためにこの仕事を選んだのだ。看護は金持ちになるための仕事ではなく、したがって今自分たちのしている行為は自分の職を愚弄している、そう感じるようになった。現在ビュートゾルフで働いている看護師の一人は、以前に働いていた地域看護の職場についてこう言っている。

電子登録システムを常に携帯しなければならず、私の日常は気が狂いそうなくらい忙しいものでした。一九人の患者を訪ねなければならない夜も一度や二度ではありませんでした。患者の家に走り込んで、包帯をつけ、注射を打ち、飛び出していく以外に何もできないのです。自分の仕事を納得のいくように終わらせることなどできません。一日の仕事を終えて帰宅すると、「私の後を引き継いだ看護師があれやこれやを忘れませんように」といつも考えてしまうのです。[1]

別の看護師も同じような経験を話してくれる。

昨年までの数年間、私は八〇人の患者を担当しましたが、一人ひとりについてよくわかっていませんでした。ケア・プランニングは、どこかほかの場所にいる、患者さんのことを知らないだれかがつくっていたのです。しかも間違いがあまりにも多かったので、私はある時期から患者さんに対して、次にどの看護師が訪問するのか、あるいはなぜ約束した時間が守られないのかを説明できなくなっていました。七年間で一四人のマネジャーの下につきましたが、それにもうんざりしてしまいました。組織が大きくなりすぎて、うまく運営できなくなっていたのです。患者のケアに責任感を抱いている人はだれもいませんでした。毎日苦情と同僚同士のいさかいが絶えませんでした。[2]

もう一人、こういう話をしてくれた看護師もいる。

以前に勤めていた会社が、患者さんへの商品販売を私たちに求めてきたときが決定的でした。社内薬局の商品を販売しろと言われたのです。自分たちの専門知識と誠意が汚されたと感じて、深く傷つきました。私も同僚たちも、これがきっかけとなって経営者に対する忠誠心が変わってしまいました。[3]

こうした組織の本部で働く人々は、仕事にそれほど意義を見いださなくなっている。規模が大きくなるにつれて必要な管理職の階層も増え、どの階層のマネジャーも誠実に自らの任務をこなそうとする。つまり直属の部下からの報告内容を管理し、予算との乖離に目を光らせ、経営資源を使いたいとの要請を二重に点検し、仕事のやり方を変更する場合には、関連する管理職の判断を仰いで万全の準備をしてから承認する。このプロセスの中で、やる気と前向きな姿勢は抑えつけられる。

地域看護に革命をもたらしたビュートゾルフは、ヨス・デ・ブロックによって二〇〇六年に設立された。ヨスは看護師として一〇年間の経験を積み、ある看護機関でマネジャー兼スタッフにまで昇進していた。社内からの改革は無理だと悟ったとき、彼は自分の組織を始めることにした。[4] そしてそれ以前とは全く異なるパラダイムを導入し、ケアのあり方と組織の構造を根本から変えてしまった。ヨスが設立したビュートゾルフは目覚ましい成功を収め、看護師の数は七年間で一〇名から七〇〇〇名へと成長し、圧倒的に高水準のケアを達成している。

自主経営《セルフ・マネジメント》チーム

オランダ語で「地域看護」という意味のビュートゾルフでは、看護師は一〇〜一二名のチームに分かれ、各チームは、細かく割り当てられた担当地域に住む、およそ五〇名の患者を受け持つ。一つのチームは、以前には部門ごとに区別されていたあらゆる仕事を担当する。看護師たちは、ケアサービスを提供するだけでなく、どの患者を何人受け持つかも自分たちで決める。新しい患者の受け入れ、ケアプランの作成、休暇や休日のスケジューリング、業務管理も、さらにはどこにオフィスを借りるのか、そこをどう飾るのかもチームで決める。現地のコミュニティーにどう溶け込んでいくのか、どの医師や薬局と協力していくか、そして現地の病院とはどう協力するのがベストかを判断する。ミーティングをいつ開くのか、看護師間の仕事の割り振りをどうするのかを考え、個人やチームの研修計画も立てる。自分たちが対応できないほど患者が増えた場合には、チームの規模を拡大するのか、二つに分けるのか、さらに自分たち自身の業績も分析して、生産性が落ちたときにはどう修正するのかも決める。チーム内にリーダーはいない。重要な判断は集団で決める。

その結果、ケアがバラバラに行われることはなくなった。できる限り、一人の患者に対して、常に一人か二人の看護師が担当につけるように計画が立てられる。看護師は、ときにコーヒーでも飲みながら患者と向き合い、患者自身のことや病状や嗜好を理解するためにじっくりと時間をかける。こうして数日たち、数週間が過ぎていくうちに、患者と看護師の間には深い信頼が築かれる。ケアはもはや注射や包帯だけではない。患者は一人の人間として扱われ尊重される。からだの問題だけでなく、気持ちや、人間関係や、精神面でのニーズにも注意を払ってもらえる。ある誇り高い老婦人が友人たちを家に招待しなくなってしまったのは、病弱に見える自分の姿を気にしてではないか。看護師がそう感じたら、美容師を患者の自宅に呼ぶ手配をしてもよいし、娘に電話して新しい洋服を買うようすすめてもよい。

ビュートゾルフは、「患者がどうしたいのか?」を真剣に考えている。目的は、患者ができるだけ自分の面倒を自分で見られるようにすることだ。患者は自分で何をできるようになるだろう? 自分の支援ネットワークをつくれるだろうか? 定期的に自宅に立ち寄って世話をしてくれる家族、友人、近所の人はいるのか? 看護師が患者の近所を訪ねて助けてくれる人を探すこともする。ビュートゾルフは、できる限り自分たちが実質的に「余計な存在になれる」よう努力している。「自分の使命を果たす」という職業(Vocation)の本来の意味がここに取り戻される。患者の幸福は組織の自己利益に勝るのだ。その結果、患者はビュートゾルフの看護師から受けたサービスに心から感動するようになる。患者の家族も同様だ。病人や高齢者の人生の向上に、看護師が大きな役割を果たしてくれた、と患者の家族が深い感謝の言葉を表明することが多い(末期の患者が最後の瞬間まで看護師の世話を受けることは珍しくない)。

驚くべき成果

成果はめざましいものだった。同社が一顧客あたりに必要とした介護の時間はほかの介護組織よりも四〇パーセント近く少ないことが、二〇〇九年にアーンスト・アンド・ヤングが実施した調査で明らかになった。ビュートゾルフの看護師が時間をかけて患者や彼らの家族、近所の人たちとコーヒーを飲み、雑談をしている間に、ほかの介護組織は「商品」提供の時間を分刻みで記録している。こうした事実を考えるとなんとも皮肉な結果ではないか。ほかの組織の患者に比べると、ビュートゾルフの患者たちが介護を受ける時間はわずか半分でありながら、病気から早く治り、しっかりと自立するのだ。緊急病院への入院はほかの組織の三分の二で、入院しなければならないときにも、平均入院期間は短い。オランダの医療費削減効果も抜きんでている。アーンスト・アンド・ヤングの試算によると、オランダ国内の在宅介護施設すべてがビュートゾルフと同じ成果を上げると、毎年オランダでは二〇億ユーロ近くが節約できるという。これをアメリカ合衆国の人口に比例して考えると、およそ四九〇億ドルに相当する。在宅介護だけの数字としてはかなりの額だ。もし、飛び抜けて規模の大きい病院がビュートゾルフと同じ方式を採用したらどうなるだろう？

しかし、この数値にはもっと重要だと思われる要素が含まれていない。それは、患者が病気の間、あるいは人生の最後の数年に受けた精神的、人間関係上の支えをどう感じているか、という点だ。この要素を数値で表現しようとすることは客観性に乏しく、意味がないだろう。看護師の心に戻ってきた使命感に値札をつけようというのも同じように的外れだろう。ビュートゾルフのチームにいる人々からは、「私は自分の仕事を取り戻しました」という言葉が異口同音に発せられる。仕事の満足度を証明する数字がある。従来の（達成型《オレンジ》の）介護組織に比べ、ビュートゾルフでは病気を理由とする欠勤率が六〇％低く、離職率は三三％低い。現在、ビュートゾルフに入社するために従来型組織から転職してくる看護師は後を絶たず、二〇〇六年後半にわずか一〇名の看護師で開業した組織が、二〇一三年にはオランダの地域看護組織で働く全看護師の三分の二を占めるに至ったのである。ビュートゾルフはたった一社で、オランダのヘルスケア産業を変革しているのだ。

人はだれかをケアするために生まれたのだ。思いやり、ケアする能力を拡大するのも、抑圧するのも社会しだいである。
――ジェーン・ダットン

上司の不在

ビュートゾルフのチームには上司（管理職）がいない。一〇～一二名のチームメンバー全員が看護師で、チームごとに発生する管理業務全般に取り組んでいる。チームの方針と優先順位を決め、問題を分析し、計画を立て、メンバーの実績を評価し、時に厳しい判断を下す、といった仕事を一人のリーダーに負わせるのではなく、チームメンバーの間で分担している。チームとは実質的に、メンバーで自主的に編成された自治組織なのだ。

リーダーがいないチームで働いたことのある人ならだれでも、こうした組織が簡単に悪夢へと変わり得ることを知っている。しかし、ビュートゾルフでは、そうしたことはめったに起こらない。なぜか？　生産性の高い自主経営《セルフ・マネジメント》が自然発生的に生まれることはまずない。ビュートゾルフは、非常に効果的なやり方で自主経営《セルフ・マネジメント》が実践で機能するために必要な具体的な支援（教育訓練、指導、ツール）を看護師のチームに提供している。新しくつくられたチームのメンバーと既存チームに加入するメンバーは全員、「相互作用による問題解決法」[5]と呼ばれる研修を受講して、健全で効率的な集団での意思決定をするための首尾一貫したスキルとテクニックを学ぶ。この研修を通じて、看護師たちは人と人との協力に関する基礎の基礎についての知識を深めることになる（皮肉なことに、この部分は多くの組織で無視されている）。他人の意見に耳を傾けたり、相手に意思を伝えたりするためのさまざまな方法に加え、ミーティングの進め方やメンバー間でのコーチングなど、実践的なスキルを学ぶ。

たとえば、重要な問題を解決しなければならないチーム・ミーティングを取り上げてみよう。管理職がいないと、議事を取り仕切ることも、最終的な判断を下すこともできないように思える。ところが、ビュートゾルフのチームは、効率的な方法によって、メンバーが共同で問題解決を図り、決定を下す。ミーティングのファシリテーター★を選んだうえで、話し合いの時間を三ラウンド設ける。

▼ **第一ラウンド**——その場に出席しているチームメンバーが抱えている問題を元に、議題がその場でとりまとめられる。ファシリテーターは、意見や提案や判断を下してはならず、ただ質問をすることだけが許される。「あなたの提案は何ですか?」「その提案の理由は何ですか?」といった具合だ。提案はすべてフリップチャートに記載される。

▼ **第二ラウンド**——すべての提案が再び検討され、修正や改良が施される。

▼ **第三ラウンド**——グループとしての判断が下される。意思決定の基本はコンセンサスではない。信念に基づいて異議を唱える人がいなければ解決案が採用される。「別の解決策（たとえば自分の解決策）の方が良いかもしれないと感じるから」という理由だけでは、ある提案の採用を拒むことはできない。全員が心から賛成する完璧な解決策など存在しないはずだし、それを追求することは徒労に終わる可能性もある。信念に基づく反対がなければ、将来新たな情報が手に入ったときにはいつでも見直すという理解の下で解決策は採用される。

ミーティングは、一人一人の声がよく聞こえる環境を用意し、集団的知性こそが優れた意思決定を生む

★ 通常はミーティングの進行役を指すが、さまざまな対話の手法を用いて場の活性化を促したり、ときにコントロールを手放して進行そのものを参加者同士の意思決定に委ねたりすることもある。本書では、参加者の自主性と創造性を引き出す場の促進者という意味合いが強い。

ことを全員が理解したうえで開かれる。そして、だれも進行を妨げず、自分の個人的な好みを押しつけようとしないなど、円滑な進行に向けて十分な配慮がなされる。

ミーティングのテクニックを駆使しても行き詰まった場合には、外部の助けをいつでも求めることができる。「地域コーチ」を呼んでもよいし、自分たちが一緒に研修を受けたほかのチームのファシリテーターに来てもらってもよい。あるいは、ビュートゾルフの社内SNSを使ってほかのチームに提案を求めることもできる。どこかのチームが同じような問題に取り組んだことのある可能性が十分にあるからだ。

ほかの組織から転職してきたばかりの看護師が、自主経営《セルフ・マネジメント》への切り替えを非常に難しいと感じることも多い。看護師の世界では、常に難しい問題が持ち上がる。たとえば、「チーム内のだれも夜に働きたくないときに、夜勤を手伝ってくれる看護師を加えるべきか？」。あるいは、「すでにやるべきことで手一杯のチームに、以前に看護していた患者の家族から『母が危ないのです。どうか看護をしていただけませんか』という依頼があったらどうするのか？」。看護師はこうした難しい判断を迫られ、状況が緊迫し、ややこしくなり、あるいは不愉快になっても、頼るべき上司も組織もない。

しかしどのチームも、自分たちにはそうした問題を解決するだけのすべての権限と裁量があることを知っている。それだけの自由を得て、しかも責任を負えるようになるには一定の時間がかかるだろうし、疑念やフラストレーションが募り、混乱する瞬間も少なくない。これは個人が自ら成長していく過程であり、本当のプロフェッショナルはそこから生まれるのだ。既存の組織で働いていた頃にはこれほどの情熱やモチベーションを持つことはなかった、と自分の変化に驚いたと報告する看護師はたくさんいる。

ここで非常に重要な、しかし実に誤解されやすいポイントを明らかにしておきたい。ビュートゾルフのチームには、上司と部下といったピラミッド状の序列はない。ただしこのことはチーム内の看護師全員が「平等」であることを意味しない、という点だ。当然、専門知識、興味や関心、あるいは意欲によって、得意分野は異なる。そんなことは当たり前のことだ。素晴らしい聞き手になり、同僚たちの優れたコーチになれる看護師。だれも知らないような医学的症状について詳しい、歩く百科事典のような看護師。チーム内のもめ事や、仲たがいしている患者の家族が抱える問題への対処がうまい看護師。あるいは、計画を立てたり組織をまとめたりするのが得意な看護師など、さまざまな人々がいる。どの分野についても、ほかの人よりも多くの知識や知恵を持って貢献できる看護師がいるのはごく自然なことなのだ。なかには、チームの境界を大きく越えて評判を得たり影響力を及ぼしたり、ある専門分野についてオランダ中から相談を受ける看護師さえいる。部下を支配する上司という上下関係が存在しない代わりに、自然発生的な階層、つまり評判や影響力、スキルに基づく流動的な階層（従来の「支配者のための階層制」に対して「自己実現のための階層制」と呼ばれることもある）が発生する余地が生まれるというわけだ。

ミドル・マネジメントは存在しない

ビュートゾルフのチームには管理職がいない。こう聞くと、「もしそうだとしても、組織内のはるか上には、たとえば、たくさんのチームを統括する地域マネジャーといった強力なリーダーが存在するのではないか？」という疑問がわくだろう。ご想像の通り、答えは「ノー」だ。この組織には地域マネジャーは存在しない。その代わり、「地域コーチ」がたくさんいる。これは言葉遊びではない。一般的な地域マネジャーと

大事なことは、どうやってよりよいルールをつくるのかではない。ベストの解決法を見つけ出そうとするチームをどうやって自分が支えるか、なのだ。チームメンバーの潜在能力を高めて上から方向性を指示する必要性をなるべく減らすにはどうすればよいのだろう？

——ヨス・デ・ブロック

は違って、ビュートゾルフの「コーチ」はチームに対する意思決定権を持っていない。チームの成果に関する責任も問われない。売上目標はないし、収益責任も負わない。チームが好成績を上げたからといってボーナスをもらうわけでもない。既存のピラミッド型組織でなされる権限の垂直的な伝達は全く存在しない。看護師たちのチームは、組織内の上部から権限を与えられているわけではない。自分たち以上の意思決定権を持つ階層に支配されていないがゆえに、真の権限を持っているのだ。

従来型組織では、地域マネジャーというポジションは若手社員の育成のために用意されていることが多い。しかしビュートゾルフには上るべき出世階段がない。コーチは教えることのできる能力に応じて選抜される。大半のコーチは比較的年配で、対人関係スキルに秀でた経験豊富な看護師だ。ほかの看護組織で管理職を経験した人がコーチになる場合は、それまでとは全く異なる方法が求められる。あるコーチは次のように指摘する。

> 私は、かつては管理し、統制するための教育を受けていましたが、この会社ではその頃の働き方を捨て、自分を解放しなければなりませんでした。前職との大きな違いは、「私には本当に責任がない」という点です。責任はそれぞれのチームと、創業者のヨス・デ・ブロックにあります。[6]

地域コーチは階層的組織にあるような権限を一切持っていないのだが、間違いなく非常に重要な役割を担っている。自主経営《セルフ・マネジメント》は簡単にできることではない。とりわけ、新しいチームほど急勾配の学習曲線に直面する。自分たちだけの力で一二名の小さな組織をつくり、運営する場合のあらゆる状況に対処しなければならないのだ（採用担当者も、プランナーも、コールセンターのオペレーターも、事務管理担当者も、マネジャーもいないことを忘れないでほしい）。そして同時に、自主的に組織した、上司のいないチームにおける人間関係の力学に対処できるようになっていく。地域コーチは、チームにとってかけがえのないアドバイザーだ。助言を与えてくれたり、ほかのチームの解決事例を教えてくれたりするからだ。しかし何といっても地域コーチの役割は、チームが自分たちで解決策を見つけられるように示唆に富んだ問いを投げかけることである。コーチはチームにとって望ましくない行動を内省を通じて認識させ、極めて重要な瞬間に警告を発して、深刻な問題に対処するために立ち止まることを提案する。

地域コーチには決められた職務はない。どのような役割をどう果たすのか？　各コーチは自分の個性や才能に基づいてそれを自ら探し、開発するよう奨励されている。とはいえ、ビュートゾルフでは暗黙の決まりがいくつかある。

- チームが悪戦苦闘するのは何の問題もない。苦しみから学べることがあるからだ。難しい局面を乗り越えたチームは回復力《レジリエンス》と強い連帯感を育むことができる。したがって、コーチの役割は予想できる問題を防ぐことではなく、問題解決をしようとするチームを支援する（そしてそのプロセスを通じて自分たちがどのように成長したかを内省する手伝いをする）ことなのだ。
- コーチの役割は、仮に自分の方が優れた解決法を知っていると思っていても、チームに自分たちで選択させることである。
- コーチは、考えるヒントになるさまざまな問いをチームにぶつけたり、自分の目に映ったチームの様子をそのまま見せたりすることでチームを支える。ビュートゾルフの存在目的と介護に対する包括的なアプローチに照らしながら、チームが問題を正しくとらえ、解決策にたどり着けるように支援する。

▼出発点はいつでも、チーム内の情熱と強みと能力を引き出すことだ。チームには、目の前の問題を解決するのに必要なあらゆる能力が備わっている——コーチはそのような信頼感をつくりあげる。

ビュートゾルフの地域コーチが担う支援の範囲（従来の組織であれば「管理責任の範囲」と呼ばれる）は広く、平均するとコーチ一人当たりで四〇〜五〇チームの面倒を見る。ビュートゾルフの創業者兼CEOのヨス・デ・ブロックは、その意味をこう説明する。

コーチは多くのことを背負うべきではありません。さもないと各チームにかかり切りになって、チームの独立性を冒すかもしれないのです。コーチが面倒をみるのは、各チームにとって最も重要な課題だけです。私たちは創業間もない頃に、かなり集中的に面倒を見たチームがいくつかありましたが、その結果、そのチームは現在でもほかのチームに比べると依存性が高く、自立性に欠けるようになったようです。[7]

ビュートゾルフの各チームは自分たちで解決策を見つけ出せる範囲が驚くほど広い。トップから命じられることはほとんどない。ただしこれまでの経験から、自主経営《セルフ・マネジメント》を機能させるために重要だと思われるいくつかの基本ルールはある。代表的なものは次の通りだ。

- 一チームの人数は一二名を超えてはならない。この人数を超えた場合にはチームを分割する。
- 業務をメンバー間で幅広く分担する。一人にあまり多くの仕事が集中しないように配慮する。さもないと従来の階層制度の仕組みに付け入る隙を与えることになりかねない。
- チームメンバー間のミーティングに加え、コーチとも定期的にミーティングを開き、患者が直面している問題を話し合い、（グループ・コーチングのテクニックを用いて）お互いに学び合う場を設けている。
- チームメンバーは、自分たちで作成するコンピテンシー・モデル★に基づいて毎年相互評価をしなければならない。
- チームは、顧客の介護とサービスの質、トレーニング、組織などの分野で毎年取り組みたいテーマと実行計画を立てる。
- 経験を積んだチームの場合、顧客への請求時間の目標は総労働時間の六〇～六五％だ。[8]
- チームは意思決定のテクニックを用いて重要な判断を下す。

必要最小限のスタッフ機能

特に大組織では、ここ数十年にわたって、人事、戦略策定、法務、財務、社内の意思疎通、リスク管理、内部監査、ＩＲ、研修、広報、環境管理、エンジニアリング・サービス、品質管理、知識管理など、スタッフ機能が増殖してきた。

★ 望ましい人材になるための指標。

スタッフ機能を担う人々は（多くは善意に基づくものだが）、ルールや手続きを改正したり、専門技術を積み上げたり、解決すべき問題を探したりといった「付加価値を出す」方法を見つけることで、自分の存在意義を証明しようとする傾向がある。そのうち、現場から離れたところに権限と意思決定権を集中させるようになる。すると、現場の看護師は権限を奪われたと感じる。決められたルールは、理論的に正しいかもしれないが、自分たちが現場で直面する具体的な状況の複雑さには対応できないからだ。これに対し、進化型組織《ティール》は、スタッフ機能を極力小さく抑えている。往々にして、スタッフ機能を大きくして実現できる規模とスキルによる利益よりも、モチベーションの低下による不利益の方が大きいことをよく承知しているからだ。その結果、進化型組織《ティール》のスタッフ機能は実に少なく、しかも意思決定権がない。スタッフ機能は指針を提供するが、ルールや決定事項を押しつけることはできない。真に現場のサポート機能であり、チームから要請があった場合に限って行動を起こす。

たとえばビュートゾルフでは、七〇〇〇人の看護師に対し、本社は北オランダの町、アメロにある質素なビルでわずか三〇人のスタッフが現場のサポート業務を担っている。これほどの成功を遂げた企業から期待できる本社とは大違いだろう。しかも、一般的な看護会社のスタッフ機能（採用、計画立案、コールセンターなど）を果たしている者などだれもいない。ビュートゾルフの従業員は驚くほどモチベーションが高いのだが（同社は常に「オランダで最も働きやすい会社」に選ばれている）、ほかの多くの進化型組織《ティール》と同じく、人事部門がない。本社で働く人々には、看護師のチームに奉仕しようという気風が強い。本社スタッフは、看護師が患者に接しているときと同じくらいの情熱と責任感で、看護師たちをサポートしなければならないのだ。看護師から電話やメールを受けたらその場で、あるいは長くても数時間以内に何らかの対応がなされる。

従業員七〇〇〇名を抱える強力な組織が、どうしてその程度のスタッフ機能で管理できるのだろう？　それはスタッフ機能のほとんどがそのままチームに委譲されているからだ。たとえば、業務を拡大したいと感じたチームは、自分たちで採用活動を行う（地域コーチは頼まれれば助言を与えるが、その判断には関わらない）。その方がチームが対象業務にちょうどよい人材を探し出せる公算が大きい。自分たちで意思決定を行うので、何としてでも採用活動を成功させようという思い入れが強い。

専門知識はどうだろう？　どのような組織でも、現場の人間に判断をさせる必要性を認めつつも、必要な専門知識をどう補うか、という問題がついてまわる。ビュートゾルフでは、およそ六〇〇のチームがすべて、現場で遭遇する難解な病状のあらゆる点についての専門知識を備えているわけではない。そんなことはそもそも無理な相談だ。直感的に、ほとんどの組織が専門家グループを本社に用意するだろう。そうなると、時間がたつうちに、組織内には、おそらく給与の高い格上の専門家グループと、国中に散らばる、給料の安い格下のゼネラリスト集団という二つの階層ができる危険性がある。ビュートゾルフは、医療そのほかの分野での専門的な問題に対処する効果的な方法を数多く開発している。

- 現場の看護師が専門知識を身につけ、チームの枠を越えた連絡窓口となることが奨励されている。ビュートゾルフでは、特定のテーマに関する専門知識をどの看護師が身につけているかを社内ＳＮＳを通じて確認し、だれでもその人に連絡できる。
- ボランティアによるタスクフォースが立ち上がり、患者との業務だけでなく、（たとえば、新たな法律にはどう対応すべきかなど）新しい話題について調査し、専門知識を蓄えることもある。

官僚主義は、自分たちは必要な仕事をしていることを（とりわけ、実は必要ないのではないか、と思っているときほど）証明しようと忙しく動き回っている人々によって築かれていく。
――リカルド・セムラー

▼必要のあるときには、専門家を本社で、ただし本社スタッフとしてではなく「フリーランサー」として採用することもある。

▼仮にスタッフ機能を担う人が採用された場合には、その人はチームに対して意思決定権限を持たない。

実際にあった例を紹介しよう。ビュートゾルフで開かれた地域コーチ会議で、労働法の専門家を採用したいとの提案があった。労働法は多くのチームが時々支援を必要としているテーマだった。この提案は妥当だった。ほかの方法についても慎重に検討された結果、各チームからは同じような質問が何度も繰り返されていたことがわかったため、地域コーチ会議は「労働法に関するQ＆A」という参照ページをイントラネット上につくることを決めた。この仕組みで大半の質問に対処できたのだが、一年たったところで、答えが提供されない質問がいくつかあることが判明した。そこで、専門家とフリーランス契約を結び、一カ月当たり数日間、各チームから要請のあった質問に答えてもらうことにした。

スタッフ機能をなるべく置かないか軽くしておきたいというのは、ビュートゾルフだけでなく、今回の調査で私が出会った自主経営組織《セルフ・マネジメント》にはどこにも見られた姿勢である。スタッフ機能から課されるルールや手続きがないため、社内には解放感と責任感が満ちている。ではなぜ、現在のほとんどの組織はスタッフ機能に大きく依存しているのだろう？　そう思う人がいても不思議ではない。私は主に二つの理由があるとみている。

▼スタッフ機能には効率性を期待できる、というのがよく持ち出される理由だ。これは「規模の経済」の

考え方に基づいているが、金銭面の効果を容易に見積もることができても、それに伴うモチベーションの低下を数値に示すことは無理だろう。

▼スタッフ機能があると、CEOや幹部は現場で働く従業員をコントロールしているという感覚を持てる。組織経営陣がスタッフ機能を配置する理由としてこの点を挙げることはまずないが、十分にあり得る。組織を機械に見立てるという古い比喩で考えると、船の操縦ハンドルのようなものだ。役員室のお偉方が本社の廊下を少し歩けばすぐに使える、会社全体を動かすのに便利な存在なのである。しかし、自分がコントロールしているという感覚は幻想であることが多い。確かに、本社から見れば、ルール、各種手続きは常に意味がある。しかし現場にいると、よかれと思って下した判断が逆効果になったり、期待外れの結果を招いたりすることで、人々がルールや手続きをうまく回避するか無視してしまう、ということに気づくのだ。

したがって、進化型組織《ティール》のリーダーたちは、二つのことに信頼をおかなければならない。まず、「モチベーションの圧倒的な向上」という確実とまではいかなくてもおそらく生産性をはるかに高める方策のために、これまで確実とされてきた「規模の経済」の方策をあきらめてもよいのだ、と思えること。そして、ミドル・マネジメントの権限を現場に委譲した後は、スタッフ機能が現場をコントロールできるという幻想を捨てなければならない、ということである。

私たちは大組織で働くことや、ありとあらゆるものを押しつけてくる「本社の役立たず」について冗談を言うことに慣れてしまっていました。ところが今や自分たちですべてをしなくてはなりません。他人に文句を言える立場にないのです。
——ビュートゾルフの看護師

労働者《ブルーカラー》が進化型《ティール》の方を向く理由

ビュートゾルフのような組織には、自主経営《セルフ・マネジメント》の実践例が次々に生まれる土壌があるようだ。出世階段を上ってマネジャーになろうという野心を持った看護師はそれほどいない。だからこそ、本書の調査を始めた頃の私は、おそらく進化型《ティール》組織はヘルスケアや教育、非営利部門など、専門的なサービスを提供する組織にしか見つからないのではないかと考えていた。幸いなことに、その予想は何度も裏切られた。FAVI（家族所有の金属部品メーカー）は、進化型《ティール》モデルの自主経営《セルフ・マネジメント》組織の中で、私が出会った最初のブルーカラー企業である。FAVIは一九五〇年代後半に、水道の蛇口用部品をつくる会社として創業した。今日では、売上の大半を自動車製造用のギアボックス・フォーク★が占めており、ほかにも電気モーターの部品、水量計、医療用機器などを提供している。

FAVIでの仕事は体力勝負、文字通りブルーカラー的な作業である。工場には、磨いたように清潔な自動車製造ラインでロボットが優雅かつ静かにダンスを披露しているような雰囲気はない。作業員が必死になって金属片を自分の持ち場に積み下ろししているような騒々しい作業場である。

FAVIの製品は、バッチ生産★という性格上、自動化の余地が非常に限られている。工場の中を歩いても、同社のどこがすごいのかはすぐにはわからないだろう。「変速装置用の部品を単調に生産し続けるなんて、それほど魅力的でも、報われる事業でもなさそうだ」と考えても仕方ないかもしれない。

しかし、FAVIは信じられないほど目覚ましい業績を上げているのだ。同業他社はどこも、人件費を節約するために中国に生産拠点を移してしまった。ところが、FAVIは欧州に残った唯一のメーカーである

★ギアボックス・フォーク……変速用の部品。

★バッチ生産……多品種少量生産。

だけではなく、ギアボックス・フォークで五〇%の市場シェアを誇っている。品質の良さには昔から定評があり、しかも同社の作業員は、過去二五年以上にわたって納期に遅れた注文が一つもないという記録を誇りにしている。この事実はほとんど伝説として語られている。中国産の製品との競合にさらされ、需要は景気変動の影響を大きく受けているにもかかわらず、従業員の給与は業界平均をはるかに上回り、しかも毎年高い利益率を維持している。従業員の離職率は事実上ゼロだ。一度でもFAVIの労働環境に触れると、従来の方法で運営されている工場に戻ることなど考えられなくなるという。

FAVIも以前は一般的な工場と同じように運営されていたが、一九八三年九月、創業家に指名されたジャン・フランソワ・ゾブリストがCEOに就任すると、すべてが変わった。[9] ゾブリストはかつて軍の落下傘部隊員だったすご腕の金属加工職人で、二〇〇九年にドミニク・ベルラントにその役を引き継ぐまでCEOを務めた。当時は八〇名という比較的小さい規模だったにもかかわらず、同社はピラミッド型の硬直的な階層的組織だった。現場労働者の上には作業係長、課長、製造部長がいた。製造部長は経営陣の一員として、営業、エンジニアリング、戦略策定、保守、人事、財務の各部長とともにCEOに直接報告する立場にあった。この組織形態は、(コストを下げるために一～二階層程度を減らしているところもあるかもしれないが)今日のメーカーではなお一般に見られる例であり、問題があると指摘する研究者も経営コンサルタントもいないだろう。

ところが、ゾブリストがトップになって二年もたたないうちに、FAVIはビュートゾルフの運営方法に驚くほど似た組織へと変貌を遂げた。現在同社では「ミニ・ファクトリー」と呼ばれる一五～三五名で構成された二一のチームが活動しており、総従業員数は五〇〇名を超えている。ほとんどのチームは特定の顧客、あるいは顧客カテゴリ(フォルクスワーゲン・チーム、アウディ・チーム、ボルボ・チーム、水量計チームなど)向けの業務に特化している。少数ながら、川上の製造チーム（鋳造チーム、鋳型修理チーム、保守チーム）と支援チーム（技術者、品質管理、研究所、事務管理、営業支援）といったチームもある。どのチームも自主経営《セルフ・マネジメント》されている。ミドル・マネジメントはおらず、チームが自分たちで決めた以外のルールや手続きは実質的に何もない。

スタッフ機能はほとんどなくなってしまった。人事部、企画部、スケジュール管理部、技術部、製造用IT部、購買部といった部門はすべて閉鎖された。こうした機能は各チームの業務として引き継がれた。つまり採用、購買、企画、スケジュール管理は各チームの仕事になったのである。FAVIでは、営業部門も解体された。アウディ営業担当マネジャーはアウディ・チームに属し、ボルボの営業担当者はボルボ・チームの一員である。営業部長なる役職は存在しない。古い組織構造では、ホワイトカラーのスタッフが工場を見渡せるオフィスの窓際に座り、どの作業員がいつまでに、何をどうすべきかを詳細に計画していた。今や、ブルーカラーの作業員が実質的にホワイトカラーの仕事もこなしているので、指示が「上から」降りてくることはない。

顧客からの注文が同社の社内でどう処理されていくかを比較すると、新しいシステムが従来の仕組みとどれほど違うかがよくわかる。以前は、顧客からの注文はまず営業部に届いていた。すると、企画部は予想される出荷日を営業部に指定し、製造に使う機械の運転期間をマスター計画表に入力する。次に、製造を開始する前日までに、スケジュール管理部門はどの機械がいつ必要になるのかの詳細な計画を立てる。人事部は、定められたスケジュールに基づいてそれぞれの機械に作業員を配置する。そして、作業員たちは指示されたことを黙々とこなした。

作業員たちは注文票の内容を何もわからなかった。会社が儲かっているのか、いないのか、なぜ特定の日に自分がこの商品、あるいはこの機械に割り当てられているのかも知らなかった。ただ決められた時間と場所に出勤するように言われ、決められた作業を長時間にわたってこなせばよかった。自分の仕事についての情報も発言権も与えられることはなかった。こうした状況が意図されたものだったかどうかはともかくとして、一つの注文に複数の部門が次々と関わるという断片的な注文プロセスになっていたため、ほかにやりようがなかったのである。もっともこのプロセスで、何も見えていなかったのは作業員たちだけではない。作業員が注文履歴を何も知らなかったのと同じように、営業担当者の方も工場で何が起こっているのかを知らなかった。ある注文が期限までに納品できるのか？　遅れるとすれば理由は何なのかを理解できず、顧客に説明できなかった。注文は、いったん受領されるとある種のブラックボックスに入れられているのと同じだった。企画からスケジュール策定、人事、工場に至る複雑な情報の流れをだれも容易には解きほぐせなかった。

現在はチーム別の体制になって、状況は大きく変わったように見える。毎週開かれる短時間のミーティングで、たとえばフォルクスワーゲンの営業担当者は、発注された注文内容を一二名の同僚に伝える。発注量が多いと全員で喜びを分かち合い、少ないとがっかりする。製造計画はミーティングの場で決定され、チームメンバー全員が納品日について合意する。営業担当者は、顧客との合意事項が工場で働く人々や作業プロセスにどのような影響を与えるかを十分に理解し、価格引き下げの圧力にさらされたときには、解決策を見つけるようチームメンバーである工場作業員に協力を求めることができる。「商品一個当たりの価格を数セント引き下げるために、プロセスを改善したり、生産性を上げたりといった工夫をできないか？」を一緒に考えるのだ。

営業担当者が報告する相手は営業部門のトップではなく、自分の属するチームである。営業目標は与えられていない（その通り、営業目標を持たない営業担当者なのだ）。モチベーションは担当顧客の要望に十二分に応えること、そして中国産の競合製品に負けないように工場の仕事の数を維持し、可能であればそれを増やすことである。彼らにとって工場の作業員は個性のない労働者ではなく、毎週のミーティングで顔を合わせてよく知っている同僚なのだ。営業部長から与えられるどんな目標よりも、自分のチームに仕事を与えることの方がずっと強いモチベーションとなる。なお、FAVIでは、顧客からの注文は常に金額ではなく、必要な人員の面から議論される。「一〇〇万ドルの注文を受けたぞ」ではなく、「一〇人分の注文を受けた」と表現するのだ。[10]

経営陣はなく、ミーティングもほとんどない

FAVIでは機能別の組織構造はもはや消えてしまい、したがって経営陣のミーティングもない。組織のトップにはミーティングがないのだ！　かつては営業、製造、保守、財務、人事など各部門のトップが集まった会議が毎週開かれていたが、現在はチームごとのミーティングだけである。

FAVIでは、各チームがミーティングのスケジュールを決定している。通常は①シフトが交代する際の短い技術的な話し合い、②注文に関する顧客担当マネジャーとのミーティング（毎週）、③あらゆることを議論するミーティング（毎月）、という三種類のミーティングが定期的に開かれている。以前の経営会議のような、すべてのチームが集まる定期的なミーティングは一切開かれていない。具体的な必要性があるときには、チーム間のミーティングが臨時に開かれることはある。

これはビュートゾルフも同じだ。たとえば、CEOのヨス・デ・ブロックは、地域コーチと毎週会っているわけではない。そうしたミーティングには多くの点で十分意味がある。地域コーチは介護の現場で何が起こっているのかを深く知っているので、皆で問題点と機会を見つけ出し、どう行動し、どう取り組むべきかを決められるはずだ。しかし、この利点はまさに問題にもなり得る。「自分は何が必要かをあの人たちよりもよく知っている」という上から目線の意識が生じるリスクである。ミーティングのせいで、皆があらゆる面で忙しくなることが多い、ということをヨス・デ・ブロックと地域コーチは認識している。そこで、全員が集まるのを年に四度とし、そのときに明らかな未解決の問題について話し合うことにしているのだ。この程度の頻度なら、経営陣が自分たちのやり方で各チームを統率しようとするリスクを防ぐことができる、ということに気がついたのである。

ピラミッド型組織の場合、情報が指揮命令系統の中を円滑に上下するよう、情報を集めたり、まとめたり、浸透させたり、伝達するために、すべての階層でミーティングが必要となる。自主経営《セルフ・マネジメント》の組織形態では、こうしたミーティングの必要性は全くといえるほどない。従来型組織では、トップに近いほどミーティングの負荷が重い。組織の上に行けば行くほど多くの情報が集中する。トップだけが、判断材料や交換条件を多方面から得られるので、必然的に意思決定の権限は上に押し上げられる。ピラミッド型の組織では、この図式はほとんど決定的だ。組織のトップはミーティングが多すぎるとこぼし、組織の下にいる人々は権限が奪われていると感じている。

私が出会ったビュートゾルフやFAVIなどの自主経営《セルフ・マネジメント》組織で採用されている組織構造では、権限は組織の最下層、つまりチーム内に集中している。チームは（毎日、毎週、あるいは毎月）短時間のミーティングを開いて方針を確認し意思決定を行う。これ以外に定期的なミーティングは一切ないといってよい。メンバーの注意を引く必要のある、何か特別な事情が持ち上がるときに限って、関連する人々がテーブルの周りに集まって臨時のミーティングが開かれることがある。これは有機的な組織運営方法だ。ニーズが持ち上がってから組織化されるのであって、最初に組織ありきではないのである。

チーム間の人員調整と知識の交換

もちろん、チームを越えた調整が必要になることは多い。従来型組織では、そういうときこそ管理職やスタッフ機能の出番である。負荷の最適化について考えてみよう。顧客からの発注は変動するので、あるチームが忙しすぎてほかのチームが暇すぎるということはいつでも起こりうる。おそらく、最高業務執行責任者（COO）の役割は結局必要で、補助役のプランナーが各チームに人員を振り分けることになるかもしれない。しかし、そうなると「支配者階層制」に逆戻りすることになる。

FAVIはもっと自発的で見事な解決策を選んだ。定期的に各チームからの代表者一名が数分間集まり、どのチームが人手不足か、あるいは人員過剰かを確認し合う。そして代表者はチームに戻ると、一〜二シフト分ほかのチームに替わってもよいというボランティアを募るのだ。たとえば、アウディ・チームの代表者がメンバーに、ボルボ・チームで一日働いてもよい人がいないかを尋ねる。人員の交代はあくまでも本人たちの自発的な意志に基づくもので、組織の上位者から配置転換を指示される者はいない。

調整の別の例を見てみよう。設備投資予算の決定プロセスだ。一年に一度、FAVIではどのチームも翌年の投資予算、つまり新しい機械、道具などにいくら使うのかを決める。従来の組織では、財務部門がこうした要請を検討し、最終的には経営会議またはCEOが部門間の利害を調整して資金の割り振りを決める。その結果、社内政治というややこしい問題が持ち上がる。だれもが自分の取り分を多くしようとあらゆる策略をこらし始める。ミドル・マネジャーにとってみると、予算規模が自分の地位を測る基準になることが多い。自分にできる限りのあらゆる人脈を通じて経営会議の意思決定者に影響を及ぼそうとするのだ。

FAVIには予算を勝ち取ろうと闘うミドル・マネジャーは存在しない。そしてゾブリストは、キャンディーを子どもたちの間で分ける方法を決める父親のような役割を拒否している。言い争いなど起こらないことをどのチームも知っているので、そもそも実態より高い予算額を提示することもなく、現実的なニーズに基づいて現実的な予算を要請する。各チームの予算を合計すると、ほとんどの年では妥当な数値に落ち着き、交渉も審査もなくすべての計画にゴーサインが出る。どのチームも正しいことをしていると信頼されている。もしどこかのチームが金張りの機械を調達しようものなら、ほかのチームがすぐに気づき、仲間《ピア・》からの圧力《プレッシャー》による自主規制が働いて問題は除去される。プロジェクト予算を合計すると妥当な水準を超える年もある。そのような場合は、各チームは改めて話し合い、修正プランを提出するように要請される。その後チームの代表者が集まってすべてのプランをテーブルの上に置く。そうして、どのプランが最も重要か、先送りできるものがあるかを点検する。一回か二回のミーティングで問題はすべてより分けられる。

複数のチームにまたがるビジネス・チャンスが持ち上がったときも同じ仕組みが採用される。つまり社員たちは立候補制によって一時的なプロジェクト・チームをつくる。チーム間の調整を図るためにスタッフ機能を担う社員が指名されることもあるが、その人には何らかの決定をチームに押しつける権限がない。

ピラミッド型組織では、あまりにも少数の者たちに権限が集中し、それ以外の人々には十分に行き渡らない。
——ゲイリー・ハメル

たとえばFAVIでは、さまざまな気づきや成功事例のチーム間での共有を、デニスというエンジニアが支援している。デニスの仕事は、各チームの作業員がほかのチームを訪ね、何を成し遂げているか見学するよう奨励することで、ほかのチームのアイデアを採用しろとは強制できない。関心を持たせ、その気にさせなければならない。それができないと、そして各チームがデニスの仕事に価値を見いださなくなると、彼の役割は自然と消えていき、自分でなすべき別の役割を探さなければならなくなる。デニスの役割は本当の意味での「サポート」なのだ。必ずしも高学歴ではないが極めてスキルの高いブルーカラーの作業員に、エンジニアが命令ではなくサービスを提供することは通常ではまずあり得ない。

FAVIの職場環境におけるもう一つのサポート業務として、以前は機械作業員をしていたフランクの例を紹介する。フランクはFAVIの「アイデア発掘担当社員」だ。一八歳で未経験の作業員として入社したときには、ほとんど読み書きもできなかったが、ゾブリストはフランクが強烈な好奇心に満ちていることに気がついた。そこで地元で開いていたフランス文学の夜間クラスに通って好奇心を満足させ、自信をつけるようすすめた。

工場で数年働くと、フランクは自分にはさらにできることがあると感じるようになり、ゾブリストにこう提案した。「もっと積極的に動いて、新しい機械や原料、サプライヤーを獲得すれば、私たちはもっと革新的なことを成し遂げられると思うのです。僕にその仕事をさせてもらえませんか?」。ゾブリストは彼のいつものスタイルで答えた。「やってごらん。君にはその仕事がうまくいくだけの条件が備わっていると思う。しかしそれは僕が決めることじゃない。君にそれだけの価値があるってことをチームに示す必要があるよ」フランクはそれに成功した。それ以来、世界中を旅して新しいテクノロジーとサプライヤーを探し回っている。FAVIのほかの社員と全く同じように、彼には予算も達成目標もない。交通費やホテル代を常識の範囲内で使うと信頼されている。およそ一ヵ月に一度の頻度で工場に帰ってくると、自分が発見したことを報告するミーティングが金曜日の午前中に開かれる。その時々のテーマによって、作業員やエンジニアの中からだれが出席するのかが決まる。人々がそのミーティングに出席して彼のアイデアから何かを得ようとしている限り、フランクの役割には価値があることになる。いつか、同僚たちが金曜午前のミーティングに出てこない日が来ると、彼の役割は自然と終わることになる。その場合、フランクは自分で新たな役割を見つけ出さなければならない。もちろん、機械作業員としてチームに再合流することもあり得る。

　デニスやフランクと同じく、保守や品質管理といったスタッフ機能の支援業務を行うチームには、現場のチームを超える意思決定権がない。頼れるのは自分たちの説得力だけだ。多くの場合、彼らは工場からの要請で活動する。一方、従来型の考え方は「逆委任」だ。現場のチームがすべてを行い、自分たちが選んだいくつかの仕事をスタッフ部門に委任する場合がある、というのが基本的な考え方だ。

　ここに紹介した事例（負荷の最適化、投資、プロジェクトチーム、専門機能）は、進化型《ティール》組織がチームをまたいで調整する必要が生じたときにどう対処するかを示している。形式よりも機能が先立つわけだ。問題が起こったり機会が訪れたりすると、全チームに臨時のミーティングが招集される。もっと長い期間の調整が必要な場合には、チームからの逆委任のプロセスを通じてスタッフ機能が生まれる場合もあるだろう。いずれも上層部からの承認は必要ない。フランクのような役割をつくったりやめたりする決定権はCEOにはない。自発的に起こる。自主経営《セルフ・マネジメント》組織のミーティングや役割は自然発生的に生まれる。どのミーティングも役割も組織に価値を与えている限り存在し続ける。

本社で何かを判断すると、そのたびに組織のほかの部署にいる人々から責任を取り上げ、組織に有益な貢献をしていると感じる人々の数を減らすことになる。
——デニス・バーキ

社内SNSや知識管理システムなどの情報技術（IT）ツールは、不必要な組織をつくらない、という点で決定的に重要な役割を果たせる。特に組織が次第に大きくなり、社員がさまざまな場所に駐在するようになると、なおさら威力を発揮する。

FAVIでは、五〇〇名の従業員が全員同じ工場で働いており、遠隔地に駐在している社員はいない。知識の交換や調整はたいてい、作業場内の立ち話やランチタイムといった非公式の場で行われる。

一方、ビュートゾルフでは七〇〇〇人の看護師がオランダ全域で働いているが、ほとんどの人たちはお互いに会ったことがない。社内SNSを通じて看護師は特定の専門知識を持った同僚がどこにいるかを確認し、電話をかけて質問できる。看護師たちは、情報が流れ続けるフェイスブックのようなプラットフォームに直接質問を書き込むこともできる。七〇〇〇名の看護師の力を全部合わせると、医療や技術に関する驚くほど幅広い知識が備わっていることになるため、ほとんどのケースで質問に対する答えはどこかに見つかる。要は、正しい人を見つけ出せばよいのだ！　このプラットフォームへの看護師の関心は高く（看護師は一日に一回はログオンしている）、新しい質問が投稿されると数時間のうちに数千人の看護師が閲覧し、一つまたは複数の回答が書き込まれる。「ビュートゾルフ・ウェブ」が同社の自主経営《セルフ・マネジメント》パズルで重要な一角を占める日が来ることを、設立者のヨス・デ・ブロックは思い描いてきた。専門家であるスタッフに知識を集約するという方法は、おそらく効果が低く、コストもかかるだろう。それに、ビュートゾルフで働く看護師の誇りを傷つけるかもしれない。同社では看護師自身が専門家であり、皆がまとまれば実に貴重な知識を提供し合えるのだから。

信頼 対 統制

進化型《ティール》組織にはミドル・マネジメントがなく、スタッフ機能もほとんど存在しないため、普通の組織とは異なり、相互信頼による統制が効いている。ゾブリストは、ＦＡＶＩでの経営手法についての本を書いているが、そのタイトルは『ＦＡＶＩの美しい物語――〝人類は素晴らしい〟と信じている組織』（未邦訳／*La belle histoire de FAVI*）というものだ。つまり、同社で働くすべての社員を、正しいことをできる道理をわきまえた人々だととらえている。この大前提を踏まえれば、ルールも統制メカニズムもほとんど必要ない。

ゾブリストが大変革を起こすまでは、ＦＡＶＩは、現在どこにでもある製造業者と同じく、込み入ったシステムを採用して社員を統制し、ルールを守らせていた。ホワイトカラー以外の労働者はタイムカードで出退勤を管理され、機械ごとに一時間当たりの生産量が記録されていた。作業員が仕事に一分でも遅れるか、生産量が時間当たりの目標を下回ると、相応の金額が毎月の給料から減らされていた。

ＣＥＯに就いた直後、ゾブリストは事前予告なしにタイマーを取り外し、生産ノルマを撤廃した（第III部第３章ではゾブリストがＦＡＶＩを順応型《アンバー》から進化型《ティール》の経営方式にどう変えたのかのいきさつを取り上げている）。ゾブリストに仕事を引き継いだ前経営陣は仰天した。「これは、破滅への道だ！」「生産性が崩壊する！」というわけだ。ゾブリストは、管理統制システムを取り払ったあとの一週間は、生産性の数値を毎日チェックしたことを認めている。何が起こるかがはっきりとはわからなかったからだ。彼は信頼の力を固く信じており、生産性は低下しないだろうと念じていたが、自分の賭けが成功するかどうかの保証はなかった。

やがて、生産性は下がらず、むしろ上がっていることが明らかとなった！　ゾブリストはこの結果について、工場作業員の意見を聞き、何が起こったのかを理解しようとした。作業員たちの説明によると、機械を動かすには、身体に最も負担にならない最適な心理的リズムが存在する。時間ごとの目標値が定められていた以前の管理体制では、彼らはいつも意図的に仕事のペースを緩めていたのだという。そうすれば、経営陣が目標を引き上げたときに少しは余裕ができると考えたのだ。長年にわたって、作業員たちは体力的にも精神的にもクタクタになるペースで仕事をしていたので、伸び伸び働いていれば達成していたはずの生産性を下回り、しかも会社にとって収益性の低い成果しか上げていなかった。ゾブリストがやってきた今、工場労働者たちは自然なリズムで働けばよくなった。

予想しなかった成果はもう一つあった。タイムカードが使われていた頃には、作業員たちは作業時間が終わるとすぐに機械を離れていたのだが、今や自分たちが始めた仕事を終わらせるまで数分間、時には半時間も当たり前に残業をするようになったのだ。なぜそうなったのかを尋ねると、作業員たちは自分に対するイメージが変わったのだという。以前は給料をもらうために働いていたが、今は自分の仕事に責任感を抱き、仕事をきちんと仕上げることに誇りを持っているというのである。

同社で支援業務を担っているギネットは、かつては社員の管理統制システムのメンテナンスを担当し、給料の減額計算をしていた。ゾブリストは彼女と面談したときにこう言った。「工場の見張り役として、他人を首にするために時間を費やしているなんて、あなたが幸せだとはとうてい信じられません。こんな仕事をさせてしまって本当に申し訳ない。もっと早くこの仕事からあなたを解放すべきでした。FAVIでほかにどんな仕事をできるか、時間を取って考えてみてください。今の給料は変わりませんよ」。ギネットが同僚たちと話したところ、朝早い時間と夕方遅い時間に電話をしてほしいという顧客が急増しており、受付を増やして二交代制にすることが急務であることがわかった。こうしてギネットは自分で新しい仕事を見つけた。

FAVIでの「信頼」は就業時間や生産ノルマ（のなさ）以外の多くの領域で生かされている。社有車のキーは受付に置いてあってだれでも利用できる。社員はだれからも承認を得ることなく（とはいえだれかが一緒に行きたいと言うかもしれないので、同僚たちには一声かける習慣となっている）持ち場を離れ、自動車に乗ってサプライヤーや顧客の元に行くこともできる。以前は資材倉庫には管理人がいて、作業員が管理職の署名入りの要請書を持ってきた場合に限ってツールや備品を渡していた。管理人が休憩するときは、倉庫の入口には鍵がかけられた。今や倉庫はいつも開放され、作業員たちは必要なものを何でも持って行ける。交換部品の発注には必要事項を所定の帳簿に書いて提出するだけでよい。ある日ドリルが盗まれたことがあった。ソブリストは倉庫内にフリップチャートを掲げてつぎのようなメッセージを書いた。「ドリルが一つ盗まれました。皆さんもご存じのように、当社ではトイレットペーパーを盗んだ人は原則として解雇されます。これはばかげた行為です。当社ではこれまで夕方であろうが週末だろうが、どんなツールを使う場合でも許可されなかったことなどないのですから」。これだけで十分だった。その後盗難は一切起こっていない。過去を振り返っても、FAVIでは、そして自主経営《セルフ・マネジメント》の道を歩んできたほかの組織でも、信頼を裏切るこのような行為はまずめったに起こらない。

信頼の対象が広がると、その見返りとして責任も広がっていく。他人を見習う習慣と、仲間からの圧力《ピア・プレッシャー》が、階層制よりもはるかにうまくシステムを統制する。チームが目標を設定し、誇りを持ってそれを達成する。だれかがこのシステムを悪用して自分の分担をしっかり

自分の会社の従業員が何か悪さをしないかと見張っているくらいなら、時々痛い目に遭う方がましです。会社の仲間たちは尊敬できる人たちです。彼らの普段の行動がそれを証明しているのです。私の職場では、社員がもしそこで暴れ回りたいのなら暴れ回ってかまわない環境が提供されています。そのような職場で日々まじめに仕事に取り組んでいるのですから。例外的な人はほとんどいません。悪いことをするかもしれない人の行動を規制しようと、職場全体に厳しい制限をかけることは、とてつもない自己破壊だと思います。
——スタン・リチャーズ

と果たそうとしなかったり、サボったりすると、チームの仲間たちがすぐに「そういうことはやめてほしい」という気持ちを伝える。FAVIでは、工場作業員は、営業担当者との毎週のミーティングを通じて、自分たちが中国とのかなり厳しい競争にさらされていることをよく認識している。ビュートゾルフの看護師たちは、患者個人のことをよく知り、患者の幸せを心から望んでいる。FAVIやビュートゾルフのチームは、自分たちの尻をたたくような経営システムも管理統制システムも必要としない。

信頼のエネルギー

信頼し合える同僚と小さなチームを組んで、自分たちが必要と感じる経営資源と権限をすべて持てると、驚くべきことが起こる。あなたに耳を傾ける気さえあれば、ゾブリストは、FAVIで自主経営《セルフ・マネジメント》が解放したエネルギーについてのエピソードを一晩中でも話すことができるだろう。その一つは、同社の工場が自主経営《セルフ・マネジメント》を始めてから数年後に起こった。

ある月曜日の朝、ゾブリストは、イタリアの自動車メーカーのフィアット（アルファ ロメオとクライスラーを所有）向けにギアボックス・フォークをつくっているグループに何かが起こったことを感じた。このチームが受ける注文のパターンは安定しており、毎週日曜日の夜に、すべての製品を詰め込んだ一台のトラックがフランス北部のFAVIからイタリアのフィアットに向けて出発することになっていた。しかしその日ゾブリストは、フィアット・チームのメンバーからこう言われた。

「信じられますか？　私たちはこの週末にトラック二台分の製品を出荷したんです！」

何のことなのかさっぱりわからずポカンとしていたゾブリストが聞いたのは、こんな顛末だった。金曜日、ゾブリストが工場を離れた後にフィアットから連絡があり、今週に限ってはトラック二台分の製品を日曜日の晩に運んでくれないかという問い合わせが来たという。フィアット・チームは集合して相談し、この課題に挑戦することにした。まず、ほかのチームからボランティアを募り、土曜日と日曜日に三交代分の業務を加えた。チームメンバーは疲労困憊だったが誇りを持って作業にあたり、日曜日の夜に二台分の製品をイタリアに出荷できた。このとき、CEOに知らせるとか、許可を求めるという考えは全く思い浮かばなかった。残業代を請求する社員は一人もいなかった。チームで自主的に調整し、土日に多く働いた分はその後の数週間で埋め合わせたという。ゾブリストは当時をこう振り返る。

> もし当社が他社と同じような組織だったら、つまり、企画部が顧客からの注文処理を担当していたとすると、フィアットからの要請を不可能だと結論づけていたはずです。あるいは、その要請を受けてしまうと、工場作業員たちはその仕事をチームみんなで取り組む冒険と考えず、余計な残業を押しつけられたと感じたことでしょう[11]。

またある日、フォルクスワーゲン・チームの工場作業員が、自分が作業していたパーツに品質上の問題があることに気がついた。彼は機械を止め、品質チームのメンバーと一緒に、ほかのすべての完成品と仕掛品を検査した。欠陥品は見つからなかった。それでもこの問題をフォルクスワーゲンの営業担当者と協議することにした。二人は社有車に乗ってフォルクスワーゲンの工場に出向いた。ドイツまで片道八時間の旅

私たちはルールや規則を使って、自分たちを危険から守ろうとしてきました。けれども、バラバラだったら守るも何もありません。自分たちは仲間なんだ、と思ったときに初めて幸福を感じるのです。

——マーガレット・ウィートリー＆マイロン・ケルナー＝ロジャーズ

だった。到着すると突然の訪問の理由を説明し、FAVIが以前に出荷していた類似のパーツをすべて調べる許可を得た。製品はすべて完璧であることがわかり、欠陥は一つも発見されなかった。フォルクスワーゲンの品質管理マネジャーの驚きたるや大変なものだった。普通なら、サプライヤー側で何かの欠陥品が見つかったときには、正式な通知書が発行されるなどの法的処理がなされるが、これは最もうまく事が運んだ場合である。悪くすると（こちらの方が多いかもしれないが）、工場作業員が経営陣からの処罰を恐れて問題をこっそり隠蔽することだってあるかもしれない。ところが、この作業員は自分のミスを自ら認めたばかりか、自分の責任を痛感し、考えられるあらゆる問題の可能性をつぶそうと顧客の元まで自ら足を運んだのだ。

このケースは極端かもしれないが、FAVIやビュートゾルフをはじめとする自主経営《セルフ・マネジメント》組織で日常的に見られる精神を証明している。結局のところ、大きな阻害要因となるのは「恐れ」なのだ。組織が暗黙の恐れに立脚しているのではなく、信頼と責任を育てる構造と慣行の上に成り立っていると、驚くほど素晴らしい、予想もしないことが起こりはじめる。

プロジェクト

サン・ハイドローリックスは、従業員九〇〇名、フロリダを拠点に油圧カートリッジ・バルブとマニホールド★の設計と製造を手がけている世界的なメーカーだ。一九七〇年に同社を創業したエンジニアの一人、ボブ・コスキは「健全で、自主的に管理され、インフォーマルな」組織をつくりたいと思っていた。コスキがそれまで働いていた会社は「どこも官僚主義と脅しに基づく有害で無礼千万な雰囲気だった」ので、その正

★ 内燃機関の吸気もしくは排気を行う際などに用いられる部品。

反対の会社をつくりたかったという。[12]

FAVIと同じく、サンには品質管理部門も、スケジュール管理部門も、購買部門もない。生産時間の基準も、タイマーも、歩合もない。人々は自然と集まった仲間同士で仕事をし、チームを自主運営しながら仕事を完成させる。そして、驚くほどの成果を上げてきた。サン・ハイドローリックスは現在ナスダックに上場しており、業界内では高い品質とサービスを提供する会社として輝かしい評判を勝ち取っている。工場と事務所の雰囲気は私がこれまで訪ねたほかのメーカー（ただしFAVIを除く）とは似ても似つかない。フロリダ州はもとより、全米の工業専門学校では、サンから採用通知が届いたら、とにもかくにも入社しろ、というのが常識になっている。財務内容も飛び抜けて良い。景気変動の影響をかなり受けやすい業界にあって、同社は三〇年以上にわたって赤字になったことがない。二〇〇九年、金融危機が最も深刻だった時期には売上高が半減したが、それでも、一人も一時解雇《レイオフ》することなく（会社の歴史上、どんなに景気が悪化してもレイオフしたことはない）、同年に三八年連続黒字を確保した。通常の年には、同社の利益率は並外れて高く、[13]一九七〇年代から二桁増益を続けてきた。

徹底的に簡素化されたプロジェクト・マネジメント

サンは別の面でも素晴らしい見本になる。プロジェクトが非常に自主経営《セルフ・マネジメント》的な環境の中で運営されているのだ。サンはエンジニアリングの比重が高い会社である。いつどんなときでも、数百のエンジニアリング関連プロジェクトが同時に走っている。工場作業員が発案した製品の修正、顧客の要望に応じて設計し直したマニホールド、製品ラインを拡大するための新しいカートリッジ・バルブ、発明しようとしている完全な

本当に素晴らしく、心を高揚させてくれるものはすべて、自由に仕事に励む個人によって創造される。

——アルバート・アインシュタイン

新製品などプロジェクトの範囲は多岐にわたる。これほど多くのプロジェクトが同時に走っていて、それらを時間通りに、しかも予算内で完成させることはどんな組織にとっても相当難しい。すべてのプロジェクトの要求に沿うように経営資源を最適化しようとすれば、物流面でも政治的にもいつ苦境に陥っても不思議ではない。このように複雑な状況を乗り越えるための支援サービスは、一つの大きな産業になっている。ソフトウェアのシステムは通常、綿密なガント・チャート★を使ってすべてのプロジェクトを追跡できるようになっている。プロジェクト・マネジャーとプログラム・マネジャーは、複雑な状況をきちんと管理できる特別な手法を訓練によって習得している。もう一つの重要な仕事は、組織の上層部が状況を理解して十分な情報に基づいた判断を下せるように、プロジェクトの進捗状況を把握するための月次報告書と指標を作成することだ。

サン・ハイドローリックスでは、以上のすべての手順が徹底的に簡素化されている。この複雑な状況をすべて理解して統制したいという経営陣は存在しない。プロジェクトは有機的に、かつ非公式に起こる。エンジニアはたいてい並行して複数のプロジェクトに携わっている。彼らは、その時点で最も重要な仕事、最も緊急な仕事、あるいは最も楽しい仕事は何かを考えながら、自分の優先順位を常に調整し直す。

グーグルには、エンジニアたちが毎週金曜日の時間をどう過ごすかを自由に決められる、「二〇%ルール」として知られる慣行がある。サンをはじめとする自主経営《セルフ・マネジメント》組織の場合、基本的にこの自由時間が一〇〇%なのだ。全体計画《マスター・プラン》は存在しない。プロジェクト計画書はなく、人員配置を心配する者もいない。プロジェクト・チームは自然発生的に生まれ、仕事が終われば解散する。プロジェクトが時間通り、あるいは予算通りに進んでいるかをだれも知らない。なぜならば九〇%の人々は、文書でスケジュールを書いた

★ 作業間の相互依存性と必要な経営資源を計算するためのグラフ。

り、予算を立てたりすることを気にしていないからだ。プロジェクト計画に関する手続きが一切ないことで膨大な時間が削減される。要するに、計画書の作成、承認プロセス、進捗状況の報告、変更点の説明、スケジュールの組み直し、再見積もりがないのだ。もちろん、プロジェクトのための経営資源を獲得するための政治的な動きも、プロジェクトが予定通りに進まず、また予算がオーバーしたときに責任を押しつける相手を探す必要もない。私がサンのリーダーの一人、カーステン・リーガルに、同社の会議室がほとんど使われていないように見えますね、と話したとき、彼女はあっさりとこう答えた。「私たちは『忙しくしている』ことに無駄な時間を費やしていないのです」

プロジェクトの最適化

では、どうやって物事に優先順位がつけられるのだろう？　何を優先すべきかをだれが決めるのだろう？「優先順位は自然に決まっていくのです」とサンのエンジニアの一人が私に話してくれた。サンでは、ある一人の人間が、そのような複雑なシステムに関するあらゆる情報を理解して、上から、毎週なすべき何百もの項目に正しい判断を下すのは、その者がどんなに有能であっても無理だし、幻想だとされている。その代わり、人々はシステムの集団的知性に信頼を置いている。

システムの持つ集団的知性を信頼するという考え方が危ない、または全くばからしいように思えるのなら、こう考えてほしい。一国の経済はソビエト連邦スタイルの中央計画委員会の強権的手法によって運営されるのが最適だ、という発想への信頼はすでに地に落ちてしまっている。無数の参加者がちょっとした変化に注意を払い、意思決定をし、参加者同士で調整する自由市場というシステムの方がはるかによく機能すること

ここまでくればもうおわかりかと思いますが、皆さんは特定の職務記述書の内容をこなすために雇われたのではありません。ご自分が手がけられる最も価値の高い仕事を常に探し回ることが求められているのです。
——バルブ社の新入社員用ハンドブック

をだれもが知っている。ところが、数多くの組織では、どういうわけか今でも中央計画委員会に等しい仕組みが正しいと信じられている。自主経営《セルフ・マネジメント》とはつまり、組織内に自由市場経済を成功させる諸原則を持ち込むということなのだ。

「すき間から物が落ちることもときにはあります」と先ほどのエンジニアも認めている。しかし、そうした失敗は集団的な最適化努力の成果として歓迎されることが多いという。このシステムでは、将来性がなかったり全く重要ではないと思われたりするプロジェクトはあっさりと捨てられる。もし重要であれば、だれかが主張していたはずだ。一方、これまでのやり方で運営されている企業では、無意味なプロジェクトがあまりに長く残ってしまうことが多い。なぜか？　もう駄目だということをだれもが知っているにもかかわらず、そのプロジェクトがついに整理されると、だれかが責任をとらなければならないからだ。「だれか自分でない人が責任をかぶってくれないか」と考えて、だれもが自分は目立たないようにする。その結果としていつまでも残るのである。

ＦＡＶＩはサンと同様の最適化の手法を採用している。

同社の工場では、かつては日本企業のやり方を熱心に取り入れ、ほかの企業ではなかなかできないような「継続的改善」★をマスターし、利益率の低い自動車ビジネスで生き残り、繁栄するための極めて重要な能力を身につけてきた。

ご想像の通り、現在のＦＡＶＩには継続的改善部門はなく、リーン生産方式★の専門家もいない。こうした発想は各チームの中にすべて埋め込まれている。チーム内で機能しているプロセスは実に単純だ。チームが何らかの問題や機会に出会うと（毎日そのようなことは起こるのだが）、それは記録簿に記載される。だれでも、

★　継続的改善……Ｐ（計画）Ｄ（実行）Ｃ（検証）Ａ（改善）を順番に繰り返し行いながら品質を改善していくという改善活動を意味する品質管理用語。

★　リーン生産方式……プロセス管理の徹底した効率化で、大量生産方式と同等以上の品質を実現しながら作業時間や在庫量を大幅に削減する生産方式。

どの問題にも自ら手を挙げて取り組むことができる。取り組むときには問題の横に自分の頭文字を書いておけばよい。たいていは、最も影響を受けるか最も関心のある二〜三人が仲間に加わり、問題を分析する。もしだれにも取り上げられなければ、おそらくそれは重要ではないことを意味する。そうでなければ同じ問題が再び取り上げられ、だれかがそれに取り組むことになる。サンと同じく、統計や全体計画《マスター・プラン》、プロジェクト管理用ソフトウェア、あるいは報告にあくせくする者などいない。注意を促す単純な仕組みはある。記録簿を時々チェックする管理作業を一人の女性が担当しており、三カ月以上未解決の項目が見つかったときには、その問題に取り組むと登録した人々に、進捗を尋ねるのだ。この緩やかな促しの仕組みが役に立つことを社員はわかっている。

多くのプロジェクトを抱えている企業は、自社の物理的なスペースを再考し始めている。サン・ハイドローリックスのオフィスは、腰の高さまでしかない仕切りで囲まれた、広いオープン・スペースだ。一目見れば、だれがオフィスにいるのかがわかるし、多くの会話も自然と耳に入ってくる。他社のオフィスよりもはるかに協力しやすいレイアウトなのだ。同社の社員はこう指摘する。「ほかの会社であれば電子メールやミーティングのスケジュール設定で始まる問題であっても、たいていは人々が低い敷居越しに直接話せば解決してしまうのです」

シアトルのゲーム・ソフトウェア会社のバルブでは、四〇〇人の従業員がすべて自主経営《セルフ・マネジメント》の原則に従って働いているが、人々の可動性という面ではサンよりも一歩先を進んでいる。従業員全員がキャスター付きのデスクを使っているのだ。毎日、だれかがプロジェクトに加わったり離れたりするので、そのたびに新しい場所にデスクを移動させている。移動時の作業は簡単で、壁からケーブル類を抜いて、新しい場所で差し込めばいい。デスクが常に動き回り群れをつくっては仕事を片付けていく。バルブの流動的なプロジェクト運営方法（人々が自分の足を動かしてプロジェクトの人気投票をしているようなものだ）が、まさにオフィス・スペースの中に目に見える形で表れている。人々があまりにも頻繁に動き回るので、会社は同僚たちがどこにいるのかがわかるアプリを社内のイントラネット上につくったぐらいである。これはオフィスのリアルタイム地図で、人々が自分のコンピューターを社内のどこの壁につないでいるのかが一目瞭然になる。

自主経営《セルフ・マネジメント》を数万人規模に拡大する

このような経営方式は、社員が数百人、あるいは数千人を超える組織でも機能するだろうか？　国を越えたらどうだろう？　バージニア州アーリントンに本社を置く世界的なエネルギー供給会社アプライド・エナジー・サービス（AES）を見ると、どのような文化でも、あるいは従業員が数万人規模に拡大しても自主経営《セルフ・マネジメント》が機能することがよくわかる。一九八二年に設立した同社は、二〇〇〇年には従業員数が四万人にまで成長し、アルゼンチンからエルサルバドル、ハンガリーからカザフスタン、バングラディシュから中国、南アフリカからタンザニアまで、世界の五大陸三一カ国で発電所と送電網を運営している。ちなみに、AESのたどった歴史は、自主経営《セルフ・マネジメント》の組織でもリーダーが代わるといかに簡単に従来の経営方針に戻ってしまうかをよく示すのだが、この点は第Ⅲ部第1章であらためて触れることにする。残念ながら、同社が切り開いた自主経営《セルフ・マネジメント》の組織構造と経営慣行は、現在はあまり残っていない。

AESはロジャー・サントとデニス・バーキによって一九八二年に設立された。二人はその二年前、メリーランドからワシントンDCにドライブしている最中に同社のビジネスプランを思いついた。サントがバーキを彼の家で降ろすときに、こう言ったという。「さあ楽しもう」

バーキは、AESの革新的な経営慣行を推進した張本人であり、連邦政府のさまざまな部門で働きながら、何年もかけて組織に関する自分の思考を練りに練り上げていた。そうした経験から、仕事に意味を与えるには目標が必要だが、同時に、階層的組織とスタッフ機能には人のやる気を削ぐ要素があることを学んでいた。

政府の省エネルギー・プログラムの責任者として私は、人は本部のスタッフ機能に「仕える」と、いかに衰弱するかを実感していました。当時の私にはあたかも一五人の上司がいるような感じでした。ただし、どの部署も私のプログラムを回すために必要不可欠だと思っていました。議会の委員会でも、関係しそうな議員の取り巻きの人たちにまず話をしておかないと、私のような者は発言すらできなかったのです。責任者であったにもかかわらず、私は実質的にプログラムを運営することも、それについて自由に話すことさえできませんでした。信頼されていなかったのです。自分には、なすべき仕事がないのではないか、毎日のようにそう考えていました。「ラインの長」として私にできたのは、せいぜいプログラムに出入りする「本部の」皆様のスケジュールを調整することぐらいでした。[14]

バーキは、仕事に対する見方に影響した、少年の頃の話をしてくれた。彼はここに語られるような経験を通じて、仕事を楽しく充実したものにしてくれるような組織をつくることを自分の天命とするに至った。

あの日、母はいつも通りのやり方で夕飯の段取りを終えていました。台所では皆が忙しく働いていました。私は一六歳で、エンドウ豆のクリーム煮を任されていました。弟は木材を納屋から台所の隣にある保管場所に運び込んでいました。ケニーの姉たち（ケニーとその姉妹たちはバーキ家の里子）は、使った鍋釜類を片付け、テーブルに食器を並べていました。だれもケニーに注意を払っていませんでした。すると突然、二歳のケニーは、自分のトレーに載っていたスプーンを持ち上げて「何かしたい、何かしたい、何かしたい！」と歌いながらスプーンをトレーの上でカンカンたたいたのです。

ゆがんだ笑顔とつらい過去を背負ったこの子は今、「僕も何か役に立ちたい。僕だって何かできる。みんなの仲間に入りたい。僕はここにいるんだ。僕も働いて楽しみたい！」、そう言っていたのだと思います。このときのことを長年にわたって何度も思い出すうちに、私は母の圧倒的な影響で「職場で楽しむ」という考え方をかなり幼い頃から刷り込まれていたのだと思うようになりました。母は、罰せられる恐れや褒美をもらえるという期待感からではなく、だれもがやる気を持って何かプラスのことを成し遂げたいと思えるような環境を、不思議とつくり出していました。そして、目の前にある仕事をやり遂げる私たちの能力に絶対の自信を持っていました。母は私たちが、自ら働き、決めることのできる自由を際限なく与えてくれました。働くことを本当に魅力的なものにしてくれたので、前の家で虐待を受けていた二歳の子でさえ、何か仕事を得て純粋な喜びと興奮を得ようと必死になって協力したがったのです。[15]

サントとバーキのリーダーシップの下、ＡＥＳでは、従業員四万人という巨大な組織でありながら、一チーム当たり一五〜二〇人のチームによる自主経営《セルフ・マネジメント》が機能していた。現場が大きくなりすぎると問題が起こると考え、一つの現場で働く従業員の数を三〇〇〜四〇〇人（一五〜二〇チーム）程度に制限しようとした。従業員がお互いに顔と名前を一致させ、同僚のだれとでもフランクな話し合いができる、いわば自然の限界がこの程度だと感じていた。

FAVIやサンと同じように、AESのチームも日々の業務のあらゆる側面を自分たちの責任で決めていた。予算、作業量、安全管理、スケジュール、保守、採用と解雇、労働時間、教育訓練、評価、報酬、設備投資、購買、品質管理は言うに及ばず、長期戦略、寄付、地域社会関係などすべてだ。AESはエネルギーの供給会社で、火力発電所、水力発電所、送電網などを運営している。電力設備が多くの人々の生活やビジネスの中核であることは間違いない。何か問題が生じれば経済にとって破壊的な停電につながりかねず、事故が起これば多くの人命が失われる。世界中の数百万人もの顧客が、安全確保や保守といった重要な業務を自主経営《セルフ・マネジメント》のチームに任せ、彼らのつくり出すエネルギーの提供を受けてきたのだ。AESは、さまざまな国や地域に四万人の従業員を配置しながら、アーリントンの本社にはわずか一〇〇人程度しか置いていなかった。カメルーンやコロンビア、チェコ共和国のような遠隔地で起こっていることを統制できるとはとうてい思えないような人数である。

しかし、この仕組みはちゃんと機能した。アレックス・マルケルズ記者がレポートしたウォールストリート・ジャーナル紙の一面記事は、普通の企業なら本社が担当する仕事にAESのチームがどこまで取り組んでいるかを描いている。

コネチカット州モントビル——貨物船から積み荷を降ろしたばかりの真っ黒な手を洗うこともなく受話器を取り上げ、ジェフ・ハッチは付き合いのあるブローカーに電話をかける。「一〇〇〇万ドルを三〇日、レートは?」。電話の相手は米国債の取扱業者だ。「たった六・〇九(%)? チェースからは六・一三をオファーされてるんだけど」

別の部屋では、ジョー・オッドがJPモルガンと交渉中だ。「三〇日で六・一五だって?」。AESの発電所でメンテナンス技師をしているオッド氏は確認する。「すぐにかけ直すから」

オッドとハッチの二人は三三〇〇万ドルの設備投資用資金の運用を担当する臨時チームのメンバーである。この電話のあとすぐに同僚たちと相談し、このディールを完了《クローズ》した。

一見すると「権限委譲」が行き過ぎているようにも見える。専門性の高い分野を労働者にまかせていいのか? もちろん大丈夫。会計帳簿を従業員に開示する? おそらく問題ないだろう。しかし、せいぜい住宅ローンと二台分の自動車ローンとクレジットカードの支払いぐらいしか債権取引の経験がない工場労働者に、企業の財務業務を取り扱わせて何か良いことなどあるのだろうか? 「利点は大いにあります」とAESは言う。「個人の責任を大きくすればするほど、業務改善の余地が大きくなるのです」。同社の創業者の一人でCEOのデニス・W・バーキはそう主張する。「そして何よりも、そうすれば仕事がとても楽しくなるのですよ」

ふだん石炭を取り扱っている人間に投資責任を与えるのは危険だろうか? バーキ氏はそう考えない。モントビルの投資チームはボランティアで構成され、財務アドバイザーに相談しながら一定範囲内の投資商品を担当しているのだという(金融派生商品《デリバティブ》を買っているわけではない)。CEOがこの運営方法について気に入っているのは「従業員がこの経験で大きく変わったこと」だという。「ビジネスのすべての側面について多くのことを学んだので、もう後戻りすることはないでしょう」[16]

ボランティアによるタスクフォース

会社の規模が変わっても、自主経営《セルフ・マネジメント》組織の構造と慣行はほとんど変わらない。ビュートゾルフの職員は現在七〇〇〇名だが、仕事のやり方は数百人だった頃と何ら変わるところはない。かつての経営スタイルに戻る前のAESは、規模が大きく社員が幅広い地域に分散していたにもかかわらず、ビュートゾルフやFAVI、サン・ハイドローリックスとほとんど同じやり方で運営されていた。しかし、自主経営《セルフ・マネジメント》の経営方式の中で、AESが小規模な会社よりもはるかに多く依存していた要素が一つあった。それは臨時あるいは常設のタスクフォースの利用である。

バージニア州アーリントンの本社には従業員がおよそ一〇〇人しかいないため、AESには会社全体を統括するメンテナンス部門や安全管理部門、購買部門や人事部や内部監査部門もなかった。FAVIやサンのような小規模な企業であれば、何か問題が起こるとミーティングを開くか、同僚の一人に調整役を任せれば済む。ところがAESのように四万人の大所帯が世界中に散らばっていると、それでは動かない。同社がたどりついたのは「八〇／二〇ルール」だ。AESで働く従業員は皆（清掃担当者からエンジニアまで）、就業時間のおよそ八〇％を自分の主な業務にあて、二〇％の時間を会社の中で動いている多くのタスクフォースのどれか（複数でもよい）のために使えるように残しておくことが奨励されていた。

投資予算の策定について考えてみよう。普通の会社なら、こうした業務は本社の財務部門の専権事項だ。ところがAESではすべてが現場で決められ、どのチームも年に一度自分たちの投資予算を策定していた。投資予算は発電所単位で積み上げられ、時には年間三億ドルに達することもあった。発電所内のチームが予算の合計額を承認すると、今度はほかの発電所から派遣されてきた人々も参加する予算タスクフォースがつくられ、予算案が再検討された。もっともタスクフォースは変更や改善について提案できるが、強制はできなかった。タスクフォースには、関連する専門知識を持った本社スタッフが数人加わっていたが、大多数は現場の社員で、守衛や専門技術者、エンジニアなど、さまざまな部署からのあらゆるバックグラウンドを持った人々で構成されていた。内部監査も同じように、ボランティアによるタスクフォースによって実施されていた。どの発電所も別の発電所からやってきた同僚たちに監査されるというわけだ。タスクフォースは、給与の決定から社会奉仕活動、環境保全活動、企業価値など多種多様なテーマで設置された。

AESは、固定されたスタッフではなく、ボランティアによるタスクフォースを使う方が多くの利点があることに気がついた。従業員たちは、自分の本業では必要ないかもしれない才能や天分を表現する方法を見つけられるというのだ。会社を変えていく実質的な権限を自分が持っていることに気づくと、だれもが「この会社は自分のものだ」という意識と責任を強く感じるようになる。デニス・バーキがもう一つ指摘するのは、こうしたタスクフォースは強力な学習機関だという点である。どんなときでも、数千人の人々が関わって、自分よりも経験豊富な同僚たちから技術やリーダーシップのあり方を学んでいる。これは、とてつもない規模に拡大した現代版の徒弟制度だ。どんな研修での学習も、ボランティアのタスクフォースで日々学べる量にはかなわないだろう。

組織図も、職務記述書も、肩書もない

順応型《アンバー》組織と達成型《オレンジ》組織には組織図がある。組織図は複数の箱《ボックス》とそれらをつなぐ線でできている。箱には肩書と職務の内容が書かれており、職務内容を見れば人々がその職務から何を期待されているのかがある程度わかる。社員は自分が就いた職務に順応しなければならない。進化型《ティール》組織ではこの前提がくつがえる。人々は事前に決められた仕事に無理に合わせる必要がなく、自分の仕事は、興味や才能、組織のニーズに基づいて自ら選んださまざまな役割と責任によって決まっていく。

方向性を定め、予算を立て、分析をし、計画を立て、段取りを整え、成果を測定し、統制し、採用し、評価し、意思疎通を図る——従来はマネジャーが担っていたこうした職務は、チーム内のそれぞれのメンバー間で分担される。たとえば、FAVIの労働者は、さまざまな機械を操作しながらチームの調達品を注文し、数多くの継続的な改善活動を率い、新規メンバーの採用もする。おそらく、採用されるとき以外で、わざわざ職務記述書を書こうという人はいない。この労働者に役職をつけるとしたら、「オペレーター兼リクルーター兼調達コーディネーター」ということになるだろうか？

進化型《ティール》組織では、役職と職務内容は社員がそれぞれ担っている役割の組み合わせを正しく表していない。固定的な名称では組織内で流動的に変化していく職務内容を説明しきれないからだ。社員たちは、仕事の負荷と自分の好みに従って役割を頻繁に取り換えたり取引したりする。

> 実際のところ、本社の意思決定者は、会社のさまざまな部署で起こるこまごましたことを管理できるほど十分な情報を持てるはずがありません。ところが、権限の集中化という考え方が世の中には十分浸透しているので、多くの企業はこのモデルを適用してしまうのです……ほとんどすべての問題を解決するために。そのうちに、権力は組織の最高位の人間に集まってしまい、ガチガチの階層ができあがり、労働者は自由を失って、ついに生産性も低下していくことになります。
> ——ロバート・フィッシュマン

たとえば、ビュートゾルフの看護師は、担当する患者に特別なケアが突然必要になると、チーム・プランナーの役割をだれかに代わってもらう。すると、しばらくの間はほかの看護師がチームのために普段の管理作業以上の仕事を背負うが、ほかの機会に仕事の負荷を減らす。事前に決まった仕事ではなく、こまごました役割について考えることで、組織には大きな柔軟性と適応性が生まれるのだ。人々は、任命、昇進、給与交渉といった面倒で往々にして政治的なプロセスを経る必要もなく、一つの役割から別の役割に移ることができる。

ビュートゾルフでは、各チームは管理業務をいつでも全員で負担しておくよう気をつけている。一部のチームが経験したように、あまりにも多くの管理業務が一人のメンバーに集中すると、いつの間にか階層的組織のやり方に戻ってしまうリスクがある。FAVIでは、チーム内に管理的な仕事をほぼ一手に引き受けるメンバーが一人いる（FAVIではその担当者のことを「チームリーダー」と呼んでいる。この言葉には、ほかの従業員の上に立つという階層的組織的なニュアンスがあるが、ほかに呼び方もないのでやむを得ずそう称している）。

この二社は業務の性質が異なるため、アプローチの仕方も違う。機械作業員が管理業務にあたるには機械を止めなければならないが、看護師の場合には一人の患者から次の患者のケアに向かうまでの時間を活用できる。看護師の方が時間の捻出をしやすいわけだ。FAVIは、一人のメンバーが普段はチームの中を自由に動き回って、助けが必要なときに機械を動かすというアプローチによって最もうまく仕事が回ることに気がついた。FAVIのチームリーダーは、同僚たちのコーチ役、情報のとりまとめ役、そしてほかのチームとの調整をするときの連絡窓口として機能している。しかし、チームリーダーの選択はひとつのリスクだ。私たちの文化には「階層」が染みついてしまっているため、時間がたつうちに、チームリーダーが上司のようにふるまい始め、チームの主な意思決定者になりかねないからだ。FAVIには、チームリーダーが権力に味を占めたときのために、単純だが強力な安全弁がある。だれでも、いつでもほかのチームに移れるのだ。チームリーダーはほかの人々に行動を強制できないし、一方的にだれかを解雇する権限も持っていない。彼らが権力者としてふるまい始めると、仲間たちが去って行くのである。

　ほとんどの組織では（とりわけ達成型《オレンジ》組織の場合）、役職は地位を表す一種の通貨だ。あらゆる通貨がそうであるように、役職もインフレの法則に従う。多くの企業では、役職の種類がどんどん増えているように見える。ヴァイス・プレジデント、シニア・ヴァイス・プレジデント、ジュニア・ディレクター、シニア・ディレクター、そして最高責任者ですら種類が増えている。達成型《オレンジ》組織の世界観では、人々が一生懸命働くのは、昇進して大きな肩書を得るためというのが共通認識だ。

　進化型《ティール》組織の視点からすると、役職はエゴにとっての蜜のようなものだ。あまりにおいしくて夢中になるのだが、結局は健康を害してしまう。役職に社会的名声が伴っていると離れられなくなる。そしてたいてい自分がその役職「そのもの」であると勘違いしてしまう。階層制度の中に入ると、自分はだれかよりも「上」だ、「下」だと考え始める。ほとんどの進化型《ティール》組織には、ある意味当然だが役職がない。

　しかし、ここでも注意が必要だ。役職がないということは、全員が平等で全員が同じ仕事をする、ということを意味しない。業務範囲が狭い仕事（ある特定の機械を動かす、あるいはオフィスを掃除するなど）もあれば、広い仕事（新しい製造ラインをつくるなど）もある。調査したどの組織でも、最も広い範囲の仕事をすると認識されている人が一人いて、その人は普通（従来のCEOと同じだけの特権を持っていないとしても）少なくとも外部からは「CEO」と呼ばれている（この話題は第III部第1章で扱う）。そして、人々が自然に役職をつけてしまうような、職務が明確に定義された役割も存在する——たとえば、ビュートゾルフの「地域コーチ」やFAVIの「チームリーダー」がそうだ。しかしほとんどの従業員にとっては、その時々でさまざまに異なる役割をすべて含むような「正しいラベル」を貼ることはほとんど意味がない。人を役職や肩書で見てしまう癖は、私たちの文化にかなり刷り込まれている。そこでほとんどの社員は、従来の組織で使われている用語の中から、自分の役割をある程度示す役職を家族や友人向けにつくり出している。

私が調べた組織は役職を廃止していただけではなかった。大半は「従業員」「労働者」「マネジャー」といった用語も廃止し、ほかの用語、たとえば単に「同僚」で置き換えている。「従業員」「労働者」「マネジャー」という用語が持つ意味を立ち止まってよく考えてみると、なぜ私たちは日常生活の中でそれほどこだわりなくこれらの言葉を使えるのだろうと思ってしまう。

外部の人は、そしてときに内部の人間でさえ、職務記述書も役職もないので混乱するかもしれない。人々の名前を入れておく箱《ボックス》をつくらず、組織図が消えてしまうので、だれが何を担当しているのかがいつも簡単にわかるとは限らない。そこで、多くの組織はイントラネット上にだれが今何をしているのかを示す記録をつけている。たとえば、ビュートゾルフでは、イントラネットに各自の役割が記録されているため、質問したりアドバイスをもらったりしたい場合には、その看護師を見つけ出せる。

従来の組織図に沿って考えないというのは至難の業だ。私が各社を調査している間も、「この人は従来型組織ならどういう役割になるだろう?」と、私自身が考えてしまうことも再三あった。たとえば、サン・ハイドローリックスのエンジニアと話しているときに、つい「……ということはつまり、あなたは普通の会社で言えば、工場長ということですね?」と尋ねたのだ。たった三語で彼はその場に最も適切な答えをしてくれた。「イエス・アンド・ノーです」。確かに、ある意味で彼は工場長的な役割を果たしている。たとえば、工場全体の環境改善プログラムに取り組む、あるいは工場の雰囲気が良くないときには盛り上げる、といった具合だ。製造工程の一部を自動化する、といった大きなプロジェクトの責任者になることもあるだろう。その一方で、彼は工場の損益には一切責任を負わない（いや、正確に言えば、工場のほかのメンバーと同じ程度の責任を負っている）。業績が悪くても（ほかのメンバーと同じく）職を失う心配はない。自分の判断をほかのメンバーに押しつけることはできず、人々を雇ったり解雇したりする特権もない。その意味では、従来型の管理職とは全く異なっている。

しかしこのことは、自主経営《セルフ・マネジメント》組織にはトップがいないことを意味するのだろうか？　全く逆だ。人々が引き受けるどんな役割も、仲間に対しそれをやり遂げると公約していることになる。一人の管理職に対する説明責任ではない。周りに対して役割を公言しているのだから、仲間全員が管理職になるのだ。次章では、自主経営《セルフ・マネジメント》の仕組みに活気を与える組織慣行について考察する。自主経営《セルフ・マネジメント》組織では、重要な意思決定を行い、新たな取り組みを始めたり、成績の悪い同僚に説明を求めたり、紛争を解決したり、成果が出ずに何らかの行動が必要となってリーダーシップを引き継ぐ必要がある場合には、だれもが「トップ」という帽子をかぶることができる。

自主運営《セルフ・マネジメント》する生徒、教師、保護者——進化型《ティール》学校

現在の学校は、おそらくほかのあらゆるタイプの組織よりも自主経営《セルフ・マネジメント》から遠いところにある。学校は、

世界中のほとんどあらゆる場所で、一クラス当たり二五名をひとまとめにして一年ごとのペースで加工するというつまらない工場に変わってしまった。子どもたちは事実上、事前に決まったカリキュラムに従って自動的に押し流される交換可能な部品と見られている。教育サイクルが一通り終了すると、型にはまった子どもたちが卒業し、はまらなかった子どもたちは途中で放り出される。

この教育システムでは、生徒に知識を詰め込む全知全能の教師が前に立ち、生徒たちが何時間も静かに座って授業を受けると学習効果が最も高まると信じられている。自分で学習計画を決めて目標を設定することは子どもにできるはずがないとみなされ、それは教師の仕事とされる。しかし本当は、教師も信頼されていない。校長や教育長、学校区、専門委員会、標準テスト、学校に義務づけられたプログラムから厳しく監視され、ある程度の「きちんとした」仕事をする義務を負わされているのだ。

あたかも工場のようなこの教育システムは、最近は次第に時代遅れになってきたようだ。教育のイノベーションを求める声はどんどん大きくなっており、学校ではカリキュラム、情報技術（IT）、ガバナンスの面でさまざまな実験が始まっている。しかし、本当の意味での「進化型《ティール》学校」をつくることは可能なのだろうか？　それはどのような学校になるだろう？

その素晴らしい例が、ベルリン市中央にある七年生〜一二年生の学校、ESBZだ。同校はさる事情から、即興的と言ってもよいほど事前準備のほとんどないままに、二〇〇七年に開校した。新学期の始まるわずか三カ月前に、市の教育委員会は突然、共産党時代に建てられて老朽化したプレハブ校舎の学校を、理想の教育を主張して譲らなかった保護者集団に与えたのだった。開校したときの生徒数はわずか一六名だったが、その後数カ月たって、学年の半分が過ぎたころに三〇名が加わった。ほとんどの子どもたちがほかの学校の入学を断られたか退学になった問題児だった。新しい学校の前途は有望とはいえなかった。しかし今日、開校からまだ数年しかたっていないにもかかわらず、生徒数は五〇〇名に達し、ＥＳＢＺモデルを学ぼうと全国から校長、教師、教育の専門家らが数百人も訪問する学校になった。

躍進の原動力となったのは元理科教師の急進的な改革者、マーグレット・ラスフェルトだ。学校を譲り受けた保護者たちが彼女を採用して国の反対側から連れてきたのである。二〇年前、ラスフェルトは子どもたちと教育に対する見方を根本から見直すほどの事件に直面し、その経験を基にＥＳＢＺモデルが構想された。

一九八六年、当時の教え子だった八年生の生徒数人が彼女の元にやってきて、暴力やいじめ、ゆすり、たかりといった学校で起こっていたさまざまな問題について話したいと言ってきた。ラスフェルトは、彼女の家に来て人目を気にせず徹底的に議論してはどうだろうと持ちかけた。一六人の生徒がやってきた。一週間後にはその数は三三人になっていた。子どもたちからは答えを求められたが彼女はそれを一切与えず、自分自身で見つけるよう促し、支援した。この過程で、ラスフェルトは子どもたちの中に、自分がかつて見たことのなかった側面を発見した。生徒たちの勇気、忍耐、回復力《レジリエンス》、知性、思いやりに驚愕するとともに、学校がそうした面を全く刺激してこなかったことにも気がついた。それ以来、教育は子どもたちの真の可能性と本当の姿にしっかりと向き合わなければならないと彼女は決意した。そして子どもたちの知性を向上させるだけでなく、手を動かすこと、心を育むこと、精神を成長させることにも関わりたいと思ったのだ。

さて、一足飛びに今のＥＳＢＺの姿を説明しよう。ＥＳＢＺへの訪問者は、学校の正門の外にいるときからほかの学校とは違う何かを感じるかもしれない。それは子どもたちの存在、子どもたちの立ち居ふるまいにすでに現れている。生徒たちが始業時刻ぎりぎりまで校門のところでぐずぐず待つことはない。何かを決意し、集中している雰囲気をかもし出して教室にまっすぐ向かう姿は、とても楽しそうに見える。心はすでに何かのプロジェクトのことを考えているのだ。思春期特有の気取りや、格好よさを誇示し合う雰囲気も一切ない。ESBZは創立理念の中で、子どもは一人一人が個性的な存在で、だれもがほかの人に貢献できる才能を持ち、全員が人として価値があり、評価され、必要とされていると主張している。どことなくではあるが、子どもたちが学校に歩いて行く様子を見ると、創立理念が単に言葉なのではなく、子どもたち自身の体や姿勢、態度の中に現れているように見える。

この教育理念は学校生活にどのように取り入れられているのだろう？　第一に、子どもたちは自分の学習について全責任を負い、何事も自分で学ぶか、互いに教え合っている。大人はたいてい助言者兼コーチであって、従来の学校教育での教師としての役割は、必要なときだけ果たす。子どもたちを励まし、子どもたちの相談に乗り、ほめたたえ、意見や感想を述べ、異議を唱える。しかし、学びの最終責任は間違いなく生徒の側にある。

この学校の教育方針は、まず国語や算数、理科などの基礎教科の教え方に反映されている。先生が教壇から一方的に教える一斉授業は廃止され、各教科は小さなテーマごとに区分けされ、理論、演習、テストをひとつの単位として、段階的な学習ができるようにした。先生はそれぞれのモジュールの内容が書かれた大きなカードを作成して配り、生徒は自分たちのペースで学習を進める。算数でつまずいた子どもは理解できるまで算数に取り組み、比較的簡単な別の教科の時間を減らす。興味を持った生徒向けにはもっと進んだ内容のプログラムがあるものの、義務付けられてはいない。生徒は一人で学習を進めてもよいし、本人が望めば少人数でまとまって学んでもよい。質問があるときには、まず生徒間で尋ね合い、解決できなければ先生に質問する（先生の時間はそのような個別指導のために空けてある）。教室では七年生から九年生までが一緒に学ぶ。子どもたちは「学習者」と「先生」の立場が常に切り替わる。特に学年が上の生徒は学年が下の子どもの面倒を見るようになる（こうすることで上級生は昔に習ったことを復習できるという利点がある）。

学習は各自のペースで進むので、ESBZには驚くほどいろいろなタイプの子どもが集まっている。どのクラスにも自閉症の子や、軽度か重度までの学習障害の子どもがいる。普通、こうした子どもは特別支援学校に追いやられるが、ESBZではほかの子どもと一緒に自分のペースで学習できる。生徒のバックグラウンドは驚くほど多様だ。二〇％は少数民族で、二五％は政府から食事補助の受給資格がある。一方、およそ四分の一の生徒はそれとは正反対のエリートや裕福な家庭の子どもだ。

どの生徒も日誌を持っていて、日々の成果を記録している。しかも、完全に野放しということではない。学年度末の時点で生徒に求められている明確な期待水準がある（生徒たちは、自分が望めば自由に期待水準以上のことに取り組んでかまわないし、実際そうする生徒が多い）。

どの生徒も毎週金曜日に担任の先生と個別面談を行う。生徒と先生は、一週間を振り返り、課題の進捗状況や翌週の計画を確認し、何か問題があればそれについて話し合う。もちろん、心配事や人間関係の悩みを相談してもかまわない。毎週の個別面談を通じて、生徒と先生は従来の学校よりもはるかに深いレベルでお互いを理解し合っていく。子どもたちは「自分を気遣ってくれる人がいる。私の話に耳を傾けてくれる人がいる」ということを知っている。一年に二回、担任の先生との話し合いの中で、生徒たちはその後数カ月の目標を自分で三つ決める。たとえば、一三歳の恥ずかしがり屋のポールは、ほかの人たちの前に出ても恥ずかしがらず、人々の前で大きな声で話せるようになりたいという目標を立てる。

先生方はいつもドアを開けて待っている。自分で入ってきなさい。
——中国のことわざ

自分でペースを決めて学ぶ基礎教科には、毎朝の二時間が当てられている。一日の大半は日々の生活の課題を解決する個人かグループのプロジェクトに費やされる。校舎の一部を設計し直して改修に貢献した生徒たちや、行政の環境基準を引き上げようと市議会に掛け合おうとしている生徒もいる。自分にとって何が問題かを見つけ出し、目標を高く持ち、失敗してはやり直し、何かをやり遂げれば発表することが奨励されている。自分の意見を持つことが重要で、その気になれば自分が何かを変えることができ、自分はほかの人々から求められる存在で、自分もほかの人々を必要としている――子どもたちは、そういうことを学ぶ。

七年生と八年生は、毎週水曜日に二時間、「責任」と呼ばれる校外活動に参加する。これは一年を通じたカリキュラムだ。担任教師と相談のうえ、子どもたちは自分が有意義な貢献をしながら何かを学べそうな活動に従事する。

照れ性を克服したいポールは、自分がかつて通っていた小学校でチェスを教えたいと申し出た。彼が大好きだったチェスのクラスが、担当の先生が異動して、もうなくなることを知ったからだ。残された子どもたちは、もはや彼が楽しんでいたようにチェスをできない、そう考えると悲しかった。ところが、突如視界が開けた。自分が教師となって、チェスを教えることができるかもしれないことに気づいたのだ。子どもたちの前に立って指導することは、人前で話すことを学ぶという自分の目標に合っていたし、しかも年少の子どもを相手にすれば練習しやすいだろうと考えた。そうと決まればポールがすべきなのは、チェスクラスを担当させてもらえるよう小学校の校長先生を説得することだけだった。

ポールと同じように、すべての生徒が自分に合った場所を見つけている。老人ホームで働く子どもや、幼稚園で劇を企画した子どももいた。だれが何をするかは、すべて生徒の興味と学ぶ目的で決まる。子どもたちは、自分が主導権を取って何かをするとはどういうことなのか、自分が必要とされるとはどういうことか、ほかの人々の生活に何かしらの変化を引き起こすとはどういうことかを経験するのだ。

八年生から一〇年生までの生徒には「挑戦」と呼ばれるクラスがある。ドイツ語の「挑戦」に当たる言葉Herausforderungの文字通りの意味は「内面から成長することを求められる状態」というものだ。つまり、自分の内面に眠っている可能性を掘り下げるよう促されるのだ。一年に一度、生徒たちは三週間の特別セッションを企画・準備し、一人あるいは少人数のグループで、自分たちの「快適な環境《コンフォートゾーン》」から抜け出す課題に取り組む。ある四人組のグループは、森林の奥深くで三週間のサバイバル・キャンプを行い、自分たちで住む場所（シェルター）を建てて食べ物を集めた。社交的な一六歳の少年ダニエルは、修道院で静かに瞑想して三週間を過ごしてみようと決めた。ある音楽教師は、あるグループに、元は農家が住んでいたあばら屋で、一日八時間、三週間の集中的な楽器練習をしてみたらどうだとたきつけた。ドイツ中を自転車でめぐった子どもたちもいた。彼らはお金をほとんど持っていないので、道中で宿と食事の施しを求めなければならなかった。こうした経験は肉体的にも精神的にもかなりの努力を要することが多いのだが、生徒たちは自分が成し遂げたことや苦労の末に学んだこと、恐れや不安との戦い、そしてそれらを乗り越えたときの成長について夢中になって話す。

現在は、生徒たちの自主運営《セルフ・マネジメント》に関する最も大胆な実験が進行中だ。ドイツの生徒たちは、一二年生の終わりに国家試験に合格しなければならない。そしてその成績で受験できる大学が決まる。人生が決まると言っても過言ではない。そこでESBZの一〇年生、一一年生、一二年生になると、生徒と教師もそれほど望まない従来の指導方針に頼る割合が高くなっていた。学校の指導方針に沿いながらも、なおかつ国家試験の準備もできるように、一〇年生から一二年生のカリキュラムを完全に設計し直すことはできないだろうか？　生徒と先生たちはそう考えた。二〇一五年は、この三学年の全生徒が設計し直したカリキュラムで一年を過ごすという野心的なプロジェクトに取り組む。デザイン思考（有名なデザイン会社IDEOが開発した手法）の専門家から助言を受けて、子どもたちと教師陣は二日間にわたる集中的なデザイン・ワークショップを通じて、全体的なコンセプトをつくりあげる予定だ。次に生徒と教師たちは、一流の教育専門家から支援を受けながらその後一年をかけて各自のプロジェクトに向き合い、コンセプトを具体的な体系や実践に変える作業に取り組む。生徒も教師も自分たちの学校を効果的に設計し直している。

ESBZの教師も学校を自主運営《セルフ・マネジメント》している。教えることは、往々にして孤独な職業だ。しかしESBZでは一種のチームスポーツになっている。どのクラスにも担任教師が二人つき、全員が協力し合う。ここでは、三つのクラスで一つのミニスクールを構成している。三クラスは同じフロアを共有し、六人の教師のための小さな職員室があり、毎週そこで職員会議をしている。このミニスクールがFAVIやビュートゾルフ、あるいはAESのチームに相当する。日々起こる問題や素晴らしい機会に迅速に対応できる柔軟性の高い行動単位《ユニット》なのだ。書面上は、この学校にも従来の階層制度が存在する（運営費の補助を受けるために、校長一名、副校長二名、そして教育ディレクター一名を配置する組織構造が義務づけられている）が、ミニスクールは校長からの承認を得ずにほとんどあらゆることを決められる。

保護者も自主運営《セルフ・マネジメント》だ。この学校は特別な法的地位の下で設立されている――ベルリン市は教師の給料の九三％しか支払っておらず、校舎やそのほかの費用については一切補助金が出ない。したがって、その差額は保護者たちの世帯収入に合わせて計算された寄付金で埋められている。費用を極力抑えるために、保護者たちはそれぞれが一カ月に三時間、学校のために奉仕する。保護者たちが何をどうするのかは、すべて自主運営《セルフ・マネジメント》の原則に基づいて決まる。たとえば、校舎リノベーション・チームは定期的に大規模なリノベーション祭りを週末に催し、毎回五〇名の保護者が汗を流して二つか三つの教室を修繕する。ESBZの校舎は、数年前には雨漏りのするさびれた建物だったが、保護者たちは少しずつ作業を進めて、あたたかく、カラフルで、機能的な施設をつくりあげた。この校舎では今や、放課後になると校長や教師が数百人も参加して、ESBZの魔法を理解するためのワークショップが開かれている。そして、このワークショップの大半で教師役を務めるのは（おそらくご想像の通り）、この学校の先生でも、創設者兼校長のマーグレット・ラスフェルトでもなく、生徒たちなのだ。

素晴らしいのは、ESBZには授業料公費支給制度が適用されていない、という点である。しかも、教師の労働時間はベルリン市内のほかの学校と同じで運営されなければならない。保護者たちの貢献があるとはいえ、ほかの公立学校よりも予算が少ないのだ。どんな学校もESBZの成功をまねすることができる。なぜならお金や資源は成功の決定要因ではないからだ。必要なのは、子どもたちと、先生たちと、教育を新しい視点でとらえ直すということなのだ。

第3章 自主経営《セルフ・マネジメント》／プロセス

自己組織化《セルフ・オーガニゼーション》は驚くほど新しい仕組みというわけではない。世界は数十億年前にこの方法で自らをつくり出した。そして、人類の活動もすべてこのやり方で始まっている。やがて私たちはこのプロセスを変え、お互いを統制しようとし始めたのだ。

マーガレット・J・ウィートリー&マイロン・ケルナー＝ロジャーズ

自主経営《セルフ・マネジメント》は構造と実践が連動して初めて成り立つ。前章ではそのうちの構造面を取り扱った。たとえばピラミッド構造がどのようにしてチーム制に切り替わるのか、どうすればスタッフ機能をチーム内に組み込めるのか、といった側面である。しかし、単に組織構造を変えただけで中身がそのままでは意味がない。ピラミッド型組織がなくなると、たとえば意思決定の方法から情報フロー、資本の活用方法、人事評価や報酬体系まで、組織の最も基本的なプロセスの多くを完全につくり直す必要がある。そのためには非常に基本的な問題を解決する必要がある。主導権を握る管理職がもはやいないとすれば、どう意思決定をすればよいのだろう？　だれが会社の資金を使えるのか？　実績はどのように測定、評価されるのか？　従業員の手抜きを防ぐにはどうすれば良いか？　だれが昇給し、だれが賞与を得られるかをだれが決めるべきなのか？　本章はこうした問いへの答えを順に検討していく。

意思決定――助言プロセス

正式な階層が存在しない場合、意思決定はどうなされるのだろう？　だれが決めてもよいのだろうか？しかしそれでは混沌に陥るだけのように思われる。では、全員一致のコンセンサスによるのか？　それもかなり大変そうだ。実際問題として社員が数百人も数千人もいたら、間違いなく人々が消耗するだけだろう。

今回の調査対象となった組織の大半は、何らかの形でAESが「助言プロセス」と呼んでいる方法を実践している。それは実に簡単な仕組みだ。原則として、組織内のだれがどんな決定を下してもかまわない。ただしその前に、すべての関係者とその問題の専門家に助言を求めなければならないのだ。決定を下そうという人には、一つ一つの助言をすべて取り入れる義務はない。目的は、全員の希望を取り入れて内容の薄くなった妥協を図ることではない。しかし必ず関係者に助言を求め、それらを真剣に検討しなければならない。判断の内容が大きいほど助言を求める対象者が広がり、場合によっては、CEOや取締役の意見も求めなければならない。通常、意思決定者はその問題や機会に気がついた人、あるいはそれによって最も影響を受ける人だ。

デニス・バーキは助言プロセスがうまく働いた事例を話してくれた。ある日、バーキはシャザード・カジムから相談を受けた。カジムは最近AESに入社したばかりの財務アナリストだ。カジムは現在の職務を離れて生まれ故郷のパキスタンに帰り、AESがパキスタンで発電事業を立ち上げられるかを調査したいという希望を持っていた。バーキは自分の対応を覚えている。

> 彼には「なかなか難しいのではないか」と言いました。その数年前に、米国国際開発庁（USAID）からパキスタンへの事業拡大を勧められたことがあったのです。当時私たちは、アメリカの中でさえ自社のやっていることをほとんどわかっていないのに、ましてやパキスタンのことは皆目わからないと答えました。さらに、パキスタンは世界で最も汚職の蔓延している国の一つに数えられていました。AESの倫理基準に照らすと、あの国でビジネスをすることはまずあり得ないという結論になったはずです。[1]

CEOの助言にもかかわらず、このプロセスでの決定権者はカジムだった。彼はパキスタンに帰り、自分自身のために事業開発者という実質的に新しいポジションをつくり、自分のそれまでの給与を維持することを決めた。六カ月後、この元財務アナリストはバーキをパキスタンに招待し、首相との会談を実現させた。そしてその二年半後には、七億ドルの発電所が稼働していた。AESの原則に従い、AESがパキスタンに二億ドルを出資するという決定を下したのはバーキでも取締役会でもなく、カジムと彼よりも若い社員たちだった（金額が金額なだけにバーキや取締役会に助言を仰いだことは言うまでもない）。

意思決定のやり方には普通二つしかない、と私たちは考えがちだ。一つは階層的組織に基づく上位者の判断（だれかが命令を下す。不満を抱く者は多いかもしれないが、少なくとも物事は進む）で、もう一つはコンセンサス方式（全員に発言権がある。しかし決定プロセスはいらいらするほど遅くなることが多く、全員の意見が一致せず物事が止まってしまうことも少なくない）だ。助言プロセスはこの障害を見事に乗り越える。すべての意思決定をコンセンサスに委ねることによる苦しみは回避でき、しかもすべての利害関係者には意見を述べる機会が与えられる。人々は自由に機会をつかみ意思決定を下せるが、ほかの人々の意見も考慮しなければならない。このプロセスは自主経営《セルフ・マネジメント》を大規模組織で機能させるための鍵なのだ。この点はＡＥＳにとってもほかの自主経営《セルフ・マネジメント》組織にとっても決定的に重要であり、助言プロセスにかけることを忘れると、自主経営《セルフ・マネジメント》組織ではほとんどあり得ない事態、つまり解雇の対象になりかねないことを社内のだれもがよくわかっている（階層のない組織でどのように解雇される場合があるかについては、後ほど触れる）。

助言システムの多くの利点について詳細に経験を語ってくれるバーキの話は面白い。助言システムはコミュニティーや謙虚さ、学び、優れた判断力、そして楽しさも生み出すというのだ（これらが進化型《ティール》段階で重要とされる価値観と一致していることに留意されたい）。

この仕組みは、まず目の前の問題について助言を求められた人々の関心を引きつけます。彼らはその問題の存在を知り、分かったうえで批判したり応援してくれたりするのです。情報を共有することで人々は、「同じコミュニティーにいる」という感覚を強めます。助言を求められた人はだれでも、それを光栄に思い、自分が必要とされていると感じます。

次に、助言を求めることは謙虚さを示す行為で、これは楽しい職場の最も重要な特徴です。この行為自身が「私はあなたを必要としている」という意思表示にほかなりません。意思決定者と助言者は必然

助言プロセスを踏めば、だれでもどんな決定も下すことができるが、関係当事者や専門家の助言を受けなければならない。

的に親密になります。その結果、私の経験では、意思決定者が助言を無下に無視することはまずできません。

　第三に、意思決定を下すことは実地訓練（ＯＪＴ）となります。助言は、状況を理解し、結果について気にかけている人々から与えられます。どんな形の教育もトレーニングも、その場でフィードバックを得る体験にはかなわないのです。

　第四に、従来型のトップダウン・アプローチよりも最適な判断に到達する確率が高いと思います。意思決定者にはだれよりもその問題に近いという強みがあります。しかも通常は、下した判断の結果を受け入れなければなりません。

　第五に、このプロセスは意思決定者にとって単純に楽しいのです。チームスポーツで得られる喜びと同じなのですから。助言プロセスは、組織内のあちこちにいる知識の豊富な人々から得られた知恵によって実践力と創造性を刺激し、高めていくのです。[2]

　ここで一点指摘しておいた方がよいと思われるのは、ＡＥＳは、ビュートゾルフとは異なり、同僚間の話し合いだけですべての物事を進める仕組みを完全には見つけていなかったという点である。機械作業員、工場長、地域ディレクター、経営委員会など、同社にはピラミッド型のいわゆる「階層」が残っていた。それでも、助言プロセスという簡単な慣行のおかげで、こうした階層の存在はかなり希薄になった。組織内のどこにいる人間でも、どのような決断でも下すことができたからだ。この仕組みは、「雲の上の」人たちが組織階層上の地位を利用して下の地位にいる人の決定をくつがえすことをできなくするものだった。経営委員会とCEOのデニス・バーキを含む社内のだれもが、意思決定をする場合には助言を求めなければならなかった。バーキは取締役に対してもこのルールに従うよう強く求めた。重要な判断について従業員から相談を受けると、取締役は積極的に助言を与えたが（それが助言システムだ）、それ以外では、法で義務づけられた場合を除き、取締役が独自に判断をすべきではない、と彼は感じていた。

ただし、誤解しないでほしい。自主経営《セルフ・マネジメント》組織のCEOやリーダーたちは、決して無力で傍観者的なリーダーではない。ほぼ間違いなく、階層制に基づく権力を与えられたリーダーよりも社内の状況をよく把握し、影響力がある。助言プロセスを通じて、組織内のありとあらゆる立場にいる人々からの相談を常に受けているからだ。彼らに届く情報や意思決定は、指揮命令系統の中を上ってくる間に何度も吟味され、ふるいにかけられた類いのものではない。従来型組織では、経営幹部は互いに対立する見方を一つの判断にまとめるという難解な仕事をしなければならない。このプロセスには時間がかかるので、彼らのところで意思決定が停滞する。助言プロセスの場合には、経営幹部が厳しい質問を浴びせたり、自分の意見を強引に主張したりするかもしれない。しかしそこで停滞せずに次の人に助言を仰ぐプロセスに移り、その過程で、だれか別の者がさまざまな見解や助言をまとめる仕事をしてくれるかもしれない。

助言にはあらかじめ決まった形式がない。同僚に一対一で相談することもあるし、関係者に集まってもらってミーティングを開くこともある。一つの決定で多くの人々が影響を受ける場合には、意見の収集には電子メールかインターネットを使うのが最善の方法であることが多い。たとえば、ビュートゾルフには非常に活発な社内SNSがある。ヨス・デ・ブロック（創業者兼CEO）か、あるいはほかのだれかが、かなり多くの看護師に影響を及ぼすかもしれない変更（たとえば、報酬についての判断）を検討するときには、その問題と提案内容をSNS上に公開して同僚たちの意見を集めればすむのだ。

コンセンサスではない

助言プロセスは、コンセンサスと一方的な決定の両方を超越する、単純な仕組みである。場合によっては、もっと複雑な意思決定方法が用いられることもある。ビュートゾルフで見事に機能している統合的なプロセス（110ページ参照）はその一例だ。本章の後半でホラクラシーのガバナンス・プロセスを論じるときに別の例も紹介しよう。さて、ここで再び強調しておきたいのは、こうした意思決定プロセスがコンセンサスなしで機能している、という点だ。「チームのトップが存在しない」と聞くと、なぜか多くの人々は、自主経営《セルフ・マネジメント》組織では意思決定がコンセンサスでなされるのではないかと思い込むようだ。コンセンサスを得ようとすると議論が麻痺し、際限のない話し合いが続くのではないかとの恐怖から、組織運営の実用的な方法として自主経営《セルフ・マネジメント》は不適当だとすぐに結論づける。

コンセンサスは、魅力的に響く考え方だ。何しろ参加者全員に平等な発言権が与えられるのだから（とりわけ多元型《グリーン》組織で重視されている価値観だ）。しかし実際には、参加者全員がめいめいに勝手なことを主張する、集団的なエゴの嵐に陥ってしまうことが多い。自分の思いつきや希望が組み入れられないとだれにでもグループの判断を止める権利があるからだ。つまり、ほかの人々に及ぼせる権力（とはいえ組織を麻痺させる権力だが）を管理職だけでなく全員が持っていることになる。全員の希望を（それがどんなにつまらないものであれ）満足させようとする試みは、往々にして出口の見えない苦行になる。そして最後には、ほとんどの人がどうでもよくなり、「何でもよいから早くだれかに決めてほしい」という状況になることも珍しくない。助言プロセスの場合、だれもほかの人に対する権力を持っていない。ある判断の影響を受ける人全員に発言権（適切な発言権であり、等しい発言権ではない）を与えるが、事態の進行を妨げる権力を与えているわけではないので、コンセンサスを得る必要がない。

コンセンサスにはもう一つの欠点がある。責任の所在が希薄になるのだ。多くの場合、最終判断に責任を感じる人がいない。最初の提案者は、自分のアイデアがグループの中で原形をとどめないほどに薄められてしまったと不満を抱くことが多く、そこでなされた判断を積極的に支持しないかもしれない。その結果、多くの決定事項が実施されないか、実施されても「決まったことなので仕方がない」といった姿勢になってしまう。物事が予定通りの結果にならないと、責任の所在がさらにあやふやになる。助言プロセスでは、意思決定の責任は明確に一人に帰属する。意思決定者だ。自分は考えうる限りベストの判断をしたと確信しているため、意思決定者は最後まで懸命にやり抜き、助言者の信頼に対して自分が十分応えている、あるいは彼らの反対意見がそれほどの影響を及ぼさなかったことを証明しようとする。コンセンサスが組織から情熱を徐々に奪っていくのに対し、助言プロセスはモチベーションと実践力を大いに刺激する。

危機発生時の意思決定

危機が発生した場合、たとえば「業績が悪いときに社員を一時解雇する」あるいは「事業の一部を売却する」といった、厳しい判断をすぐに下さなければならないときにも、助言プロセスは維持できるのだろうか？　同僚たちをクビにしなければならない可能性を、彼ら自身に正直に相談してもよいものなのか？

この（助言）プロセスはボトムアップですが、決してお気軽な「何をしてもかまわない」ということではありません。創造力を駆使し、注意深く分析し、綿密に計画を立て、規律正しく実行していく仕組みなのです。
——デニス・バーキ

恐らく、極端な状況では極端な手段が求められる。CEOが数少ない、トップダウンの判断を下すために、自主経営《セルフ・マネジメント》を一時的に停止する必要が生じる場合はあるのかもしれない。しかしそうなると、つまり時と場合によってCEOが介入して命令を下すのが可能なら、組織の自主経営《セルフ・マネジメント》に対する信頼を社員たちはどう維持できるというのか？　FAVI、ビュートゾルフ、AESはいずれも危機的な状況に直面した。そのような状況に彼らがいかに見事に対処したかを見ると、危機に直面しているほかの自主経営《セルフ・マネジメント》組織には大きなヒントになるかもしれない。

ジャン・フランソワ・ゾブリストは元落下傘隊員で、クマのような男である。だれも彼のことを意気地なしなどとは呼ばないだろう。しかし、FAVIについて困難で極めて重要な判断に直面したときは、適切な答えを見いだすために助言者が必要だったと彼は躊躇なく認めた。ゾブリストが衝動的に工場内を歩き回り、誰彼となく機械を止めるよう頼み、木箱を演台に見立ててその上に立ち、従業員全員に自分の抱える問題を伝え、どうすればよいかの意見を求めたことは何度もある。

社長になってから最初の大きな危機は、一九九〇年に第一次湾岸戦争が勃発して自動車会社からの発注が激減したときだった。在庫が積み上がり、作業員たちが忙しく働けるほどの仕事がなくなってしまい、生産能力とコストを削減する必要があった。明らかな解決方法が一つあった。臨時社員の解雇である。しかしFAVIでは、実のところ「臨時雇い」とみなされている者などだれもいなかった。フランスでは労働法などの規定により、新規採用者は一八カ月間臨時社員として採用され、その後に正社員の雇用契約を結ぶことになっていた。しかし大半の臨時社員はすでにチームの正規メンバーとみなされていた。ほんの数カ月我慢すれば再び雇えるかもしれないのに臨時社員を解雇すれば、それはFAVIが彼らに対する倫理的な義務を破り、それまで投資してきた人材を失うことを意味した。

多くの疑問を抱き、しかし明確な答えを持たぬまま、ゾブリストは演台の上に立って、そのときに工場にいた全従業員（そこには、自分たちの運命が議論されている臨時社員もいた）に対して自分の抱えているジレンマを話したのだ。ゾブリストと聴衆の社員たちは質問や提案を叫び合った。ある作業員が「今月は、私たちは三週間だけ働き、三週間分の給料をもらって臨時社員をとどめておくことができるのではないでしょうか？必要であれば、来月も同じようにしますよ」と提案した。多くの者がうなずき、決を採ることにした。驚いたことに、一人残らずこの案に賛成した、とゾブリストは回想する。労働者たちは、二五パーセントの給与一時カットにすぐに賛成した。一時間もたたないうちに問題は解決し、機械の騒音が再び工場中に響き渡った。

私の知っている経営者のほとんどは、ゾブリストの取った行動をあまりにも危険だと考えるだろう。抱えているジレンマを全員に打ち明けることは自分がいかに弱いかを示すことにほかならないため、おそらく、この方法を思いつくことすらないはずだ。実際、自分のクビがかかっているというニュースに従業員がどう反応するかを、自信を持って予言できる者などいなかったろう。話し合いのための集会だったものが、解雇されるかもしれないという恐れでお互いをけなし合う修羅場に変貌しかねなかったのである。ゾブリストは、会社の問題を公表した後で、社員との話し合いをどう進めるべきかについて、事前に何のアイデアも、シナリオもなかった。ただただ信頼することにしたのだ。自分自身を、従業員を、そしてそのプロセスを。

もちろん、人事部長にこっそりいくつかのシナリオを用意してもらい、非公開の経営会議を開いてこの問題を討議し、決定事項を発表する準備ができるまで情報を伏せておく方が明らかに安全だったはずだ（言うまでもないが、FAVIには人事部長も経営会議もなかったが、ゾブリストは信頼できる少人数のアドバイザーとのミーティングを開くことはできたかもしれない）。これは、組織におけるデリケートな問題を扱う上で多くのリーダーが学んできた実証済みのやり方である。しかし、彼らが気づいているかいないかはともかくとして、この方法はリーダーたちの恐れが出発点となっている。「従業員は込み入った問題に対処できないのではないか」「トップが命令を下さなければリーダーとしての資質が疑われるのではないか」「完全な解決策を見つけ出す前に問題について議論したいなどと言えば、自分がバカにされるのではないか」といった恐れだ。ゾブリストは自分の恐れを抑えることができた。その結果、これまでになかったほど生産的で、社員に勇気を与えるようなアプローチをとることができたし、過酷な状況に置かれている社員たちと直接対峙し、彼ら自身がその解決策を考える道が開かれたのである。正しい枠組みが設定されれば、助言プロセスは危機的状況でも維持できるかもしれないのだ。したがってリーダーは、トップダウンの意思決定に戻るにしても、よくよく考えてからそうすべきだと思う。

ビュートゾルフも、二〇一〇年にある危機に襲われたときには助言プロセスを使って事態を収拾した。設立してまだ若いこの会社は猛烈なスピードで成長していたのだが、その最中に健康保険会社がビュートゾルフへ支払う予定の四〇〇万ユーロを留保すると脅してきた、との話がヨス・デ・ブロックの耳に入ってきた。手続き上の問題があるとのことだった（実は、同社があまりに速いスピードで成長して既存業者の利益を脅かしていることを警告したかった、というのが本当の理由ではないかと思われる）。資金繰りの危機が迫っていた。ヨス・デ・ブロックは社内ブログでこの問題を看護師たちに公表し、①成長を一時的に止める（新しいチームは立ち上がりに金がかかるからだ）、あるいは②生産性を高める（就業時間中での看護サービスの量を増やす）の二案を提案した。すると、ブログに寄せられたコメントは、圧倒的に「もっと仕事を増やしてほしい」だったのだ。顧客やビュートゾルフに参加したいと思っている看護師に「ノー」と言いたくないので、成長は止めたくない。したがって第一案は支持しない、というのが大多数の意見だった。問題が発生してから一、二日後に解決策が見つかった（そしてその後しばらくして、保険会社は支払いに応じたのだった）。

AESは、危機発生時に助言プロセスを一時的に止める場合の（しかも実に見事に対処した）例を提示してくれる。二〇〇一年秋、同時多発テロとエンロンの破綻を受けて、AESの株価は急落した。AESは多額の債務を抱えており、その返済のために資本市場から資金を調達する必要があったが、市場は突如閉鎖してしまった。倒産を防ぐには迅速で劇的な行動が必要だった。最も重要な問題の一つは、「必要な資金を確保するにはどこの発電所をいくつ売却する必要があるか?」だった。四万人の社員は世界中で働いており、CEOのデニス・バーキが（FAVIのゾブリストがそうしたように）全員を集めて演台の上に立つことはまず不可能だった。そして問題はあまりにも複雑で、（ビュートゾルフでヨス・デ・ブロックがそうしたように）ブログに二つの選択肢を掲げるというわけにはいかなかった。

バーキは助言プロセスを一時的に停止しつつ、自主経営《セルフ・マネジメント》への信頼喪失のリスクを最小限に抑えるような行動を選択した。彼は非公開の経営会議を開いて解決策を練ることをせずに、限られた期間、限られた（会社の存立にかかわるような）重要な意思決定についてトップダウンによる意思決定が行われること、そしてそれ以外の意思決定については助言プロセスが有効に存続すると公表した。最善策は何かを調査したうえで、難しい判断を下す役割に、バーキは若い優秀な弁護士、ビル・ルラスチを指名した。ルラスチは経営陣の中でも若かったので、将来はトップを目指す人物とは目されていなかった。この人事は、経営陣

私はついに、すべての危機に対処できるわけではないことを了解した。私たちは自分自身を安全な場所に置いておきたいと思うが、それと同じくらいあらゆることから自分を守ることなどできないのだ。人生を丸ごと受け入れたいのなら、混乱も受け入れなければならない。
——スーザン・エリザベス・フィリップス

は権力の強化を志向していないことを明らかに示していた。トップダウンの意思決定は、権力を望む者に任せるのではないこと、そしてそれはあくまでも一時的な措置だ、ということである。

危機の発生時に助言プロセスを一時的に停止する必要があるときには、二つの指針を堅持すれば自主経営《セルフ・マネジメント》への信頼を維持できるだろう。それは①トップダウンによる意思決定の及ぶ範囲と時期を完全に透明にすること、②危機が去った後も権力を行使し続けるのではないかと疑われるような人物を指名しない、ということだ。

購買と投資

助言プロセスを用いて意思決定を行う従業員の権限は、恐らく会社の資金を使うときに最も明らかに発揮される。ほとんどの組織では裁量権に上限を定めている。たとえば、現場のマネジャーは一〇〇〇ドルまでは自由に使えるが、その金額を超えるときには上司の許可をもらわなければならない。部長であれば一万ドルまで、そして工場長であれば一〇万ドルまで、といった具合である。金額はともあれ、注文は業者との連絡と交渉を受け持つ本社の調達部門を通じて処理されるのが普通である。

自主経営《セルフ・マネジメント》組織には裁量権の上限も調達部門もない。新たに五〇ドルのプリンターを一台買いたい従業員は、ＩＴ部門に電話する必要も、管理職からのゴーサインをもらう必要も、プリンターが到着するまで数日あるいは数週間も待つ必要もない。ウォルマートに行って一台買ってくればよいのだ。原則として、だれでもいくらでも使ってもよい。ただしその決断の前に必要な助言を求めなければならない。通常は、買おうとする物の値段が高いほど、助言プロセスには多くの人々が関わってくる。FAVI、サン・ハイドローリックスをはじめとする自主経営《セルフ・マネジメント》組織では、機械や設備の購入は（金額が数十万ドルになる場合でも）マネジャーではなくそれを使う現場の労働者が担当している。必要な分析、仕様書の作成、サプライヤーへの訪問と交渉、場合によっては銀行からの資金調達までを購入を決めた者が行う。階層的組織では、エンジニアが分析をして機械のモデルを選定すると、工場労働者は新しい機械に不平を漏らすことが多く、操作方法もなかなか学ぼうとしない。しかし、自分たちでモデルを選ぶということになれば、機種変更に対する抵抗は起こらない。

大量発注による割引はどうだろう？　購入量がまとまらないと資金を節約できないのではないか？　答えは、本書で何度か繰り返している通り、「皆を信頼しよう。人々は自主経営《セルフ・マネジメント》の枠組みの中で正しい判断をするはずだ」ということだ。大量発注すればかなりの割引が見込める商品については、同じ業者から購入している同僚同士で協力して購買力を最大限にしようとするだろう。トマト加工業者のモーニング・スターでは（詳しくは後ほど取り上げるが）、ねじロック（ナットやボルトが偶然に緩むことを防ぐねじ緩み止め剤）を多くの社員が購入していたのだが、製品の型はバラバラで数十種類もあり、購入先もさまざまなことが判明した。これは大量発注のメリットがないだけではなかった。社員たちは、食品業界の規制に則って自分が使用するねじロックの型をひとつひとつ安全データシートに記録しなければならないという無駄なお役所仕事に、時間を費やさなければならなかった。あるとき一人の社員が、「私が四半期に一度工場内の各部署を訪ね、一緒にねじロックを購入したいかどうかを仲間たちに尋ねて回るのはどうか」と提案した。包装資材（これも大量購入による割引が効きやすい分野だ）の購入時にも同じような解決策が浮上した。社員間で調整することに価値があれば、彼らはすぐさま調整を始める。

社内システムの標準化についてはどうだろう？　たとえばコンピューターや電話などの設備は、同じ業者、あるいは既存システムと互換性のある商品を提供できる業者から調達するのが理にかなっている。この場合も、助言プロセスを信頼しておけばうまくいく。たとえば、自分用に新しいコンピューターを買いたいと思った秘書は、自分がハードウェアやソフトウェアの仕様に明るくない限り、それをよく知るだれかに助言を求め、ほかのIT機器とうまく合うコンピューターを買おうと思うだろう。この場合、基準を強制する本社の部門は必要ない。もっと複雑な、何らかの基準を決める必要があるケースでは、だれかが手を挙げて人々を集め、状況を調査して基準を決めるグループを立ち上げることになる。

暗黙の前提を明らかにする

自主経営《セルフ・マネジメント》の創業者やリーダーは、何度も何度も同じことを尋ねられる。「上からの統制なしで、人々に何でもかんでも、特にお金がらみのことを決めさせるのは、危険で愚かなことではありませんか？」。リーダーたちの答えは、「自主経営《セルフ・マネジメント》による判断の方が優れているため、リスクが高いことはなく、むしろ低い」というものだ。しかし本当に興味深いのは、「信頼か統制か」の選択という問題が理性的に、真正面から議論されることがほとんどない、という点である。それは、人々と彼らのモチベーションに関して私たちが心の奥深くで、多くの場合無意識的に抱いている前提に基づく選択なのだ。そして、何人かの進化型《ティール》組織のリーダーは、自主経営《セルフ・マネジメント》を支える前提についてはっきりと口に出して語ること、また、その前提を従来の階層型組織での前提と比べることが有益だと気づいたのだ。

ＡＥＳが新しい発電所を取得すると、バーキは一般的な工場のオーナーやマネジャーが自社の労働者たちに対して抱いている前提は何かを尋ねたうえで、ＡＥＳの組織慣行を紹介することが多かった。次に示すのは、「上司は自分たちをこう思っているにちがいない」と労働者たちが感じている前提をバーキが要約した内容である。

- 労働者は怠け者だ。見張られていないと、勤勉に働かない。
- 労働者はもっぱらお金のために働く。なるべくたくさんのお金を稼ぐために必要なことをする。
- 労働者は組織にとって何がベストかよりも自分の利益を優先させる。彼らは自分さえよければよいと思っている。
- 労働者は繰り返し可能な単純作業をする場合に最も効果的に働き、最も高い成果を上げる。
- 労働者には会社の業績に影響を及ぼすような重要問題について正しい判断をする能力がない。それが得意なのはトップや組織の管理職だ。
- 労働者は会社の業績に影響を及ぼすような責任が重い仕事をしたがらない。
- 子どもが親の保護を必要としているのと全く同じように、労働者は保護を必要としている。
- 労働者は時間単位、または生産される「製品の数」によって報酬を得るべきである。管理職は固定給が支払われ、賞与や株式をもらえる場合もある。
- 労働者は交換可能な機械の部品のような存在である。「優秀な労働者」はほかの「優秀な労働者」とほとんど変わらない。

▼労働者は何を、いつ、どうすべきかを命令される必要がある。管理職は起こしたことの責任を彼らに取らせる。[3]

これらは言葉にするとかなり厳しく響くが、今日の組織が前提としている考え方だ。この見方が正しいとすると、リーダーたちが労働者に統制、報酬、罰を与えていることこそが分別ある行為なのであって、助言プロセスを使って意思決定をする労働者を信頼するのは愚か者ぐらいのものだ、ということになる。こうした思い込みは「言わずもがな」とされていることが多く、あるいは無意識のうちにそうだとみなされているので、バーキはまずそれらをはっきりと表現し、次にそれとは異なる前提を定義することが極めて重要だと感じていた。

ＡＥＳの人々は、

▼創造的で、思慮深く、信頼に足る大人で、重要な意思決定を下す能力を持っている。

▼自分の判断と行動に対する説明義務を果たし、責任を取れる。

▼失敗したってかまわない。私たちは失敗するものだからだ。時にはあえて。

▼ユニークだ。

▼自分たちの才能とスキルを使って会社と世界に貢献したい。[4]

こうした前提があるからこそ、自主経営《セルフ・マネジメント》と助言プロセスは完全に筋が通る。一方、統制メカニズムと階層制は無用で、社員のやる気をなくす邪魔な仕組みとなる。

ＦＡＶＩのゾブリストは、工場労働者や新入社員たちとこうした話し合いを何度も行い、自主経営《セルフ・マネジメント》の理論的根拠を説明した。ある日、教育のため、彼は次のような前提を書き出した。

一九八〇年代（当時ＦＡＶＩはまだほかの工場と同じように経営されていた）の当社の組織図を分析したところ、社員の皆さんは、間違いなく次のような扱いを受けていたことがわかりました。

- **「泥棒」**――何もかもが鍵のかかった倉庫にしまわれていました。
- **「怠け者」**――労働時間は統制され、遅刻はそのたびに罰せられていました。管理職はだれも遅れた理由を調べようとすらしていませんでした。
- **「安心して任せられない」**――すべての生産物はだれか別の人に点検されていました。そして点検する人さえもそれほど信頼されていませんでした。無作為抽出検査も行われていたのですから。
- **「知的でない」**――工場労働者のマネジメントは「製造エンジニアリング」部門に任されていました。

ゾブリストと同僚たちは、その後長い時間をかけて、工場内のモットーとして定着した新しい前提を定義した。

- **当社の社員はもともと善良な人々だとみなされています**――信頼でき、意欲的で、頼りになり、知的です。

▼**幸福感なくして成果はありえません**——幸せになるには、やる気を出す必要があります。やる気を出すには、責任感を持つ必要があります。責任感を持つには、なぜ働くのか、だれのために働くのかを理解し、どのように働くかを自由意志で決めなければなりません。

▼**価値は現場でつくりだされています**——製品を創意工夫してつくりだしているのは現場の作業員です。CEOや本社スタッフができるのはせいぜい工場の支援業務であり、最悪の場合はコストが高い邪魔者でしかありません。[5]

読者が経営理論に詳しければ、AESとFAVIの声明は、一九六〇年代に当時MITの教授だったダグラス・マクレガーが提唱したX理論とY理論に似ていることに気がついただろう。マクレガーによると、経営者は従業員について次の二つのうちどちらかの見方をしているという。

1. 従業員は本来怠け者で、なるべくなら仕事をサボりたいものだ（X理論）。
2. 労働者は意欲的で、自発的で、自制心を発揮できる（Y理論）。

どちらが真実なのだろう？　この点についての議論が始まるといつまでたっても終わらないだろう。マクレガーは何度も検証を重ねたうえで、ある重要な見解に達した——どちらも正しいというのである。人々を不信の目で見て（X理論）、あらゆる種類の命令、規則、罰則で従わせると、彼らは制度を出し抜こうとするので、あなたは自分の考え方が正しかったと感じるだろう。信頼をもって接すると（Y理論）、責任感ある態度でその信頼に応えようとするはずだ。すると、自分の立てた前提が有効だったと感じるだろう。これを発達心理学の観点から説明しよう。順応型《アンバー》／達成型《オレンジ》色の強い組織構造と組織文化をつくり上げると、人々は順応型《アンバー》／達成型《オレンジ》式の反応をするようになる。進化型《ティール》色の十分強い組織にすると、人々もそのようにふるまい始めるのだ。

結局、根本をたどっていくと「我らが刈り取るのは蒔いた種から育った物」、つまり自業自得なのである。恐れは恐れを生むし、信頼は信頼を育てるという最も基本的な真理に行き着くというわけだ。従来の階層型組織と、そこに組み込まれたおびただしい数の統制システムの核心は、恐れと不信を育てる恐ろしいほど強力な機械だ。自主経営《セルフ・マネジメント》構造と助言プロセスは、長い時間の間に「同僚同士の信頼」という広大な共同貯水池をつくりあげるのだ。

組織は自社の価値観や使命を日常的に語る。進化型《ティール》組織はもっと根本的なこと、つまり人間性に関する基本的な前提を語っている。このことは、自主経営《セルフ・マネジメント》によるさまざまな組織慣行が今日でもまだ反体制的で受け入れられにくいことと関係があると思う。私たちの多くは、人々と仕事について心の中に深く刷り込まれた前提から逃れられないでいる。つまり人も仕事も恐れで動くという思い込み、組織には階層と統制が必要だという思い込みである。恐れに基づく思考方法に光を当てて初めて、私たちはそれとは異なる前提を選ぶことができる。ＦＡＶＩやＡＥＳなどの組織は、職場の仲間たちがこの二種類の前提を知り、それについて何度も語り合うことを通して思考パターンが変わっていくことに気がついた。恐れに基づく統制メカニズムがひそかに入り込んでくるリスクは極めて低い。だれかが声を上げてこう言うからだ。「ちょっと待った！　この新しいプロセスは僕たちの前提に合っているか？　僕はそう思わない」と。

人間性についてあなたが抱いている基本的な前提が何であれ、あなたの態度に対し、周りの人々がどのような反応を示すかによって、その有効性が試される。

内部のコミュニケーション

情報の流れ方をみると、(意識的か無意識的かはともかく)前提あるいは思い込みが組織における振る舞い方をどう形づくっているかがよくわかる。ほとんどの職場では、有益な情報はまず重要な人々に伝わり、そこから重要でない人々に少しずつ流れ落ちていく。機密情報はトップの限られた集団内にとどめておくと漏洩の可能性が最も低い。知らせる範囲を広げなければならないときには、組織になるべく不都合にならないように、注意深く、ゆっくりと開示する。ここでの前提は「従業員は信用できない」「従業員は予測不可能で、非生産的な反応を示すかもしれない」「従業員が知りすぎてしまうと抜け駆けを図ろうとするかもしれない」という思い込みである。この情報の流れ方の出発点は不信感だ。結局それは下の階層にいる人々に伝染して逆の形になり、経営陣に対して不信を抱くようになる。「いったい上は何を隠しているんだ?」というわけだ。

進化型《ティール》組織には重要でない人はいない。社内のだれもがあらゆる情報に同時に接することができる。これは「社内には秘密はない」という前提に基づくアプローチで、最も機密性の高い情報を含むあらゆるデータが対象である。この情報には財務情報ばかりでなく、チームごとの給与や成績なども含まれている。たとえばビュートゾルフでは、各チームは毎月自分たちの生産性をほかのチームと比べることができる。ほかのチームのデータは匿名扱いにはならず、平均値で示されているわけでもない。看護師たちは、良いニュースにも悪いニュースにも対処できると思われている。恐れの文化はないので、成績の悪かったチームは匿名にして守ってもらう必要はなく、厳しい局面にいるチームは置かれている状況を冷静に受け止め、解決策を探すはずだと考えられている。

なぜここまで極端に、あらゆる情報を共有できるのか？　それには三つの理由がある。

- 組織階層が存在しないので、どのチームも最善の判断をするには入手可能なあらゆる情報を得る必要がある。
- 情報が公表されないと、「なぜわざわざ隠すのか？」という疑念を生む。疑念は組織への信頼にとって有毒である。
- だれかが知っていてだれかが知らないと、非公式な階層が再び現れる。

とはいえ、上場企業であるAESでは、すべての従業員にすべての情報を公開するという決定は米国証券取引委員会との間で前代未聞の問題をもたらした。バーキが回想する。

もしだれもが会社の財務データにアクセスできると、AESの社員全員が、たとえどんなに遠くの工場で働いている人であっても、「インサイダー」に分類されることになります。一般的な上場企業の場合、「インサイダー」は五人から一〇人程度ですが、AESは数千人になってしまいました。全員が「取引制限期間」の適用対象になり、その期間中は当社の株を売り買いできなくなる可能性がありました。その後すぐに公開市場でAESの株式の取引が始まったのですが、そのとき私たちは「インサイ

社員に権限を与えても情報を与えなければ、彼らは暗闇の中を歩き回ることになる。
——ブレア・バーノン

ダーと見なされずにAES株をいつでも売買できるよう、情報閲覧権の制限を望むか」と社員に尋ねました。すると圧倒的な数の社員が、財務情報を完全に閲覧できること、つまりインサイダーにとどまる方を選んだのです。[6]

具体的な情報共有の方法としては、情報が伝わる間にゆがめられたり散逸したりすることを防ぐため、自主経営組織はセントラルリポジトリ（情報の中央保管所）としてイントラネットを用いており、そこではだれもが情報をリアルタイムで発表したり検索したりすることができる。ビュートゾルフでは、全チームの成績に関するすべてのデータが同社のイントラネット上に掲示されている。ある分野で苦戦しているチームは、近隣地区で抜群の成績を上げているチームを見つけて助言を求め、ベストプラクティスを学ぶことができる。FAVIとサン・ハイドローリックスでは、工場内にオープンアクセスのコンピューター室があり、機械作業員はいつでもログインしてデータを確認できる。

全員参加の会議も、多くの進化型組織で実施されているもう一つの標準的な慣行だ。四半期決算、毎年の価値観調査、戦略の重要な節目のときなど、共有すべき新しい重要な情報があるときに開催されることが多い。情報は単にトップダウンで知らされるわけではなく、議論や討論のテーマとなる。あらかじめ決められた段取りや台本はまずない。質問次第で会議の方向はどこにでも向かう。不満や疑問があれば公然と発表され、偉業やそれを成し遂げた人々は自然発生的に讃えられる。こうした機会には、単なる情報交換以上のことが実現する。より深い意味で、組織とその価値観への信頼度が試され、再確認される。「経営陣は公平で、謙虚で、弱さを見せる勇気を持っているか？」「厳しい質問や非難から逃げずに向き合うか？」「問題解決に全社員を関与させようとするか？」と問いかけられる。従来型の企業が全員参加の会議を滅多に開かないのは、そんなことをすれば何が起こるかわからず、リスクが高いからにほかならない。しかし、まさにそのリスクの中にこそ、組織が拠って立つ前提を再確認する力、信頼で結ばれた共同体を強化する力が眠っているのだ。

もちろん、すべてのニュースが耳に心地よいわけではない。すべての情報を共有するという取り組みは、全社員が一般的な企業のCEOと同じ状況に置かれることを意味する。社員自身が成長し、不愉快な現実に向かい合わなければならないのだ。二〇〇二年の不況時に、メディア企業のサウンズ・トゥルー（次章でくわしく取り上げる）は、初めて財務上の危機に直面した。創設者でCEOのタミ・サイモンは、完全な透明性が持つ裏の側面を実感している人々がいたことを覚えている。

> 社員が会社の直面している不安定な状況を全部知っている環境の中で、ある種の不安感が社内に蔓延していた。経営陣が親のような役割を担って難しい状況を知らせなければ、従業員はこの不安から守られる。しかし、このアプローチでは、従業員は誤った安心感を抱くことになると私は思う。確かに、当社で働く人々は会社の財務状況を心配するかもしれないが、少なくとも全員が知っているのだ。[7]

紛争の解決

自主経営《セルフ・マネジメント》組織は紛争にどう対処するのだろうか？　何が正しい行動方針かについて、社員間で大幅ないるように感じたら？　従来の職場では、人々は上司に相談して事柄の解決を図るだろう。自主経営組織《セルフ・マネジメント》では、意見の相違は紛争解決プロセスを通じて社員間での解決が図られる。このプロセスは、階層のない組織では極めて基本的な協力体制なので、多くの自主経営組織《セルフ・マネジメント》では新入社員全員に対して紛争解決の教育訓練を施している。

たとえば、本書の調査対象であるモーニング・スターだ。同社はおそらくほかのどの会社よりも見事に、効果的なプロセスを実現した。モーニング・スターは、アメリカの西海岸を拠点とする、世界最大のトマト加工業者だ。一九七〇年に、ＭＢＡを取得したばかりのクリス・ルーファーが一台のトラックと身一つで始めたトマト運送業が出発点である。現在ではトマトを自社栽培し、二〇〇台のトラックでトマトを輸送し、アメリカで消費されるトマト・ペーストと角切りトマトの四〇％以上を業界最先端の三カ所の加工工場で生産している。読者がもしアメリカに住んでいて、スパゲティ・ソース、ケチャップ、あるいはピザ・アレルギーでなければ、おそらくモーニング・スターの製品を何度も口にしたことがあるはずだ。

トマトの加工は、驚くほど厳格な基準に基づく、資本集約度の非常に高い事業だ。トマトの加工工場は、外からはまるで化学工場のように見える――一時間当たり数百トンのトマトを処理する莫大な数のスチールパイプが走っているのだから。このビジネスは季節性が極めて強い。閑散期には四〇〇人の「仲間たち」（モーニング・スターでは、従業員はこう呼ばれている）が働いているが、夏の収穫期には二四〇〇人を雇用している。そして全員がもっぱら自主経営《セルフ・マネジメント》の原則に則って働いている。「ビジネス・ユニット」と呼ばれるチームが二三あり、マネジャーのポジションはもちろん、人事部も、購買担当部門もない。社員は、会社の資金を使って高価な機器を買うことはもちろん、ビジネス上のどんな意思決定を行ってもよい。もちろん、その購入によって影響を受ける人や専門知識のある人に前もって助言を求めることが条件だ。

モーニング・スターの業務の進め方に関する基本原則は、創業直後に定められた。最初のトマト加工工場が建てられたとき、クリス・ルーファーと最初の従業員たちは、どうやって一緒に働きたいかを話し合った。そして二つの原則に従ってモーニング・スターのあらゆる経営慣行を推し進めようと決めた。それは、以下のような、社会で通用しているごく一般的な価値観だ。

1 個人は決してほかの人に何かを強制してはいけない。
2 それぞれの約束《コミットメント》を守ること。

モーニング・スターの紛争解決プロセスはこの原則に忠実に従っており、同社の自主経営《セルフ・マネジメント》のあり方を概説した中心的な文書「仲間たちが守るべき原則」に詳しく説明されている。

そして、「直接の意思疎通と合意形成」と呼ばれているこのプロセスは、どのようなタイプの紛争にも適用される。紛争は、ある状況における技術的判断についての意見の不一致かもしれないし、個人的な仲違いや価値観が侵害されたことがきっかけになる場合もあるだろう。あるいは、仕事上の成果に関することかもしれない。たとえば、ほかの社員が仕事をサボって自分の分担をしっかりと果たさないことに気がついた場合だ。紛争の中身が何であれ、その解決プロセスは、当事者が相手に意見の一致を図ろうと働きかけることから始まる。

▼まずは直接会って、二人だけで解決しようと努力する。会話の口火を切る側の人は、相手にお願いしたいこと（決めつけでも要求でもいけない）を明確に述べなければならず、相手側はその要請に対して明確に（「わかりました」あるいは「それは無理です」と答えるか、対案を示して）答えなければならない。

▼両者が合意できるような解決策が見つからなかった場合、二人が信頼できる別の同僚を調停者に指名する。指名された者は二人が合意点を見つけられるようサポートするが、解決策を強制はできない。

▼調停がうまくいかないと、その問題に関連する同僚たちによる委員会が招集される。ここでも委員会の役割は、両者の言い分に耳を傾け、合意形成の手伝いをすることだ。どんな判断も強制はできないが、紛争を何らかの結論に導くほどの倫理的な重みはある。

▼最終段階では、委員会の倫理的な重みを増やすために、創業者で社長のクリス・ルーファーが委員会に呼ばれることもある。

意見の不一致は個人的なことなので、すべての関係者は紛争解決プロセスが終了した後も秘密を守ることが期待されている。この「ルール」はもちろん、紛争当事者である二人にも適用される。あくまでも二人の間で解決し、他人に支援を求めて敵対的な派閥をつくるといった形で紛争を広げることは思いとどまるよう促される。

本書のために調査したほかの組織にも、まずは二人で話し合い、信頼できる人に仲裁を頼み、最後に仲裁のための委員会が関与するという、モーニング・スターとほとんど同じ紛争解決メカニズムを用いているところがいくつかある。最初、私は偶然の一致にしてはできすぎていると思うほど驚いた。今回の調査を始めるまで、明確な紛争解決メカニズムを持っている企業に出会ったことがなかったからだ。モーニング・スターの社員からこの話を聞いているうちに、私はこのシステムには単に時々起こる職場の紛争を管理する以上の意味があることに気がついた。自主経営《セルフ・マネジメント》とは、さまざまな組織慣行が互いに連動して物事が進んでいく仕組みである。紛争解決プロセスは、そのジグソー・パズルになくてはならない一ピースなのだ。これは、同じ職場に働く仲間たちが相互に結んだ約束《コミットメント》について互いに説明責任を負う仕組みである。従来型の企業では、社員のだれかが約束《コミットメント》を果たさないと、同僚たちは不平不満を抱くとしても、どう対処するかについては管理職に任せる。自主経営《セルフ・マネジメント》組織では、仲間たちが声を上げて約束《コミットメント》を果たさない同僚に向き合わなければならない。モーニング・スターもほかの自主経営《セルフ・マネジメント》組織も、この基本ピースを組織内にうまく定着させるのは容易ではないとあっさりと認める。人々が不安に感じることなく、進んでお互いに説明を求め合えるような文化が職場にあって、意見の不一致を大人の態度で見事に処理できるだけのスキルと方法を身につけていれば、このプロセスは有効に働く。自由と責任はコインの裏表であり、片方だけを（少なくとも長くは）持ち続けることはできない。仲間に自分の約束《コミットメント》の説明責任を求めると気まずい雰囲気になりやすい。だが明確に規定された紛争解決プロセスがあれば、人々は必要なときにはお互いに対決できる。

役割の決定と配置

前章では、進化型《ティール》組織が融通の利かない職務記述書や役職をどうやってなくしてきたかを紹介した。その代わりに、どの社員も自分が納得し、成し遂げると約束した数多くの役割を担っている。こうした役割はどのようにしてつくられるのだろう？　人々はどのようにして新しい役割に任命されるのだろう？　たいていの場合、特別な発表もないまま自然発生的に役割が生まれる。新しい役割が必要な問題、あるいは機会をだれかが感じ取る。たとえば、「特定製品の技術データについての顧客からの問い合わせが絶えない」ことに受付係が気づいたとする。そのデータを自社のウェブサイトに掲載したらどうだろう、と思うかもしれない。当然、次のステップは、製品開発担当とアフターサービス担当への相談ということになる。すると、十中八九、だれかが手を挙げてその役割を引き受けるはずだ。階層的組織の場合は、各組織の担当や縄張りがあるので、こうした問題では「どの部門が担当すべきか？」「予算や人繰りはどうするのか？」等々を決めるための大騒ぎが始まり、多くのミーティングが開かれることになろう。自主経営《セルフ・マネジメント》組織では、だれかが率先してその役割を引き受ける。

　会社の文化や属している業界にもよるが、どの組織でも役割をつくるプロセスではさまざまなレベルでの形式主義が待ち構えているはずだ。FAVI、AES、サン・ハイドローリックス、ビュートゾルフでは、このプロセスは実に非公式だ。FAVIでアイデア発掘担当者としての役割を自分でつくったフランクや、発電所を建てようと志願してパキスタンの駐在員となったAESのシャザード・カジムの例を思い出してほしい。人々は助言プロセスに従っているだけだ。新しい役割をつくるべきだというアイデアを関係者にぶつけているのだ。あるいは単にチーム・ミーティングでそれについて話し合うだけだ。

約束《コミットメント》を文書化する

モーニング・スターは、よりフォーマルなプロセスを通じて役割を決めて人員を配置する。トマト・ビジネスは季節性が高いので、社内での役割は年に一度開かれるミーティングでの討論を経て決定される（もちろん、役割は一年の間に少しずつ変わっていき、変更については臨時の話し合いが日常的に行われる）。モーニング・スターの「仲間」になると、あなたは個人的なミッション・ステートメント（モーニング・スターの用語では「パーソナル・コマーシャル・ミッション［ビジネスにおける自分の使命］」と呼ばれている）を書き、自分が約束した役割をすべて「コリーグ・レター・オブ・アンダースタンディング（CLOU／仲間たちへの覚え書き）」に書き出す。モーニング・スターでの役割は極めて具体的に定められ、社員は二〇～三〇の異なった役割（積み下ろし場所でトマトを受け取る役割を担う人もいれば、季節従業員向けにトマトの皮むきの指導役を引き受ける人もいる）を持つことになる。どの役割についても、それは何か、自分はどのような権限を持っていると考えているか（動く、提案する、決める、あるいはそれらの組み合わせ）、自分が業務をきちんとこなしていることを確認できる指標は何か、この指標でどの程度の改善をしたいと思っているのか、といったことを具体的に書く。

なぜこれだけの形式と細かさが必要なのか？　FAVIとビュートゾルフでは、社員はそれほど細かい役割をわざわざ書き出さないし、自分自身の実績評価や目標も定めない。ビュートゾルフでは、看護師という職種の性格上、常に変更や柔軟性が求められる。少量ロットの加工作業がよく入るFAVIも同様だ。一方、トマトをペーストに加工する仕事は、一つの継続的な長いプロセスだ。工場に入ってくる何台ものトラックからトマトの積み下ろし作業を行う人もいれば、殺菌処理されたペーストを工場からトラックに積み込む人もいる。これは本質的には薄利多売のコモディティ・ビジネスであり、ここで重要なのは柔軟性ではなく、利益率を一～二％高めるための継続的な改善努力なのだ。この点から、各人の役割を相当きめ細かく定め、

どのような会社でも、実際の組織図は非公式な関係で結ばれた「網（ウェブ）」状のはずだ。残念ながら、私たちはこの蜘蛛の巣の上にピラミッド型の構造を押しつけて、本来存在しているはずの自然な作業フローをねじ曲げている。

作業の成果を綿密に追跡することは理に適っている。

モーニング・スターのような継続的な作業プロセスでは、加工処理ラインの中にいる作業員が川上から流れてくる一定形状のトマトまたはペーストを加工して、川下の別の作業員に送るという流れ作業になる。したがって、モーニング・スターの社員はCLOUがいったん書き上がるか更新されると、その内容について（自主経営《セルフ・マネジメント》組織の多くがしているように）チーム内のミーティングで話し合うのではなく、自分と最も作業のやりとりが多くなる川上側、川下側の担当者と何度も何度も膝詰めの打ち合わせを行う。

人々はお互いのCLOU文書の記述内容について実に真剣に話し合い、交渉する。このプロセスを通じて、川上側の人間から確実に正しい投入物を提供してもらい、今度は自分が約束した半製品を川下にいる担当者に届けるのだ。次ページのチャートは、同社における社員間の約束《コミットメント》のネットワークを描いている。それぞれの点は社員を示しており、線が、CLOUで宣言された約束《コミットメント》によってつながった人々同士を結んでいる。モーニング・スターには組織図がない。もしあるとすれば、このチャートがそうかもしれない。

「実際には、どんな組織だってそうじゃないか」と主張する向きはあろう。つまり、形式はともかく、現実には、仕事を仕上げるために人々が流動的につながり約束し合う、込み入ったウェブ状の組織構造となっているはずだ、というのである。残念なことに、ほとんどの組織はその上に、たくさんの箱がピラミッド状に積み上げられた構造を無理矢理乗せてしまっているのだ。「正式な」組織に不協和音が絶えないのも無理からぬことである。ウェブ状の関係に従って機能している実際の業務が「組織図」によってかえって混乱してしまうのだから。

おそらく読者は、正式な組織図よりもモーニング・スターのウェブ状組織の方が、社員と社員を結ぶ線がはるかに多いことに気がついたはずだ。その結果、この組織は極めて強靭な構造に編み上げられている。まるで蜘蛛の巣のように。さらに、この組織には階層がないので昇進がないことにも気づいてほしい。社員たちは経験を積むに従って大きな責任を担うようになり、簡単な仕事を次第に新入社員や若い同僚に譲っていくのである。役割を変更するときに管理職の承認を得る必要はないが、同僚たちの承諾は得なければならない。あるモーニング・スターの社員が説明してくれるように、この意味は深い。

自分らしさを失い、上司の目によく映りたいという欲望はかなりなくなります。何しろ数十人の同僚たちに良い顔を見せ続けることの方がはるかに難しく、私たちはただ、そんなゲームに興じようとすることをやめてしまったのです。[8]

進化型《ティール》組織では、人々は数少ない席を奪い合う出世競争をしない。同僚たちから新しい役割を任せられれば自分の仕事を広げ、給料を増やすことができる。スキルを磨き、同僚から見て信頼できる、役に立つ社員になれれば重要な役割も担えるようになるはずだ。進化型《ティール》組織には内部の競争もあり得るが、健全なものである。クリス・ルーファーはゴルフになぞらえてこう説明する。

モーニング・スターにおけるウェブ状の社員ネットワーク

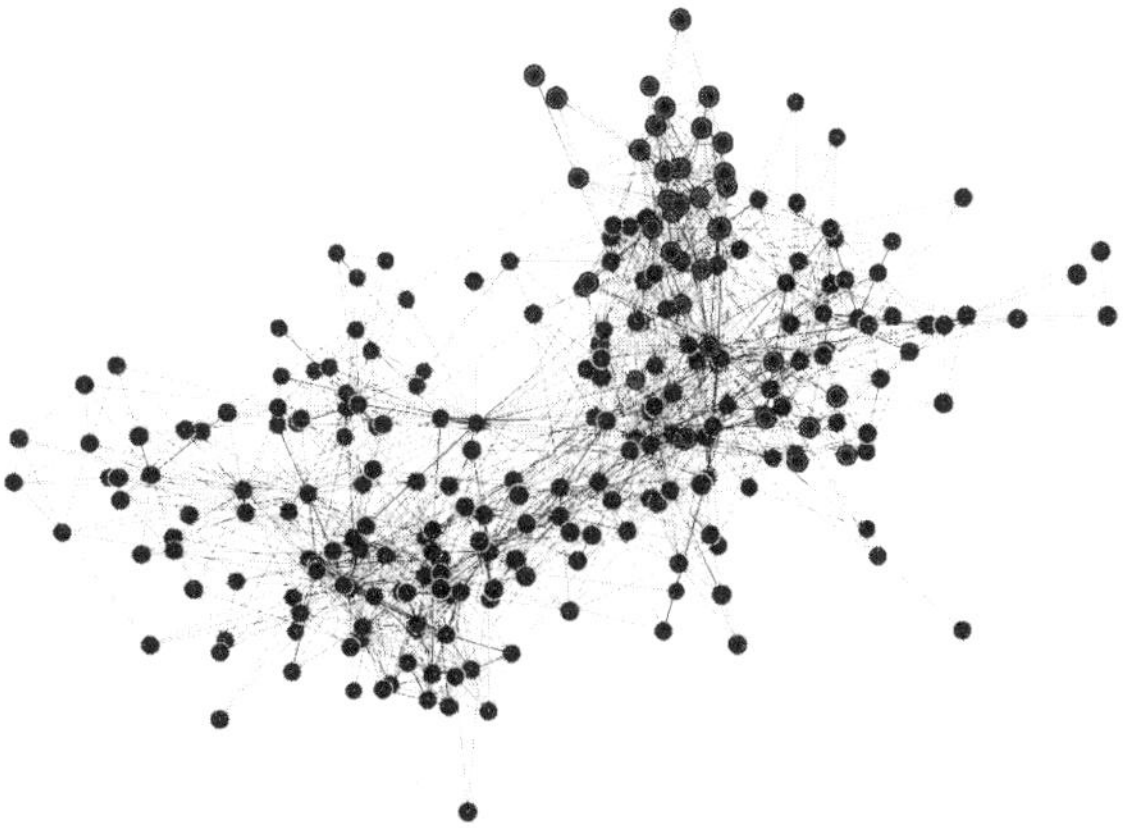

ジャック・ニクラウスが試合をしているとき、自分は「シニア・ヴァイス・プレジデント」ゴルファーになれるかどうかを気にしているでしょうか？ そんなはずはありません。ゴルフが十分に上達すれば、自分はだれもが心から望んでいるものを得ると知っています。それは達成感です。そして、達成感を得られれば収入が増え、自分が望む生活を送れることも知っていました。高めたいのは自分の能力と正当な評価であり、社内の地位ではないのです。[9]

チーム内の役割とガバナンスをはっきり決める

モーニング・スターでは、社員の役割は一人に対して一つという約束《コミットメント》で決まる。これは流れ作業が業務プロセスの中核となる業態にはうまく合うやり方だ。チームが自然にできあがっている組織に対して、役割の決め方や物事の進め方について、最も洗練されたプロセスをもたらしたのは、おそらく「ホラクラシー」だろう。ホラクラシーは、アメリカの起業家ブライアン・ロバートソンが提唱した組織の運営モデルのことだ。一九九〇年代に、フィラデルフィアで一緒に働いていたロバートソンと二人の仲間がターナリー・ソフトウェアを設立し、ソフトウェア開発会社として瞬く間に急成長を遂げた。新しい会社をつくろうと思ったきっかけは、以前に働いていた会社に大きな不満を抱いていたからだとロバートソンは言う。

私はもう何年間も、自分たちの表現力や、自分たちのもちうるすべての能力を捧げる力が（前の会社では）抑圧されていると感じていました。あの組織は、私たちのスキルや才能の全体を受け入れてくれず、私が思い描いていた、最も効果的な方法ですべてをまとめるやり方を認めてくれなかったのです。

こうしたことがあまりにも多かったのですが、それをどう解決すれば良いのかがよくわかりませんでした。ソフトウェア会社を始めたのは、そういう不満が爆発した結果だったのです。「そうだ、絶対もっと良い組織がある。ここよりましな何かが必ずあるはずだ」というわけです。[10]

ロバートソンと二人の共同創業者は、とにもかくにも有望そうに見える組織形態を片っ端から実験し始めることにした。アイデアの出所はどこでもよかった。「アジャイル・ソフトウェア開発」、「ソシオクラシー」、デビッド・アレンの『ストレスフリーの整理術』★など、ありとあらゆるところにインスピレーションが見つかった。使えるものを残し、使えないものは捨てた。来る日も来る日もさまざまな組織形態で実験を重ねることは、ロバートソンが回想するように、かなり苦しい作業だった。

（ターナリー・ソフトウェアでは）実験と変化を大事にする文化が本当に尊重されていました。けれども、私たちがホラクラシーにたどり着くために取り組んだ実験はとても大変でした。状況が人により時により変わるのです。ある日にはこうしていたものを、次の日には根本的に変更し、さらに次の日にはそれをさらに変更して、時間をロスした分をいつも追いかけていたのですから。不安感はものすごく大きかったのですが、そこにはそれなりの理由がありました。私たちはとてつもない勢いで仕組みを変更していたので、プロセスにも方法にもそれほどの安定性がなかったからです。

実験ばかり続いたあの組織での生活は本当に苦痛でした。「僕たちは決まりきったやり方でこの会社を運営しています！」と言えればどんなに楽だったでしょう。具体的には、一二〜一八カ月の間に給与

★『全面改訂版 はじめてのGTD ストレスフリーの整理術』（デビッド・アレン著、田口元訳、二見書房、2015年）。

制度を五回変更しました。そのたびに支払方法と支払金額、計算方法をすべて変更したのです。そのたびに私たちは真っ青になりました。仕組みが変更されるたびに改善されたことは事実なのです。しかし『なんてことだ。またまたすべてがひっくり返るのか』という混乱は毎回起こりました。[11]

正気の沙汰とは思えないような実験を繰り返すうちに、ロバートソンが「ホラクラシー」と呼ぶ洗練された一つの形の組織構造と仕事のやり方が絞り出されていった。新しい経営陣を採用してターナリー・ソフトウェアを退職すると、ロバートソンは、ホラクラシーに基づく経営慣行のコンサルティングと研修を行う会社ホラクラシーワンを設立した。ホラクラシーとは何かを説明するために、ロバートソンはよくコンピューターにたとえて話をする。

ホラクラシーを、組織についてのオペレーティング・システム（OS）として考えてください。テクノロジーでも、ソフトウェアでもなく、社会的なテクノロジーととらえるのです。コンピューターにはOSがついています。（これは）意思疎通がどのように起こるのか、力がどのように働くか、アプリケーションが資源をどう共有するかということです。そして、コンピューター内を流れる情報や作業の流れを制御《コントロール》しています。コンピューターのあらゆる機能や仕組みがOSに基づいて組み立てられているわけです。

組織も同じです。組織にもOSが備わっていて、そこに疑問が差し挟まれることはあまりありません。現在は、いわば組織のOS市場の「独占」が起こっているのです。ビジネスをつくり、運営するための方法は一つしかありません。いくつかのバリエーションはもちろんあります。しかし、会社の中の力学や、仕事がどのように終了するのかを支える基本構造は結局同じなのです。[12]

ホラクラシーワンは、「組織のOSをアップグレードする」ために最低限必要と考えられる包括的な組織運営方法を見いだした。[13] それ以外のすべてのやり方はアプリ（コンピューターのたとえに当てはめれば、オペレーティング・システムとは別に動くアプリケーションのこと）とみなされる。アプリにはいろいろな種類があり、それぞれの会社の実態に適合させる必要がある。

ホラクラシーの中核的要素の一つは、本書のために取材したすべての進化型組織《ティール》に見つけることができる。それは、人＝役職という融合を切り離すということだ。ホラクラシーでは、「人々は仕事を持つのではなく、多くのきめ細かな役割を果たそうとする」と表現する。ホラクラシーがほかの組織よりも進んでいるのは、役割が決められていく際の洗練されたプロセスだ。

「新しい役割が必要だ」あるいは「今ある役割を修正するかなくした方がよい」とだれかが感じたとする。するとその人は、自分のチーム内のガバナンス（統治）・ミーティングに提案する。[14] ガバナンス・ミーティングは、仕事をやり遂げるための議論とは別の、役割や協力に関する問題だけを話し合うミーティングだ（ビジネスを進めるためのあらゆるテーマは、別の手法を用いた「タクティカル・ミーティング」と呼ばれる場で話し合われる）。ガバナンス・ミーティングは定期的に（一般的には毎月）開かれるが、チームのだれかが要請すればいつでも臨時のミーティングが開かれる。全員の声が行き渡り、一人の意見が意思決定を支配しないよう、ミーティングの参加者は厳格なプロセスに従う。だれか一人がミーティングのファシリテーターを担う。

役割を新たにつくったり、修正したり、なくしたりする必要があると感じている人（「提案者」と呼ばれる）は、だれでも議題に自分の案を加えることができる。このようなチームのガバナンスに関わる問題が順に一つずつ取り上げられ、次のプロセスに従って採決に至る。

1 **提案が発表される**——提案者は問題と解決策について説明する。

2 **質問を明確にする**——情報を求めるか理解を深めるために参加者が自由に質問して、問題点を整理する。この段階はまだ反応するときではなく、ファシリテーターは提案への反応をにおわすような質問をいつでもやめさせることができる。

3 **反応ラウンド**——参加者はだれもが、提案に対して自分の意見を述べる機会が与えられる。この段階では、討論や意見の発表は許されない。

4 **修正と明確化**——提案者は提案内容をさらに詳しく説明するか、それまでの意見交換に基づいて修正できる。

5 **異議申し立てラウンド**——ファシリテーターが「この提案を採用すると私たちにとってマイナスになる、あるいは私たちの歩みを後退させる原因はありますか？」と尋ねる。反対意見が表明され記録されるが討論は行われない。反対者がいない場合には提案は採用される。

6 **統合ラウンド**——反対意見が出ると、ファシリテーターは自由な議論を通じて提案者の懸念にも配慮しながら、なるべく反対がなくなるような修正案をつくる方向に議論を導く。複数の反対意見が出た場合には、すべての反対意見がなくなるまでこの手順を踏む。

どのチームもこのプロセスを通じて、毎月複数の役割を適応させ、明確化し、新たにつくり、あるいは廃止するのが一般的だ。人々が問題や機会を感じると、それを元に組織は役割を必要に合わせて改めたり修正したりしていく。このプロセスはやや形式張っているように見えるかもしれないが、実践している人々によると、実に自由な雰囲気で進むことがわかってきたという。役割を変更するための廊下でのひそひそ話や政治的駆け引き、多数派工作の必要性はない。組織の中で何かを変える必要を感じている人なら、アイデアを受け入れてそれに対処する場所があることを知っている。このようなミーティングを初めて経験した人々は、劇的なほどの効率の良さに驚く。役割とか責任といった微妙な話題のミーティングはえてして終わりのない、不愉快な討論になりがちだが、ホラクラシーのガバナンス・ミーティングではそんなことは起こらない。たった一回のミーティングで相当数の役割が次々と処理できる。

基本的に、これは助言プロセスの一バリエーションなのだ。ホラクラシーでは、人々の助言を一つの意思決定に統合するのは一人の個人ではなく、チームだ。ミーティングでは正当な反対が無視されることがなく、本当の意味で、チームの集団的知性の上に進行していく。ホラクラシーの統治プロセスが、ビュートゾルフで看護師たちが重要な問題を議論するときの手法（110ページ参照）とかなり似ていることに気づいた読者がいるかもしれない。どちらの場合も、目的は完璧で確かな答えを出すことではなく、実現性のある解決策を見つけ、必要があればすぐに練り直すことだ。新しい取り組みを試し、それらがどの程度うまくいきそうかを見るときに完璧な答えを待っているわけではない。役割は、環境変化に適応するために常に有機的に進化する。そのような頻繁な変化に慣れていない従業員は、最初は苦しく感じるかもしれない。しかし時間がたつうちに、ほとんどの人がこの種のミーティングを大好きになる。昇進機会が数年に一度しかないと、人々はポストをめぐって戦闘態勢に入る。しかし、毎月チーム内で役割の変化が少しずつあるかもしれないとなれば、だれもがかなりリラックスした状態になる。素晴らしい役割が当面お預けになっても問題ない。変えられないものなんて何一つない。新しくて興味深い役割はそのうち実現するだろう、という気持ちを抱く。

全責任《トータル・レスポンシビリティ》

階層的組織では、マネジャーは数字に対する責任を負っている。責任範囲は自分の領分だけ、他人の領分を侵すことはしない。ほかのマネジャーが自分の縄張りに入ってくることもない。進化型《ティール》組織では、人々は役割を負い、責任範囲も明確だ。しかし縄張りはない。組織の特定の要素が特定のだれかに属することはない。本書のために調査した組織の多くが強調するのは逆だ。自分が気づいた問題については、それが自分の役割以外のことであっても何かをする責任を負う、という点を重視しているのだ。モーニング・スターはこれを「全責任《トータル・レスポンシビリティ》」と呼んでいる。「この問題についてはだれかが何かをしてくれるはずだ」と言ってそのままにしておくことは、進化型《ティール》組織では受け入れられない。あなたが何かの問題や機会を見かけたら、それについて何かをする義務を負う。そして多くの場合、その「何か」とは、問題に関連する役割を担っている同僚の所に行き、それについて話すことなのだ。

ホラクラシーはこの原則を発表しており、しかもだれかが何らかの「テンション」（問題や機会を意味するホラクラシーの用語[15]）を感じたら、いつでもすぐに、しかも確実にその問題に取り組める明示的なチャネルまで定義している。問題の種類に応じて、それは「ガバナンス・ミーティング」「タクティカル・ミーティング」のどちらかに提案される。どちらも具体的な意思決定プロセスを持ったミーティングだ。[16] だれもがどんなテンションに取り組むことも歓迎されるが、「それは僕の問題ではない」という姿勢は受け入れられない。「全責任」とは実に重い響きがあるかもしれないが、ホラクラシーとモーニング・スターでは、社員たちはこの考え方を次第に支持するようになっている。人々の関心はもはや自分の責任範囲にとどまらない。組織全体の幸福を心から望んでいるからだ。もちろん、ある問題について全員で考えるべきだとだれかが主張しても、チームメンバーの全員が拍手喝采するとは限らない。しかし、自主経営《セルフ・マネジメント》組織では、人々が持っているのは役割であって縄張りではないので、だれも公式の場で「それは僕の仕事だ。口を出さないでくれ」と言って同僚の主張をさえぎることはできない。

任命プロセス

多くの場合、人々の仕事は自然に進化していく――つまり、時間の経過とともにいくつかの役割を捨てて、別の役割を担うようになる。時に全く新しい「仕事」が始まることもある。ビュートゾルフは爆発的に成長しているため、数カ月ごとに新しい地域コーチが必要になる。

サン・ハイドローリックスでは、新しい役割がプロジェクト調整中に発生することもある。往々にして、任命は自然発生的に行われる。時間がたつうちに、チームメンバーが「この役割はこの人に任せよう」という人が現れるのだ。ゾブリストが二〇〇九年にFAVIのCEOを退任すると、チームリーダーのうちの一人が自然と後継者になった。その役割を狙っていたチームリーダーはだれもいなかったようだ。悔しさや

社員全員が決定権を持つと、出世欲がなくなる。

失望で会社を辞める者はいなかった。社長の交代に至るまでの間、政治的な争いも内紛もなく、後任社長が任命された後の報復人事も一切なかった。本書のために調査したほかの組織で起こったＣＥＯの交代も同じである。従業員が自分のしたいことについてすべての判断を任されると、出世階段を上りたいという欲が消えていく――おそらくこういうことではないだろうか。

必要があれば、公式の議論プロセスを経ることもある。たとえばサン・ハイドローリックスでは、新しい仕事ができるか、既存の仕事に空きができると、内部の採用プロセスがはじまる。候補者は（新しい役割につくと）最も密接に働くことになりそうな同僚からインタビューを受ける。ＦＡＶＩでは、ゾブリストは別の素晴らしいやり方を実践していた――確認プロセスだ。彼は五年ごとに、自分が会社のＣＥＯとしてとどまって良いかどうかを投票で決めてほしい、とチームリーダーたちに依頼していた。第Ⅲ部第1章で論じるように、ＣＥＯもほかの社員と同じ扱いを受けることは極めて重要である。さもないと自主経営《セルフ・マネジメント》組織はすぐに崩壊する。もちろん、ゾブリストは、もし自分が独断的に振る舞ったらその場で声を上げてほしいと期待していた。公式の投票制度は、ＣＥＯの解任も含むあらゆる意思決定の権力は社員が握っていることを、皆に思い出してもらうという意味合いがあった。

役割を交換する

自主経営《セルフ・マネジメント》組織の役割はきめ細かく定義されているため、チームの中で役割を交換することは実に簡単だ。とても忙しい人は、ほかのだれかに自分の役割の一つを（一時的、あるいはずっと）代わってほしいと頼むことができる。新しいスキルを学びたいチームメンバーは、自分がそれを身につけるまでその役割を担わせてほしいと依頼できる。

チーム内だけでなくチームを越えた役割の交換を容易にするため、ホラクラシーワンは企業全体の「役割のマーケットプレイス（市場）」を設置した（ホラクラシーの用語では、これは基本OSではなく「アプリ」の一つである）。会社のイントラネットでは、社員たちは自分が担っている役割の一つ一つに（マイナス三からプラス三で）自分で格付けできる。

▼それは元気が出るような仕事か（プラス）、ぐったり疲れてしまうような仕事か（マイナス）。
▼自分の才能が生かされているか（プラス）、生かされていないか（マイナス）。
▼今のスキルと知識はこの役割に役立っているか（プラス）、邪魔になっているか（マイナス）。

マイナス三からプラス三までの尺度でそろえることで、現在はほかの人が担当している役割への自分の関心を示すこともできる。このマーケットプレイスのおかげで、役割を手放したい人と役割を見つけ出したい人は簡単に互いを見つけられるようになっている。

タレント・マネジメント

この二〇年で、大企業が「タレント・マネジメント」を実施することが当たり前になった。どの部署のマネジャーも見込みのありそうな人材を発掘するようにと要請され、人事部の側では見いだされた人材に特別な研修を施して、将来高いレベルの仕事につけるよう難易度の高い仕事を課す。「後継者選び」も人事におけるもう一つのベスト・プラクティスだ。社内の管理職ポストのそれぞれに対し、後継者候補を見いだし、引き継ぎできるよう教育を施さなければならない。次が「キャリア・プランニング」だ。あらゆるタイプの社員に対し、人事部はベストのキャリアパスを考え、社員がその過程で正しいスキルを身につけて管理職として育つ道すじを整えなければならない。

自主経営《セルフ・マネジメント》組織ではどうだろうか。リーダーシップの機能は社員全員に分散されており、人々が準備しておくべきリーダーシップの役割は存在しない。今回調べた組織の中に、タレント・マネジメント、後継者選び、キャリア・プランニングに時間をかけているところはひとつもなかった。自主経営《セルフ・マネジメント》組織では、人々は自然に多くの機会に触れて学び育つので、社員が正しい機会に触れているかどうかを経営陣が悩む必要がない。自由に仕事をできる人々は何でも熱心に学びたがる。そして彼らは、学んだことを仲間たちと共有するはずだと期待されている。自主経営《セルフ・マネジメント》組織でのキャリアは、人々の関心、強い衝動、そして自由な職場に常にあふれているさまざまな機会から自然と醸成されていくのだ。

チームレベルでの実績管理

自主経営《セルフ・マネジメント》では、実績管理はどのように行われるのだろうか？ 達成型《オレンジ》組織では、従業員にプレッシャーをかけ、彼らが手を抜かないようにするのが管理職の仕事だ。トップの経営者は会社の年次予算と半期計画で野心的な目標を設定し、その目標が下部組織に下ろされる。そしてリーダーの仕事とは、常により多く、より早く、そしてより安く部下に仕事をさせることなのだ。

自主経営《セルフ・マネジメント》組織にはプレッシャーをかけ続けるマネジャーはいない。ではチームはなぜ自分たちの置かれた状況に甘えないのだろう？　一言で言えば、それは仲間との励まし合いと市場の要求によって、自分の内側から湧いてくる「やってやろう！」という「内発的モチベーション」があるからだ。

しかし、ここで考えるべき問題は、私たちはなぜ「人々が成果を上げるにはプレッシャーを与えた方がよい」と考えるのか、という点かもしれない。学術研究によると、人々が意味のある目的を追求し、その目的に向かって動くための意思決定力と資源を持っているときには、上司からの喝も、無理な目標も必要ない。[17]不幸なことに、従来型組織の労働環境はその逆だ。人々は仕事に大して意味のある目標を見いだしておらず、自己表現の機会はルールや管理職によって制限されていると感じている。したがって仕事への関心を失うのもある意味当然で、一〇〇％の結果を出すにはプレッシャーが必要なのかもしれない。オランダの従来型の地域看護サービス組織で働くことを想像してみてほしい。毎朝、あなたは自分の知らないプランナーに作成された、それまで会ったこともない患者を三〇件まわる訪問計画書を渡される。そして手当てする時間も厳格に割り当てられる（たとえば、最初の患者は注射に一〇分、二番目の患者は弾性ストッキングの交換に五分といった具合）。せき立てられた患者は不快な気分になる。しかもあなたは、割り当て時間よりも処置に時間がかかると、理由を報告しなければならないことを知っている。なぜなら時間登録システムによって、あなたの一切の行動は追跡されているからだ。仕事があまりに機械的なので、手を抜きたいと思っても許されるような気がしてくる。

一方、ビュートゾルフで働くとどのような一日になるだろう。あなたは地域社会でよく知られ、尊敬もされているチームの一員だ。その日の計画を決めるのはあなたで、これまでに人間関係を築いてきた一〇人の患者を訪問する。もちろん、患者一人一人のこれまでの人生や病歴もよく承知している。患者の子どもや近所の人にも会ったことがあり、ときには患者が再び自立することを促すネットワーク作りを手伝ってきただろう。容体が改善すれば一緒に喜び、最後の日を迎えるときには側に付き添う。

こういう環境で働く人々には、自分を励ましてくれる上司はいらない。そのことにビュートゾルフは気がついている。しかも、往々にして、看護師たちは自分の仕事に相当深くかかわっているので、逆に仕事の終了時間をお互いに知らせ、仕事が私生活に影響しないよう気を遣い合っている。もっと一般的な言い方をすると、意味のある目的を追求している自主経営《セルフ・マネジメント》のチームには、上からはっぱをかける必要がない。人々が情熱を持って働かなくなり、生産性が落ちてきたとしたら、それはチームや役割の中での人間関係で何らかの問題が発生し、配置転換などの対処が必要になっている兆候かもしれない。その問題を取り除けば、働く人々には生気がよみがえるだろう。

人々は管理職からのプレッシャーを必要としないが、それでも自分たちがちゃんと仕事をしていることを確認したいと思っている。進化型《ティール》組織もほかの組織と同じくチームの成果や生産性、利益のような指標を見ている。ただし、たいていはチームあるいはプロセス段階での確認であり、わざわざ個人の成果は測定しない（この点が、個人に報奨金《インセンティブ》を支払うことこそが大事という信念の下に、個人評価を採用する達成型《オレンジ》組織とは異なっている）。だれでもデータを見ることができるので、ノウハウを模倣しようという機運が高まる。これは良い意味での仲間からの圧力《ピア・プレッシャー》だ。ビュートゾルフの看護師チームやFAVIの自動車メーカー担当チームのように、複数のチームが同じような仕事をしている場合は、簡単にチーム間の成績を比較できる。ビュートゾルフのどのチームも、自分たちが、たとえば生産性の面で、全体の中の最下位かトップかが一目で分かる。最下位のチームはプライドをかけて仕事内容の改善を目指そうとするが、どうすれば改善できるかを相談するのに管理職は要らない。

従来型組織では、結果に対するこうした透明な仕組みを残酷だと考える人が多いだろう。しかし残酷かどうかは情報がどう扱われるかで変わる。達成《オレンジ》型組織では、成績が悪いと恐れが生まれる（そして成績が良いチームには嫉妬と疑いの目が向けられる）。どのデータをだれが見られるかは、極めて扱いの難しい問題だ。進化《ティール》型組織では、人々は情報が自分たちに不利になるように使われることはない、ということをだれもが知っている。事実が良くても悪くても、それによって守ってもらう必要がないのだ。

チームが互いに比較できない仕事に従事している組織についてはどうだろう？　モーニング・スターでは、「トマトの分類」「ボイラー管理」「包装」に従事しているチームには、ほかのチームと自分たちを比較する共通の指標がない。そこで、仕事の成果に対するフィードバックを各チームに与えようと、興味深い取り組みを始めた。毎年一月にすべてのチームが、同僚たちを前に自己評価のプレゼンテーションを行うのだ。プレゼンを受ける側のグループには社長のクリス・ルーファーはもちろん、参加したい人はだれでも加われる。プレゼンテーションを行うチームは、何がうまくいって何がうまくいかなかったか、会社の資源をどう使ったか、そして翌年はどうする予定かを率直に語ることになっている。これは上っ面で済ませられる発表会ではない。一つのプレゼンは数時間続き、どのチームも同僚たちから挑戦的な質問を受けたり、時には詰問されたりする。すべてのチームがプレゼンテーションを終えるまでに一カ月かかる。プレゼンをうまくできなかったチームは同僚たちからさまざまな助言を受け、しなければならない宿題があることを知る。[18] モーニング・スターの予算と投資サイクルには、仲間たちからのレビューの機会もある。毎年、各チームは、同僚たちで構成される委員会の場で投資計画を発表して助言を得る。プレゼンテーションがうまく行かなかったチームは、出費する資金が本当に彼らの問題を解決する最善の策なのか、厳しい質問を浴びせられる。

個人の実績管理

進化型組織《ティール》では、実績と成果は真っ先にチームレベルで話し合われる。「私たちは集団として会社の目的に貢献するほど良い仕事をしただろうか？」と振り返る。それでも自分個人の実績についてのフィードバックをほしいと思う社員も多い。心理学者はある興味深い現象を観察している。人は感覚が遮断された部屋（「無響室」と呼ばれる、すべての音が遮断された真っ暗闇の部屋）に入れられると、わずかな時間が経過しただけで幻視、妄想、暗鬱な気分になるという。[19] 要するに、外部の刺激がないと気が狂うのだ。自分の仕事に対してフィードバックが与えられないと同じようなことが起こるのではないだろうか。エゴはフィードバックを警戒するかもしれないが、人は他人からの正直なフィードバックを糧にする「関係的存在」(relational being) でもあるのだ。私は、フィードバックが全く伝えられないがために「気が狂ってしまった」組織をいくつも見てきた。人々は陰で他人を評価しながら、その他人が自分について何を言うだろうかと神経質なまでに気にするものだ。そうした場所では、何か言葉が発せられ、沈黙が生じ、だれかの眉毛がつり上がるたびに、いったい何を意味するのだろうという詮索が始まる。

これに対し、進化型組織《ティール》は信頼の度合いが高く、恐れが少ない。こうした環境ではフィードバックには脅迫的な要素が少なく感じられ、本書執筆のために調査した大半の組織では、社員たちがフィードバックを頻繁に交換していた。効果的にフィードバックをできるよう、新入社員がマーシャル・ローゼンバーグの非暴力コミュニケーション（NVC）の研修を受けている組織もある。もちろん、助言プロセスはこうした組織の日常生活にしっかりと組み入れられている強力な仕組みの一つだ。

フィードバックは本当に自由に交換されているので、たとえばFAVIのように、正式な評価面談の場を持たない組織もある。しかし、今回調べた組織の大半では、仕事の成果を振り返ろうと（一年に一度）時間を取ることに社員たちは今も価値を見いだしている。もちろん、彼らが導入しているのは、管理職が評価をするのではなく、仲間たちが評価する仕組みである。

▼モーニング・スターでは、人々はCLOUの中で約束をしている相手全員から毎年末にフィードバックを受けている。

▼AESではデニス・バーキが、自分の最も近い同僚たちと一緒に評価をするという素晴らしい仕組みを導入した。彼らは一年に一度、たとえばだれかの家で夕食を取りながらというような、非常にリラックスした雰囲気の場に集まる。集まったメンバーは一人ずつ自己評価を発表する。ほかのチームメンバーはコメントや質問をしながら、お互いに励まし合ってそれぞれの可能性や成果を深く理解しようとする。

▼ビュートゾルフの基本ルール（117ページ参照）はシンプルな仕組みを定めている。一年に一度、各チームは自分たちで作成したコンピテンシー・モデル（模範とする活躍者に期待される基準）に基づいて相互評価を行うこと。話し合いの形式も自分たちで決める。私が一緒に過ごしたあるチームは、三人の同僚たちによるサブグループの中でフィードバックを交換していた。それぞれのメンバーは自己評価とともに

人々が意味のある目的に向かって働くための意思決定力と資源を持っていると、上司の喝も、無理な目標も必要ない。

ほかの二人へのフィードバックを用意する。こうすれば人々は同僚たちの見方と自分の認識を比較できる。

従来型組織での実績評価は、社員のやる気をなくさせる原因となりかねない。フィードバックが自分のことを全く反映していないことも多い。というのも管理職が私たちの仕事について極めて狭い見方しかしていないからだ（あるいは、お互いに気まずい仕事をすばやく片付けるために「すべては順調だね」と言って済ませてしまうこともある）。多くの同僚から多くのフィードバックを得られれば、それだけ自分の貢献度を深く掘り下げて内省できる。味気ない評価インタビューが多いのにはもう一つ理由がある。話し合う内容がかなりせばまる傾向があるからだ。事前に定められた評価の枠組みにとらわれ、希望や夢、恐れ、あこがれ、人生の目標など、その人自身に関する幅広い領域まで立ち入らないのだ。第Ⅱ部第5章では、単純ないくつかの問いを投げかけるだけで、評価インタビューが希望に満ちた、魂のこもった内省の機会に変わる方法を紹介する（310ページ参照）。

解雇

「だれかの仕事ぶりがひどいときや、だれかを解雇しなければならないときはどうなるのでしょう?」。これは自主経営《セルフ・マネジメント》についてよく尋ねられる質問だ。管理職がいないと、成績不良者はいつまでも組織にしがみついていられるのだろうか？　厄介者がいるためにほかの人々にとって職場が地獄になるような場合はどうすればよいだろう？　彼はずっと職場にいることが許されるのだろうか？　もちろん、自主経営《セルフ・マネジメント》組織もときにそういう状況に遭遇し、そういう人々に対処するためのプロセスを持っている。ただしそれは組織階層に頼るのではなく、同僚間《ピア》の話し合い《ベース》に基づく仕組みだ。

このプロセスについて説明する前に、まず言っておきたいのは、実際にはこうしたケースは極めてまれだということである。仕事が組織図内の箱《ボックス》に書かれているような従来型の職場には柔軟性がほとんどないため、自分がその職場に向いているか、いないか（もちろん実際には、恐らくそのどちらにも当てはまる）という二者択一的な状況となり、ほかの部署への異動を求められる場合もある。自主経営《セルフ・マネジメント》組織では、人々は自分が得意な仕事を自分向けに容易に変更できる。「パフォーマンス上の問題」を抱えている人は、自分が実現できない役割があればそこから外れ、自分のスキル、関心、才能にあったほかの役割を担ってもよいかもしれない。

しかし、単にそりが合わないとか、同僚たちから期待される水準に到達しない人々もいる。従来型組織では、管理職または人事部が悪い評価を与え、成績の悪さを理由に解雇を決めることができる。これは学校の先生が子どもたちの将来の決定権を持っているのと同じである。したがって、首になった人々が、落第を宣告された子どものような反応を示すのもある意味当然だろう――自分が落伍者で、不当に取り扱われているように感じ、周りを責めて怒りを増幅させるのだ。本書のために取材を続ける中で、私はとても面白い現象を目にした。自主経営《セルフ・マネジメント》組織では（ほとんどどの会社もそのように見えるのだが）、人々は解雇される前に自ら辞めていくのだ。会社側が「もう十分です」というケースもあるにはあったが例外中の例外だ。なぜか？　自主経営《セルフ・マネジメント》という仕組みの中では、「ここは自分のいる場所ではないかもしれない」と人々が自然に感じるようになるからだ。サン・ハイドローリックスでは、エンジニアは何となく自分に回ってくる仕事が少ない——つまり自分に積極的にプロジェクトへの参加を勧める同僚や、助言を求めてくる同僚が少ないと気づくようになる。ビュートゾルフでは、ある看護師が同僚たちと触れ合ううちに、自分はこのチームに合わない、あるいは自主経営《セルフ・マネジメント》方式が結局自分には合わないのだと感じるようになる。現在、ビュートゾルフには毎月二五〇人の看護師が入社しているが、しばらく同社で過ごすうちに、そもそも自分が入るべき会社ではなかったと気がついて辞めていく人がそのうち二五人いる。ほとんどの場合、離職は双方納得のうえ、しかも友好的に行われる。

　もちろん、個人的には離職がとてもつらい経験になることもあるだろう。しかし、自主経営《セルフ・マネジメント》という職場環境では、責められる人はだれもいないことに人々は気づいている。おそらく、ただこの特定の職場がその人に合わなかっただけなのだ。解雇のような事態に私たちがどう反応するかは、それぞれの人生観によるだろう。順応型《アンバー》の世界観では、終身雇用制が基本であることを忘れてはならない。したがって、解雇は身を切るほどつらい経験である。何しろ、自分の存在証明を与えてくれていたコミュニティーから強制的に排除されるのだから。達成型《オレンジ》では、自尊心に対する悲劇的な衝撃と受け止められ、多元型《グリーン》では、仲間たちの裏切りと取られることが多い。これに対し、進化型《ティール》では、解雇をもっと高い意識でとらえることができる。一つのドアが閉じられると、確かに最初は苦しいかもしれないが、目の前には別のドアが開く。そしてそちらの方が自分の進むべき道かもしれないのだ。私たちは解雇という現実を、自分の本当の強さや才能はどこにあるのかを内省し、自分にもっと合ったほかの仕事は何かを発見する機会ととらえることができる。私たちは学び、育ち、そして前進する。

強制的に辞めさせられた場合はどうだろう？　めったにないことだが、そういうことも起こり得る。たとえば会社が最も大切にしている価値をだれかが壊してしまった場合だ。支配者の君臨する階層的組織でない場合、このプロセスは同僚間《ピア・ベース》の話し合いによって進められる。ビュートゾルフでは、だれかがチームの信頼を失うと、チームは双方が合意できる解決策を探そうとする。その試みがうまくいかないと、グループは地域コーチや外部の人を呼んで仲裁に入ってもらう。ほとんどのケースでは、仲介者が入ると解決に至る。その人とチームがお互いに約束事を決めて、もう一度努力してみることもある。あるいは、少し考えた後で、チームからの信頼を修復不可能なほどに失ってしまい、自分が離れるときが来たと理解する場合もある。合意できる点が何一つないことがわかった場合には、解決に向けた最後の試みとして、チームメンバーは創業者のヨス・デ・ブロックに仲裁を依頼する。ごくたまにそれすらうまくいかない場合は、チームはデ・ブロックにその人との雇用契約を終了してほしいと頼むのだ（法的にそれをできるのが彼だけだからだ）。

モーニング・スターもビュートゾルフとほとんど同じ経緯をたどる。ただし、それを始めるのはチームではなく、個人だ（モーニング・スターでは人々はチームに深く組み込まれていない）。モーニング・スターは解雇を紛争解決メカニズムの最終段階ととらえて事態に対処している。ある人が別の人に会社を辞めてほしいと依頼したときにこのプロセスは始まる。会社が最も大切にしている価値を同僚が壊してしまった（たとえば、その人が同僚に助言を求めずに重要な意思決定をした）、あるいは状況を改善しようと繰り返し努力したにもかかわらず、約束した成果をいつまでも上げられなかったとする。その場合には、彼女は紛争解決プロセスを開始して、その同僚に辞職を要請する。このプロセスには四つの段階がある。

アメリカン・ドリームなどという迷信にもかかわらず、私は自分が望んでいるものになることも、望んでいることをすることもできない。私たちは、生まれながらにして生態系の中の生命体のようなものだ。環境によっては生き生きと活躍することもあるし、生気を失い、死に至ることもある。
——パーカー・パーマー

▼まずは直接会って、二人だけで解決策を探ろうと努力しなければならない。話し合いでは、辞職を求めた側の人が信頼を回復する方法を提案できる。すると、彼は自分が同僚たちの信頼を回復できないほどに失ってしまったことに気づき、ほかの職場を探した方がよいと思うかもしれない。
▼二人では解決できなかった場合、別の同僚に仲裁者として参加してもらう。
▼必要があれば、第三段階として同僚たちの委員会に仲裁に入ってもらう。
▼最後に、創業者で社長のクリス・ルーファーに委員会に加わってもらう。

仲裁役を依頼するか、仲裁委員会に加わることを頼まれた人々は、自分の役割を非常に真剣にとらえる。モーニング・スターには「だれに対しても強制力を働かせない」という原則があり、それが守られるかどうかが自分の判断にかかっているからだ。彼らは、同僚に評決を下す陪審員ではない。彼らの役割は、同僚同士の信頼を回復するために考えられる限りの策を探ることだ。このプロセスは必要なら長い時間をかける。同僚たちが純粋な気持ちで解決策を見つけようとしたものの、何も見つからなかったということを、辞めてくれないかと言われた人が了解して初めて、辞職が妥当な解決策だということを受け入れるのだ。このプロセスの力と正当性はこの点にある。

人々はいったいどれくらいの頻度でこのプロセスに従い、モーニング・スターを去っているのだろう？実はだれも知らない。同社はこれを二人の間の私的な紛争と見ているため、（ほかの紛争解決メカニズムと同じく）関係者全員が完全な秘密の下でこのプロセスが進行することを理解しており、したがってだれも統計を取っていないからだ。しかし、このプロセスが実際に取られていることは明らかだ。私がインタビューをした何人かの幹部社員は、長年の間に何回かこの委員会に関わったことがあると話してくれたからだ。委員会のメンバーとして参加した人は、この方法の賛同者となる。委員会での話し合いは決して簡単ではないが、公平で妥当な結果が出るように全力で支援するのだという。

報酬とインセンティブ

進化型《ティール》組織の報酬と報償《インセンティブ》はどうなっているのだろう？　ここでもまた、各社とも一般的な組織慣行に疑問符を投げかけ、異なる方法を採用している。具体的には、だれがどれだけの報酬を得るべきか（「社員は、仲間たちに相談しながら自分たちの給与を定める」）、どのようなインセンティブとするのか（「インセンティブは、人々の内側からのやる気を削ぐので、ないほうがうまくいく」）、どのような種類の給与格差が受け入れられるのか（「給与体系の最低ラインにいる人々は基本的なニーズが満たされる程度の給与が与えられるべきである」）、といったことを決めるプロセスだ。

同僚間の話し合いに基づく《ピア・ベース》プロセスと自ら定める給与

管理職がいないので、だれがいくらをもらえるかは同僚間の話し合いに基づく《ピア・ベース》プロセスで決定される。「ゴアテックス」を開発したことで有名なW・L・ゴアは、一九五〇年代後半に自主経営《セルフ・マネジメント》方式を初めて導入した。人々の給与を決めるために、同社では一年に一度、すべての社員が一緒に働く同僚たちを格付け

> 振り返って考えてみると、私は職を失ったおかげで自分がしなければならない別の仕事を見つけることができた。もう立ち直れないと感じたほどの喪失を経験したおかげで、自分が知るべき意味を理解した。今はそう言える。
> ——パーカー・パーマー

するよう依頼される。ホラクラシーワンも同じような格付け方法を採用している。一年に一度、社員たちは同僚全員についての評価を調査票に記入する。調査票に記載されているのはわずか二問だ。

▼「この人は私よりも（はるかに）多く、あるいは（はるかに）少なく会社に貢献している」（評価はマイナス三からプラス三まで）。

▼「この人には、私を評価できる十分な材料または根拠がある」（評価は一から五まで）。

そして、回答を簡単なアルゴリズムで集計し、社員たちを何段階かの給与ベースにグループ分けする。経験が豊富で、知識があり、一生懸命に働く人々は高い給与を得られる高いグループに入り、若く経験の浅い社員は低いグループに落ち着くが、これは自然の成り行きである。このプロセスは単純で理解しやすい。まず、公平だ。一人の人（管理職）だけではなく、普段から接している人々全員が評価プロセスに参加するので、結果として決まる給与は各人の貢献度を公平に反映しているはずである。

ホラクラシーワンよりも進んでいる組織もある。社員が自分の給与を決められるのだ。デニス・バーキが率いていたときのAESでは、同僚間の話し合い《ピア・ベース》に基づく給与決定プロセスの極端な方法を実験している部署があった。社員は、助言プロセスを用いて周囲の仲間たちからの助言や勧告を求めなければならないにせよ、自分の給与を自分で決めていた。こうすると、人々は自分自身の会社への貢献度を評価し、それを同僚たちの前で証明する責任を一身に背負うことになる。ブラジルでさまざまな製造業やサービス業を手がけているセムコは、長年にわたって自分で給与を決めるシステムで大成功を収めてきた。[20]

モーニング・スターは、私の知る限り最も進んだプロセスである、選任された報酬委員会からのフィードバックつきの自己設定給与システムを開発した。モーニング・スターに勤めている人は、一年に一度、同僚たち全員とともに、自分から見て公平だと思う昇給の額とその理由を書いた手紙を書く機会を与えられている。特に何事もない年でも、生活費の調整分ぐらいの昇給は必要になるだろう。しかし、自分が例年よりも難しい役割を負ったり、特別な貢献をした、と感じたりした場合には、もっと高い昇給率を選んでもよい。その場合にはCLOUの相方（一年前にその人との間で一対一の約束《コミットメント》を結んだ相手）から受け取った同僚間の話し合い《ピア・ベース》に基づくフィードバックや、自分の責任で実現した実績指標を示す関連データをそのレターに添付してもよい。そして自分のレターを報酬委員会のメンバーに選ばれた数人の同僚に開示する（同社の四カ所の事業所にはそのような委員会が設置されている）。報酬委員会の仕事は、受領したレターを精査し、調整し、フィードバックを与えることだ。自分の成果についてあまりにも謙虚なので、もっと大きな昇給を求めるべきではないかというコメントを出すこともあれば、同僚たちと比べるとあなたの自己評価はやや高すぎるというフィードバックを返す場合もあろう。ただし、この委員会の役割は助言を与えるだけである。委員会からのフィードバックを考慮するのも、自分が元々設定した昇給幅を維持するのも（ただしその場合、報酬委員会は「直接の意思疎通と合意形成」プロセスに入ることを選択するかもしれない[21]）あなたは自分で決められる。

モーニング・スターのケースを見ると、人々がいかに見事に自分の報酬を公平に評価しているかがよくわかる。どの年をとっても、およそ四分の一の社員が生活費の調整を上回る昇給を選ぶ。報酬委員会から、要求が高すぎるのではないかとフィードバックを受ける社員は数えるほどしかいない。

小規模の組織なら、このプロセスはもっと簡素化できるだろう。社員が一堂に会して自分たちの貢献度について話し合い、互いの貢献を讃えて、順々に全員の適切な給与の額を決めることができる。

オランダ、アムステルダムに拠点を置く組織開発を専門とするコンサルティング会社のリアライズ！では、四名のパートナーはこの方式で給与を決めている（ホラクラシーの原則と実践方法を取り入れている同社は、二人のパートナーがポッドキャストのシリーズ「職場を覚醒させる［Waking up the Workplace］」の立ち上げに参加して注目を浴びた）。[★] 四人のパートナーは、四半期ごとに準備万端整えてミーティングに参集する。話し合いは、顧客動向、主なイベント、最近目立った業績をあげた人物など、ごく一般的な業務上の話題の近況報告から始まる。次に美しい（そして繊細な）部分に入る。それぞれが前四半期における自分の貢献について説明する――自分が何をしたのか、どのようなプロジェクトを率いたか、ほかのメンバーをどう支えたか、といったことだ。一人のパートナーが話している最中にほかのメンバーが割り込んで、報告されていない貢献を付け加えたり、賞賛したり、批判的な質問をしたりすることもできる。一通り話が終わり、全員の貢献がすべて語られ、讃えられたと感じたら、会話をいったん中断し、沈黙して報酬について内省する。「前四半期で得られた利益を、それぞれの貢献度を反映させる形でどう分配すればよいだろうか？」。一定の時間が経過した後に、一人のパートナーが沈黙を破って一つの提案をする。時に、その提案がまさに正しく、その場で全員の同意を得ることもあるが、多くの場合は、提案は話し合いのたたき台になる。「僕のこの点の貢献度、あるいは君のあの点の貢献度にはもっと高い評価がなされるべきだと思う」といった具合だ。パートナーたちも認めるように、現金を具体的にどう分配するかはこの会話の眼目ではなく、この話し合いにはもっと高潔な目的がある。メンバー全員が自分の貢献度を十分に評価されたと感じること、つまり自分の内側からの認識と外側からの認識（自分の知覚とほかの人たちの認識）を一致させることだ。これは率直に意見を表明し、相手を信頼

★「リアライズ!」は2015年12月31日に解散し、各パートナーは新たなビジネスを開始したとホームページで発表した。

し、自分の弱さを認め合う練習なのだ。四人のパートナーは、話し合いが始まる前は緊張していても、これほどに深いレベルで互いの声に耳を傾け、信頼できるパートナーシップの一員でいられることに心から感謝しながら（仲間として親愛の抱擁をして）ミーティングを終えることができる、と異口同音に断言する。

個人への報奨金はないが、会社全体の賞与はある

個人への報奨金を社員がどう考えているかは、彼らの仕事に対する考え方を直接反映していることが多い。順応型《アンバー》組織では、給料は社内の地位に応じて決まり、成果に基づく報奨金は存在しない（労働組合が支持する「同一賃金、同一労働」だ）。達成型《オレンジ》組織では、人は適切な額の報奨金を与えられると一生懸命知恵を出して働くと信じられている（今日大半の組織に広まっている考え方だ）。多元型《グリーン》組織は、個人への報奨金が持つ競争的な性格と高い賃金格差を嫌い、協力に対する報酬としてチーム単位の賞与を好む。

では、進化型《ティール》組織ではどうだろう？　この組織は、外在的要因によって士気を高める人よりも、内在的欲求で動く人に価値を置いている。人々は、基本的なニーズを満たすだけのお金を持つと、仕事の意義や、仕事を通じて自分の才能を発揮し使命を果たすことの方が報奨金《インセンティブ》や賞与よりも重要になる。そのため、本書の調査対象となった組織の大半は、個人的な報奨金を完全に廃止している。進化型《ティール》組織の観点からすると、「人々が働くときの主なモチベーションは、自分の前にぶら下げられたニンジンの大きさだ」というイメージを持つのはあまりにも悲しい。ダニエル・ピンクは著書『モチベーション3・0――持続する「やる気！」をいかに引き出すか』の中で、この問題に関する膨大な調査に基づき、今日の複雑な仕事環境の中では、報奨金はおおむね非生産的で、人々のパフォーマンスを向上させるよりも低下させると結論づけた。しかし、

ビジネスの世界では、個人的な報奨金を廃止するのはかなり革命的だ。営業マンが営業目標と営業インセンティブを持たない会社なんて、考えられるだろうか？ しかし、本書で紹介している組織はどこもこのプロセスを選んでいる。ボーナスもストック・オプションもないCEOはどうだろう？ 本書で紹介した組織では、一社を除く全社が廃止している。

多元型《グリーン》組織ではチームへのインセンティブを採用している会社が多い。つまり圧倒的な成果を達成したチームが賞与を受け取り、チームメンバー全員で等しく分配するという仕組みである。本書が調べた組織の大半は、この種の仕組みすら廃止していた。その代わり、業績がかなり良かった年の年末には、利益の一部を従業員全員で分配することを選んでいる（全員が基本給の決まった割合を受け取る組織もあれば、全員が同じ金額を受け取っている組織もある）[22]。FAVIでは、業績の良かった年には、全従業員が、基本給の額にかかわらず同じ金額の賞与を受け取る。二〇一一年の年末には、全員が三〇〇〇ユーロ（四〇〇〇ドル）の追加報酬を受け取った。

報酬の不公平を減らす

今日のビジネス界で支配的な発想は達成型《オレンジ》組織の考え方だ。結果を出すには、人々に個人的なインセンティブを与えて士気を高めなければならない。その結果、社員間の賃金に大きな格差がついたとしても、人々の受けるメリットと貢献度からみて合理的なら問題ないとされる。この考え方が、最近は従業員間のとてつもない賃金格差を生んできた。そして、ある意味で当然だが、この仕組みは、それを支持するリーダーたちにとってもかなり有利な結果をもたらす。CNNマネー誌は、二〇一一年にフォーチュン五〇企業のC

EOが得た報酬は、平均すると従業員がもらう給与の中間値の何と三七九倍だったと試算している（従業員の最低給与を基準にすると倍率ははるかに高くなる）[23]。

進化型《ティール》の観点は実力主義という考えを認めていないわけではない。しかしある人の給与がほかの人の給与の数百倍というのは限界を超えていると考えているようだ。本書のために調べた組織の大半は、最低給与を押し上げつつ、高い給与を抑えるなどして、それぞれの業界で当たり前となっている給与格差を縮めようと懸命に努力している。進化型《ティール》からみると、まず、生活するうえで基本的なニーズをカバーするのに十分な給与がすべての従業員に行き渡っているかどうかが極めて重要だ（マズローの思考に従えば、人々は基本的なニーズが満たされて初めて自己実現の欲求の実現に向かうことができる）。

AESは、FAVIと同じく、工場作業員の時間給を廃止し、固定給を導入した。つまり、ブルーカラーとホワイトカラーの区別をなくしたのだ。工場作業員も含むAESのすべての従業員には、同じ原則に基づいて報酬が支払われていた。デニス・バーキがその結果について説明する。

AESの報酬ポリシーにこの仕組みを取り入れる前は、世界中の社員のうち固定給で働いている人の割合はわずか一〇％でした。ほかの九〇％は時間給と残業代を受け取っていたのです。しかし、二〇〇二年に私が同社を離れる頃には、三一カ国四万人の社員のうち九〇％以上が、経営者と同じく固定給与ベースで働いていました。これは、経営者と労働者の間の垣根を取り払い、AESの社員全員を一つにまとめる大きな、大きなステップでした。平均すると、人々はそれ以前と比べてだいたい同じ金額をもらっていたのですが、工場や事務所ですごす時間が短くなりました。金曜の夜に一時間余計に働いて修理の仕事を終えてしまえば、土曜日の午前に出てきて、四時間をわざわざかける理由がなくなったからです。ほとんどのケースでは、従業員は以前よりも仕事に対する責任感や積極的な姿勢、そして誇りが高くなりました。そして何と言っても、AESの社員には自尊心が生まれました。これが一番大きかったですね。[24]

次章で取り上げる非営利組織RHDには、たとえ全体のバランスが崩れても、昇給の余地があればその金額をまず最低給与の引き上げに使うべきだという原則がある。CEOの給与は、社内の最低賃金の一四倍までという上限が定められている。何倍が適当か（一四倍は高すぎるのか、それとも低すぎるのか？）については議論の余地があるかもしれない。しかし、RHDが導入した最高給与の天井は、多くの多元型《グリーン》組織が始めたような平均あるいは中央の給与額ではなく、最低給与に対する倍率だということに留意していただきたい。社内で最も資格の低い同僚でも、十分な生活ができるだけの給与を得られるようにする、というのがCEOと経営陣たち自身の大きな関心事なのだ。最低給与の引き上げの次に重視している方針として、RHDは社員が高等教育を受けて稼ぐ力をつけるために奨学金制度を開始した。さらに、「RHDイコール・ダラー」という社内通貨を開始した。これは給与の低い社員たちが同僚や地元のコミュニティーから財やサービスを買える仕組みである。

ブルーカラーの社員に時間給ではなく固定給を支払い、CEOの報酬額に上限を設けるなんて前代未聞だと思われる向きがあるかもしれない。しかし将来はもっと根本的な変化が起こるのではないだろうか。今日、給与の額はたいてい需要と供給の法則に従って決定される。本書のために調べた組織の多くは、組織階層というピラミッドを廃止しているが、こと報酬に関しては見えないピラミッドが今も存在している。つまり、大きな問題に取り組んでいる人は、役割の範囲が狭い人よりも高い報酬を受けている。会社に貢献している人ほど多くもらうべきであり、この仕組みを公平で望ましいと主張する人々はいる。これに対し、社員の価値はすべて等しいのであり、戦略を考えることであれ、床を磨くことであれ、愛情を持って真剣に取り組まれている仕事はすべて等しく処遇されるべきだ、という考え方もある。[25]床掃除がもし、それほど望まれている仕事でないとしたら、それに従事している人々の給料は減らすどころか、増やすべきなのだ。仕事に対してどう報いるのかという問題は、究極的には報酬の額にとどまらない大きな意味合いがある。私たちはお金とどう付き合っているのか？　欠乏や過剰にはどう対処するのか？　そして人々や自分自身のどこに価値を置いているのか？　報酬について考えると、こうしたことがかなり明らかになるのだ。社会全体が進化型《ティール》の視点を持つ方向に変わろうとしている今、私たちは給与をどの程度まで需要と供給の法則に任せるべきなのだろうか？——だれもがそう思うはずだ。

自主経営《セルフ・マネジメント》への四つの誤解

最先端の科学者たちは、複雑系、自己触媒、自己組織化、非線形、適応性のあるシステムが二一世紀に主流になる科学分野だと考えている。これは通常「複雑性」や「カオス理論」と呼ばれている（これは達成型《オレンジ》世界におけるニュートン科学に匹敵する）。しかし、私たちは今頃になって、ようやくこれを理解し始めたばかりであるにもかかわらず、自主経営《セルフ・マネジメント》は、実は驚くほどの新発明なのではなく、生命が何十億年にもわたってこの世界で営み、生物やエコシステムを生み出してきた方法なのだ。ただしあまりに複雑であまりに見事に動いているため、その仕組みをほとんど理解できていないのだ。自己組織化《セルフ・オーガニゼーション》は世界を動かす生命力で、エネルギーを流し続ける秩序は保っているが、適応と学習の勢いを鈍化させるほど規則性に縛られることはなく、混沌になるかならないかのギリギリのところで成長している。長い間、私たちは生命が持つ自己組織化への衝動をよく知らず、その衝動を抑え、お互いを支配し合おうとすることが必要だと考えていた。しかし今や、堅くこわばった組織構造を乗り越え、本当の意味で組織を生き返らせる準備ができているのかもしれない。とはいえ、自主経営《セルフ・マネジメント》は新しいコンセプトなので、いったいこれは何なのか、うまく機能させるにはどうすればよいのかを誤解する人が多い。

自主経営《セルフ・マネジメント》に関する誤解① 組織構造も、経営も、リーダーシップもない

この考え方に触れたばかりの人は、自主経営《セルフ・マネジメント》とは組織から階層を取り払い、何でもかんでもコンセンサスに基づいて民主的に決めることだと思い込んでしまうことがある。むろんこれはあまりにも単純化した誤解で、自主経営《セルフ・マネジメント》にははるかに深い意味がある。自主経営《セルフ・マネジメント》でも、従来のピラミッド型組織とまさに同じように、一連の組織構造、意思決定プロセス、組織慣行が連動しており、チームがどのようにつくられ、意思決定がどのようになされ、どのような役割が定義されて社員間に広がり、報酬がどのように定められ、人々がどのように雇用、あるいは解雇されるか、といったことが決まっているのだ。章末の表を見れば、自主経営《セルフ・マネジメント》組織の主な仕組みを把握し、それらを今日では圧倒的な影響力がある達成型《オレンジ》組織と比較できる。付録③では、本書の調査で見いだされた三種類の自主経営《セルフ・マネジメント》構造について詳細に考察したうえで、特定

の業種や状況ではなぜ（ほかのタイプではなく）特定の構造が必要なのかを検証する。

自主経営組織《セルフ・マネジメント》について調べ始めるとつい戸惑ってしまうのは、これはニュートン科学が前提としている、支配による階層的な枠組みに沿った構造ではないという点である。これは複雑で、参加型で、互いにつながり、相互依存的で、常に進化し続ける、まるで自然界の生態系《エコシステム》のような仕組みなのだ。まずニーズがあり、形式は後からついてくる。組織の役割も柔軟に設置、廃止、交換される。権限は分散されている。意思決定は、そのアイデアが生まれたところでなされる。イノベーションは社内のどこから突然生まれても不思議ではない。ミーティングは必要に応じて開かれる。臨時のタスクフォースが自発的に立ち上がり、任務が終わればすぐに解散する。モーニング・スター社長のクリス・ルーファーは自主経営組織《セルフ・マネジメント》の構造について次のように語っている。

> 雲は大気の状況や気温、湿度に応じて水の粒子が凝縮するか、気化することで生成し、消えていきます。組織も同じではないでしょうか。社内に活動しているさまざまな力に応じて何らかの組織が現れたり消えたりする必要があるのです。人々は自由に動いていると、そうした力を感じ、現実に最も合うように行動できるのです。[26]

方向性と目的を定め、計画を立て、方向づけ、統制し、評価する——こうした経営や管理の仕事がなくなったわけではなく、もっぱら管理的な仕事を担う経営陣に集中しなくなったにすぎない。進化型《ティール》組織では、フルタイムの管理職がいないにもかかわらず、いやむしろいないからこそ、経営力やリーダーシップを発揮する局面が増えるのではないか、という議論はあり得るかもしれない。

自主経営《セルフ・マネジメント》に関する誤解②　全員が平等

太古以来、権力の不平等という問題は組織内の生活を苦しめてきた。組織内を静かに流れている恐れの多くは、そして恐れを増幅する社内政治や縄張り意識、欲、非難、怒りの根本にあるのは、権力の不平等な分配である。

興味深いことに、組織構造と意思決定プロセスが連動した自己組織化《セルフ・オーガニゼーション》は、権力の不平等という問題を解決するわけではない。それを超越するのだ。権力の不平等を解決しようとすると、だれもが同等の権力を持つこと（これは多元型《グリーン》の世界観に一致する）が必要になる。たとえば、協同組合は、権力の分配方法として、所有権を平等にしようとした。ところが、私が調査した組織には、従業員が株を持っている会社はなかった。つまり、権力が本当に分散されているときには従業員が所有しているかどうかは重要ではないようなのだ。

進化型《ティール》の視点から見ると、正しい問いは「どうすれば全員が同等の権力を握れるか?」ではない。「どうすれば全員が強くなれるか?」なのだ。進化型《ティール》組織では、権力の獲得を、だれかが持つとほかの人の分が減る、という「ゼロサム・ゲーム」とは見ていない。全員がお互いにつながっていることを認め合い、あなたが強くなれば私も強くなれる、と考えているのだ。組織の目的を達成するために自分が頑張れば頑張るほど、自分自身が貢献する機会もどんどん増える。

ここで私たちは美しいパラドックスにぶつかることになる――人々の権力にはさまざまな違いがあるにもかかわらず、全員が力強くあることができる、ということなのだ。たとえば、私が機械作業員だとして、これまでの経歴や受けてきた教育、自分の興味や才能の結果として今の仕事をしている私の関心の範囲は、たとえば新工場の建設一切を任されているあなたほど広くないだろう。それでも、自分の仕事に関する限り、私は助言プロセスを用いて必要なことを何でもすることができる。自分が必要な権力をすべて持っているのである。

重要なことは、全員を平等にすることではない。従業員それぞれが自分の領域の中で最も力強く、最も健康になることを認めることだ。支配者の君臨する階層的組織はもはや存在しない。だからこそ、人々の間に自発的にできあがり、進化し、互いに重なり合う（たとえば、成長、スキル、才能、専門知識、認知度などの）階層が多数できても不思議ではない。これこそ、経営学者のゲイリー・ハメルがモーニング・スターについて指摘した点だ。

> モーニング・スターは自然にできあがった動的な階層の集合体である。正式な階層はひとつもなく、非公式な階層がたくさんある。どのような問題についても、専門知識や同僚を助けようとの意欲に応じて、だれかがほかの社員よりも大きな発言権を持つ。これは役職や地位ではなく、影響力の階層であり、しかもボトムアップ的に築かれているものだ。モーニング・スターの人々は、専門知識や仲間を支援しようという意欲、付加価値を示すことで権威を積み上げていく。こうした努力をやめると、社員の影響力が落ちていくのだ――給料とともに。[27]

階層がない組織はよく「フラット化した」と呼ばれることが多いが、これは進化型《ティール》組織には全く当てはま

権力の不平等という問題は、太古の昔から組織を苦しめてきた。進化型（ティール）組織はこの問題を解決していない。超越しているのだ。

らない。それどころか、階層は生きていてあらゆる方向に動き、だれもが機会を求めることができる。それぞれの階層のどの高さまで上れるかはあなたの才能、興味、性格と、あなたが同僚たちから得られるサポート次第であり、組織図に基づいて恣意的に制約を受けるものではない。

自主経営《セルフ・マネジメント》に関する誤解③　要するに、権限委譲

今日、自社が権限委譲をしていると主張する組織は多い。しかし、これは痛々しい皮肉だ。従業員が権限を委譲されるということはつまり、その会社の組織デザインはそもそもトップに権限が集まっていて、組織の下部にいる社員は事実上権限がなかったことが前提となっている。経営トップは自らの権限の一部を社員と共有するほど寛容、というわけだ。進化型《ティール》組織では、社員はほかの同僚たちの親切心によって権限を委譲されているわけではない。これは組織の繊維そのもの、つまり組織構造、意思決定プロセス、経営の仕方に組み込まれているのだ。社員一人一人が権力を求めて争う必要はない。すでに持っているからだ。

自主経営《セルフ・マネジメント》を初めて経験する人々にとって、この仕組みは、最初は少し苦しいかもしれない。自由は責任を伴う。あなたはもはやさまざまな問題やつらい決断、難しい判断を経営陣に丸投げし、面倒なことを管理職に頼めない。非難や、無関心や、怒りに逃げ込むわけにはいかないのだ。だれもが成長し、自分の考えや行動に全責任を負う必要がある——これは人によってはかなり急な学習曲線になるだろう。リーダーやマネジャーをしていた人は、ほかの人々の問題をもう処理しなくてよいことにかなりホッとする。その一方で、役職や地位に基づく権限をもはや行使できないつらさを感じる人たちも多いのだ。

組織デザインの専門家や実践家の多くは、組織リーダーの意識をどうすれば高められるかという問題に全

力を投じている。リーダーがもっと思いやりを持ち、謙虚になり、権限委譲への意識を高め、良い聞き手となり、自分の落とす影に敏感になりさえすれば、自分の権力を注意深く行使し、健康的で生産的な組織をつくることができるだろう、というわけだ。ホラクラシーの創設者であるブライアン・ロバートソンは、あるブログに次のように書き込んだ。

今の組織リーダーは高い意識と集中力を保ち、注意を怠らず、奉仕の姿勢を持ったリーダーになろうと努力している。しかし、そうすると皮肉なことにだれかがあなたのために席を空けておこうとして権力の行使を慎重に扱うようになったら、あなた自身が犠牲者になる。これは権限委譲の皮肉である。しかし従来の経営システムの中では、意識の高い、権限委譲を進めるリーダーになろうと最善の努力をする以外にできることはほとんどない。[28]

階層的組織をなくすという発想ができない場合、現実問題としては、ロバートソンの言うように、リーダーシップの質を高めて、権力の不平等がもたらす不健全な結果の応急処置をしようとするのが関の山となる。進化型《ティール》組織を見ると、権限の不平等問題に応急処置で対処するのではなく、超越できることがわかる。組織の基本構造と動き方を、だれもが力強く、権力の上下関係がない形に完全につくり直すことができる。

自主経営《セルフ・マネジメント》に関する誤解④　これは、まだ実験段階の組織形態だ

もうひとつのよくある誤解は、自主経営《セルフ・マネジメント》はまだ実験的な経営手法だという考え方である。これはもはや

権限が共有された瞬間に、人々は自分が求められ自分に価値があると感じる。なぜならば本当に彼らは求められ、価値があると認められているからだ。
——デニス・バーキ

真実ではない。自主経営《セルフ・マネジメント》は、規模の大小によらず、さまざまな業種ですでにその価値が証明されている。「ゴアテックス」を開発したことで最もよく知られている化学メーカーのW・L・ゴアは、一九五〇年代後半の創業時から、自主経営《セルフ・マネジメント》の原則に基づいて運営されてきた。ホールフーズ・マーケットは従業員六万人を抱え、売上高九〇億ドルを誇る大企業だが、自主経営《セルフ・マネジメント》のチーム単位で三〇〇を超える支店が運営されている（支店以外の組織は従来の階層構造に近い）。各店舗には製品担当、シーフード担当、レジ担当などおよそ八つの自主経営《セルフ・マネジメント》チームがある（本部は、権限が委譲された階層を持つ多元型《グリーン》組織で運営されている）。

オルフェウス室内管弦楽団は一九七二年の創設以来、完全に自主経営《セルフ・マネジメント》の原則で運営されてきた。ニューヨークのカーネギーホールを拠点とするこの楽団は、世界の偉大なオーケストラの一つと評価されている。しかし、この楽団には指揮者がいない。演奏曲の選定から、音楽をどのように奏でるかまで、楽団員が芸術的判断の一切を決めるのだ。だれを雇用し、どこで演奏し、どこと協力するかも自分たちで決める。

自発性に基づく仮想組織は、驚異的な規模で自主経営《セルフ・マネジメント》を実践している。二〇一二年のウィキペディアのアクティブな貢献者は、一〇万人だった。リナックスへの貢献者も同じくらいと見積もられている。こうした数字は大きいように思えるかもしれないが、実はほかのボランティア組織の規模に比べるとずっと小さい。アルコホーリクス・アノニマス（「匿名のアルコール依存症者たち」）という、飲酒問題を解決するための相互支援組織には、全世界に一〇万を超えるグループに一八〇万人が参加しているが、どのグループも、自主経営《セルフ・マネジメント》の原則、組織構造、慣行を採用している。

なぜ、ボランティア以外の組織はそれほど大きくならないのだろう？ それは、私たちが従来の階層的組織で育ってきたため、自主経営《セルフ・マネジメント》を理解するのが難しいからではないかと私は思っている。一方、小さい頃からウェブに接してきた若者たち（「ミレニアル世代」、「ジェネレーションY」、あるいはフェイスブックのFをとって「ジェネレーションF」などと呼ばれている）は、自主経営《セルフ・マネジメント》的な発想を直感的に「つかんで」いる。経営学者のゲイリー・ハメルはウェブについて次のように指摘している。[29]

- 優れたアイデアをだれも握りつぶせない。
- だれでも協力者になれる。
- だれでもリーダー役を務められる。
- だれも指図できない。
- 目的や目標は自分で決める。
- だれかの成果を簡単に生かせる。
- ゴロツキや暴君に耐える必要はない。
- 出る杭は打たれない。
- 優れたものがたいていは勝つ（平凡ではそうはいかない）。
- 情熱を削ぐような方針はくつがえされる。
- 素晴らしい貢献は周囲から認められ、祝福される。

ミレニアル世代を管理するのは大変だと不平を言う経営者や人事担当マネジャーは多い。確かに、この世代はインターネットという破壊的な力の影響を受けて育ってきた。彼らの育った世界では、人々の影響力は地位や役職ではなく、貢献度や評判によって決まる。そんな彼らが仕事場で自主経営《セルフ・マネジメント》以外のやり方に耐えようなどと思うだろうか？　さらに言うなら、ほかの人でもどう感じているのだろう？

自主経営《セルフ・マネジメント》

	達成型《オレンジ》組織のやり方	進化型《ティール》組織のやり方
組織構造	・ピラミッド型の階層構造。	・自主経営（セルフ・マネジメント）チーム。 ・必要に応じて、コーチ（収益責任を負わず、管理上の権限も持たない）がいくつかのチームを担当する。
スタッフ機能	・人事、IT、購買、財務、管理、品質、安全、リスク管理など、おびただしい数のスタッフ機能。	・そうした機能の大半は各チームで、あるいは自発的なタスクフォースで果たされる。 ・ごく少数のスタッフ機能は助言のみを行う。
調整	・（トップ経営陣から下部組織に至るまで）すべての階層で行われる定められたミーティングで調整が行われる。朝から晩までのミーティングになりかねない。	・経営チームによるミーティングはない。 ・必要が生じたときに調整が行われ、ミーティングが開かれる。
プロジェクト	・複雑な状況を管理し、経営資源に優先順位をつけるための重い仕組み（プログラム＆プロジェクト・マネジャー、ガント・チャート［作業間の相互依存性と必要な経営資源を計算するためのグラフ］、計画、予算など）。	・極端なまでに簡素化されたプロジェクト管理。 ・プロジェクト・マネジャーはおらず、プロジェクトに必要な人材は自分たちで集める。 ・計画や予算は最小限で（あるいは全くなく）、自発的に優先順位付けがなされる。
役職と職務内容	・どの仕事にも役職があり、職務内容は決まっている。	・決まった職務内容の代わりに流動的できめ細かな役割が多数存在する。 ・役職はない。
意思決定	・ピラミッドの上位でなされる。 ・どのような意思決定も組織階層の上部から無効とされる可能性がある。	・助言プロセスに基づき完全に分権化（あるいはホラクラシー的な意思決定の仕組み）。
危機管理	・少人数で構成される顧問団が秘密裏に会合し、CEOのトップダウンによる意思決定を補佐する。 ・社員への伝達は判断が下された時だけ。	・透明な情報共有。 ・関連する人であればだれでも、集団的な知性に頼ってベストの反応を得ることができる。 ・助言プロセスを停止しなければならないときには、停止の範囲と期間が定められる。

自主経営《セルフ・マネジメント》

	達成型《オレンジ》組織のやり方	進化型《ティール》組織のやり方
購買と投資	・組織内の階級に応じた限度額。 ・投資予算はトップ経営陣から干渉される。	・だれでもいくらでも使うことができるが、助言プロセスは尊重される。 ・チームの投資予算は同僚間の話し合いに基づいて（ピア・ベース）決定される。
情報の流れ	・情報は力であり、知る必要がある場合に開示される。	・会社の財務や報酬に関するものも含め、あらゆる情報はいつでも、だれでも入手できる。
紛争の解決	ー （紛争はうやむやにされることが多く、紛争解決のしくみはない）	・複数の段階を踏む正式な紛争解決の仕組みがある。 ・紛争は当事者と仲介者以外には知らされず、部外者が引きずり込まれることはないという文化がある。
役割の配分	・少ない昇進機会をめぐる熾烈な争いが政治的駆け引きや秩序を乱す行為を生む。 ・縄張り争いがある。一人一人のマネジャーが自分の城の王となる。	・昇進はないが、社員間の合意に基づく流動的な役割の再配分がある。 ・自分の権限外の問題について率直に意見表明をする責任がある。
実績管理	・個人のパフォーマンスに注目する。 ・評価は組織階層上の管理職によって決められる。	・チームのパフォーマンスに注目する。 ・個人の評価は同僚間の話し合いに基づいて（ピア・ベース）決定される。
報酬	・組織階層上の管理職によって決定される。 ・個人別のインセンティブ・システム。 ・実力主義原則により、社員の給与には大きな差がつく場合がある。	・基本給については、ほかの社員とのバランスを考えながら自分で定める。 ・賞与はないが、全社員平等の利益分配がある。 ・給与の格差は小さい。
解雇	・管理職が（人事部の承認を得たうえで）部下を解雇する権限を持っている。	・解雇は仲介者の入る紛争解決メカニズムの最終段階。 ・実際には極めてまれ。

第4章

全体性《ホールネス》を取り戻すための努力／一般的な慣行

人は、自分自身と自分の思考や感情が、他から隔絶されたかのように感じる。この幻覚は一種の牢獄であり、我々を自らの欲望に追いやり、最も身近な限られた人たちへの愛情に縛りつける。我々がしなければならないのは、慈しみ深い熱情の輪を広げて、生きとし生けるものと自然のすべてに美を見いだしてこれを受け入れ、我々自身をこの牢獄から解放することである。

アルバート・アインシュタイン

歴史を振り返ると、組織とは常に、ほとんど文字通りの意味でも比喩的な意味でも、人々が「仮面」をつける場所だった。司教の僧服、経営者のスーツ、医師の白衣、小売店やレストランの制服など、文字通りの仮面はいくらでも挙げることができる。制服は人の職業や地位を示す。また、着る人に対する組織からの要求でもある。したがって、会社の制服を着ている人は、完全には自分自身に属しているとは言えない。私たちは自分のありのままの姿ではなく、事前に定められた、組織に受け入れられるような一定の様式に従って装いを決め、ふるまうことを期待される。

制服を着ると、もっと微妙な影響も受ける。毎朝出勤前に着替えるたびに、自分自身の一部を閉め出さなければならない、と思うようになるのだ。仕事用の仮面を身につけ、職場の期待に応えようとするわけだ。ほとんどの場合、これは男性的な強い意志、決意と力を示し、疑問と弱さを隠すことにほかならない。「面倒見がよい」「詮索好きな」「相手の気を引きたい」といった女性的な面はたいてい無視されるか忘れられる。合理的であることは最も価値あることとされ、ほとんどの職場では、情緒的、直感的、精神的な部分を表に出すことは歓迎されず、場違いとされる。大部分の組織、あるいは機関は、その言葉の本当の意味において、「魂の抜けた場所」である。私たちの深い自己にとっても、魂の密かな願いにも安住できる場所ではない。

なぜ、仕事に行くときには自分らしさの大部分を家に置いていくのだろう？　それは、従業員も組織も、互いを恐れているからだ。まず組織側は、社員がありのままの姿（気分や気まぐれ、週末用の服装まで含めて）を職場に持ち込んでしまうと、事態がすぐに混乱し収拾不能に陥ることを恐れている。軍隊は昔から、兵士たちに「自分はいつでも交代可能なのだ」と思わせておいた方が統制しやすいことを知っている。それと同じである。一方、従業員の側は、ありのままの姿をさらけ出して職場に現れると、非難されるか馬鹿にされるか、奇妙で場違いな人だとの印象を周りに与えかねないことを恐れている。そこで、仕事用の仮面の後ろに自らを隠しておく方がはるかに安全だと考える。

世界中の古くからの教えは、深いレベルからこの点について論じている。人は心底では全員がお互いに深く結びついていて、全体の一部であるにもかかわらず、それを忘れてしまっているというのだ。皆バラバラに生まれ、育っていくうちに、自分たちの深いありのままの姿からも、自分を取り巻く人々や生活からも切り離されたと感じるようになる。これらの教えによると、人生における最も深い使命感は、自分自身の中の、そして外部世界とのつながりを通じて全体性《ホールネス》を取り戻せと要求している。

この精神的な悟りによって、進化型《ティール》組織の第二の突破口《ブレイクスルー》が開け、全体性《ホールネス》を取り戻そうとする私たちを支える空間ができあがる。私たちが思い切って自分自身のすべてを職場に持ち込むと、驚くべきことが起こる。自分の一部を家に残してくるということは、そのたびに自分の可能性や創造性、情熱の一部を切り離してくることを意味する。多くの職場に生気がないと感じられるのもそのためだろう。全体性《ホールネス》を得られれば、人生は充実したものになるだろう。自分の中に、これまで想像していたよりもはるかに充実した人生があることを発見して驚くことになる。同僚との関係でも、職場をつまらなく、非効率にしていたものの多くが消えてしまう。仕事は、同じ職場で働く仲間同士で助け合って、自分たちの中に埋もれていた偉大さを発見し、自分たちの使命を明らかにするための器になる。

自主経営《セルフ・マネジメント》組織では、自分らしさを失わずに職場に出かけることができる。互いに少ない席を争う昇進の仕組みはなく、お世辞を言う管理職も、押しのける敵もなく、社内政治の害毒などもはやほとんど存在しない。自主経営《セルフ・マネジメント》組織では「ここでは本当に自分らしくいられると実感します」という発言を私は何度も耳に

そこにとどまるために、あなたが何度嘘を言う必要があるかで組織の善し悪しを判定できる。
――パーカー・パーマー

した。肩越しに仕事ぶりを覗いてくる管理職も、歩調を合わせなければいけない同僚も、いつ競争相手になっても不思議ではない仲間もいないので、人々はついにガードを下ろし、自分のしたい仕事だけに集中できる。進化型《ティール》の経営者は、P（親）、C（子ども）、A（成人）という比喩《メタファー》を使って、自主経営《セルフ・マネジメント》では健康的に仕事をするための空間がどのように生まれるかを説明してくれることが多い（これは精神科医エリック・バーンが提唱した交流分析の理論である）。上司と部下との結びつきは、不健全な親子のような関係をつくり出すことが多い。自主経営《セルフ・マネジメント》組織では、社員一人一人の教育、年齢、仕事の幅が何であれ、互いに大人と大人の関係の中でふるまうことを強く促される。同僚間の話し合い《ピア・ベース》に基づく仕組みの中で、もし親のように（あるいは同じ問題に対して子どものように）ふるまおうとすると、同僚たちはすぐに「それは駄目だ」という反応を示す。

ホラクラシーの提唱者であるブライアン・ロバートソンは、「親子」関係ではなく、「迫害者」「救済者」「犠牲者」から、「挑戦者」「コーチ」「創造者」という関係へと人々を突き動かす自主経営《セルフ・マネジメント》の力について話すことがある。

> 私は「迫害者」「救済者」「犠牲者」というモデルによるカープマンのドラマ三角形を高く評価しています。私たちは組織の中でいつもこの三角形「ドラマ」のパターンが繰り返し演じられているのを見ています。
>
> これはホラクラシーの効果を見るのに素晴らしい枠組みだと思っています。ホラクラシーの中で犠牲者のスタンスを維持することは本当に難しいのです。もちろん可能ではありますが、難しい。というの

も、世界はいつもあなたに向かって鏡を掲げ次のように言い続けるからです。「あなたはご自分の恐れに対処できるはずだ。犠牲者になることを選択するのなら、それはあなた自身が選択したことなのです。そしてそれは恐らくほかにどうふるまえばよいかをあなたが知らないからであって、だれかほかの人から迫害されて犠牲者になっているわけではない。自分が選んだパターンの中にとどまることをあなた自身が選んでいるのだ」。これによって、創造主のような視点に立てれば、次のように考えられるようになります。「よし、それでは私に提案させてほしい。恐れに対処させてほしい。私がいる環境を変えるために何かをさせてほしい」

　ホラクラシーを導入する前の私は、組織を動かして必要なことを成し遂げるために、迫害者となってしまいがちでした。ホラクラシーは、強力な別の選択肢を提供してくれます。今や私は挑戦者です。そして次のように言えるのです。「そうですね。では私はどうするのか？　それは自分で決められる。私の次のステップは何か？」と。問いかけができるようになり、挑戦できるのです。

　素晴らしい話があります。ホラクラシー・コーチのバーナード・マリエ・シケット氏が、救済者のパターンに陥っていた自分の経験について語ってくれたのです。彼は職場で、いつもほかの人々を救おうとしていたそうです。その後ホラクラシーと出会ってコーチに変わり、今は次のように言っています。「私は救済をする必要がありません」と。何しろ彼のいる環境では、助けを必要とする犠牲者がいないのですから[1]。

自主経営《セルフ・マネジメント》では、組織の中で「自分が自分らしくないのではないか？」と感じる微妙な恐れが大幅に減る。

ホラクラシーワンやモーニング・スターは、自主経営《セルフ・マネジメント》を見事に実践しており、個人的にも、組織としても全体性《ホールネス》を得ることを促す催しや活動をわざわざする必要がない。ほかの組織では、仮に階層がなかったとしても、仲間たちのコミュニティーにい続けることはかなりつらいものだ。私たちはだれもが自分だけの過去や荷物を背負って職場に来ている。恐らく、他人がいれば好かれたいという気持ちが出てくるのだろう。完璧でいたい、あるいは、有能で何をやってもうまくいく人と見られたいという欲望が。あるいはほかの人々を支配したい、あるいは支配されたい、という欲望がわくのかもしれない。

完全に自分自身でいることのまさにその難しさの中にこそ、進化型《ティール》組織は機会を見いだし、人々が会社の仕事を続けながら、お互いに内面を支え合うための慣行をつくっている。私たちの恐れがかき立てられるそのときこそ、私たちが学び、全体性《ホールネス》に近づき、私たちがこれまで無視するか、影の中に押しやっていた自分の部分を取り戻すよい機会なのだ。

人間性を仕事に呼び込む

私たちが全体性《ホールネス》を取り戻すための組織慣行は、その大半が驚くほど単純だ。しかし私たちは、「仕事場」と呼ばれる、せまくてほとんど活気のない場所に慣れきっているため、「仕事をする」という文脈にそうした慣行を取り入れるのは不適切に見えるかもしれない。

ここでは、サウンズ・トゥルー社の慣行を紹介する。同社はオーディオやビデオの録音、書籍、オンライン・セミナーなどを通じて宗教やスピリチュアルの指導者たちの教えを広める事業を営んでいる。サウンズ・トゥルー社の創設者でCEOのタミ・サイモンは、創業した頃には自分の犬を事務所に連れてきていた。事業が拡大し、従業員が増えてくると、ほかの従業員も職場に犬を連れてきてよいかを尋ねるまでそれほど時間はかからなかった。タミには拒否する理由が思い浮かばなかった（それほど厳格には適用されないが「三回ウンチしたら出ていきなさい」というルールはある）。今日、同社では二一〜三匹の犬が人々の足下に寝転がっている会議室でミーティングが開かれることは珍しくない（現在同社には従業員九〇名と二〇匹の犬がいる）。

従業員たちは、犬が職場にいると、とても素晴らしいことが起こることに気がついている。動物たちは人間の心をくつろがせ、人間の良い面を引き出してくれるのだ。犬をかわいがるという単純な行為をするだけで、心がなごみ、心と体があらためてつながった気分になり、落ち着かなかった気持ちが静まる。また、犬をかわいがり合うことを通して社内にある種のコミュニティーができる。会社のドアを開放したことで、犬だけでなく、より人間らしい生活も認められるようになったことに気がついたわけだ。

アウトドア用アパレル・メーカーのパタゴニアにも、同じようなことが起こった。カリフォルニア州ベントゥーラで、同社は従業員向けに「子ども発育センター」を運営している。対象は生後数カ月の幼児から幼稚園児まで。子どもたちの笑い声とおしゃべりが、日常の生活音としてオフィスまで届いてくる。外の遊び場ではしゃぐ子ども、親のデスクにやってくる子ども、カフェテリアでのランチタイムに親と食事をしにくる子どもなど、色んな場所から声が届く。ミーティング中に母親が我が子の面倒を見ていることも珍しくない。人々がお互いを同僚としてだけでなく、幼い子どもたちへの深い愛情と思いやりを示す人として見るようになると、職場の人間関係も微妙に、しかし根底から変化する。同僚たちがランチを食べながら赤ん坊と遊んでいる様子を見ただけで、ミーティングのときに互いに激しく非難し合うことはかなり難しくなる。[2]

犬や子どもを職場につれてくるのは、さほど驚くほどのことではない。にもかかわらず、私はコンサルティングとコーチングをしてきた一五年間で、このような慣行を持つ組織に出会ったことがなかった。私は不思議に思うのだ。こうした当たり前のことが異常に思えるほど、職場と自分が切り離されてしまったのか？　動物や子どもに接すると、気が散って仕事ができないのではないかと言う人はもちろんいる。しかし私はもっと深いものが作用していると考えるようになった。私たちは、ほんの一部でも本来の自分自身の姿で職場に来ると、ある種の「安心感」を得るのだ。赤ん坊や動物を職場につれていくという考えを最初は好きになれないかもしれない。なぜなら、子どもやペットが身近にいると、自分の普段とは全く違う側面、つまり愛情が深く思いやりがあるという面を同僚たちに見せずにいることが、あまりにも難しいからだ。

開放的な、真の意味で「安心」できる職場環境

しかし、私たちは恐れの奥の奥、最も根本的なレベルでは、全体性《ホールネス》を心から望んで止まない。バラバラになった自分自身を統合して自分らしさをすべて出し、魂の真実を尊びたいのだ。それではなぜ全体性《ホールネス》を実現するのがこれほどに難しく、逆にバラバラになることが実に容易なのだろう？　それは、自分自身をすべてさらけ出して人前に出るのを危険に感じるからだ。自分そのものをだれからも見えるように差し出すと、私たち自身の最も大切な部分が非難やあざけり、拒絶にあうかもしれないからだ。教育者、作家、そして実践家でもあるパーカー・パーマーは、一生を通じてコミュニティーの中での全体性《ホールネス》を追求するために何が必要かを求め続けている。

魂の真理を聞いてそれに従うにはどのような空間が最適だろうか？　魂とは野生動物のようなものだ。魂は強靭で、粘り強く、抜け目なく、機知に富み、うぬぼれが強い。魂は厳しい場所でも生き抜く術を知っている。人生の最も暗い瞬間に、こうした性質に気づく。知性が役に立たなくなる、感情が死ぬ、あきらめる、エゴが粉砕されるなど、普段は頼っている能力が全く効かないときにこそ学ぶのだ。一方で、錯綜する内面的な生活の奥の奥で、自分はどうやって生きればよいのかを教え、前進を助けてくれるような何かの存在を感じることがある。その何かこそ、頑強で頑固な魂なのだ、と私は思う。

しかし魂は、その強さにもかかわらず引っ込み思案でもある。まさに野生動物と同じように、魂は茂ったやぶの下に逃げ込もうとする。周りにほかの人々がいるときはなおさらそうなる。私たちが野生動物を見たいと思ったときにしてはならないのは、森の中を突進して「出てこい！」と叫ぶことだ。けれども木々の間を静かに歩き、木の根元にじっと腰掛け、大地とともに呼吸し、周囲に溶け込むと、求めていた野生生物が現れるはずである。

残念なことに、私たちの文化に存在しているコミュニティーとは、森の中を全員で突進し、魂を怖がらせて追い払う人々の集団を意味することが多い。こういう環境では、知性や感情、意志、エゴは出現するが、魂は出てこない。私たちは尊敬に満ちた人間関係や、善意や希望といった魂のこもったものをすべて怖がらせて追い払ってしまうのだ。[3]

森の中を突進するのは、人間が組織の中で周りの人々とともに生き延びるために学んできた処世術だ。

自分自身をすべてさらけ出して人前に出るのは「危険な」感じがするものだ。自分の深いエゴ、才能、望み、恐れをほかの人々と共有するには、安全と感じられる空間が必要だ。

魂を怖がらせて追いやるには、辛辣なコメントを投げるか、ミーティング中に相手をにらみつければよい。もし、引っ込み思案な魂の内なる声を含む人々のありのままの姿を引き出したいのであれば、職場に安全であたたかい空間をつくる必要がある。ただし言葉と行動を一歩誤ると、同僚たちのコミュニティーの中で安全と信頼を損なうかもしれないことを理解し、忘れてはならない。

リソーシズ・フォー・ヒューマン・ディベロップメント（RHD）は、四〇年以上にわたって安全で開放的な職場を維持しながら人々を全体性《ホールネス》の実現に導いてきたという、素晴らしい事例だ。RHDの創業は一九七〇年、フィラデルフィア郊外で地域の医療サービスを提供するという五万ドルの契約を受注したのがきっかけだ。今日では全米一四州で四六〇〇人の職員が、精神疾患、発達障害、麻薬およびアルコール依存症、有罪判決を受けた人々、ホームレスなど支援を求める数万人の人々のために、家庭やシェルターでのプログラムを通じて二億ドル相当のサービスを提供している。さらに、外来患者向けのメンタルヘルス・センターを運営し、家庭や学校で深刻な問題を抱えた子どもたちの相談を受けている。

RHDは、AESやFAVIと同じく、仕事と人間のあり方に関する基本前提を定義している。

1 人は皆、平等に尊い存在である。
2 人は明確にそうでないと証明されない限り、本質的に善良だ。
3 組織の問題にうまく対処する単一の方法はない。

RHDのプログラムはどれも自主経営《セルフ・マネジメント》チームによって運営されている。チームの人数は平均二〇名で、多くても四〇〜五〇名だ。各チームはRHD内では「ユニット」と呼ばれ、自分たちの目的意識、誇り、存在意義をそれぞれ考えるように促されている。ユニット内に職務記述書はない。ユニットは戦略の決定から職員の採用、購買、予算策定、結果検証まで自分たちのあらゆる運営に責任を負う。本部職員の役割は最小限に抑えられている。専門職員（たとえば、各チームの財務問題を支援する予算担当マネジャーや、臨床レビューの専門家）はユニットからの相談に乗ることができるが、最終決定はユニット、つまり各チームに委ねられる。RHDの各チームには「ユニット・ディレクター」と呼ばれるチームリーダーがいる。FAVIのチームリーダーと同じく、ユニット・ディレクターは意思決定を押しつけることも、一方的にだれかを採用したり解雇したりすることもできない。

チームの「上」にはミドル・マネジャーはだれもおらず、ビュートゾルフの地域コーチが看護師のチームを支えているのと同じように、「ハブリーダー」と呼ばれる役割の人が軸となって、多くのチームを支援する。ハブリーダーは大きな問題が起こるかその可能性が高いときには常に情報を知らされることを期待している。彼らは助言や支援を提供するが、問題解決の責任はユニットが負う。ハブリーダーには業務上の目標はなく、各ユニットの収益責任も負わない。組織設計上、同じようなサービスを提供する複数のユニットが、同じハブリーダーの下で再編されることはない。たとえば一人のハブリーダーが、精神疾患患者用の看護ホーム、ホームレス向けの避難所、問題を抱えた子どもへのサービスを支援することになる。創設者でCEOであるロバート・フィッシュマンはその理由を次のように説明する。「ハブレベルでは、一人の人が詳細をすべて知ることなどできないので、サービス提供に必要な専門知識は各地のマネジャー全体に分散しています。こうして、型にはまった単調さや面白みのなさを回避しています」。同社は驚くほど活発で、起業家精神に富んだ組織への道を突き進んでいる。従業員の一人、デニスはこう言う。

私たちは、採用された初日から自由でした。RHDの職員はだれでもそうですが、定められた職務はありませんでした。仕事や責任の多くは自分で決め、自分で監督するものでした。「しなければならないこと」「すべきこと」はほとんどありませんでした。必ずしも文書で指示されたわけではありませんが、私たちはただ、ほかの人たちのために何か建設的なことをするように期待されていました。そして創造的なことをしようとするとき、その努力に水を差されることは決してありませんでした。むしろ祝福されました。こういう職場環境を当たり前と思っている人などいません。私たちとは全然違う職場で働いている友人たちのつらい話は、いくらでもありますから。[4]

RHDは見事な成功事例だ。設立以来四〇年以上にわたって成長し続けている。その結果、現在は年間売上高が二億ドル近くとなり、二〇〇のユニットがそれぞれの現場で自律的な意思決定をしているにもかかわらず、財務上の失敗で契約を失ったことは一度もない。しかし数字は同社の物語の一部を語っているにすぎない。成功の核となっているのは、日々RHDが数千人の人々に対して提供しているあたたかな思いやりだ。RHDの創設者兼CEOのロバート・フィッシュマンは、同社の日常的な出来事の一つを紹介する。RHDがどういう組織なのかを知るのに格好の材料だと思われる。

これは、「金曜日の午後五時に来た電話」に関するエピソードです。週末を迎えて（しかもその週末は独立記念日でした）事務所のドアを半分閉じかけた頃にこの種の電話がかかってくると、たいていの人は電話のベルを無視して家路につきたくなるものです。

電話は途方に暮れた役所の担当者からでした。「コネチカット州の精神医療研究センターのベッドが一床も利用できなくなり、祝日と重なる週末を前に、にっちもさっちもいかなくなってしまいました」と連絡してきました。発達障害を抱えた四五歳の男性、リックの世話をしてくれていた父親が、突然亡くなってしまったそうです。リックはパニックに陥って州の担当者に連絡したものの、担当者自身もどうしていいかわからない。リックは父親が外科手術を受けていた病院の救急処置室で待っている、ということでした。「ＲＨＤコネチカット事務所に何とか助けてもらえないでしょうか？」

事務所のディレクターであるポールも、すぐに解決策を思い浮かべることはできませんでした。実のところ、精神医療研究センターと同じく、ＲＨＤのベッドも満床だということは分かっていました。けれども、わからないことばかりで、終業間際だったにもかかわらず、ポールは躊躇しませんでした。「もちろん、対応させていただきます」。ポールは経営者ではありませんでしたが、ＲＨＤのユニット・ディレクターとして、何かをしなければならない権限と責任を持っていました。

ポールは、その数年前にリックと関わったことを思い出していました。

「リックが乱暴になって人や物を殴ったり物を壊したりするかもしれませんでした」とポールは当時を振り返ってこう言います。リックは発達障害と精神障害という二つの障害を抱えていました。「リックに対処することが大きな課題であることは明らかでした。けれども当社のスタッフもほかの入居者も、しっかり準備をしておけば何とかできると考えていたのです」

役所から電話があってから数時間もたたないうちに、ポールは家庭的介護サービスを提供する施設の一つ、サンセット・ハウスに拠点を置くチームを組織していました。サンセット・ハウスのチームは発達障害の人々向けに、二四時間体制でサービスを提供します。その電話があった金曜日に、サンセット・ハウスの看護師メアリーはリックの担当医師に連絡し、処方薬をサンセット・ハウスに運ぶ方法を見つけ出しました（これは決して簡単な作業ではありませんでした）。サンセット・ハウスのマネジャーであるトレーシーは、チームを率いてすぐにオフィスをベッドルームに改装しました。そのオフィスは、長期間使用するにはせますぎたのですが、とりあえずベッドルームとしては使えるようになりました。

ハウスの住民はその晩、あるグループ・イベントのために集まっていました。RHDコネチカットのアシスタント・ディレクターであるカサンドラは、その集会の場で、リックの状況と彼の父親の死という悲しみについて皆に話しました。カサンドラと住民たちは、オフィスだった場所を一時的なリックの家として提供すること、そしてガレージの修繕ができればサンセット・ハウスで彼に長期滞在可能な部屋を提供できるかもしれない、といったことを話し合いました。このアイデアを全員が喜んで受け入れた訳ではありませんが、リックを助けることが重要だという点についてはひとり、またひとりと賛成するようになったのです。

ポールが電話を受けたその同じ金曜日に、リックは病院からサンセット・ホームに移ることができました。一人のスタッフが病院にリックを迎えに行き、リックがサンセット・ホームに着いて正面玄関のドアを開けたとき、ハウスの住民はあたたかく彼を迎えました。ポールは当時を振り返ってこう言います。「リックは私のことに気がついてニッと笑い、自分を取り巻く人々の笑顔を受け入れて、陽気にこう宣言したのです。『これが僕の新しい家だ』と」
「自分は良いことをしたな、と思う瞬間が時々はあるものです。その日、私たちは本当に良いことをしたのだと思います」とポールは当時のことをこう振り返る。[5]

フィッシュマンは、このような小さな奇跡が日々起こるような文化、組織慣行、意思決定の仕組みをＲＨＤの基本前提がどうやってつくり出したのかについて、さらに詳しく説明してくれる。

ＲＨＤの価値観と委任の文化が活発に相互作用してどのような成果をもたらすかは、リックのエピソードに見事に現れています。

第一に、本当に困窮しているリックに私たちが丁寧であたたかい対応をできたのは、「人は皆、平等に尊い存在である」という前提に立っているからです。

第二に、「人は明確にそうでないと証明されない限り、本質的に善良だ」という前提です。だからこそ、当社の現地ユニット・ディレクターは役所と協力して、何の契約書がなくても、報酬を支払ってもらえるという期待と信頼に基づいて、すぐに問題解決に当たることができたのです（そして実際に報酬は支払われました）。

そして三つ目の基本的な前提は、「組織の問題にうまく対処する単一の方法はない」ということです。この前提があるからこそ、何をする場合でも柔軟に事を運ぶことができたのです。リックの問題を本部から解決しようとしていたら、リックについても現地のユニットについても十分な情報を得られずに賢明な判断をすることも、スピードが求められているときにすばやく対処することもできなかったでしょう。遅れや誤りがあれば、リックをさらに悲しい思いにさせただけでなく、当社の顧客である政府にも不便をかけていたはずです。また、現地スタッフも自分たちに仕事が押しつけられたと感じたでしょう。それは生産的な仕事のやりかたとは言えません。

ＲＨＤの従業員はほかの組織の従業員と何ら変わりません。権限を委譲したところで人々が完璧になったわけでもないのです。けれども、私たちの基本前提に従って、地位、権限、報酬を管理したい――これこそ私たちが強く願い、達成し続けたいことなのです。[6]

自主経営《セルフ・マネジメント》はＲＨＤの傑出したケアサービスの基本だ。自分たちが面倒を見ている人々のニーズに最も合ったサービスを提供するには、その場その場で判断する自由が必要だからだ。しかし、それと同じくらい重要なのは、ＲＨＤが全国のユニットで実現している安全で開放的な環境だ。人々はそういう職場で働いてこそ最も深い人間性が刺激され、他者を思いやることができる。

従業員が安心してありのままの自分をさらけ出せる環境をつくり出すことは、どのような組織にとっても容易なことではない。ましてやＲＨＤの場合、日々接している相手が精神疾患患者、アルコール依存者、前科者、精神・発達障害者、ホームレスといった人々なので、なおさら難しいはずだ。言葉による暴力や身体的な暴力がすぐに広がりやすい、忍耐が必要とされる環境にあって、ＲＨＤは長い時間をかけて、安全で開放的な職場環境を促す見事な組織慣行をつくりだしたのだ。

安全な環境のための基本ルール

フィッシュマンは、ＲＨＤで実践されているさまざまな慣行について、妻と共著で書籍にまとめた。その冒頭部分で、彼は自分の子ども時代の思い出までさかのぼって、他社とは徹底的に異なるタイプの職場をつくりたいという使命感を醸成してきた経緯を振り返っている。

両親の口げんかに耳を傾け、なぜ二人が何度も争っているのかを理解しようとして考えに考え、眠れなかった夜が幾晩もあった。こうした努力や学習が、これまでの五〇年間にわたる私の思考と仕事のあり方を形成してきたと思う。

口げんかは、いつも同じパターンをたどった。母は自分が正しく父が間違っており、父こそ悪者なのだと言い張った。けんかが過熱してくると、普段は口数の少ない父は怒ってアパートを飛び出し、いつでも家出して私たちを置いていけるんだぞ、という意志を示した。

一一歳になる頃には、私は正しいのは父でも母でもなく、またどちらも悪くないことに気づいていた。私はどちらの側にもつけなかった。やがて私の関心は友人たちの議論に向かい、彼らもまたほとんどがどうでもよいことで争っていることに気がついた。問題は争い方にあったのだ。いつの間にか、私は和解を導くための練習を始めていた。今から振り返ると、これは、人間関係を理解し、紛争を管理するよりよい方法を見つけ出すために人生を捧げる最初の一歩であった。

大学や大学院の先生のだれも、健全な人間関係についてのビジョンを持っていないようだった。もちろん、人間関係について教えてはくれた。けれども実際に私が学んだのは、敵対的な人間関係や、人々が自らつくり出した争いの中で安全地帯を見つけようとするさまざまな方法の方だった。ほとんどだれにも、出口が見えていなかった。なぜだろう？　私は不思議だった。

就職先の職場では、仕事上の問題に対する自分の対処法が絶対に正しいと信じている上司と毎日顔を合わせていた。彼らは自分の信念に疑いを抱いていなかった。そして、自分のお気に入りの解決策を実現するために、暴君のようにふるまった。何の意味もなかった。

ゆっくりといくつかの答えが現れた。だれもがそうであるように、私は自分が愛し、愛されることが必要だということがわかった。そして、皆で一緒に働くにはもっとよい方法があるはずで、それを模索する中でほかの人々を率いたいと思っている自分も意識した。ＲＨＤはひとつの実験として考案され、設立された。それから三六年がたち、私は、この実験が健全な職場コミュニティーをつくることだという確信を抱いている。[7]

安全な職場づくりは、安全な職場環境をつくる、あるいは損ねる言葉や行動に対する全員の意識を高めることから始まる。ロバート・フィッシュマンが指摘するように、残念ながら私たちはこのプロセスを学校では教わらなかった。進化型組織《ティール》は、健全で生産的な協力体制を支えるたくさんの基本ルールを、全員が学べるように、かなりの時間とエネルギーを割いている。本書で紹介している組織には、こうした基本ルールを文書にまとめているところもある。たとえば、ＲＨＤは何年もかけて美しく、的確な表現で書かれた「従業員と消費者の権利と責任憲章」を作成した。冒頭の二章は、安全な環境をつくり、紛争と怒りに建設的に対処するというＲＨＤの目的を説明する（後ろの章では自主経営《セルフ・マネジメント》に関連する項目を取り扱っている）。ここには、争いは不可避だが敵対的な行動は避けられる、という前提がある。

この組織は、いくつかの基本的な前提を踏まえて運営されている。その一つが、意思決定をするにあたっては、私たちがたどれる「正しい」方法や道筋は複数あって、「真の」あるいは「絶対的な」ただ一つの真実はない、という前提である。どのような状況にいる人も、一人一人が自分なりの真実や、最も効果的に物事を進める方法についての自分なりの見方を持っている。この前提があるからこそ、争いは避けられないものだ。つまり職場では意見の不一致が起こるものだ、ということを私たちは認めることができる。RHDでは、争いや意見の違い（または不一致）は予想できるものとされているが、険悪な、あるいは敵対的な怒りの表現は受け入れられない。

RHDコミュニティーのメンバーには、次の二つをできるようになることが重要だ。

a 「自分自身が常に正しいはずだ」という思い込みをやめ、ほかの人々の現実や考え方に耳を傾け、それらを尊重せよ。

b 思考（頭の中で起こっていること）と行動（言ったりしたりすること）とを区別せよ。[8]

この文書はさらに、同社で受け入れられない五つの敵対的な表現について詳しく説明する。最初の「恥ずべきスピーチと行動」は次のように説明される。

> 恥ずべきスピーチと行動とは、他人の自尊心を傷つけ、人として価値が低いと暗示するような言動や

基本ルールは、社員間に共有された価値観を次のレベルに引き上げる。どのような心がけやふるまいが、安全で好ましい職場環境を促進したり、損ねたりするのかを詳細に説明してくれる。

振る舞いのことだ。そうした態度には、悪口、あざけり、皮肉、あるいは人々を「おとしめる」行動などが含まれる。人が話しているときにじろじろにらみつける、あるいはコミュニティーの一員としてその人の重要性を否定するような行動を取る、などの態度を取って人を辱めることも受け入れられない。そのような敵対的な態度に遭遇した人は、それを一つの問題として表沙汰にする権利と責任がある。[9]

ほかにも、「陰口」「見捨てるという恐怖を与える」「ほかの人々の現実を無視する」「脅迫や怒りの爆発」といった敵対的な振る舞いも、同じくらい好ましくない態度と定義されている。

多元型《グリーン》組織は、誠実、尊敬、寛大といった価値観を基礎とする文化を切り開いた。進化型《ティール》組織の詳細な基本ルールは、共有された価値観を次のレベルへと引き上げる。詳細な「権利と責任憲章」を作成したのはRHDだけではない。モーニング・スターには「組織のビジョン」「私たちの原則」「ビジネス全般の原則」が、FAVIには「自社のすべきこと」が、ホラクラシーには「憲法」がある。こうした文書は、安全で生産的な職場をつくるためのビジョンを提供する。健全な人間関係について社員たちがお互いに話し合うための語彙を与え、社内では許容されない行動と推奨される行動とを明確に分ける。

価値観と基本ルールについての議論を深めるための組織慣行

価値観に命を吹き込むには一編の文書だけでは足りない。本書のために調査した組織の多くは、創業時からよいスタートを切っている。新入社員は全員、オンボーディング★の一環として、会社の価値観と基本ルールを学ぶ研修への参加を勧められる。なぜなら、この研修を通じて、組織全体に通じる共通の基準や共通の

★ 新規採用者が戦力化するまでの継続的な教育・訓練プロセス。

言語がわかるようになるからだ。

各社は、研修の後も価値観や基本ルールを生かしておくためには、それらについて徹底的に話し合う時間が必要だということにも気がついている。その方法は何百とあるだろうが、ここではいくつかの事例を紹介する。

▼**「価値観の日《バリューズ・デー》」**――年に一度「価値観の日」というイベントを開催する進化型組織《ティール》は多い。社員全員が招かれ、自らの内面を振り返りつつも楽しい活動に参加して、組織の目的、価値観、基本ルールを学び直し、個人やチームがどこまで達成しているかを考える。たとえばＲＨＤでは、「価値観の日《バリューズ・デー》」は歌や踊りなどでにぎわう社内の主要イベントの一つだ。人々は組織の素晴らしい文化を祝い、自分たちがそれを守り育てることを再確認する。

▼**価値観のミーティング《バリューズ・ミーティング》**――ＲＨＤでは、組織の価値観が職場にどの程度浸透しているかを社員たちが話し合うミーティングが二カ月に一度ある。だれもが参加でき、職場における価値観に関する課題や、「権利と責任憲章」の改訂案について話し合う。このミーティングの出席率は高い。創設者のロバート・フィッシュマンは毎回出席するようにしている。

▼**年次調査**――年に一度の調査を通じて、価値観と基本ルールについての議論を深めている組織も多い。たとえば、ＡＥＳでは、ボランティアによるタスクフォースが調査項目を毎年新たに作成し、全社員に送付している。どのユニットも、調査結果について、自分たちが有益だと考える形式で話し合わなければならない（これが基本ルールの一つとなっている）。

内省のための空間

心を静めるためには定期的に沈黙し、内省して、自分たちの内側の深い部分から本当の真実を浮かび上がらせることが必要だ――古くからの知恵は私たちにそう教えてくれる。瞑想や祈り、ヨガ、自然の散策など、静かに心を落ち着かせるための慣行を日常生活に取り入れる人の数が増えている。調査した組織の多くが社内に静かな部屋を用意しており、瞑想やヨガのクラスを設けているところもある。こういった活動を通じて、忙しい日々のさなかでも、個人的な内省とマインドフルネスの空間が生まれる。さらにもう一歩進んでいる組織も多い。グループごとのコーチング、チームへの指導、大規模グループによる内省、「静寂の日」などを通じて集団で振り返る機会を設けているのだ。

おそらくほかのどの組織よりも巧みに、社員の日常生活に深く組み込まれる内省の機会を設けているのが、ドイツのハイリゲンフェルトだ。同社はドイツの中央部で急成長を続けるメンタルヘルスとリハビリテーション用の病院で、現在の従業員は六三〇人。医師で臨床心理士であるヨアヒム・ガルスカ博士のアイデアが基になって生まれた組織である。一九八〇年代に、メンタルヘルス病院での患者の治療には、もっと患者の心身全体を対象とする全体論的《ホーリスティック》なアプローチが必要だと感じ、伝統的な心理療法に霊的で超個人的《トランス・パーソナル》なアプローチを加えようとガルスカは考えた。いくつかの病院にアイデアを話したものの、ビジョンは受け入れられなかった。一九九〇年に、彼はフリッツ・ランに偶然出会う。ランは起業家で、名門の威光はやや落ちかけていたバート・キッシンゲンのホテルのオーナーだった。二人は協力して、ホテルを四三床のベッドを備えた小さなメンタルヘルス病院に転換し、全体論的なアプローチで患者の治療に当たることにした。そして圧倒的な成功を収め、ドイツ中のみならず、欧州のほかの諸国からも患者が押し寄せるようになった。設立から二〇年、ハイリゲンフェルトは総ベッド数六〇〇床を誇る病院ネットワークに成長し、今後も拡大を続けていくことは間違いない。

ヨアヒムの妻でセラピストのドロティア・ガルスカは、ハイリゲンフェルトで治療を受けたある患者の驚くべき話を教えてくれた。

ある日私は、当院に来る前に深刻な精神病と診断されていた、新しい患者さんと面談しました。五五歳のその女性は鬱病と不安に苦しんでいました。働いた経験はなく、心配事が多すぎて外出もままなりませんでした。話しているうちに、私にはあることがひらめきました。その女性は精神病かもしれませんが、直感力が驚くほど鋭いように思われたのです。もしかしたら、彼女が不安を感じるのは、その力に圧倒されてしまって自分でどう対処していいかわからないからではないか？　私のひらめきは、面談が終わる頃に確信となっていました。当時私は妊娠していたのですが、彼女は出し抜けに「なんてかわいらしい男の子なんでしょう！　でも、まだ逆子になってるなんてかわいそう」と言ったのです。生まれてくる子は男の子で、そのときは確かに逆子でした。どうして彼女はそれが分かったのでしょう？

私は彼女に自分の直感力の伸ばし方を学ぶよう勧め、彼女は有名な先生のコースに申し込みました。病院では彼女の鬱病の治療を行いましたが、彼女の場合、直感力のトレーニングが治療上の鍵となりました。今や彼女は生まれかわりました。ご自分の才能を生かしたビジネスは大成功を収めています。

かつては「不安」という形で彼女を苦しめていたものが、今や意味と収入をもたらしているのですから。[10]

もちろん、すべての患者のエピソードが素晴らしいわけではないが、この話はハイリゲンフェルトがどのような組織かを説明してくれる。メンタルヘルスの問題を全体論的にとらえることで、せまい意味での精神療法では対応できない新しい治療法が開けるのだ。

ハイリゲンフェルトは患者にとってばかりでなく、そこで働く人々にとって実に躍動的な職場として並外れた場所であり、これまで数多くの表彰を受けてきた（なかでも特筆すべきはヨーロッパの医療セクターで「最高の職場」という表彰を受けたことだろう）。

大集団での振り返り

ハイリゲンフェルトでは長年にわたって革新的な組織慣行がいくつも実践されてきているが、この会社を特別な職場にしている慣行として多くの従業員が挙げる活動が一つある。毎週火曜日の朝、三五〇名の社員が一堂に会し、一時間以上もかけて共同内省会をしているのだ（理想的にはすべての従業員が参加できればよいのだが、患者に付き添わなければならない社員もいる。さらに参加者数も、社内で最も大きな部屋に入れる人数、という制約がある）。[11]

毎週、その時々の業務に関連があり、振り返りに役立ちそうな話題が議題として取り上げられる。最近のミーティングでは、紛争の解決策や失敗への対処法、企業の価値、意思疎通、官僚主義、ITイノベーション、リスク管理、健康管理などテーマは多岐にわたった。

ミーティングは、話し合いのテーマを説明する短いプレゼンテーションから始まる。しかし、ミーティングの真価は、小グループに分かれて行われる振り返りの機会にある。たとえば、「失敗に対処する」というテーマを取り上げる場合、プレゼンテーションでは、失敗に潔く対処する方法が紹介される。たとえば、「自分たちの失敗を批判的に見ることをやめると新たな可能性がどのように開けるのか」、あるいは「失敗とは自分のスキルや気づきの幅を拡大し、自分という存在を深めるための人生の招待であるというように、より高い意識から見るためにはどうすればよいか」といったことである。

この短いプレゼンテーションの後に、参加者は六〜一〇人のグループをつくる。それぞれのグループの中では、その日のテーマについて深く考えるように、つまり今回のテーマでは、職場や家庭での失敗に、個人や集団でどう対処するのかを考えるよう要請される。各グループはファシリテーターを選ぶ。ファシリテーターはいくつかの基本ルールを決め、どこまで探求すべきか、どこまで本音で語り、自分の弱みを見せてよいのかの余地をつくる。少人数のグループという制限の中で、また同僚たちが耳を傾けてくれていることに背中を押されて、人々は自分や他人について思い切って深く掘り下げて考え、新しい気づきを得る。ある程度の時間がたつと部屋の中をマイクが回り、話したくなった人から話し合われた内容を共有する。このミーティングにはあらかじめ定められたシナリオはない。予想される結論もない。その話し合いや意見交換を通じて一人一人が何かを学ぶのだ。みんなが何かのヒントを得て、何らかの意思決定や取り組みが決まり、各自が職場に戻って実行に移されることも多い。

このミーティングが、実に時間のかかる取り組みであることは間違いない。なにしろ、毎週会社の半分以上の人間が七五分も費やすのだから。しかし、かかるコストよりも得るものの方がはるかに大きい、とハイリゲンフェルトの人々は言う。この大規模なグループ・ミーティングは、会社全体で集中筋力トレーニング・プログラムをしているようなものだ。組織全体が毎週毎週一つの話題から次の話題へと移りながら成長していくのだ（議論をし尽くしてしまったので、同社は二週に一度のリズムへと変更しようとしている。これは単純に、皆で議論すべき話題がそれほど出なくなってしまったためである）。

このような共通の体験を通じて、私の知っているほかの組織のどんな活動よりも強い共同体意識と共通の言語が育まれる。社員全員が、「本当にありのままでよい」という基本方針に守られた空間へ毎週やってくる。お互いの人間性の深い所を見つめ直し、強さと弱さを尊重し合うという美しい関係ができあがる。ミーティングを通じて築き上げられる信頼、共感、思いやりはミーティングルームという制約を超えて拡大し、組織全体へと浸透しはじめる。ある火曜日のミーティングの最後に、一人の社員が立ち上がり、部屋の中の満足げな笑顔に向かってこう言った。「本当に、私の家庭にもこの会社の雰囲気をもっと持ち込みたいです！」

チームへの助言

自主経営《セルフ・マネジメント》組織ではほとんどの人がチームで働くことになるのだが、そこには必然的に緊張が生まれる。さまざまなスタイルや嗜好、信条をもった同僚たちと付き合うことになるからだ。ほとんどの組織で働く人と同じように、だれもがそうした緊張を隠そうと思えば隠すことができる。あるいは個人的にも集団としても成長するために、それらに正面から向かい合う勇気を持つこともできる。ハイリゲンフェルトは、単純なチームの支援方法を開発した。同社は、専門領域の異なる四人の外部コーチ（人間関係、組織開発、システム思考、リーダーシップ）と提携している。毎月、コーチングを受けられる時間枠が何時間も設けられている。どのチームも一年間で少なくとも一回はコーチングを受けるよう推奨されている。平均すると一チーム当たり年間二～四回のコーチングを受ける。外部コーチの助けを得ながら、チームメイトたちは、どのような緊張が生まれているのか、それを解決するにはどうすればよいかを話し合う。

ピア・コーチング（同僚同士のコーチング）

チームへの助言は、チーム全体に影響を及ぼす問題の対処に有益だ。ピア・コーチング（同僚同士のコーチング）は、チームの力を使って個別の問題解決を支援する。ビュートゾルフでは、看護師全員が「インタービジエ（Intervisie）」と呼ばれる、オランダで生まれたピア・コーチングの技法の講習を受ける。何らかの課題を抱えている看護師は、グループ内の指導セッションの中で問題解決を手伝ってくれるよう同僚に頼むことができる。「命を救う薬を飲もうとしない患者にどう対処すべきか？」「高齢の患者が、自分の子どもから介護を受けることを納得して受け入れるようになるにはどうすればよいか？」「燃え尽き症候群にならないために、どうやって患者の要求を拒絶すればよいのか？」。看護師がこうした問題に苦しめられるのは、自分が経験したことのないような深刻な個別の問題に遭遇することがあるからだ。ピア・コーチングはそうしたケースに有益である。ビュートゾルフには、毎月そのための時間を取っているチームもあれば、メンバーの要請があったときに実施しているチームもある。

ビュートゾルフで用いられている「インタービジエ」のプロセスは、グループが助言、勧告、なぐさめの言葉といった、あまりにも当たり前の対処に終わることのないよう、厳格な形式と基本ルールに従っている。

プロセスの大半では、チームメンバーはオープン・クエスチョン★しか尋ねることができず、彼らはその人が取り組んでいる問題を一緒に考える同行者、いわば旅の道連れになる。じっくりと耳を傾け、自分らしさや弱さをさらけ出せるような安全な空間（内なる真実が現れるには必要な要素なのだ）がつくられる。この指導《コーチング》は、その看護師が新しい視点から自分の問題を見つめ直し、自分自身で解決法を見つけ出せることを目的とする、単純だが美しいプロセスだ。尊敬と同情の念をもってグループに「包んで」もらえることは、多くの人々にとって、新鮮で忘れ難い経験となる。[12]

個人へのコーチング

今日、多くの組織では、社内でのキャリアや地位が一定段階に達した社員には個人へのコーチングを行うのが一般的で、経営陣や出世階段の途中にいるトップ社員、あるいは働きが悪く、解雇寸前の社員が対象であることが多い。一方、進化型《ティール》組織では、（ご想像の通り）役割にかかわらずすべての社員にコーチングを受ける機会が与えられている。ＲＨＤのコーチング・プログラムはその中でもさらに進んでおり、従業員とその家族に毎年一〇回のカウンセリング講座を無償で提供している。自分のテーマを社内のほかの人に知らせる必要はない。そして、テーマは専門的な分野であってはならない。ただし、外部コーチの支援を受ける場合には、テーマは企業が支払う価値があるほど重要でなければならない、という暗黙の了解がある。

沈黙

自分の魂の知恵と本当の声に耳を傾けたいのなら、仕事のペースを落として、職場の騒音や喧騒の中で、

★　回答が「はい」「いいえ」とならないような質問。

沈黙を守る時間を見つけ出さなければならない。サウンズ・トゥルーでは、毎朝八時三〇分にベルが鳴る。従業員は一五分間のグループ瞑想に参加してもよいし、自分のデスクでただ静かに座っていてもよい。ハイリゲンフェルトでは、新入社員は全員（セラピストも清掃係も同じように）、オンボーディングの一環として瞑想を教わる。毎週決まったメンバー向けの瞑想講座が複数開催されている。従業員だけを対象とした講座もあるが、患者が参加できる講座もある。

一年に四回、ハイリゲンフェルトは「マインドフルネスの日」を定めている。この日には患者とスタッフが沈黙で時を過ごす。患者は完全に沈黙したままでよいと言われ（「沈黙」と書いた名札を身につけて、お互いに知らせ合う）、病院のスタッフは必要なときだけささやく（スタッフは「マインドフルネス」と書いた名札を身につける）。その日には何かを話す講座は開催されない。その代わり森の中を歩く、絵を描く、創造的な活動を行う、といった別の形式の催しが行われる。患者には前もって沈黙の日の予定日が知らされており、また沈黙によって心理的に圧迫を受ける患者向けの「会話ができる場所」も提供される。「ほとんどの患者さんはこの催しが大好きで、もっと多く開催してほしいとおっしゃる方々も多いのです」とドロテア・ガルスカは言う。「ただし、沈黙すると不安や圧迫を感じるのでつらいと思う患者さんが、三分の一ぐらいはいます。そういう人には『沈黙がつらいのであれば、あなたは幸運ですよ』と私は話します。『沈黙を楽しんだ人々にとって今日は素晴らしい日でした。でもあなたは治療のための素晴らしい教材を得たじゃないですか』」

その日は従業員も楽しみにしている。皆で沈黙すると、同僚たちとの人間関係に質的な変化が起こる。これまでとは違ったレベルの「気づき」が必要になる。同僚が言うことに耳を傾けるのではなく、彼らの存在や感情、考えに耳を傾けなければならない。その結果仲間たちとの人間関係の質が変わるのだ。

コミュニティー内での沈黙は、それが習慣化されると相当な力を発揮する。だからこそ恐れられている。空間を埋める言葉をなくすことで、私たちの内にある深い声が現れるきっかけができるからだ。

物語《ストーリーテリング》ること

階層型組織と同じく、自主経営《セルフ・マネジメント》組織でも、生産的で喜びにあふれた協力関係を実現するには、信頼が鍵となる。しかし、だれもかれもが仕事用の仮面の後ろに（程度の差はあれ）自分を隠していると、信頼を育むのは難しい。生産性が落ちるだけではない。社員同士が本音をさらけ出して関わり合わないと、私たちの人間性は心の奥深いところで「薄っぺらな人間関係にだまされているのではないか?」と感じるのだ。

私たちが職場に信頼を求めるのであれば、あるいは深くて、豊かで、意味のある人間関係を望むのであれば、自分をもっとさらけ出さなければならない。チーム同士がうまく協力できないときには、結束するためのイベントを実施する企業は多い。しかし、たとえば皆で一緒にボウリングに行けば楽しい息抜きになるかもしれないが、そうした活動はどれも似たり寄ったりで、あくまでも表面的な関係を維持するだけで、本当の意味で何らかの深みのある信頼関係やコミュニティーを築くことはできないのだ。こうしたイベントには、有史以来私たちがコミュニティーを構築し、共通の話題をつくるために使ってきた基本的な要素が欠けている。それは物語《ストーリーテリング》ることだ。自分の物語を話すことには人々をまとめる力がある。私たちはそのことを忘れ、互いに共有し合うという関係を衰えさせ、損なってしまっている。作家のパーカー・パーマーが指摘するように、物語《ストーリーテリング》ることのパワーを回復させる必要がある。

ほかの人の人生の旅について知れば知るほど、その人を疑いの目で見たり、嫌いになったりする可能性は少なくなる。「関係への信頼」★を築くにはどうしたらよいか？ お互いをもっとよく知ることだ。単純な質問から相手を知ってそれを仕事に生かすのだ。そして単に人を雇用しているのではなく、仕事のプロセスの中で互いの魂を尊重するような職場をつくり出すのだ。

これこそ、共有の関係を紡ぐ方法だ。その関係があれば、危機のときでも回復力《レジリエンス》を発揮でき、必要なときに資源を有効に活用できる。危機や必要性が生じたあとに、混乱の中でコミュニティーを築こうとしても遅い。共有の関係とは、手遅れになる前に紡いでおくべき織物なのだ。人々だけでなく仕事の周りに、役割だけでなく魂の周りに、言葉や慣行を通じて、だれもが協力しあうコミュニティーをしっかりとつくろうではないか。[13]

パーカー・パーマーが設立した「勇気と再生センター」（CC&R）は、物語ること《ストーリーテリング》をどうやって組織生活に生かしていくかを探求している。この非営利組織は教師や医師、牧師、ビジネス・リーダーが自分の職業と再びつながり、役割と魂を再び結合させるような精神修養の場を提供している。[14] 組織の規模は小さく、およそ一〇名のスタッフが、訓練された二〇〇名のファシリテーターを支えている。ファシリテーターは過去一〇年間で四万人以上の教師や専門家の精神修養の場を提供してきた。

このセンターでは、物語ること《ストーリーテリング》を組織内の生活に組み入れるための単純な方法が用いられている。たとえば研修会では、一つの質問が投げかけられ、だれもが二～三分で回答する（ただし、いつでもパスしてかまわない）プログラムがある。「あなたの人生で影響を受けた年上の人について話してください」「初めて稼いだお金について話してください」。この訓練はとても単純だが、人々が秘密のベールを上げて、今の自分ができ

★ 相手と自分との間に良好な人間関係があることをわかっているからこそ生まれる信頼。

人間関係は私たちを変え、私たちをさらけ出し、私たちからより多くのものを引き出す。ほかの人々の仲間に入って初めて、私たちの才能が、自分自身にも見えるようになる。
——マーガレット・ウィートリー＆マイロン・ケルナー＝ロジャーズ

あがるまでに、決定的な影響を受けた瞬間について、仲間たちに語るきっかけになる。

新しい職員の採用も、もう一つの機会である。「勇気と再生センター」は特別なミーティングで新メンバーを迎える。それまでにいたメンバーは、新人に対する希望を象徴する「物」を持ってくる。代わる代わるそれを見せて、各自の希望を発表する。新メンバーは祝福を受け、仲間から歓迎されているという気持を抱くことができる。そしてこれは新メンバーだけでなく既存メンバーにもプラスになる。なぜなら彼らもお互いを深いレベルで知り合うようになるからだ。新メンバーに対する「希望」は、語り手が職場や同僚たちとの関係で大事にしている一つの物語だからだ。

ベルリンにある七～一二年生向けの学校ESBZには、物語ること《ストーリーテリング》を核にした信頼とコミュニティーをつくる行事がある。それは「賞賛ミーティング」だ。毎週金曜日の午後、生徒、先生、職員の全員が大講堂に集まって一時間のミーティングを開催する。毎回、まずは全員で歌を歌い、共同体としての仲間意識を高める。それ以外の時間に台本はない。ステージには一本のマイクが置かれ、だれが話してもよいのだが、簡単なルールが一つある。「私たちはお互いをほめたたえ、感謝するために集まっている」ということだ。歌を歌った後の五〇分間は、「まず私が！」と感じた生徒と先生が立ち上がり、ステージに上り、マイクを取り、その週にほかの生徒や先生が言ったりしたりしたことをほめたたえ、あるいは感謝の言葉を述べる。そうして席に着くと、次の人がステージに立つ。マイクの前に立った人は、苦労している人（つまり話し手である自分）と、絶頂期にいる人（ほめたたえるか感謝する相手）二人についての簡単な物語を発表する。

物語ること《ストーリーテリング》は、生徒と教師の垣根を取り払う。だれでも沈んだ気分になったり、混乱したり、落ち込んだり、助けを求めたくなったりする。それが人の自然な姿なのだ。そして、だれにでも共感する能力はあるし、だれもが他人を助け、なぐさめ、友情を示す方法を知っている。立ち上がってほかの人をほめたたえるには勇気がいる。しかしこの学校ではそれがごく普通の慣行となっている。生徒たちは、面白かったり、感動したり、心が温まる物語を避けようとしない。生徒も先生も、毎週の集会があるからこそ、この学校には「学ぼう」「協力しよう」「成長しよう」という素晴らしい精神が育まれているのだと考えている。

日本企業のオズビジョンは社員四〇人のインターネット企業で、革新的な経営手法を次々と実験しているが、物語ること《ストーリーテリング》についても二つの興味深い慣行がある。毎朝、人々は「グッド・オア・ニュー（良いことか、新しいこと）」と呼ばれる短時間のミーティングを通じて、その日にすべきことを確認し合う。一種のチェックイン★だ。各チームでは、一体の人形が（ネイティブ・アメリカンの部族が話し合いのときに用いる「トーキング・スティック」のように）メンバー間に回されていき、人形を持った人が何か新しいこと（仕事中に知ったニュースや通勤中に読んだ新聞で気になった記事、あるいはプライベートな生活で得た情報など）や良いこと（仕事と関係があるかないかと関係なく、社内のみんなに知ってほしい感動的な物語）について皆の前で発表する。短いけれども楽しい瞬間を過ごして一日を始めようという、素晴らしい取り組みだ。「私たちは働く仲間として、そして人間としてここに集まっているんだ！」ということを確認するための一種の儀式なのだ。

オズビジョンが取り組んでいる二つめの慣行は、組織内で感謝の気持ちを促す物語の提供《ストーリーテリング》を行うことである。どの従業員も毎年一日「サンクスデー（感謝の日）」と呼ばれる休日を取れる。従業員は、その日の間にだれかに感謝するための資金として会社から現金二万円を受け取る。感謝する相手は同僚でも、親でも、友人でも、近所の人でも、あるいはずっと連絡を取っていない小学校の先生でもよい。「サンクスデー」から戻ってきたら、だれに、何を、どのような贈り物をしたかの物語を皆の前で発表しなければいけない。これ

★　会議の開始や終了時に行う参加者の意識共有活動。

がこの制度の唯一のルールだ。オズビジョンで働くことはどんな感じかを想像してみてほしい。従業員は四〇人なので、平均すると同社の社員は毎月三人か四人の物語を聴くことになる。それは多くの場合、「感謝の元となった種はいつ蒔かれたのか」「その人に感謝するために何を準備したのか」「贈り物や『ありがとう』はどうやって贈られたのか」という、日頃の生活の中で深い意味を感じた三つの瞬間を話すことになる。物語ること《ストーリーテリング》は、常に言葉によるものとは限らない。サウンズ・トゥルーの二つの行事を紹介しよう。五年前、ある社員が金曜日の午後に「アート・サロン」を企画運営することを引き受けた。全社員がサロンに招かれ、仲間たちと芸術への情熱を話す機会を得た。オフィス中の壁という壁が写真と絵画でいっぱいになった。人々が演じるための小さな舞台がつくられた。そこで歌を歌う人もいれば（社内での生活についての曲が特に人気になった）、ジャグリングを演じる人や、タンゴを踊る人もいた。社員があまりに楽しんだので、サロンは年に一度のイベントになった。同社の創設者、タミ・サイモンは最初のサロンの設立時には関わらなかったが、彼女はこれが同社の文化になくてはならない要素になったことを認めている。

こうしたイベントは社員たちに次のメッセージを伝えていることに気がつきました。「皆さんは自分らしさを取り戻すチャンスを得たのです。日々の仕事の一部としてはそぐわないかもしれないけれど、あなたが五個のボールでジャグリングできるなんて、本当にすてきです。金曜日の午後には、私たちはくつろいでワインを片手にあなたのパフォーマンスを楽しみ、あなた自身の一側面を認めるのですから」。人々が、自分のすべてをさらけ出すことが実に歓迎されていると感じる、つまり全体性《ホールネス》はこういうときに取り戻せると思うのです。なぜって私たちは歓迎しているのですから。それを見たいと思っているのですから。[15]

サウンズ・トゥルーのもう一つの行事は「パジャマ・デー」だ。今となってはもう半ば忘れられてしまった理由で、だれかが春の訪れを特別な形で祝おうと提案した。「その行事に参加したい人は朝食を一緒にとりませんか？　パジャマを着て」。集まった人たちは少なかったがあまりに楽しい時間をすごしたので、その日はパジャマで一日を過ごすことが決まった。そのとき以来、このイベントは毎年開かれており、現在は従業員の九〇％がパジャマで現れ、一番すてきなパジャマを着てきた人には賞品が贈られるようになった（今年は、ある飼い犬とその主人がお揃いのパジャマを着て受賞した）。このイベントは、人々が心待ちにし、長い時間をかけて事前に準備をするような行事となった。「パジャマ・デー」は奇抜ではあるが物語《ストーリーテリング》ることにぴったりのイベントだ。どのようなパジャマにも、それを着ている人についての物語（なぜそのパジャマを選んだのかなど）が秘められているからだ。面白おかしいパジャマを着てだれもが歩き回っているような職場で、仕事用の仮面を保ち続けることは、間違いなく普段よりも難しいはずだ。

「アート・サロン」も「パジャマ・デー」も人事部のだれか、あるいはCEOが発案したものでなかったことは興味深い。人々が安心して自分をさらけ出してもよいと思うような環境では、こうした行事が自発的に行われるようになる。というのも、私たちは皆、心の底では、人柄のすべてを、つまりまじめさや責任感の強さと同じくらい面白おかしく奇抜な部分に耳を傾けてもらいたい、見てもらいたい、そしてこうした機会を通じて新たな人間関係をつくりたいという強い願いを抱いているからだ。

ミーティング

ミーティングをすると、人間の最も良い部分と悪い部分がさらけ出されることがある。最も良いケースでは、ほかの人々がいることによって、本来の自分に耳を傾け、私たちが本当に心配していることを声に出すことができる（パーカー・パーマーが「お互いのスピーチに耳を傾ける」と呼んだものだ）。残念ながら、多くのミーティングは往々にして、本音を隠さざるを得ない競技場へと転換してしまう。人前で議論に負けたいと思う人はいないし、同僚たちの参加しているミーティングで、自分の言いたいことが無視される目には遭いたくない。安全に感じるためには、一部の人々がミーティングの進行を独占し、ほかの人々は引っ込めばよい。

これまでの章で紹介してきたように、自主経営組織《セルフ・マネジメント》ではミーティングが少ない。また、管理職がいないので会議室から一定の不安が取り払われる。しかし、仲間の集団が「森の中を突進する」ことはあるかもしれない。だからこそ、本書のために調査した組織のほとんどは、参加者が自分のエゴを抑え、組織としての全体性《ホールネス》を実現するために、相互に作用し合うための特別な慣行を取り入れ始めたのだ。実に簡単な慣行もあれば、より精巧なものもある。

サウンズ・トゥルーでは、全員がその瞬間に落ち着けるよう、あらゆるミーティングが一分間の沈黙で始まる（犬がテーブルの下で身体を丸めるまで時々音を出すことは許される）。「チェックイン」で始め、「チェックアウト」で終わる会社もある。「チェックイン」のときには、参加者は部屋に入ってきたその瞬間にどう感じているかを自由に話すことを勧められる。こうした実践を通じて、参加者は自分の身体の中に耳を傾け、自分の身体と感情と再びつながり、その瞬間に覚醒する能力を養うことができる。感情を説明するだけでそれを吹っ切り、ミーティングの場に持ち込まずにすむことも多い。また参加者たちは、ほかの人々がどういう気持ちでいるかを知ることができる。必要であれば、この慣行を利用して気分を一新することもある。たとえば、参加者の一人が「私は今いらだっています。ピーター、私のメールに対するあなたの反応にまだ困惑しているから。ミーティングが終わったらじっくり話し合いましょう」と言ってしまってもよいのだ。ミーティングが終了すると、「チェックアウト」、つまりミーティング中には明かされなかった感情（ミーティングの間に感じた感謝、興奮、野望、不満、懸念）を話すことが許される。こうした慣行を持つことで、チームメンバー間の対話の質について、直接的にフィードバックをしたり本音で話したりする文化が促進される。

「勇気と再生センター」のミーティングは、一人の参加者が、あらかじめ用意してきた一節を朗読することから始まる。しばらく沈黙の時間を過ごした後、参加者は朗読を聴いて何を思ったかについての意見交換を行う（だれも話すことを義務づけられることはないし、一人一人の意見を順番に聞いていくこともない――そんなことをすれば、別の、違った意味での「森の中を突進する」行為になりかねない）。ミーティングは、沈黙し内省する時間で締めくくられることが多い。

FAVIでは長年にわたって、自分が感謝したい人、あるいはお祝いを言いたい人について、参加者全員が短い話を披露してからミーティングを始めていた。この慣行は、同社のミーティングに素晴らしい影響を及ぼしてきた――可能性、感謝、お祝い、ほかの人々の善意や才能への信頼、といったムードをつくり出したのだ。ほかの人々や彼らの達成したことに注意を向けることも、ミーティングに参加する前に抱いていた自己中心的な（「今日こそあいつをミーティングから追い出してやる」というような）目的から関心をそらし、組織にとっての必要性をあらためて考え直すきっかけになることがある。数年たつうちに、この慣行はFAVI

の人々には退屈な儀式のように感じられるようになり終了したが、おそらく別の形で復活するだろう。こういった慣行は形式的で退屈だと思われてはおしまいで、新鮮で深い意味があると感じられる必要があるからだ。

FAVIは、もう一つ興味深いミーティングの慣行を今も続けている。すべてのミーティング予定がイントラネット上に公開されているので、だれでも、どのミーティングにも出席して自分の関心やアイデアを皆に話すことができるのだ。社内で何が起こっているかを全員が知ることができるので、同社には自分が疎外されていると感じる人はいない。

ハイリゲンフェルトでは、ここに紹介したいくつかの手法を組み合わせ、すこしひねりを加えた慣行が実践されている。どのミーティングも、①一分間の沈黙、②一分間の沈黙と朗読、③一分間の沈黙と冗談のいずれかの方法で始まる。

その後、お決まりの質問が口火を切る。「今日はだれがベルを鳴らすのですか？」。するとだれかが「ティンシャベル」の担当に志願する。ティンシャベルは合金と革ひもで作られたチベット民族の伝統的な演奏楽器で、二つの小さなハンドシンバルが美しい、クリスタルを連想させる透明な音を出す。基本ルールが守られていない、あるいはミーティングが組織の目的よりも個人のエゴを優先していると感じられたときには、担当者はシンバルを鳴らす。そして、その音色が消えるまではだれも話してはいけないのがルールだ（そしてこれは意外と時間がかかる）。沈黙している間に、参加者たちは次のような問いについて内省する。「私は今、話し合っているこの話題と会社に貢献しているだろうか？」。社員たちはこの慣行に慣れているので、今や同社ではシンバルに手を伸ばすだけでミーティングが元の軌道に戻るようになった（同社のミーティングについて考えているとき、私は長年にわたって招待されていた既存の組織形態の経営会議を思い出し、参加者の発言がもっぱら自分のエゴを通すためのものだったことに気がついた。もし彼らがこの慣行を採用していたら、ミーティングで聞こえるのはティンシャベルの音色だけだったろう！）。

沈黙、朗読、チェックイン、チェックアウト、ほめたたえる、だれでも参加できる、ハンドシンバル——こうした単純な慣行がエゴを抑え、ミーティングの生産性を高める。特に緊張度が高まりそうなミーティングには、外部からファシリテーターを招いて参加してもらうとよいかもしれない。RHDにはチームがいつも頼ることのできる中心的なファシリテーターが何人かいる。ビュートゾルフのチームは自分たちの地域コーチを招くことができる。またESBZは、ミニ学校や生徒委員会が必要に応じて招聘した外部のファシリテーターと協力する。

もっと進んでいる組織もある。一部のミーティングでは、正式な意思決定プロセスが定められている（ビュートゾルフの事例については110ページ、ホラクラシーの事例については199ページを参照）。その仕組みでは、全員の意見を聞くこと、一人の意見が議事の進行を支配しないことが重視される。こうすることで、複雑な問題に対しても現実的で実行可能な意思決定がすぐに下される。コンセンサスを追求しようとするあまり議論が終わらないのではないかという恐れはない。特に、ホラクラシーはこうした慣行を素晴らしい水準にまで洗練している。副次的な効果の一つとして、ミーティングには個人の成長を促す力があるとロバートソンは指摘する。

（ホラクラシーでの）あらゆるミーティングでは、私たちの心、感情、エゴなどに光が当たり、すべてが目に見え、明らかに、そして透明になるように、その善し悪しを判断するのではなく、自然とそれが「溶けていく」ように設計されています。

これも、ホラクラシーについて難しいことの一つです。私の経験によると、ホラクラシーの仕組みが、だれかほかの人の行動やエゴやフラストレーションが組織に介入して支配するといった事態を回避し、一つの目的に向かって協力する自然なプロセスが邪魔されないようにできていると、人々はホラクラシーを愛するようになります。失敗すれば憎みます(ロバートソンは笑う)。そしてこれは確かにホラクラシーの中に生きる私の実体験なのです。ホラクラシーは私に鏡をかざし、私自身の愛情、私自身の心に光を当ててくれているのです。[16]

話し合いと意思決定の仕組みによって、人々は自分の個人的な「エゴ」をミーティングに持ち込むことができないため、かえって自分のエゴがいかに頻繁に出てくるのかに気づくことになる。

紛争に対処する

多くの組織では、各自のエゴが原因で紛争が激化するケースがあまりに多いが、魂のぶつかり合いで激化することはほとんどない。魂は、時に激しく要求するものだ。耳を傾けると、ほかの人々が聞きたくないような真実を話すように要求していることも多い。自分が働いている会社が地球にどのような害を与えているのか、教えている学校が子どもたちにどのような被害を与えているのか、病院や高齢者用施設が患者や高齢者をいかに物のように扱っているか、そして私たちに食を与えてくれる農場が動物や地球をいかに酷く扱っているかを認識すると、私たちは心の奥底のどこかが痛む。組織を良い方向に変えていくには、自分の魂が叫ぶ真実を声に出して話すリスクを冒し、その結果生じるかもしれない紛争をうまく乗り切れなければならないのだ。

魂はまた、私たちの自己が危険にさらされると、日常の事柄について一段と主張することを要求する。同僚との人間関係では、喜ばせよう、印象づけよう、好かれよう、支配しようというエゴに飲み込まれてしまいやすい。また、つい他人の個人的な事情に立ち入ったり、あるいは他人が自分の事情に立ち入るのを許したりしてしまう。そのような場合、正しい境界を知っている魂は、人間関係を正しい位置に仕切り直すために紛争が必要だ、と主張することがある。紛争がないと、私たちは他人のいいなりになりすぎるか、そうでなければ防衛的になりすぎてしまう。そしてどちらの場合も、同僚たちと接するときに本当の自分でいることをやめてしまう。

進化型組織《ティール》では、職場で必要な対立を表面化し、それに対処するために三つの方法をとっている。

一つめの対処法は、人々が緊張や対立を表面化しやすい環境を整えることだ。仲間の一人に向かって立ち上がり、「話し合いましょう」と言うのは難しいかもしれない。そこで、同僚間にいつまでもくすぶっている対立を表面化させる場を設けている組織もある。以下にその例を示す。

▼ベルリンの学校ESBZでは、どのクラスも毎週決まった時間にグループ内に生じた緊張について話し合い、対処するための話し合いの場を設けている。ミーティングを進行するのは、討論を安全な状態に

私たちは往々にして紛争を恐れすぎる。エゴを出発点とする紛争に嫌気がさしてしまい、「魂の紛争」に関わろうとしなくなるのだ。

保つような数多くの基本ルールを徹底できる生徒である。

▼ハイリゲンフェルトでは、一年に一度、すべてのチームメンバーがほかのチームとの関わり合いの質を評価している。その結果、どのチームがほかのチームと対話の場を設けて協力関係を改善すべきかを示す「色分け地図」が社内全体に公表される。

▼RHDは二カ月に一度職場で語るべき「〝〇〇イズム（主義）〟ミーティング」を開催している。人種差別主義、性差別主義、あるいはそのほかの「イズム」を示す具体的な慣行や事実に会社が注意を向けてほしいと感じた人は、だれでもこのミーティングに参加できる。もちろん、露骨な性差別を想起させる行為はその場で対応しなければならない。このミーティングはそれほど直接的でない「イズム」にも対処する。会社全体が黒人よりも白人を多く雇用する傾向があること、あるいは女性が特定の役割につけないことに気づいたらどうするか？　そういう場合には対決する明白な相手がいないので、全員で解決策を探すよう求められる。「〝イズム〟ミーティング」は、内省のための時間と空間を提供する。「私たちはどこで集団的で無意識的な偏見の犠牲になりやすいのだろう？」「どうすればよいのか？」といったことを考えるのだ。

二つめの方法については、前章で説明したような、明確に定義された徹底的な紛争解決プロセスだ（187ページ参照）。審判役を担う管理職がいない自主経営組織《セルフ・マネジメント》の場合、同僚同士で問題の解決を図るにはこのようなプロセスが必要となる。だれもが知っている明確なプロセスがあると、人々は問題を提起しやすい。無事に向こう側に行けるようにきちんと舗装された道路があると知っていれば、意見の相違を議論してほしいとだれかに依頼しやすいものだ。

しかし、それでも十分ではないかもしれない。モーニング・スターによると、紛争の回避は今でも社内の大きな問題とのことだ。だれかに立ち向かおうとして最初の一歩を踏み出すことは容易ではない。そこで、さらに進んで紛争にうまく対処できるよう、社員全員に人間関係のスキルを学ぶ教育を行っている会社もある。ESBZでは、先生も生徒も全員が非暴力コミュニケーション・センターで訓練を受けている。サウンズ・トゥルーでは、全社員が難しい会話に臨む際の簡単な三段階のプロセスを学ぶ。

▼ステップ①　私はこう感じています。
▼ステップ②　私はこれを必要としています。
▼ステップ③　あなたは何が必要ですか？

サウンズ・トゥルーでは、このプロセスが人間関係をうまく管理していくうえでかなり重要な位置を占めている。タミ・サイモンは説明する。

このシステムを社内で導入したとき、当時のCOOは私にこう言いました。「自分がどう感じているかなんてほかの人と話したくありませんよ。別にそんなことのためにあなたは私を雇ったわけではないでしょう。私にあなたの会社を経営してほしいからですよね、タミ。妻は何年も私の感情を吐露させようと努力してきましたが、うまくいきませんでした。今度はあなたが私の感情について話させようというのですか？」

私はこう答えました。「あなたが自分の感情について話せないと、私たちは一つのグループとして、心を一つにして前進することなどできないでしょう。あなたはこのプロセスに真剣に取り組まなければなりません」

彼は結局辞職しました。自分がどう感じているか、何を必要としているかについてほかの人々と会話をし、ほかの人々が何を必要としているかに耳を傾ける。こうしたことを抵抗なくできなければならないのです。[17]

組織としての全体性《ホールネス》を実現しようとすると時に対立を求めることがある。本書で述べてきた事例は、対立がそれほどつらいわけではないことを示してくれる。安心して問題提起をし、自分や他人の人格を尊敬しながら議論に入りやすくなる慣行があるからだ。

建物と地位

オフィス空間を見るだけでも、組織について多くのことを知ることができる。チャーチルはかつて次のように言った。「私たちが建物をつくる。その後は建物が私たちをつくる」。これはオフィスと工場にも間違いなくあてはまる——オフィスと工場は私たちの思考と行動を微妙にかたちづくっている。

次のような状況を想像してみよう。あなたが大企業のＣＥＯに指名されたとする。前任者から、広くてゆったりした、マホガニー材を使用した社長室を引き継ぎ、あなたは自分専用の駐車場から自分専用のエレベーターに乗ってそこに行くことができる。そしてほかの社員たちは、小さなブースに押し込められてせっせと働くのだ。永遠にへりくだる気質でも備えていない限り、どこかの段階で地位に伴う威光があなた自身の一部になるだろう。おそらく無意識のうちに、自分が役員室に座る価値のある人間だという発想を受け入れ、地位の格差を当然だと考え始める。あるときから、自分はほかの人々よりも価値があるに違いない、と思うようになる。気に入らない奴はいるかもしれないが、何しろ自分こそが必要なときに決断を下すのにふさわしいのだ、と思ってしまう。

では次に、高級な役員室などなかったとする。CEOであるあなたは、同僚たちのすぐ隣にある自分のブースで働く、そういう場面を想像してみよう。あなたの発想、人間関係、リーダーシップのスタイルはどう変わるだろうか？　おそらくあなたは偉ぶることなく、同僚たちと絶えず接しながら、自分のエゴを抑えるだろう。

本書で取材した進化型《ティール》組織には非常に優れた創設者、あるいはCEOがいる。時代の先を走る組織をつくるには、勇気ある、とてつもなく優れたリーダーシップが必要だ。しかし、彼らのほとんどは、オフィスの中や周囲では地位を示す目印になるようなものを意識的に捨てるようにしている。立派な役員室も、経営者専用の駐車スペースもない。RHDのロバート・フィッシュマンは、だれかが初めて自分を訪ねて来社したときにありがちな困惑について話してくれる。

　CEO、つまり私への訪問者は、たいてい役員室に案内してくれと言います。すると受付はこう答え

コミュニティーは美しく戦える場所である。
——スコット・ペック

ます。「実は、役員室はありません。社長の席は窓のすぐ横です。社長が面談用に個室を使いたい場合は、ほかの社員と同じように申し込むんですよ」と。すると訪問者は決まって、善意の気持ちから次のような哀れみの言葉をかけてくれます。「うるさいところでどうして過ごせるのですか？　プライバシーは？　私はそんな風には仕事ができませんよ」と。私には意味がない言葉なのですが。[18]

FAVIでは、ジャン・フランソワ・ゾブリストが、組織改革の過程でいたずら心からステータス・シンボルを逆転させた。工場内で今最も美しいトイレは顧客専用となっている。それほど豪華ではないが、四つ星ホテル並みのトイレは現在、作業現場のフロアにある。一方、エンジニアと事務職員のオフィスに最も近いところにあるのは、単に清潔で実用的なトイレだ。

もちろん、私たちの思考や態度に影響を与えるのはステータス・シンボルだけではない。オフィス空間で一般的に使われている素材やデザインを清潔に保ったり維持したりすることはたやすいことかもしれないが、それらは味気なく、冷たい。自分の家を私たちが働くオフィスのように飾ろうという人を私は知らない。ほとんどの仕事場は、そこにいると、自分が通常の生活からどこか切り離されているといつの間にか感じ、ほかの環境とは違った立ち居ふるまいを求められるような場所である。しかし、仕事場はそうでなければならないのだろうか？　人生を祝福し、あたたかく、一種の味わいを持ち、大切な目的で、しかも快適なソファとなるようなオフィスを求めて努力すべきではないのか？　その空間で働くと、自分らしさをもっと出しやすくなるオフィスがあってもよいのではないか。

本書のために調べた組織の中には、まさにそうしたオフィスを実現している会社がいくつもあった。サウンズ・トゥルーは犬をオフィスに招いているだけではない（242ページ参照）。ランチタイムに社員たちが料理をして皆で食事できるコンロ付きのキッチンも備えている。私たちは、太古の昔から皆で一緒に料理をつくったり食べたりすることで仲間意識を育んできた。創業者のタミ・サイモンは、コンロの設計を依頼した建築家から「どこの企業にも電子レンジはあるが、料理用のコンロはないです」と驚きの言葉を言われたという。組織の中に本当のキッチンがないという事実は、私たちが自分の職場についてどう考えているかを示す強力な証拠だ。職場はどこか生気のない場所で、長居するような所ではなく、一日に数時間自分の労働力を提供するものの、自分の家のように金を投資する対象ではない。そう思っているのだ。

しかし、逆に考えてもいい。ビュートゾルフでは、看護師は自分たちのコミュニティーにあるオフィスを自宅のように飾るよう奨励されている。そしてオランダ中の数百のオフィスで統一的なブランドイメージを構築しようという試みは一切ない。RHDでは、オフィスとしても、RHDが迎える人向けの家としても使える住居とシェルターを、頻繁に心を込めて飾りつけている。もちろん、会社としてのガイドラインも、共通のブランドイメージづくりも一切ない。

ベルリンのESBZは、保護者と生徒の協力を得て、共産主義時代から引き継いだ、老朽化したプレハブの建物を完全につくりかえた。教室には植物があふれ、窓の近くにはベンチが、部屋の角にはクッションが置かれ、床にはカーペットが敷き詰められている。FAVIでは、工場作業員たちが、作業現場をポスターや植物や水槽で飾りつけている。各チームは色を一つ選び、自分のエリアの機械にペンキを塗り直してアットホームな雰囲気をつくる。FAVIはそれでも騒音のうるさい、床も滑りやすい工場だ。しかしそこで働く人々が自分らしさの一部を残しておける場所なのだ。

自然は魂を癒やしてくれる偉大な存在だ。私たちは自然の中にどっぷり浸かると、心身活動のスピードが落ち、自分自身や周りの世界との深いつながりを発見しやすくなる。洋の東西を問わず、修道院は昔から俗世間から孤立した自然の中に建っているし、現代の組織のオフサイト・ミーティングの会場も、仕事から完全に離れるために自然に囲まれた場所が選ばれる。同じ理由で、私が調査した組織の中には、仕事場を自然環境の中に持ってこようとしている会社もある。サン・ハイドローリックスの四つの工場はすべて湖のとなりにあって、湖を見下ろしながら仕事をしたり、ミーティングをしたり、考えたり、食事をとったりできる大きなテラスが備わっている。私は本書の取材で訪れたときに、同社のテラスで何度も話し合いをしたが、自然の安らかな雰囲気のおかげで、くつろいだ気持ちと鮮明な頭で、深いレベルの話し合いをできた。サン・ハイドローリックスは、自然を社屋の中に持ち込んだ。工場には天井の至る所から数千もの緑色植物がぶら下がっている。製造現場ではなかなかお目にかかれない光景だ。同社で唯一名刺に役職がついている人は、一日中植物（プラント）の面倒を見ている「プラント・マネジャー★」だ、というのが同社で耳にした冗談だ。

サウンズ・トゥルーが新しいオフィスビルを計画した際には、建築家が従業員たちに設計図を見せに来た。ある女性が窓は開くのかと尋ねた。建築家は「それはありません」と答えた。企業のビルで窓を開けられると中央制御《コントロール》の空調設備が作動しにくくなるのと、窓の開閉を可能にするにはコストがかかるから、という説明だった。しかし、予算が厳しかったにもかかわらず、建築家の主張はくつがえされた。内面の深いレベルでは、窓が開くか開かないかという問題は、仕事における私たちと自然、そして私たちと私たち自身との関係を明らかにする。統制の名の下に、自分たち自身を新鮮な空気さえ吸えない状態に密封するなんて、私

★　一般的には「工場長」という意味。

たちはいったいどこまで狂ってしまったのか？

環境問題と社会問題

自然には私たちの中にある全体性《ホールネス》を呼び起こす能力がある。これは逆の方向にも機能する。つまり、私たちは全体性《ホールネス》を感じるとき、自分を取り囲むあらゆる物につながっている感覚を抱く。自分たちが環境に与えている損害は、頭の中の懸念ではすまなくなる。自然の苦しみを自分のものとして味わい、悲しむようになるのだ。同じことは社会的な問題についても言える。全体性《ホールネス》を取り戻すと、あらゆる形態の人生との壊れた関係を癒やすために、自分の役割を果たさなければならないと感じる。

今回私が取材した組織は、廃棄物がゼロ、毒性がゼロ、生態系への影響がゼロといった究極の目標を達成したわけではないが、多くの組織がその方向に向かって大きく前進している。たとえばＡＥＳは、地球温暖化がまだ大きな関心を集めていなかった一九九〇年代に、石炭を燃やす同社の工場から排出される二酸化炭素を吸収するために、数百万本の木を植え始めた。

進化型組織《ティール》は、何をするかより、どう取り組んでいるかという点で、環境や社会に対する自社の影響について他社と異なる取り組みをしている。問題のとらえ方が他社と異なっているのだ。「いったいどれだけのコストがかかるのか？」を問うのではなく、もっと深く個人的な問いから入る。「なすべき正しいことは何か？」。そう考えて初めて次の問いが出てくる。「どうすれば資金の範囲内でそれをできるのか？」。もちろん、すべてが可能というわけではないし、どこかで妥協する必要もあるだろう。しかし、進化型組織《ティール》の観点からは、すべてが内心の正しさから出発する。次に引用するのは、AESが上場した際、米国証券取引委員会への届出書類の中で表明した内容である。

AESにとって重要な要素の一つは、四つの主な「共有価値《シェアード・バリュー》」への本格的な取り組みだ（そのうちの一つが社会的責任で、当社が植樹を始めようと決めたきっかけはこれである）。これらの価値観と利益との間に矛盾が生じた場合には、仮に利益を失うかビジネス機会をあきらめなければならないとしても、当社は価値観を守ることにこだわるつもりである。さらに、AESが価値観を守ろうとするのは、経済的な成功を達成する手段としてではなく、これにこだわること自体が価値ある目標だからだ。

環境面、あるいは社会面から正しいことをした場合の影響は前もって十分に評価できないことが多い。実際、どれくらいのコストがかかるのか？　もし収益が上がるとしたら、どれくらいになるか？　こうした意思決定は、理屈抜きの、心からの信念（leap of faith）に基づいて行われることが多い。こうした判断に特になじんでいる会社が、アウトドア用アパレルメーカー、パタゴニアだ。同社は長年にわたって、環境への影響を減らすために未開の領域に足を踏み入れてきた。時には一見小さく、時には本当に大きく、しかし常に利益を失うリスクを背負いながら。次に紹介するのは、パタゴニアの創業者イヴォン・シュイナードが話してくれた事例である。

一九九〇年代、私たちは防寒用アンダーウェアの箱を変えることにしました。当時は、分厚い組み立て式段ボールの蓋部分を、重いジップロック社のビニールバッグの中に入れて使っていました。この包装はかなり重く、その負担を減らすため、普通の衣料品と同じようにハンガーに掛けるように変えたのです。重量の軽い素材でできたアンダーウェアについては、単に丸めてゴムバンドを巻きつけるようにしました。競合他社が包装に極端なほど力を入れていたため、私たちは売上が三〇％落ちると覚悟した方がよいと警告を受けていました。たとえば、ある会社は、とてもかわいらしいブリキ缶に製品を入れて発送していました。いずれにせよ、当社が簡易包装にしたのは、それが正しいことだったからです。この方式を採用した一年目には、一二トンの素材が世界中に運ばれ、捨てられ、埋め立て地に運ばれることがなくなり、一五万ドルを節約できました。

さらに、防寒用アンダーウェアの売上も二五％伸びたのです。製品が箱の中に隠れず、普通の衣服と同じように展示する必要があったため、顧客は素材に直接触れ、品質を確認できました。ほかの衣服と同じように展示されているので、アンダーウェア★（下着）を通常の衣服のように見せなければなりませんでした。その結果、大半のキャプリーン製アンダーウェアの上半身用シャツは上着のシャツとしても着られるようになり、多機能の衣服を作りたいという私たちの目標を十分満たしてくれる商品に仕上がりました。[19]

パタゴニアの歴史の中では、リスクを取って思い切ってやったことが最終的に大きな利益につながったことが少なくない、とシュイナードは振り返る。最も驚くべきエピソードは、一九九四年の夏に、農薬を大量に使った従来の栽培方法で育ててきたコットン（綿）を、一九九六年春までに全面的にオーガニック・コットン

★　ポリエステル素材。

に切り替えることを決めたことである。これは瞬く間に世界中に影響を及ぼした。原材料コストは三倍以上になり、コットンの製品ライン数は九一から六六に減った。これは異常とも言えるほどのリスクだった。それでも、コットン産業が世界に与えていた損害がいかに大きいかを認識するとほかに方法がない、とパタゴニアは感じていた。コットン畑は世界の農地全体のわずか三％しか占めていないにもかかわらず、世界中で使用される農薬の一〇％、殺虫剤の二五％が使われていたからだ。事前のあらゆる予想に反し、パタゴニアのオーガニック・コットン・プログラムは収益的にも黒字化を達成した。それ以上に重要だったのは、業界内のほかの会社もパタゴニアにならったことだった。

とことん誠実な気持ちで、なすべきだと感じたままに行動すれば、世界中から支持を得られる——古くからの知恵はそう教えてくれる。パタゴニアの賭けが成功することが多いのは、恐らく同社の行動が深い誠実さに基づいているからかもしれない。達成型《オレンジ》パラダイムに従うと、私たちは難しい判断には個人的に関わらないようにすることが多い。用心深く客観的な立場を取ることで、自らを対立軸の外側に置こうとするのだ。将来のシナリオのうち、考えられるあらゆる局面を数値化することで、解決が難しいトレードオフの状況を何とかできればよいと考え、シミュレーションの結果、利益が出ると分かったときだけ行動を起こす。それに対し、全体性《ホールネス》の実現を動機とする行動は、合理的な意思決定以上の行動を求める。私たちは、合理的な判断力と、直感と誠実さからにじみ出る知恵を組み合わせ、思い切って飛躍しなければならないのだ。

なお、最近は従来の金銭的な損益（「ファースト・ボトムライン」）以外に、地域社会や環境への貢献（「セカンド・ボトムライン」）など、複数の要素への関わり方と収支目標（マルチプル・ボトムライン）を設定する会計制度を取り入れる企業が増えてきている。ところが本書のために調査した企業にこの制度を取り入れているところはほとんどない。これは驚くべきだと感じる人もいるかもしれない。

　単に利益だけでなく、会社が人々や地球に及ぼす影響も追跡する会計制度が必要だと考える人たちがいる。これがマルチプル・ボトムラインの発想で、複数の収益はトレードオフの関係にあることが前提となっている。この議論は一見合理的に見える。しかしだとするならば、どうして複数の収支目標を持つ進化型《ティール》組織がないのだろう？　マルチプル・ボトムラインは金銭的な利益への固執を乗り越えられるかもしれない。しかしこの概念は依然として達成型《オレンジ》組織の発想に基づいているのではないかと私は考える。達成型《オレンジ》組織では、意思決定はコストと売上を秤にかける数量的なトレードオフのみに基づいて行われている。マルチプル・ボトムラインの発想はその延長にすぎないのではないだろうか。

　しかし進化型《ティール》の観点からすると、正しい行動をとっているかどうかを識別するために何もかもを数量化する必要はない。企業行動が環境と社会にどのような影響を及ぼすかを測定すれば、有益なヒントを得られることは言うまでもない（だからこそ、マルチプル・ボトムラインは将来の会計制度の一方向になるかもしれない）。しかし、私たちは利益を最優先とする考え方を超越し、世界との関係を改善するために誠実さと全体性《ホールネス》を必要としているのだ。進化型《ティール》組織は、高度な会計制度よりもこの点を信じているようなのだ。

　もう一つ、進化型《ティール》組織が環境と社会への取り組みにあたって他社と異なっているのは、自主経営《セルフ・マネジメント》に立脚しているという点である。従業員が自分の働いている環境やコミュニティーを心から心配していたとしても、従来型組織では、それが組織としての行動に表れることはめったにない。「空想家」「活動家」「問題児」とレッテルを貼られることを恐れて、人々はあまりにも自己検閲を行い、そうした問題を何とかするために戦おうとしない。だから組織内部から環境や社会への取り組みが自然とわき上がることはほとんどない。ほぼ

自然が私たちの外にある何か、私たちと一線を画し、私たちとは異質で、別個の物と見えている限り、自然は私たちに対しても、そして私たちの中でも失われている。
——サー・クリスピン・ティッケル

常に、上からの命令なのだ。もちろん、上意下達だったとしても、ウォルマートやGEのような企業のCEOが近年設定している環境上の大胆な目標の価値を低下させるものではない。しかし本当のところは、こうした組織で働く大多数の人々は、管理職も現場の従業員も含めて、自らの環境に対する懸念から動くことを会社から託されているとは感じていない。これは私たちにとっても、世界にとっても大きな損失だ。本音を話すことが安全ではないと感じると、私たちは心の声を発するのをやめ、人間的な誠実さを失い、世界が必死で求めている行動の変化を起こせない。

　進化型《ティール》組織では、権限が分散されている。したがって、環境的、社会的な取り組みは社内のどの部署にいても、情熱的な人々が協力すれば始めることができる。数百万本の植物を植えようというAESの取り組みは、CEOや本社のだれかに支持されたアイデアではなく、ロサンゼルスの工場で働いていたある従業員が推し進めたのだ。もちろん、最初はこの取り組みへの予算はなかった。彼女は助言プロセスを使って、関わってほしいと考えた人々との間に自分のアイデアを広め、彼らと一緒に、会社が植樹に費やすべきだと思われる金額を徐々に増やしていった。

　もう一つの美しい事例はパタゴニアだ。同社がカリフォルニア州ベントゥーラからネバダ州のレノへ倉庫を移したとき、一緒に引っ越した社員も多かった。ネバダ州には荒野や連邦政府の所有地が数多くあるが、そのうち自然保護地域と指定され、保護されている地域はほとんどなかった。そこで四人の従業員が土地の目録をつくり、どのエリアを保護地域にするかを容易に認定できるようにする取り組みを始めた。彼らは経営陣に対してこう主張した。「もし私たちに給料を支払い続けて、机を一ついただければ、数年以内に自然保護法案ができると思います」。彼らは幅広い連帯組織をつくりあげ、ワシントンに行き、ロビー活動を

とことん誠実な気持ちで事を行えば、世界中から支持を得られる——古くからの知恵はそう教えてくれる。

行った。その結果、一二〇万エーカー（約四九〇〇ヘクタール）の土地が一エーカーあたりおよそ一〇セントで保護されることになった。それ以降も、莫大な土地が加わっている。

第5章

全体性《ホールネス》を取り戻すための努力／人事プロセス

人類は物事を速く進められるようになったが、その結果自分自身を孤立させた。豊かさをもたらした機械のおかげで、もっと欲しがるようになった。知識によって人は懐疑的になり、知恵によって頑なで不親切になった。考えすぎる一方で、感情的になることは少ない。機械よりも、人間性が必要なのだ。知恵よりも、親切さと優しさがほしい。でなければ、人生には暴力だけが残ってしまう。

チャールズ・チャップリン
（映画『独裁者』のユダヤ人の床屋による演説から）

全体性《ホールネス》の追求は、決して簡単ではない。私たちは、何か混乱が起こると、バラバラに避難場所を探したくなる。人間らしい心はなりを潜め、エゴが前面に躍り出て、自分の安全確保のために行動するようになる。しかしその行動によって失われるのは安全なのだ。なぜなら、他人や自分自身を、愛情と受容の対象ではなく、恐れと判定《ジャッジメント》の対象としてとらえるようになるからだ。

人生で最も崇高な目標は、孤立を克服し、全体性《ホールネス》を取り戻すことだ——古くからの知恵の多くはそう教えてくれる。前章までで紹介してきたさまざまな組織慣行（明示的な基本ルール、紛争解決プロセス、ミーティングでの暗黙のルール、内省のための空間、オフィスビルの工夫など）は、すべて自分自身をさらけ出し、個人としても、組織としても全体性《ホールネス》を得られるような、安全な空間をつくるために考えられたものなのだ。しかし私が調査したパイオニア組織は、それだけでは不十分だと気づき、重要な人事プロセス（採用、オンボーディング、評価、報酬、解雇）もすべてつくり直した。なぜなら、今日ではあまりにも多くの組織が恐れと分離を生み出しているからだ。

採用

採用期間中に、いや、組織に最初に足を踏み入れる前から、すでにウソが始まっていることが多い。応募者は、採用担当者が望ましいと思う人間像に自らを合わせようとする。それは履歴書から服装、立ち居ふるまい、尋ねるのが（あるいは尋ねないことが）適切と思われるような質問、自分についての物語など、ありとあらゆる点に及ぶ。会社側も、自社に仮面をかぶせて候補者を引きつけようとすることが多い（最近は

「エンプロイヤーブランディング」と呼ばれるマーケティング分野が現れた。これは雇用主《エンプロイヤー》として自社がいかに素晴らしいかを示すことで、顧客ではなく就職希望者を引きつけようという活動である）。採用プロセスとは、例えるなら、ハイヒールを履いて背を高く見せる人と、窮屈な服を着て腹を引き締めた人が、普段出会ってもわからないほどの厚化粧をしたカップルとなって踊る、ぎこちないダンスのようになりがちだ。

進化型組織《ティール》は従来の採用プロセスに微調整を行い、両者が相手をよりよく知り、できるだけ相手の本当の姿を見られるような工夫をしている。まず、面接を行うのはインタビューの訓練を受けた人事担当者ではなく、将来のチームメイトだ。彼らの判断基準は、その候補者と毎日一緒に働きたいと思うか、ということだけである。採用数の目標もないので、自分たちの職場について（従来型組織の）人事担当者よりもずっと正直なことが多い。もし自分の会社を、将来一緒に働くかもしれない候補者に実際よりもよく見せようとすると、結局そのツケは自分に回ってくるからだ。

このように、面接者は自分の職場について正直に語ることが多いため、候補者も「正直になっていいんですよ」と言われているように感じる。この点は重要だ。本書のために調査したどの組織も、志望者のスキルや経験を軽視しないが、姿勢はそれらと同じくらい重要だと主張しているからだ。この人は当社の価値観や目的に刺激を受けているだろうか？　自主経営《セルフ・マネジメント》環境の中でうまくやっていけるだろうか？　ほかの仲間たちと調和していけるか？　従業員は、何でも正解を答えられる候補者ではなく、その人の本当の個性と関わっていきたいのだ。

サウンズ・トゥルーの創設者、タミ・サイモンは同社独特の文化と、どういう人々が同社にうまく合い、あるいは合わないかについての話をしてくれた。

私がサウンズ・トゥルーで発見したことの一つは、最初の三カ月で多くの人が辞めていくことです。私たちは、新しく来た人が何者なのかを知りたいと思っています。一緒に働く仲間にはなるべくありのままの姿でいてほしい、職場に来るのに四〇もの仮面を身につけてほしくない、と考えているのです。つまり、「あなたは本当の自分でいられていますか?」と問いかけているのです。職場にいないときのあなたと仕事をしているときのあなたに何の違いもない——そういった「自分らしさ《オーセンティシティ》」を求めているのです。それが当社の職場環境です。もちろん私たちは候補者に対してこの点を審査しますし、就職を決める前にこの社風を知ってもらいます。すると多くの人々が「はい、私はこうした環境に完全に合っていると思います。興味があります。まさに私が求めていた職場です」と言うのです。けれども、そうして入社して、人々が廊下で立ち止まり、「いまどんな調子?」と言うときに、それが単なる挨拶ではなく、心からそう尋ねるような、そのような環境下で実際に働いてみると、それを快適に思う人もいれば、思わない人もいるのかもしれません。[1]

進化型《ティール》組織では、もちろんスキルや経験は重要であったとしても、最優先事項でないところが多い。社内での役割はかなり流動的なので、特定の部署向けにだれかを雇うことはほとんど意味がない。社員がやる気を出すと、新しいスキルや経験を見つけ、それを驚くほど短時間で身につける。業務を台なしにするのは、チームメンバーと調和できない人、とりわけ自主経営《セルフ・マネジメント》に向かない人なのだ。AESのある社員は次のように話してくれた。

新しい服を要求するすべての企業に用心せよ。
——ヘンリー・デイヴィッド・ソロー

（当社に向かないのは）いつも文句ばかりを言い、幸せな気持ちで働けず、ほかの人を非難し、責任を取らず、正直ではなく、他人を信頼しない人です。それと、具体的な指示を待っている人。目の前の状況に柔軟に対処できず、「これは私の仕事ではありません」という人も無理でしょう。[2]

採用プロセスには、多くの時間が費やされている。志望者が入社したいかどうかを決められるように、会社の価値は何か、自社で働くことはどのようなものかについて志望者に情報を提供する。モーニング・スターへの入社希望者は、面談プロセスの期間中、自主経営《セルフ・マネジメント》を徹底的に紹介される。ＡＥＳでは、志望者は会社の価値観とさまざまな慣行について話し合う場に招かれる。そして多くの進化型組織《ティール》では、かなり多くのチームメイトが志望者と面談し（一〇回以上というのも珍しくない）、両者が相手をよく知るための時間をたっぷりかける。こうしたプロセスは、つまるところ、両者が一つの基本的な問いに答えるための、双方向の気づきのプロセスなのだ。「私たちは、一緒に旅をする運命にあるのだろうか？」

ＦＡＶＩなどのように、試用期間を長く取って、うまくやっていけるかどうかを試す会社もある。靴を中心としたアパレル通販サイトを運営するザッポスは、社員が入社し、四週間のオリエンテーション期間中に考え直して辞めることにした場合には、三〇〇〇ドルの小切手を提供している。根底にあるのは「就職が運命ではないことがわかったら、離れることで幸せになるべきだ」という考え方だ。コールセンターで働く人々や、注文処理センターで発送作業に携わる人々（これがザッポスで従業員の大半が携わる仕事である）にとって、三〇〇〇ドルは大金である。この金額まで上がったのは、お金を受け取って会社を辞める社員の比率は一〜二パーセントにすぎないというザッポスの素晴らしい文化のおかげだ。なぜなら、この比率が限りなくゼロに近づくたびに、ザッポスは金額を上げてきているからだ（元々この仕組みは一〇〇ドルで始まったがその後二〇〇ドルへ、さらに徐々に上がってきて現在の水準になった）。言い換えれば、この社の文化の健全性を測る指標なのだ（ベストセラーとなったCEOのトニー・シェイ著『ザッポス伝説』★に描かれているように、ザッポスは、多元型《グリーン》組織の文化を持つ企業として有名だ。社員一五〇〇名の同社は現在、ホラクラシーの導入を急速に進めており、そうなれば史上最大規模のホラクラシー実践組織になるはずだ）。

オンボーディング

現在多くの組織で実施されるオンボーディング・プロセス★は、かなり限定的だ。参加者は会社の歴史、ミッション・ステートメント、価値観についての簡単な説明書を受け取るだけか、あるいは数人の経営幹部がこれらについて話す二時間程度の研修会が開かれる程度だ。だいたい入社直後は文書類に署名し、デスクとコンピューターをあてがわれ、会社のネットワークにアクセスするためのパスワードをもらうといった手続きになるだろう。準備ができると、新入社員は上司の時間を確保し、指示をもらおうとしなければならない。入社後しばらくは、生産的なことはほとんどできない。就職活動中に感じた会社側からの優しいふるまいは、一年前のロマンスのように感じるかもしれない。

これに対して、進化型《ティール》組織は、新入社員を迎えるのにはるかに多くの時間をかけ、情熱を注ぐ。新入社員にとって、入社後の数日間あるいは数週間は、これまでと異なる新しい職場に来たのだという実感を得る

★『ザッポス伝説』（トニー・シェイ著、本荘修二、豊田早苗訳、ダイヤモンド社、2010年）。

★ オンボーディング・プロセス……新規採用者が戦力化するまでの継続的な教育や研修。

うえで、極めて重要だ。オンボーディング・プロセスの中心にあるのは、新しい環境を理解し、しっかりと日々を過ごせるようになるための教育研修だ。この研修を通じて、自主経営《セルフ・マネジメント》、全体性《ホールネス》、存在目的という三つの突破口《ブレイクスルー》に触れることになる。

▼**自主経営《セルフ・マネジメント》**——従来の階層的組織から転職してきた人々は、はじめのうちは自主経営《セルフ・マネジメント》に戸惑うかもしれない。どのように作用するのか、従来の組織と何が異なり、何が同じなのか、そのような環境でうまくやっていくにはどのようなスキルが必要か——研修プログラムはそうしたことを理解する一助になるだろう。ビュートゾルフでは、すべての新入社員が問題解決とミーティングでの決まり事に関する研修を受け、管理職のいないチームで判断を下しながら業務を進める方法を学ぶ。同じように、モーニング・スターの新入社員は、全員が自主経営《セルフ・マネジメント》の基礎を学ぶセミナーに参加する。特に、入社前にリーダーの立場にいた人々にとって、自主経営《セルフ・マネジメント》組織になじむのは難しいかもしれない。指揮命令という武器を使わずに、物事を進める方法を学ばなければならないからだ。組織に慣れるためにだれかから助けてもらうのは、容易な作業ではない。モーニング・スターの「セルフマネジメント・インスティテュート」を率いるポール・グリーン・ジュニアによると、以前の会社でヴァイス・プレジデント以上の高い役職に就いていた人々のうち五〇パーセント近くが、入社後一〜二年で結局は退職するという。「自分たちが〝神を演じる〟ことのできないシステムになじむのはかなり難しいのです」

▼**全体性《ホールネス》に向けた努力**——新入社員は、人々が職場で「自分らしさ《オーセンティシティ》」をもっと出せるようになるための、前提、基本ルール、価値観についての研修を受ける。ビュートゾルフでは、紛争解決と非暴力コミュ

ニケーションの技術についての研修がある。ハイリゲンフェルトでは、「自制」や「失敗への対処」といった六つのテーマに関する研修プログラムを受ける。

▼存在目的に耳を傾ける――オンボーディングのもう一つの中心テーマは、組織の目的だ。つまり「当社の存在目的は何なのか?」「それは何に由来しているのか?」と問いかける。新入社員は自分の使命は何か、それが組織の目的とどう共鳴し合うか、お互いをどう支え、伸ばし合えるのかについて深く考えるように促される。ビュートゾルフのヨス・デ・ブロックやパタゴニアのイヴォン・シュイナードのように、この研修プログラムを重視し、すべての新人研修に参加するリーダーもいる。

全員に対して、前線の現場で必要なスキルを研修で教える組織もある。フランスの自動車部品メーカーのFAVIでは、エンジニアと管理部門の職員全員が、作業現場にある機械のうち少なくとも一台の操作方法についての研修を受ける。この研修で得たスキルは、定期的に生かされている。注文が殺到した場合には全員が作業にかり出されるからだ。ホワイトカラーの労働者が、二階のオフィスから一階の現場まで降りてきて、数時間にわたって機械を動かす。これはコミュニティーを形成するための素晴らしい慣行だ。エンジニアと管理部門のスタッフが、機械作業員の指示に従って一緒に働くのだから。彼らは、機械を作業することがいかに難しく、どれほどのスキルを要求される仕事かをじかに経験する。一日の終わりに、注文がすべて納期通りに配送されると、皆で成し遂げた仕事に誇りを抱く。

サン・ハイドローリックスでは、新入社員全員が将来の役割と関係なく、「製造ツアー」から会社生活を始める。これは機械一台だけでなく複数の仕事場での仕事を学ぶものだ。時間給スタッフの場合、このツアーは二～四週間続き、四～六つの異なる分野で働く。固定給スタッフの場合はそれより長く、一～四カ月かかる。その後にようやく採用されたときに配属された職務に就く。

入社直後になぜそれだけの手間暇をかけるのか？　サン・ハイドローリックスの社員は、組織全体の同僚たちと人間関係を築き、会社をあらゆる角度から理解することがとても大切だと考えている。自主経営《セルフ・マネジメント》の環境で働くと、物事を自主的に進め、自由に職場の仲間たちに連絡を取り、何重にも及ぶ承認を待つことなく変化を起こすことができる。社内に知っている人の数が多いほど、全体を理解し、新しいアイデアを得て、それを実現しやすくなる。サンでは、「製造ツアー」を終えた社員が、採用時に配属されるはずだった役割を選ばないケースも珍しくない。新たな興味が湧いたりすぐに解決すべき課題を見いだしたりしたために、違う部署を選ぶのだ。

ＦＡＶＩのオンボーディング・プロセスも良い雰囲気で締めくくられる。入社後二カ月に及ぶすべての研修プログラムを終えた新入社員は、自分が加わったグループの同僚たちに手紙を書くよう求められる。内容については一切指示が与えられないが、新人は自己を深く掘り下げて、伝えるべき価値のあることを見つけ出す。感謝と喜びに満ちた、深く感動的な手紙になることも珍しくない。ＦＡＶＩの工場労働者の多くは、不信と命令と統制という過去の経験に傷ついて入社してくる。信頼できる人としての扱いを受け、自分の声を聞いてもらえる環境に入ることは、信じられない経験だろう。多くの機械作業員にとって、手紙は苦手な表現手段だ。正しい言葉を選び出すことにはかなり苦労するので、この慣行はコミュニティーに加わるための一種の儀式、通過儀礼に似ている。

研修

自主経営《セルフ・マネジメント》は、ほかの組織には見られないような学びの機会を、自然な形で提供してくれる。新しい役割を担う、あるいは新たな取り組みを試そうというときに邪魔されることがないからだ。むしろ逆で、あなたが会社に貢献しようとすればするほど、あなたの評判は上がり、多くの人が助言や支援を申し出てくれ、新しい役割や活動をますます任されるようになる。デニス・バーキは、「AESの職場の仕組みによって、当社は図らずも、この地域で一流の教育機関になりました」[3]と述べている。というのも同社の社員は、意思決定をしたり、助言を求めたり、自発的なタスクフォースに参加したり、他社では経営やスタッフ機能に集中していそうなスキルや知識を獲得したりすることで、常に学んでいるからだ。サン・ハイドローリックスの社員も次のような素晴らしい説明をしてくれる。

ここでは、従来の会社では決して起こらないようなことが、たくさん実現しています。当社には、自由な発想の人々、才能に恵まれた人々がたくさんいます。だれもが当社の仕組みによってそれまで知らなかった新しい才能を見つけてきました。しかし、その才能を知らなかったとしても、十分に満足のいく人生を送れたでしょう。私自身、自分が何をしているか、よい仕事をしているか、全力を出しているか、ということを知ってもらって安心感を得たいと思うことがあります。でもこの会社では、常に新しいことに挑戦し続けなければならないのです。[4]

人材を育てるのは会社の仕事ではないが、人材はこの会社の仕事をすることで成長する機会を与えられている。
——トム・トミソン（ホラクラシーワンの創業者）

個人の責任と研修を受ける自由

研修に関して他の組織との最も大きな違いは、自らの研修プログラムを企画・実施する責任は従業員自身にあるという点だ。研修プログラムを確定し、だれが、どの研修やプログラムにいつ参加するかを決定する人事部門は存在しない。従業員は、助言プロセスを利用し、費用が妥当だと判断できれば、社内外のどの研修プログラムにも申し込める。

プロセスをさらに単純化している例として、個人レベル、あるいはチームレベルで外部の研修に参加する予算を、助言プロセスなしで決定できるところもあった。たとえばビュートゾルフでは、だれかに相談しなくても、売上高の三%を研修に費やせるという原則が自然とできあがっていた。どういう研修が必要かを自由に決め、最も優れた講師役を探す。それは医薬品の供給業者や病院の一部門かもしれないし、薬剤師、あるいはビュートゾルフの別のチームかもしれない。創業者のヨス・デ・ブロックは、この自由があるからこそ、看護師たちがすばやく対応できると説明する。

当社では、驚くほど多くの看護師が、さまざまな病症や専門器具について自ら学んでいるため、新しい患者であってもできる限り最善の方法で支援できています。医薬品ポンプから透析器具や呼吸装置に至るまで、看護師たちはそれぞれの機能や使い方に習熟しているので、患者の治療にあたる医師の数を少なく抑えられているのです。看護師たちは研修を受けてよいかどうかをいちいち尋ねる必要がないので、学びたいときにはすぐにモチベーションを高められるのです。看護師の気持ちを想像すると、「それはあたかも朝の目覚めの状態に似ています。あらゆる可能性について再び考え始めるのですから」と感じているのではないでしょうか。[5]

ビュートゾルフの看護師はあらゆる種類の器具や技術を取り扱えるという評判が立つにつれ、医師は、従来の看護機関では対処しきれないような、患者の生活を改善する治療方法（たとえば、慢性的な痛みを抱える人向けの医薬品ポンプの利用）を指示するようになっている。

さまざまな研修分野

従来の組織では、研修プログラムはおおむね次の二つに分類される。

1. 組織内での立場に応じて従業員を補助する研修――若手社員研修、新任管理職研修、部長研修、幹部研修など。とりわけ多元型《グリーン》組織はかなりの時間と金をかけて、管理職が権限を見事に使いこなし、その大半を部下に委譲できるようになるための研修を実施している。
2. 営業スキル、財務分析、リーン生産方式といった特定のテーマに関するスキルアップ研修。

自主経営《セルフ・マネジメント》組織には、前者のような、組織の出世階段を上る人々を支援する研修プログラムはもはやない。進化型《ティール》組織は、従来の組織ではめったに見られない二種類の研修を提供している。共通の文化を確立するための研修と、自己啓発研修だ。スキルアップのための研修もあるが、多くは外部講師ではなく社員が講師役を務め、会社の価値観や文化を教え込むといった工夫が施されている。

全員参加の共通研修

自主経営《セルフ・マネジメント》組織では、これまで紹介してきたように、すべての新入社員（入社後の部署や役割を問わない）を対象とする研修が数多く実施されている。

しかし、転職してきた社員が、前の職場での習慣を取り払って新たな習慣を身につけるには、一度限りの研修プログラムでは不十分だ。したがって、日常業務に組み込まれる形でのフォローアップ研修やワークショップなどが追加的に実施されている。かつてFAVIでは、毎週金曜日の朝に、CEOのゾブリストがだれでも参加できる一時間のセッションを開いていた。テーマは「FAVIの中心的な組織ツールの一つを掘り下げよう」だった（FAVIは、それらを「フィッシュ」または「インデックス・カード」と呼んでいた。文字通り、インデックス・カードの形で従業員はそれを閲覧できるからだ）。たとえば、会社の目的、価値観、意思決定メカニズム、リーン生産方式の技法などである。ほかの会社では（一定の不和を乗り越えて働くための）チーム・コーチング、社員旅行、目的サークル、バリューズ・デーなども実施されている。

従業員が講師になる

社内の研修については、大半が外部講師を使うのをやめている。教えることに情熱を持ち、会社の言語や文化に合わせて素材をつくれる職場の仲間が担当する。プログラムは、徹底的に内省を促すものも多い。講師役は、参加者が自分自身とつながり、自分がだれかを発見し、そのテーマについて自己を表現する本当の方法を見つけ出すまで面倒を見る。チームメンバーが講師役になれればコストが節約できるだけでなく、講師役にとっても、自分が注目され、専門知識があると認められる機会になるので、意欲も高まる。ベルリンの学校ESBZは、この方法をかなり活用しているが、最近、生徒たちの記憶力を高める強力な方法があることを、偶然見つけ出した。講師役の訓練を受けるための研修に、先生に加えて一部の生徒も派遣するようにしたのだ。先生が何でもかんでも教えなければならないと、だれが決めたのだろう？ 生徒がほかの生徒を教えてもいいではないか、という発想である。

職務記述書、役職、キャリア・プランニング

前章では、自主経営《セルフ・マネジメント》組織には堅苦しい職務記述書や役職がないことを紹介した。ほとんどの社員は、「おおむねこういう仕事」と説明できる単一の「仕事」を持っておらず、さまざまな役割を自分なりに組み合わせて兼務している。この組織慣行は、素晴らしい副次的効果をもたらした。役職がないと、「自分は何者か」というアイデンティティーと職場での地位を結びつけることが、かなり難しくなる。現在はほとんどの人が、両者を融合させている。「お仕事は何を……？」と尋ねられると、「私は○○（現場監督、営業部長、人事部の課長）です」と答えがちだ。そして心のどこかで役職が実際に自分自身であると考え、その思考にしたがってふるまい始める。ところが、役職と職務記述書がないと、自己や他者を、何よりもまず一人の人間ととらえるようになる。そしてその自分が、たまたまある期間中に特定の役割を果たすことに情熱を注ぎ込んでいるのだ——そう考えるようになる。

私たちはそもそも、自分がどのように働くべきかを職務記述書に語らせることなどできない。やりがいと

意味のある役割を果たすための独自の方法を、自分の中に見つけなければならないのだ。ＲＨＤの創業者であるロバート・フィッシュマンは、感動的な例を使ってこれを説明する。

ＲＨＤは、意識的に（職務記述書を）使っていません。人々は本質的に優秀だという前提の下、ある従業員が仕事について大体の感覚をつかめば、自分でどうすればよいかを工夫したくなるだろう、と考えています。

あるとき、当社の外来患者クリニックの受付として長年働いてきたテルマが、職務記述書を作ってほしいと言ってきました。彼女はすでに質の高い仕事をしているので、仕事内容の詳細を定義することは意味がないのではないか、と伝えました。テルマの素晴らしいところは、思いやりです。患者さんを出迎えるときも、コーヒーを持って行くときも、セラピストが患者さんを時間通りに治療室にお連れできるよう調整するときにも、とても気持ちのこもった配慮を示すのです。どんな言葉をもってしても、その心のこもったあたたかさを正確に表現できないでしょう。テルマは、どうすれば自分の仕事をうまくできるかをすでに知っているので、詳細な職務記述書を書いたところで、それは彼女にとって有害無益だろうと私は思います。

仕事を定義するただ一つの方法はありませんし、だれか別の人の仕事がどのようになされるべきかを答えられる上司はいません。もし、私の物の見方を彼女に押しつけたら、この組織はテルマという特別な才能——人々とよい関係をつくる彼女のやり方を失うことになるでしょう。それは大きな損失です。[6]

テルマのように、役職も職務記述書もないと、多くの人が最初は不安を抱くだろう。だれでも、自分に何が期待されているかを知りたいものだ。役職と職務記述書がないと、自分が何者で、自分は何に貢献できるかを決めようと、自分なりに意味のある方法を、自分自身の中から探すほかなくなる。事前に定められたテンプレートはないし、自分の素性を表すラベルが事前に与えられるわけでもない。これは、進化型組織《ティール》の持つもう一つの大きなパラドックスだ。従業員は、役割から心を離すように、つまり自分の仕事から自分自身を引き離すように促される。そうすると人は、真の自己により近い姿でその役割に向き合うという、美しいパラドックスを描くのだ。

約束《コミットメント》、労働時間、柔軟性

従来型組織では、労働時間には二通りのとらえ方がある。決まった時間だけ働く人々と、一定の実績を上げているうちは何時に来て何時に帰ってもよい人々だ。前者はより下の方の階層、後者はより上の方の階層にいる人々に当てはまる。実際には、どちらも働く人々にとって失礼な取り決めだ。

決まった労働時間を課すのは、人々を資源として、つまり腕や脳を決まった量の時間で雇うという前提に立っている。仕事とは基本的につまらないもので、人材は交換可能であり、社員は支払われる給料の分だけ職場にいることを前提としている。また、下の方の階層にいる人々は、組織から信頼されていないので、自分で目標を設定して達成するまで働くという仕組みで働いていない。進化型組織《ティール》の場合、人々は日々のルーティンの業務であってもプライドを持ってよい仕事をしたいと思っているはずだ、という前提から始まっている。FAVIとサン・ハイドローリックスでは、社員がタイムカードを押すことはなく、だれも労働時間を管理していない。いくつかのシフトはある。これは大まかな目安だが、次の交代要員が来ても、一つの仕事を終わらすまで残ることはある。

大半の組織では、経営陣には決まった就業時間はない。自分で自分を律し、仕事が終わるまで働くという信頼があるからだ。しかし、暗黙的にはもっと深い意味がある。つまり経営する立場にある人々には、個人の人生よりも仕事を優先すべし、という無言のプレッシャーが課せられている。自分たちが常に「オン」になっていて、いつでも連絡される立場にあるので、仕事外の生活を二の次にしなければならない（あるいは少なくともそのような印象を与えなければならない）と感じている人は多い。子どもの学芸会があるから、あるいは親友が助けを求めているからという理由で、重要なミーティングをあえてキャンセルしようなどという経営者はまずいない。そしてそう感じる極めて少数の人たちも、何か別の口実をつけなければならない。つまり、自分の大切なものを見捨てるようにけしかける組織文化の中で働いているわけだ。

もし、職場でも自分らしさを失わずに充実感を得たいと思うならば、仕事以外の重要な活動についても、堂々と述べられるようにならなければならない。いつでもどんな状況下でも仕事が最優先である、と振舞ってはならない。これを実現するためには、簡単な慣行が役に立つかもしれない。定期的にミーティングを開いて、今その瞬間に、どれくらい自分の時間と情熱を会社の存在目的の達成に注ぎ込みたいかを、仲間たちと話し合うことにするのだ。そのような慣行を実際に導入しているホラクラシーワンの共同創業者、トム・トミソンは、その理由を次のように語る。

会社の存在目的のために、自分はどれだけの時間と情熱を喜んで注ぎ込めるかを、一人一人のパートナーが自ら明確に選択できるような状況をつくることです。そのような職場では、私たちは意識的に、自分が人として興味を抱き、自分を高めてくれそうなさまざまな取り組みに向き合えるようになります。そうなってはじめて、自分の時間や情熱を、どれくらい会社の存在目的のために費やせるかを選択できるのです。ですから、何の偏見もなく、私たちは一人一人の仲間にこう尋ねます。「その旅のために、どれだけの時間と情熱を注いでいるのですか？」と[7]。

モーニング・スターにも同じような慣行がある。社員一人一人が自分のＣＬＯＵ（仲間たちへの覚え書き）の中に、自分の業務スケジュールを書き込むのだ。たとえば、閑散期には週四〇～四五時間、繁忙期（トマトの収穫と加工を行う時期）には五〇～五五時間と書く人がいたとする。同僚たちは自分のＣＬＯＵについて話し合うので、お互いが何時間申告したかを知っている。

だれかがプライベートな事に多くの時間を割く必要があるときには、スケジュールを柔軟に変更できるように、少人数の自主経営《セルフ・マネジメント》チームが支援する。ビュートゾルフでは、看護師のだれかが（病気の両親を抱えて自分が世話をしなければならないといった）何らかの事情で就業時間を減らしたいときには、チームが全員の担当患者を見直して、一時的に患者の新規受け入れ数を減らす。ＦＡＶＩでは、ある作業員が家を建てることになり、自分のチームに相談した。施工業者の作業に立ち会うため、彼は夜勤への変更を求めていた。夜勤担当の社員は四ヵ月も業務時間を交換してくれるだろうか？　業務の交換相手はすぐに見つかったし、人事部や管理職の承認も必要なかった。

解決策がそれほど簡単に見つからないこともある。モーニング・スターの繁忙期には、社員全員が出勤して各自の作業に当たらなければならない。一人の社員が休みの時間を多く取りたいとしても、継続的な作業であるトマト加工が遅れたり滞ったりすることは許されない。だれかが就業時間を減らしたいときには、CLOUに申告した約束《コミットメント》を守るためにチームで解決策を見つけることが期待される。これは、本社の人事部や企画部門がないことの裏返しだ。人事部に補充の要請をして、あとの問題解決を彼らに任せて終わり、というわけにはいかない。あなたは解決策を見つける完全な自由を確保しているが、しかしそれを見つけるまでは、自分が約束した約束《コミットメント》を果たさなければならない。しかし実際には、同僚たちが助け船を出してくれることが多い。なぜならば、いつかは自分にも同じ事が起こる、つまりお互い様だということを知っているからだ。その結果、社員同士が力を貸し合い、プライベートで重要な問題が生じたときには周りに助けを求めるという文化が生まれる。

フィードバックと実績管理

職場への貢献度についてフィードバックをもらいたいというのは、多くの人が感じる欲求である。自分の仕事は役に立ったのだろうか？　努力しただけの甲斐はあったのか？　だれもが知りたいことだろう。ところが、たいていの組織はフィードバックの文化をつくることがいかに難しいかに気づく。仕事はきちんとこなすことが当たり前とされ、フィードバックといっても具体的な指示ではなく「よくやったね！」という言葉で済まされがちだ。そして後ろ向きなフィードバックについては、問題に真剣に向き合うことを躊躇して本人に伝えず、次の正式な評価面談まで保留してしまう。その結果多くの組織では、年に一度の評価面談が最も気まずい機会になるのも不思議ではない。従業員は、評価面談に二つの心持ちで臨む。自分の貢献が最終的には会社に認められることを期待しながら、もう一方では、後ろ向きなフィードバックは評価面談まで伝えられないことが多いので、いったいどんな問題が積み上がっているのだろうという恐れを抱くのである。ロブ・リーボウとランディ・スピッツァーが書いた『説明責任』（未邦訳／*Accountability*）では、この問題が次のように指摘されている。

> 評価が人の心を破壊してしまうことがあまりにも多い。三〇分のミーティングの間に、それまでは生き生きと、仕事に対する問題意識の強かった人が、週末になると求人広告を眺める、何の取り柄もない無気力な社員に変わってしまうのだ。彼らが働かなくなるのは、評価システムのほとんどが判定《ジャッジメント》と統制の形式を取っているからである。[8]

私はこの見解を正しいと思う。意図的かどうかは別として、私たちはフィードバックの仕組みを用いて、「こうあるべきだ」と自分が考える方向に、他者を強引に導こうとしがちなのである。従業員に本音を隠させるのに、これ以上簡単な方法はない。しかし、評価制度がこのようであるべき必要性はない。アプローチを変えさえすれば、評価面談の場はうまく行かないところを判定《ジャッジ》するのではなく、貢献をほめたたえ、実績を認めたうえで、私たちの知識や経験、才能、あるいは態度のどこが求められている水準に足りないのかを心から問う場に変えられるはずなのだ。そして、次のような、もっと深い問いを探求していくこともできる

――「私たちが心から熱望していることは何か？」「世界に何を提供できるのか？」「私たち独自の才能は何か？」「何が障害になっているか？」「どうすれば、会社の中でもっと自分らしく生きられるようになるだろう？」。

第Ⅱ部第3章では、進化型《ティール》組織では実績管理の最終責任がチームに与えられている事実を紹介した（206ページ参照）。社員個人のフィードバックと評価は、管理職ではなく一緒に働く仲間によって行われている。この点は良い仕組みだが、実績管理が判定《ジャッジメント》と統制の機会ではなく、探求と祝福の場になることを保証しているわけではない。これを解決するために、三つの慣行を加えるとよいかもしれない。

一つ目は、古くからの知恵をヒントにフィードバックに臨む、ということだ。私たちは恐れ・判定《ジャッジメント》・分離か、愛情・受容・つながりのいずれかの観点から世界に対峙する。伝えるのが難しいフィードバックを与えるときには、ともするとぎこちない雰囲気で面談を始め、恐れと判定《ジャッジメント》の側面から話し合いを始めてしまう。つまり、この人の何が悪く、どこをどう直せばよいのか？ という視点で相手を見てしまうのだ。マインドフルになれる、つまり周囲の状況に充分気を配れるようになると、相手の立場に立って面談に臨むことができる。すると、答えを見つけるのは難しいとしても、同僚自身が自分の問題に正直に向かい合えるような、一緒になって探求するあたたかい場をつくることができる。この種のマインドフルネスをもって面談に臨めば、何かを学んだり、教えたりできる。簡単な実践を取り入れるのもよいかもしれない。面談の前に一分間沈黙する、あるいは何らかの個人と向き合う儀式を行って、愛と思いやりの気持を整えるのだ。

二つ目は、一つ目の慣行が出発点となっている。心が発する言葉を学ばなければならない、ということだ。「他人を評価するときには、なるべく客観的になりなさい」。私たちはそう教わってきたが、これは悲劇的な誤りだ。評価が「客観的」などということはあり得ないのだが（多くの人々が同じ評価を共有していると、「文化的な根拠に基づいている」とは言えるかもしれないが）、それでも客観的な評価があるのではないか、とつい考えてしまう。そして、主観的な印象をある人についての「真実」と取り違えてしまう。評価される側がそれに抵抗するのも、ある意味当然だ。「客観的な距離」という外套に自らを包み込むのではなく、自らその人に関わっていかなければならない。相手の言動の結果として、自分がどのように啓発され、感動し、困惑し、傷つき、いらつき、あるいは怒ったのかについて、「私は〇〇と考える、感じる」というスタンスで語れるようにならなければならない。そのようなフィードバックは客観的な評価ではなく、相手と自分が共同で行う探索である。自分自身の内的世界を見せることで、相手が自分の行動の影響をよく理解できる手伝いをする。自分を開放して見せれば見せるほど、フィードバックの相手にも同じことをするよう促すことになる。

三つ目の慣行は、評価面談のあり方を変える、ということだ。ほとんどの評価面談は、ある人の能力について客観的だと思える一つの断面をつかもうとするので、どうしても、事前に決めた一連の評価基準に基づいて点数化することになる。そうして強みと弱みを並べた一種のバランスシートができあがる。一人の人物の評価を数値化して合算するなんて、実にやる気をなくす作業だ。そこで、やり方を変えてみたらどうなるだろう？　その人の断面ではなく、もっと広い視点を選ぶのだ。その人の会社における現在の役割を、これまでの経験や実績、今後の可能性、希望、使命に照らして見つめ直してみよう。五点満点のスコアで測ることも、「平均以下」「期待値以上」といった評価もできない。評価はあくまでも個人的なものにする必要がある。さまざまな物語を語ってもらい、成し遂げたことを祝福し、失敗から何を学んだかを探る、そういう類いのものでなければならない。その結果、面談の内容も「あなたはこれこれの基準で三点だと思います」と

皆が自分自身にもほかの人にも安心して正直になれる、そんな組織でなければなりません。そうなって初めて、私たちは全員の力を結集し、本当はやり方を知らないことや、したくないことをしないで済むようになれるのです。
――ヨス・デ・ブロック

いう宣告から、「あなた自身はどこに向かって進んでいるのですか？」という探求へと自然に変わるだろう。

しかし、こうしたプロセスを取ったからと言って、評価が複雑になるとは限らない。一〇人の職員を抱える「勇気と再生センター」（CC&R）が年間の実績評価の面談を始めたのはつい最近だ。CC&Rは、業績評価基準に基づいて数値で人々を評価するという通常の仕組みを採用せず、評価を共同の探求に変えるいくつかの質問項目をつくっただけだった。[9]

賞賛

▼今年本当にうまくいって祝福しても良いようなことは何かあったでしょうか？

学び

▼このプロセスで何を学びましたか？

▼うまくいかなかったこと、あるいは他にやりようがあったかもしれないことはありますか？

▼過去に「こうなるだろう」と予想していたことに比べ、現状をどう判断すればよいでしょうか？

将来への展望

▼この点について来年最も期待していることは何ですか？

▼最大の心配事は何ですか？

▼あなたの役割で、何か変更したい点がありますか？　あればご提案ください。

▼あなたが、今の仕事の中で、また将来に役立つような専門的な能力開発を行っていますか？　それは何ですか？

▼私が、あなたやあなたの仕事に大きく役に立てることがありますか？

目標の設定

▼来年の仕事について考えてみてください。自分で成し遂げたい、具体的な目標は何ですか？

同じような趣旨で、サン・ハイドローリックスの創業者、ボブ・コスキは、年に一度の評価面談で触れられるべき四つの簡単なポイントを提案した。[10]

1. その従業員について賞賛すべき特徴を述べること。
2. サンにどのような貢献をしたかを尋ねること。
3. サンにどのような貢献をしたいかを尋ねること。
4. サンがその従業員にどのような支援をできるかを尋ねること。

この四つの問いの中には、ネガティブなフィードバック、つまり、ある人が改善できる点を指摘する余地がないことに気づいただろうか。これは、同社の社員はだれもが完璧で、改善点を指摘される必要がないことを意味しているわけではもちろんない。そのようなフィードバックは年に一度の評価面談のときではなく、一年中、その場その場で指摘されるべきだ、という考え方なのだ。

サウンズ・トゥルーで行われている年に一度のフィードバックは、「愛と思いやりで接する」「主観的に話す」「問いの内容を変える」を組み合わせて実施されている。サウンズ・トゥルーでは三段階の実績評価プロセスが行われている。

1 第一フェーズでは、あなたは質問リストに答えながら、自分の業績と今後の抱負を自分で振り返る。このプロセスが思考をうながす。

2 第二フェーズでは、仲間たちがあなたにフィードバックを与え、その内容を膨らませる。チームで取り組むこの素晴らしい慣行は、一分間の沈黙から始まる。同僚たちは目を閉じてあなたのことを心に浮かべ、判定《ジャッジメント》をするのではなく、愛情と思いやりをもってフィードバックを提供する。同僚の一人一人が（大抵は六～一二名で、仕事を共にすることも多いほかのチームメンバーも含まれる）代わる代わるあなたの前の席に座り、次の二つの問いへの答えをプレゼントする。「あなたと一緒に働いていて、私が最も価値があると思っている一つのことは何か？」「あなたが変え、育てることのできる一つの分野は何か？」。記録係は、同僚たちからの回答を一枚の大きな紙の上に書き出し、全員の回答が終わったらそれをあなたに手渡す。サウンズ・トゥルーでこの経験をした人々は優しく抱かれているように感じ、自分がこれだけ深く理解されていることに感謝して涙を流す人も少なくない。

3 第三フェーズでは、同僚たちからのフィードバックを振り返り、同僚の一人と話しながら自分の考えを深める（サウンズ・トゥルーは、まだ階層構造を維持しており、面談の相手はあなたの上司だ。しかし自主経営組織《セルフ・マネジメント》では、このプロセスが信頼できる仲間との間で行われる）。「面談から何を得ただろうか？　何を学んだか？　将来は何に注意を向けたいか？　自分はどこに導かれていると感じるか？」

右に示したような事例を見ると、フィードバックの仕組みと年に一度の評価は、がっかりするような、つまらない行事になるとは限らないことがわかる。正しい態度と正しい問いを通じて、私たちはそのプロセスを祝福の場に、そして自己と使命を探求するための儀式に変えられるのだ。

解雇

古くからの知恵によると、失敗というものは存在しない。あるのはただ、学び、成長するための誘《いざな》いである。特定の仕事に向かないことに気づく（あるいはそう言われる）ことは、「あなたはただ、ある贈り物をもらったのだ」という人生の教訓にほかならない（それがうまく伝えられないと、最初は辛いと感じるかもしれないが）。自分が何をなすべきでないのか、何になるべきでないのか、そのヒントを知るために、何が起こったのかを探索してみよう。静かに内面を見つめれば、新しい道が目の前に開け、あなたの才能がしかるべき方向へと導いてくれるだろう。そのような段階にいる人を支えるために、同僚たちにできることはたくさんある（同僚間の話し合いに基づく《ピア・ベース》解雇については217ページ参照）。解雇ですら、愛と思いやりを示す一つの機会になり得る。そうとらえると、なぜある仕事が自分の才能に合わない、あるいは天職ではないと思ってしまうのか、そして天職はどこにあり、それをどのように見つけるかを探ることがずっと楽になる。

社員個人が退職を促される以外にも、会社が経営上の理由でまとまった一時解雇《レイオフ》を行うという問題がある。私は、過剰人員には一時的なものと構造的なものがあり、二つは区別して考える必要があると思っている。興味深いことに、本書のために調査した組織の中には、景気が悪いときに一時解雇《レイオフ》したところは一つもなかった。自主経営《セルフ・マネジメント》組織は非常に柔軟で、間接費がほとんどかからないため、不況時には従来の組織よりもはるかに耐久力がある。たとえば、ＦＡＶＩとサン・ハイドローリックスは、売上高が三〇〜五〇％も落ち込んだ深刻な不景気のときにも、一時解雇《レイオフ》することなく耐え抜いた。従業員たちが痛みを分かち合い、一時的な賃金カット（第Ⅱ部第3章ではＦＡＶＩについてのエピソードを紹介している。171ページ参照）に同意した事例はいくつかある。進化型《ティール》の視点からすると、過剰人員が一時的にすぎないときに、ほんの数カ月間の利益を引き上げようと一時解雇《レイオフ》を実施するのは適切ではないだろう。

構造的な過剰人員の場合、事情は異なってくる。ＡＥＳはこうした事態に何十回も遭遇した。東欧、アジア、中南米、アフリカで購入した発電所の多くがとてつもない過剰人員だったからだ。発電所を以前に保有していた政府が、こうした施設を利用して雇用を人為的につくり出しているケースが多かった。ＡＥＳは買収をすると、すぐに従業員の削減に着手した。これは意外に響くかもしれない。ＡＥＳのような進歩的な会社が、数百人もの人々を削減するなんて。この点に関するデニス・バーキの見解に耳を傾けてみよう。

そこで働く社員が楽しいと感じるためには、適正な規模があると思います。従業員の数が多すぎると、社員は意気消沈し、縄張り争いを始めます。北アイルランド発電所の工場長は実に聡明な人物で、「ある組織に縄張り争いが起こるということは、人々が多すぎることをよく示しています」と私に言っていました。なすべき仕事が十分にあれば、だれが何をしているかを気にする者などいないはずですから。

不要な従業員を持つべきでないという私の信念は、不要な人間は解雇通知を受け取ってさっさと出て行くべきだ、ということを意味しているのではありません。会社を去って行く従業員には、新たな職に就くまでの移行期間が必要です。会社は十分な退職規定を用意すべきです。私たちは、買収するたびに過剰人員問題にぶつかりました。買収後にまず取り組んだことの一つは、十分な退職金付きの自主退職プログラムの策定でした。従業員が個別に「辞めてくれ」と要請されることは、ほとんどありませんでした。

パナマでは、退職者向けのローン基金を創設しました。一年後に、私は当社の退職者を招いた昼食会に出席しました。元従業員たちによって七一件の新規事業が始まっており、そのほとんどがＡＥＳローン基金に融資の申し込みをしていました。もっとも、いくら十分な退職プランを利用したとしても、何も知らない会社へと移ることは、かなりのストレスがたまるでしょう。しかしこれは、従業員と会社が変化の激しい世界に適応していくために避けては通れない必要悪なのだ、と私は固く信じています。仕事で得られる喜びの一つは、新たな役割を覚え、新たな責任を担うことです。身分の安定は会社で働く際の魅力的な包装紙ですが、その中身の価値がいつまでも保たれることはめったにないのです。[11]

進化型《ティール》組織の観点からすると、職が人為的に維持されるというのは全く意味がない。人は身分の安定を重視しがちだが、突き詰めて考えると、それは恐れに発した概念で、ありとあらゆるものが変わっていくという基本的な真実を無視している。また、物や人が豊富にありすぎる可能性を考慮に入れていない。つまり、ある人の才能が、人数の多すぎる組織の中で浪費されているのならば、必要とされるところに移ってそれを発揮する方がよい、という可能性に思いが至らないのである。

人生には、常に新たな展開と発展がある。解雇や一時解雇《レイオフ》でさえ（自主経営《セルフ・マネジメント》組織では比較的珍しいが）その発展の一貫かもしれない。本書の事例を見ていくと、解雇を、冷たい契約上の取引と解釈する必要のないことがわかる。私たちは、解雇に伴う感情と痛みを歓迎できる。そしてそれらが和らぐと、その深い意味を、つまりは人生が自分に聞いてほしいメッセージ、そして自分がこれから旅することになる新たな道の探索を始めることができる。

要約――全体性《ホールネス》を支える慣行とプロセス

全体性《ホールネス》と分離状態、愛情と恐れ、これらの二項対立を解消しようと人類は古くから考え続けてきた。今日の大半の組織では、人々は、組織から提供されていると信じている安全を得ようと、分離状態を追い求めている。そうして判定《ジャッジメント》の世界に逃げ込み、他者から、そして自分自身から距離を置いてしまう。私たちは仮面をかぶる。あまりに長くかぶっていると、仮面が自分だと思い込むようになる。職場では、この仮面が狂ったり、正気になったり、粗暴になったり、自己中心的になる。自分の感情、直感、身体、女性的な面から自分を切り離す。自分の内なる声、強い願望、使命、魂を気にしない。ほかの人々とつながり、思いやり、自己と他者と自分たちを取り囲む生活を愛する能力を無視してしまう。最初は安全に感じるのだが、少しずつ、少しずつ、空虚さと、ほかの人々から分離している痛みを感じるようになる。

前章と本章で、進化型組織《ティール》が全体性《ホールネス》を取り戻すために用意してくれる、さまざまな慣行を探求した。自分のありのままの姿をなるべく多く自覚し、会社で同僚たちの前にさらけ出すと、最初は自分が弱い存在だと感じるかもしれない。しかし思い切ってそうしてしまうと、人生が白黒からフルカラーへと変わったかのように感じ、豊かで、生き生きと、意味のある生活を送れるようになる。そうすることはビジネスとしても理に適っている。だれもがありのままの状態で出勤できる職場には、かつてなかったほどの情熱と創造性が解放されているのだ。次のページの表は、私がパイオニア組織で出会った、全体性《ホールネス》に関連する主な慣行を要約したものである。

全体性《ホールネス》

	達成型《オレンジ》組織のやり方	進化型《ティール》組織のやり方
建物と組織図	・標準化された、機能に特化した、面白みのない社屋。 ・多すぎる肩書。	・自分たちで飾り付けた、あたたかい雰囲気のスペース。子どもたちにも、動物にも自然にも開放されているオフィス。 ・肩書が全くない。
価値観と基本ルール	― （組織の価値観は額に入って壁に飾られているだけのことが多い）	・明確な価値観が、組織内で受け入れられる（あるいは受け入れられない）行動や態度の基本ルールとして具体化され、働く人々にとって安全な環境を守ろうとしている。 ・価値観と基本ルールに関する継続的な討論を深めるための慣行。
内省のための空間	―	・静かな部屋。 ・集団での瞑想と沈黙の慣行。 ・大集団での振り返り会。 ・チームでの監督と仲間同士でのコーチング。
コミュニティーの構築	―	・自分をさらけ出してコミュニティーをつくるための、物語ること（ストーリーテリング）の実践。
役職と職務内容	・役職は「自分は何者か」を示す標識。 ・組織内に確立した職務記述書。	・役職名がないため、社員は自分が何者かを深く追求せざるを得ない。 ・職務記述書がないため、自分の役割を自分で決められる。
業務時間の拘束	―	・仕事にかけられる時間と自分が生活のうえで大事にしているほかの時間との割合についての、誠実な話し合い。

全体性《ホールネス》

	達成型《オレンジ》組織のやり方	進化型《ティール》組織のやり方
紛争	–	・対立を明らかにし、対処するための時間が定期的に定められている。 ・複数の段階を踏む紛争解決の仕組みがある。 ・社員全員が対立に対処するための訓練を受けている。
ミーティング	– （ミーティングの数は多いが、ミーティングでの決まり事はほとんどない）	・エゴを抑え、全員の意見に耳が傾けられるような、具体的な決まり事がある。
環境と社会への取り組み	・事の本質とは無関係な「金額的基準」――「コストがかかりすぎない限りは……が買える」。 ・業績への影響を考慮しながら、経営トップだけが取り組みを始めることができる。	・本質的な基準としての「誠実さ」――「なすべき正しいことは何か?」。 ・何をするのが正しいかをだれもが感じ、だれもが取り組みを始められる。
採用	・訓練を受けた人事部スタッフが採用面接を行い、職務記述書に適合しているかが重視される。	・将来一緒に働くかもしれない社員たちとの面談で、組織と存在目的が重視される。
オンボーディング・プロセス	– （大半が管理面に関する入社プロセス）	・人間関係と企業文化に関する徹底的な研修。 ・組織に溶け込むためのローテーション・プログラム。
教育研修	・研修内容は人事部が設計。 ・仕事上のスキルやマネジメントの訓練が大半。	・研修は自由に自己責任で受ける。 ・社員全員が参加する文化構築の研修が極めて重要。
実績管理	・過去の実績に関する客観的な断面を把握しようとする。	・その人がこれまで何を学んだか、その人の使命は何か、一人一人と探求する。
解雇	・解雇はほとんどが法的、金銭的プロセス。	・解雇を学習機会へと転換する思いやりのある支援。

第6章

存在目的に耳を傾ける

人生には、それ自身がこうありたいという意思を持っている。人生の勢いを止めることはできない。人生を抑えつけ、奥底から湧き上がる表現欲求に干渉しようとすると、我々は問題にぶつかるだろう。

人生と連携する、つまり人生において絡み合う流れに乗るためには、その方向を真剣にとらえなければならない。人生は、全体性《ホールネス》に向かって動いているのだ。この方向は無視も軽視もできない。人は、ちっぽけで自己中心的な目的や、利己的な仕事に長い間仕えることはできない。あまりにも多くの組織が、人々を中身のない仕事に関わらせ、視野の狭いビジョンに熱狂するよう促し、利己的な目的への献身を求め、人々の情熱を競争に駆り立てる。こうした動きに嫌悪感を示し、不毛な努力に情熱をかけるのはもうやめよう。人生を真剣に生きる、仲間と約束し合うとは、そういうことなのだ。

マーガレット・ウィートリー&マイロン・ケルナー＝ロジャーズ

生ける伝説と呼べるようなビジネス・リーダーはめったにいないが、ジャック・ウェルチはその一人だ。彼のリーダーシップの元で、ゼネラル・エレクトリック（GE）は素晴らしい業績を達成した。多くの点で、GEとジャック・ウェルチは達成型組織《オレンジ》と達成型《オレンジ》リーダーシップの象徴として、徹底的に成果を求め、賢明に振る舞い、大成功を収めた。引退後、ウェルチは経営を通して学んだ教訓を一冊の本にまとめた。タイトル名は『勝利（Winning）』★だ。わずか一語だが、達成型組織《オレンジ》のすべてを動かす原動力だ。ウェルチの書籍はビジネス書のあらゆるジャンルを象徴した内容で、読者はGEが成功し、利益を拡大し、市場シェアを獲得し、競争に打ち勝った秘密を学ぶことができる。ということは、この本を読めば、読者は自分も個人的に成功し、出世レースで同僚に打ち勝ち、富と名声を得られる組織のトップに上り詰めるための秘訣も学べる、というのが暗黙のお約束だ。[1] しかし、こうしたビジネス書には明確に欠けているものがある。その会社の存在目的だ。「勝利」にはなぜ価値があるのだろう？　そもそも、なぜこの組織は存在するのか？　私たちの情熱をそそぎ、才能と創造性を発揮するだけの価値がそこにはあるのだろうか？

組織が定める「ミッション・ステートメント」が空疎に響くのは、自社の存在目的よりも「勝利」を重視しているからだ。ミッション・ステートメントは本来、従業員に感動と指針を与えるものだ。試しに、組織で働くだれかに、「あなたの会社のミッション（使命）を言ってほしい」と頼んでみよう。私がこれを尋ねると、ほとんどすべての場合、うつろな目つきが返ってくる。時に頭をかいて、うろ覚えの文章を思い出そうとしながらぼそぼそと答える人もいる。CEOもミドル・マネジャーや現場の作業員と同じで、このテストに合格しない。人々がミッション・ステートメントを素直に受け入れないのは、それが行動や意思決定を左右するほどの力を持っていないからだ。経営陣が白熱した議論の最中に一呼吸置き、会社のミッション・

★　邦題は『ウィニング　勝利の経営』（ジャック・ウェルチ著、斎藤聖美訳、日本経済新聞社、2005年）。

利己や、保身のことばかり考えるのをやめたとき、我々の意識は真の意味で高潔になる。
——ジョーゼフ・キャンベル

ステートメントの方を見て「当社の存在目的は何を私たちに求めているだろうか?」と指針を求める姿など、少なくとも私は見たことがない。

組織としての目的に意思決定を左右するほどの力がないのであれば、その役割を果たすのは何か? それは組織の自己防衛本能だ。衝動型《レッド》、順応型《アンバー》、達成型《オレンジ》組織の根底にあるのは恐れなので、リーダーや従業員は、この世界を、至る所に競争相手がいて自分たちの利益を奪おうとする危険な場所だと見がちになる。生き残るための唯一の方法は、あらゆる機会をとらえて利益を増やし、競争相手を犠牲にして市場シェアを拡大することなのだ。戦いの真っ最中に、だれが組織の存在目的を考える時間があるだろう? 悲しいことに、この、恐れに立脚した競争への執着は、組織自身の安全を疑う必要のないときでさえ忘れられることはない。何らかの形で競争から隔離されている組織(たとえば軍隊、公立学校、政府機関など)でも、たとえば内部競争にともなう恐怖心から身の安全を求めようとする。マネジャーはほかの部門との縄張り争いの中で保身を図るため、多くの予算、人材、そして高い評判を求めて戦う。

進化型《ティール》組織に転換すると、人々は自分のエゴを抑えられるようになる。その過程で、自分自身の問題としても、組織全体の問題としても、「私が人生でなすべき使命は何か?」「本当に達成しがいのあることは何か?」といった、意義や存在目的に関する問いについて深く考えるようになる。進化型《ティール》組織には、もはや生き残りへの執着はない。本当に重要なのは自社の存在目的なのだ。私が調査した組織の多くでは、何よりも大切な自社の存在目的は、受付の後ろに飾ってある額や年次報告書に記される、単なる声明ではない。人々を勇気づけ、方向性を与えるエネルギーなのだ。意識の重点を自己防衛から存在目的へ転換すると、戦略立案、予算作成と達成への取り組み、目標の設定、製品の開発と販売、従業員の採用やサプライヤーの選択など、組織の重要な行動様式も大きく変わる。

競争、市場シェア、成長

調査の過程で、進化型《ティール》組織のリーダーの話を聞き、各社の年次報告書や内部資料を読んでいるうちに、私はあることに衝撃を受けた。「競争」という言葉がどこにも見あたらないのだ。達成型《オレンジ》組織は競争に夢中なのだが、進化型《ティール》組織では競争という概念そのものが消えてしまったように見える。いったい競争はどこに行ってしまったのか？

答えは驚くほど簡単だ。組織が本当に自社の目的のために存在しているとき、競争は存在しないからだ。自社の存在目的を、より広くあるいはより早く達成するために協力してくれる人はだれであれ、友人や味方なのであり、競争相手ではない。ビュートゾルフを例に取ってみよう。「病気の人や高齢者に自主的な、意義ある生活を送ってもらうこと」。同社が最も大切にしている存在目的はこれであり、創業者のヨス・デ・ブロックはビュートゾルフの革命的な運営方法を文書化し、くわしく発表して、競合他社は真似してかまわないという姿勢を明確に打ち出した。さらに、同社の手法を説明してほしいという競合他社からの依頼もすべて受け入れている。彼は別の同僚といっしょに、直接の競合他社であるゾルフアクセントのアドバイザーを務め、しかも一切報酬を要求しない。達成型《オレンジ》組織的な観点で見ると、これはまったく理解不能な姿勢である。ビュートゾルフの画期的な組織イノベーションは、コカ・コーラの秘密のレシピと同じで、鍵をかけた金庫にしまっておくべき競争優位性にほかならない。しかし進化型《ティール》組織の立場からすると、究極の目的はビュートゾルフの市場シェアでも、ヨス・デ・ブロックの個人的な成功でもない。大事なことは、多くの患者が健康的で、自立的で、意義深い人生を送ることなのだ。この問題について、ヨス・デ・ブロックは私にこう話してくれた。

私には、競争という概念そのものがバカげて見えます。全く意味がない。最高のケアサービスを提供するためには、どのように準備を行うのが最善なのかを私たちは考え続けます。その知識と情報を共有すれば、世の中をもっと速く変えていくことができるでしょう。

そして、人生の豊かさについて語る中で、こう付け加えた。

けれども、会社としてのビュートゾルフの視点で考えても、自分たちのことを開放すればするほど有利な状況となって返ってくると私は強く信じています。オープンであれば、人々はいっそう友好的になってあなたを受け入れてくれるでしょうから。[2]

実際、ビュートゾルフは、これまで驚くほど順調に市場を切り開いてきた。創業以来七年で、オランダの地域看護師と患者の六〇パーセントがそれまでの業者からビュートゾルフに乗り換えたのだ。業界内では猛烈な反発が起こっても不思議ではない。ところが、なぜかそういう事態には至らなかった。進化型《ティール》組織の観点からすると、市場シェアは古いパラダイムで運営されているほかの組織と比較する場合

進化を「適者生存」ととらえれば、「相互進化」という側面が見えにくくなってしまう。世界は我々を滅ぼそうとしているわけではない。我々は完全に相互につながっているのだから。
――マーガレット・ウィートリー＆マイロン・ケルナー＝ロジャーズ

に限って意味がある。ビュートゾルフは積極的に競合他社を支援しているが、役割の細分化した介護という古いモデルをやめない会社があれば、その顧客を奪うことを厭わない。パタゴニアは、業界全体の環境基準を引き上げようと努力しているが、顧客が買い物をするのが、汚染物質の入った繊維や有毒な染料を使っている競合他社ではなく、パタゴニアを選んでくれれば喜んでこれを受け入れる。

成長も同じだ。自社の「存在目的」が広く世の中に知れ渡るという意味で成長を目指すことはあっても、成長自身が組織の目的では決してない。

たとえばビュートゾルフは、患者が家族や友人や近所の人たちと支援のネットワークを構築することを積極的に支援している。同社は、原則としてなるべく早く患者の生活に関わらない存在になろうと努力しており、それは非常にうまくいっている。二〇〇九年の調査によると、ビュートゾルフの患者は競合他社の患者よりも二倍のスピードで介護から解放され、定められた介護時間のわずか五〇％しか保険請求をしていない。ビュートゾルフの基本戦略（「患者が健康的に自立できるための支援をする」）は、実際には成長率の拡大ではなく、縮小を志向している。

パタゴニアも「このジャケットを買ってはいけない」という全面広告を出したことで有名だ。この広告は、同社の「コモン・スレッド・パートナーシップ★」の一環である。先進国に住む人たちの多くは、一生暖かくしていられるだけの衣服をクローゼットの中に持っているのに、新しい衣服を買い続けている。これらを生産することは環境に有害で、結局は埋め立て地に捨てられる運命にある。「コモン・スレッド・パートナーシップ」は使用済みの衣服の減少（衣服をなるべく長持ちさせる）、修繕（顧客向けの衣服の修繕サービス）、再利用（イーベイや自社の中古服セクションでの古着販売）、リサイクル（使用済みの衣服の収集とリサイクル）に本格的

★ コモン・スレッド（Common Thread）とは「私たちに共通するテーマ」という意味。

に挑戦している。この取り組みはパタゴニアの成長を短期的に阻害するだろうか？　無論、阻害する。一枚のジャケットが修繕されて再利用されれば、一枚分の売上が減るのだから。この取り組みは結局、顧客の忠誠心を強めて成長力を高めるのだろうか？　おそらくそうだろう。しかし、パタゴニアの決断は、売上予測や財務計画に基づくものではなかった。自社の存在目的が求めている道を選んだのだ。結果として売上高が減少するかもしれないが、パタゴニアはそうした事態を受け入れる準備ができていたはずだ。

ところが、ここで矛盾しているのは、ビュートゾルフも、パタゴニアも、私が調査したほかの組織も、達成型《オレンジ》組織のように成長に固執していないにもかかわらず、素晴らしい成長率を誇っているという点である。進化型《ティール》組織は途方もないエネルギーを解き放つ。それが世界中の高潔な目的と深い欲求に出会えば、成長は約束されたようなものではないだろうか？

利益

達成型《オレンジ》組織にとっては、株主価値が支配的な価値観となっている。企業があらゆることに優先して果たすべき義務は、利益の最大化だ。多くの国では、この価値観には法的拘束力があり、収益性を危険にさらす決断をした経営陣は訴えられることがある。上場企業は、株主価値を高めようとするあまり、血眼になって利益の拡大に走る。損益は月ごと、四半期ごとに予想され、利益を増減させるあらゆる要素が繰り返し分析される。

本書のために調査した営利組織は、利益についてこれとは異なる見方をしている。利益は必要で、投資家

地域看護師は倫理的規範として、自分たちがなるべく患者にかかわらずに済むように努力している。
——ヨス・デ・ブロック

には公正なリターンを得る資格がある。しかし事業の目標は存在目的を達成することであって、利益ではない。数社の創業者は、「利益は空気みたいなものだ」と同じ比喩《メタファー》を使って説明する。私たちは生きるために空気を必要とするが、呼吸するために生きているわけではないのだ。サウンズ・トゥルーのCEO、タミ・サイモンは、単純かつ美しくビジネスの目的を定義する。

「ビジネス」について考えるとき、私たちは、あらゆる行動が、利益を生んだり生産性を上げたりというようなことに結びつかなければならないと考えます。しかし、それは私の言うビジネスではありません。私にとってビジネスとは、それぞれのニーズを満たし、人生を活性化するために人々が一つのコミュニティーとして集まることです。[3]

進化型《ティール》組織では、利益は仕事をうまくやり遂げたときの副産物だ。おそらく、哲学者のヴィクトール・フランクルはこの点を的確に表現している。「成功は幸福と同じで、追い求めて得られるものではなく、結果として生じるものでなければならない。自分自身を超越した大義の実現に向けた、個人的な献身による意図せぬ副作用なのだ」。この考え方は、もう一つの大きな矛盾を抱えている。利益ではなく存在目的の達成に全力を投じるほど、多くの利益が獲得できるのだ。

本書に登場する創業者の何人かは、初めのうちは金儲けを目的として起業したのではなかった。存在目的を追求しているうちに、それがある時点からたまたまビジネスとして成立するようになったのだ。まさに文字通り、存在目的が利益よりも先にあったのだと言える。パタゴニアのイヴォン・シュイナードは、おそらく企業の創業者には最もなりそうにない人種に分類されるが、偶然見いだした自分の存在目的を追求した結果、売上高五億四〇〇〇万ドル、従業員一三五〇人の企業にまで成長した。

子どもの頃、シュイナードは少しでも自由時間があると、ロッククライミング、ダイビング、鷹狩りの訓練など、屋外で過ごしていた。学校にはなじめなかった。彼にとって教室とは「息を止める練習の場でした。週末になるとその成果を試すために、マリブ海岸の沖合で海中深くに素潜りして、豊富なアワビやロブスターを獲っていたものです」。学校を辞めると収入なしで生活し、海辺や山近くの丸太小屋で寝泊まりしては、貨物列車に飛び乗って移動しながら登山やダイビングに明け暮れていた。一九五七年に、廃品集積場で中古の石炭の炉を買い、独学で鍛造を学んで自分が使うための登山用ピトン（岩場を登るときに使う鉄くさび状の金具）を作り始めた。そのうちに、友人たちから製作を依頼されるようになり、自分のシンプルなライフスタイルを維持する方法を見つけたのだった。長年にわたって、冬場にピトンを製造して夏以降の生活資金を稼ぎ、四月から七月はヨセミテでウォール・クライミングに励み、夏はワイオミングの山に向かい、秋に再びヨセミテに戻って、初雪が舞う一一月までクライミングを続けた。だれからもビジネスマンと見られることはなかったはずで、もちろん本人もそんな気は全くなかった。現在は、数百万ドル規模の企業のオーナーになったものの、この仕事の光と影を見失ったことはない。

私はもう五〇年近くビジネスマンをやってきた。自分を「アル中」あるいは「弁護士」であると認めたがらない人がいるのと同じように、私は自分が「ビジネスマン」なんて、なるべくなら認めたくない。私はこの職業を尊敬したことがない。自然の敵となり、自然の文化を破壊し、貧乏人から奪い、金持ちに与え、工場からの排出物で地球を汚すという批判を受けなければならないのは、まずはビジネスだからだ。

しかし一方で、ビジネスは食糧を生産し、病気を治し、人口を抑制し、人々を雇い、大体において人々の生活を豊かにしてくれる。そして、自分たちにとって大切なものを失わずに、こうした善行を積み重ねて利益を上げることもできる。[4]

シュイナードは、一九七〇年にとある山に登ったとき、ビジネスマンとしての彼の姿勢を決定づける経験をした。

（ヨセミテの大岩壁）エルキャピタンのノーズルートを登ったとき、その数年前の夏には自然のままだった岩が破損しているのを目の当たりにし、私はガックリして帰宅した。何度も同じ所に打ち込まれ、引き抜かれる硬いピトンのせいで、もろいクラック（岩の裂け目）が深刻なダメージを受けていたからだ。フロスト（シュイナードの友人で鍛冶ビジネスのパートナー）と私は、ピトン事業から段階的に手を引くことを決断した。ピトンは私たちの主要製品だった。しかし我々は自分が愛している岩そのものを破壊していたのだ。[5]

やがてシュイナードとフロストは、硬いピトンに代わる製品を発見した。手で岩に押し込んだり抜いたりできるアルミニウム製のチョック（岩の割れ目にはさんで落下を防ぐ金属片）だ。そして二年後に最初の製品

個人的な話をすると、映画をつくって金を稼ぎたいのは事実だ。しかし金は単にロケットを飛ばすための燃料にすぎない。本当に私がしたいことはどこかに行くことなんだ。ただ燃料をかき集めるだけで終わりたくない。
——ブラッド・バード（『Mr. インクレディブル』、『レミーのおいしいレストラン』の監督）

カタログを発行し、その後数カ月のうちに登山用ピトン事業から完全撤退した。製造が追いつかないほどにチョックが売れたからだ。イヴォン・シュイナードは、彼と仲間たちが愛している登山が、環境に悪い影響を及ぼさない方法を発見すると同時に、登山界のニーズを探り当てたのだ。

存在目的に耳を傾けて意思決定を行う

存在目的という言葉は、組織形態によっては新しい考え方だ。達成型《オレンジ》組織は、組織を機械ととらえている。機械には心がなく、自らの方針もない。この見方に立つと、機械がしなければならないことを決定するのがCEOと経営陣の役割だ。進化型《ティール》組織は、組織を生きたシステムと考えている。自らの情熱を持ち、自らが何者かを認識し、自らの創造性を発揮し、自らの方向感覚を持った独立した存在なのだ。そのシステムに何をすべきかを指示する必要はない。ただその存在の声に耳を傾け、連携し、ダンスに加わり、それが私たちをどこに連れて行ってくれるかを悟ればよいのだ。

ホラクラシーの創業者、ブライアン・ロバートソンは、「進化への目的」という言葉を使って、組織は、まさに私たち人間と同じように使命を持ち、進化したいという情熱を持ってその使命に向かって進むのだと説明する。

組織のアイデンティティーとは何でしょうか？　組織は何を求めているのでしょう？　この比喩は親子の旅のようなものです。子どもには、子どもなりの「自分は何者だ」という意識、自分の進むべき道、そして目的がある、そう私たちは認識しています。しかし、「自分の子どもがもし医者だったら素晴らしいのに！」と思うことと、その考えを我が子に押しつけることはまったく別の問題です。そんなことをすれば、人間関係そのものに依存する有害な共依存症のプロセスに入ってしまいます。親になると、健全な親のあり方とは、自分と子どもとを区別するプロセスだということを学びます。そして皮肉なことに、親と子を区別することで自身の自律心とアイデンティティーがより深くわかり、その結果として私たちが関連し合い、つながり合うという意識的な統合が可能となります。そしてそれは仲間としての関係、対等な関係になることでもあります。

人間は組織の進化への目的に調和できます。しかし重要なことは、自分と他人と自分の属する組織をきちんと分けて、「この組織の使命は何か?」を見極めることです。それは、「私たちは、この組織を資産としてどう活用したいのか?」ではなく、「この組織は何のために生を受けているのか？　この生命体の創造的な可能性は何か?」ということです。「進化への目的」とはこういう意味です。何か新しい生命をもたらし、世界に対して有益な貢献を積極的に行うような、最も深い意味での創造的な可能性なのです。個人的な願望から離れて、そのような創造的な衝動や可能性にこそ注意を払いたいのです。[6]

ビュートゾルフは、ロバートソンの主張を裏付ける興味深い事例だ。同社が設立されたのは、オランダの地域看護組織が高潔な専門職を一連の無意味な作業へと分断してしまっていたことへの不満があったからではない。「地域看護」に対する新しい、それまでよりもはるかに広い視点から発展したものだ。看護の目的は、医薬品を投与したり包帯を換えたりすることだけではない。人々が豊かで、意義深い、自立した生活を

あらゆる組織の中心にあるのは、新たな可能性へ向かおうとする自律的な意志だ。
――マーガレット・ウィートリー＆マイロン・ケルナー＝ロジャーズ

可能な限り送れるような手助けをすることなのだ。この幅広い定義の中で、ビュートゾルフは進化を続け、自社がこうあるべきだと感じる方向へと動き続けている。

最近のことだが、郊外のあるチームが「患者向けの宿泊介護施設」という新しいコンセプトを打ち出した。目的は、患者の介護者に休息をとってもらうことだった。患者を主に介護しているのは、実はビュートゾルフの看護師ではなく、患者の夫または妻であることが多く、時には子どもが担う。そして介護者も患者と同じく年老いており、継続的な介護に疲れ果ててしまうことも珍しくない。緊張のあまり病気になりかねない。「もし、私たちが一日、二日、あるいは一週間患者さんをお預かりできる場所があって、介護者が休息をとれたら素敵ではないだろうか?」。そう考えた看護師チームがあった。その中の一人が郊外の小さな農家を相続していた。そこでチームは一丸となって、その家をビュートゾルフの宿泊介護施設につくりかえた。

社員旅行で、チームはそのコンセプトを発表した。これが全社的な動きへとつながるかどうかは、時がたてば分かるだろう。いずれにしても、今回のように新しい取り組みが自社の存在目的と合致し、展開すべきかどうかを判断する際に、ビュートゾルフが採るアプローチは素晴らしいものだと言えるだろう。たとえば、ビュートゾルフには、創業者のヨス・デ・ブロックも含めて、「よし、これは当社の存在目的に合致しているので、宿泊介護施設を何十もつくろうじゃないか。そのためにこれだけの予算を配分しよう」とか、「いや、これはビュートゾルフの仕事の範囲を超えている。この道を進むのはやめよう」というように、会社の名の下に一刀両断して判断する者は一人としていない。宿泊介護施設というアイデアは、自然な経過をたどるだろう。もしこのアイデアが「なすべきこと」で十分な生命力を持っていれば、多くの看護師の支持を得てビュートゾルフの新規事業になるはずだ。そうでなければ、小規模な実験にとどまるだろう。

興味深いことに、ビュートゾルフはミッション・ステートメントという形で会社の存在目的を表現したことがない。ヨス・デ・ブロックは、いつも仲間たちと会社の目的について対話している。しかし、常に口に出して表現することで存在目的は生き生きとするし、（書かないからこそ）それが拘束力にならずに済んでいることに彼らは気がついている。ロバートソンの言葉を借りれば、書かないことで目的は進化する。進化し続ける。

ビュートゾルフの存在目的を見いだすことなんて簡単じゃないか、と思われるかもしれない。病人や老人の介護には明らかな目的がある（もっともオランダにあるほかの同業組織はそれを見失ってしまっているのだが）。しかし、自動車部品を製造したり、トマト・ペーストをつくったり、靴を売っている会社についてはどうだろう？　こうした組織が活用できる存在目的など本当に存在するのだろうか？

答えは「イエス」だと私は思っている。組織を「生き物」ととらえれば、どのような組織も、心と生命力を持っている。しかし、本当に問わなければならないのは、「私たちはその目的を知ろうと真剣に耳を傾けているのか？」ということだ。FAVIを例に考えてみよう。同社はフランスの金属部品メーカーで、電気モーター、水道の蛇口、自動車の変速装置に使われる部品を販売している。明らかに、同社のビジネスに意義深い目的を定義することは簡単だ。指先だけで水の恵みを得られる蛇口をつくる、思いのままに自動車のスピードを変えられる変速装置をつくる、というようなことだ。しかし、会社の目的を川下の活動に結びつけて正当化することは、ややこじつけに感じる。これらは部品メーカーの目的ではなく、蛇口メーカーや自動車メーカーの目的と言えるかもしれないからだ。ではFAVIの存在目的とは何なのか？

ジャン・フランソワ・ゾブリストは、CEOになって間もない頃、工場の全従業員を招いて、会社の目的

歳を取るにつれ、私は以前よりもはっきりと、明確に、それ自身の意味や心を持たないもの、愛情を伴わないものがいかに馬鹿げているかを感じるようになっている。
――マルク・シャガール

を考えるミーティングを開いた。きっかけは、あるフランスの自動車メーカーからの突然の発注だった。一年以内に、単なる変速機用フォークではなく、変速機のボックス全体をつくってほしいと依頼されたのだ。この一注文だけで、FAVIが当時手がけていた売上高を上回った。これはリスクが高すぎると多くの社員が思った。ゾブリストは、自社の存在目的に照らしてよく考えないと決断できないと感じ、いつもやってきたように、会社全体に関わってもらうことにした。つまり、毎週金曜日の午後に開催している社員とのグループミーティングにこの件を諮ることにしたのだ。ゾブリストは議題も進行手順も全く用意せずにミーティングに現れた。それでも社員たちは自主的に運営できると信頼していたし、当社の存在目的は何かという基本的な問いへの回答を見つけ出すまで、必要があれば毎週金曜日に何度でも再招集するつもりだった。

徹底的に話し合い、思いつきや表面的なアイデアを捨ててみると、答えが明確な形で浮かび上がってきた。FAVIには二つの根本的な存在目的がある。一つ目は、職の機会が少ない北部フランスの田舎町アランクールに、十分な雇用を生み出すこと。二つ目は、顧客に愛を届け、愛を受け取ることだ。そう、「愛」はビジネスの世界でめったに使われない言葉であり、ブルーカラー労働者の働く製造業の現場ではまず耳にしないだろう。しかしFAVIでは、これは言葉通りの意味を持っている。工場作業員は製品をただ顧客に届けるのではない。自分たちの心を込めた製品を送るのだ。数年前のクリスマスの時期、FAVIのある作業員は、余ったブリキを使ってサンタクロースとトナカイの小さな立像をつくった。まるで子どもがビンにメッセージを入れて海に投げ込むように、彼は最終製品の箱の中にその像を入れた。いつか、だれかがそれを見つけてくれることを夢見て。その後、ほかの作業員もそのアイデアを採用し、クリスマスのとき以外にも、フォルクスワーゲンやボルボの工場で組み立て作業に携わっている人へのささやかな愛情の印として、積み荷の中に時々ブリキの像を入れておいた。受け取る側は、箱を開けると像が入っていることに気づくという仕組みだ。

存在目的に耳を傾ける慣行

組織には組織自身のエネルギー、組織自身の方向感覚がある。そしてそこで働く人たちの役割は、組織の方向を調整することではなく、それに歩調を合わせることだ——こういう考え方をとるなら、組織がどこに行きたいのかを人々はどうやって見つければよいのだろう？

感じ取る《センシング》

最も単純な答えは、「特別な事はしない」である。自主経営《セルフ・マネジメント》に不思議な力を発揮させるのだ。進化型《ティール》の慣行を実践しているパイオニア組織がよく使う言葉がある。それは「感じ取る《センシング》」だ。人間はみな、自然の感知器《センサー》を備えている。何かうまくいっていないとき、あるいは新たな機会が開けたときには、それに気づく能力を生まれつき持っている。自主経営《セルフ・マネジメント》組織では、だれもが組織の感知器《センサー》になり、変革に着手できる。たとえば有機体において、すべての細胞が自分の環境を感じ取って組織に必要な変化を促すのと、まったく同じである。人は感じ取ることをやめられない。人はいつでもどこでも感じ取ることができる。しかし、従来型組織では、情報は少しずつ届けられることが多い。組織のトップで警告信号を感じた場合だけ行動が起こるが、残念なことにこうした信号は歪められ、現場で起こっている事実か

人は、権力やお金や名声にそそのかされやすいものです。自分の使命がほかの人に奉仕することであれば、自分自身についてそれほど多く考えないでしょう。

情熱を価値ある営みに注ぐことは、厳格なコンプライアンスの活動よりも、ずっと効果的に行動を規制できるのです。

——デニス・バーキ

らかけ離れていることが多い。ホラクラシーのブライアン・ロバートソンは、人々が環境を感じ取る能力を取り除いてしまう組織について、非常に分かりやすいたとえで説明してくれる。

私にとって人生観を一変させるような事件は、私自身が飛行機を墜落させそうになったときに起こりました。当時私は訓練生で、単独飛行に入る直前に「低電圧」ライトが点滅したのですが、機内のすべての機器は「すべてが順調」だったのでそれを無視してしまったのです。これは組織ではよくあることで、どれか一つの「機器」（人）が、ほかのだれもが気づかない何かを感じ取っても無視されるのと同じです。飛行機の操縦時に重要な機器を無視することは非常に悪い判断だということを思い知り、それ以降は組織の調査でも同じ失敗をしないよう気をつけるようになりました。「低電圧ライト」に匹敵する意見を無視せずに、組織の機器である私たち一人一人を、充分に活かすことなどできるでしょうか？[7]

このことのよい実践例となる一つのエピソードがある。ビュートゾルフのあるチームに属する二人の看護師が、高齢者が転倒して腰骨を折ってしまう事故の予防方法について考えていた。骨折の治療は通常の外科手術だが、患者は必ず元通りに動けるようになるとは限らなかった。ビュートゾルフは高齢者の転倒を防ぐために何ができるだろうか？　二人の看護師は、実験的に、近隣地域にいる理学療法士と作業療法士とパートナーシップ契約を結んだ。そして患者に、家の内装を少し変えることと、転倒するリスクを最小限にするために生活習慣を変えることを助言した。この試みにほかのチームも関心を示し、現在は「ビュートゾルフプラス」と呼ばれるアプローチがオランダ中に広がった。

二人の看護師はニーズを感じ取り、自主経営《セルフ・マネジメント》の権限を使って行動を起こしたのだ。自主経営《セルフ・マネジメント》がこのアイデアを広げるのに一役買った。「ビュートゾルフプラス」に関心があれば、どのチームでも社内研修会に参加できる。研修会ではこのコンセプトがどのように作用するか、自分たちの地域でこの仕組みを活かすためのパートナーシップをどうつくるかを学ぶことができる。従来型組織では、「低電圧ライト」は無視されるのが関の山だろう。自分のアイデアを何層にもわたる組織構造を通して経営陣に検討してもらい、承認され、予算をもらおうなどとだれが考えるだろう？　そして、仮に経営陣がアイデアを承認したとしても、「ビュートゾルフプラス」を全国に採用するというトップダウンの決断は各チームにとっては義務の押しつけと受け取られ、抵抗したり、協力しなかったりするチームも現れるはずだ。

自主経営《セルフ・マネジメント》組織では、変化はそれを必要と感じている人が起点となって起こる。こうした現象は、まさに自然が過去数百万年にわたって機能してきた方法と同じである。イノベーションは、組織の中心から計画に従って起こるのではなく、常に組織の末端で起こる。しかも、組織内の有機体が環境変化を感じ取り、適切な反応を見つける実験をしたときに始まる。うまく行かない試みもあるだろうが、うまくいけば生態系の隅々にまで急速に広がるのだ。

精神領域での練習

人にはセンサーが自然に備わっているが、感じ取る能力を高めるには練習が必要だ。特に、瞑想や精神修行をすると自己中心の欲求から離れ、さまざまな知恵の源を活用できるかもしれない。サウンズ・トゥルーの創業者、タミ・サイモンは、精神修行は直感的な能力を高めるのに役立ったことに気づき、自分のビジネスにもかなり貢献したと考えている。職場における精神性を専門に研究しているジュディ・ニールに次のように語ったという。

「私という全存在は基本的に直感に依存しています」とタミは言う。彼女はレギー・レイという瞑想の師の下で学んでいる。レギーは自分の師から「兆しを読む」方法を教わり、それらの教えをタミに伝えた。「これは一種の芸術的な表現形式であると同時に、私たちに生まれつき備わった生き残るための技術です。狩りに出れば、動物の通った跡に注意を払うでしょう。そのようにして私たちはプロジェクトを選んでいるのです。私たちは兆しを読みます。何人がそのことを話題にしているか？　特定の著者に対してどれだけのリクエストが来ているのか？　そのプロジェクトについて私たちは本音ではどう思っているのか？　こうした問いも、とても重要です」

同社は社内の問題についても「兆しを読んで」いる。タミがインスピレーションを得るために有益と考える一つの練習は、視覚化《ビジュアライゼーション》だ。タミはそのプロセスの内容を説明してくれる。「自分が地球の中心に行って新鮮な水をくみ出し、表面に戻ってくる様を思い浮かべます。実に不思議なことに、そうすると全く新しいアイデアがわいてくるのです。視覚化をすると、ゆらいでいた気持ちが落ち着き、将来を見据えようという心の余裕が生まれてきます」[8]

瞑想と誘導的な視覚化《ビジュアライゼーション》によって、非日常的な意識状態をつくり出し、普段起きているときには知覚できない物を見通す力を発揮できるようになる。進化型《ティール》組織であっても、多くの従業員にとって、通常とは異なる意識状態を利用することは、自分の限界を広げているような気がするものだ。私自身も各社を調べるうちに、そうしたことを何度か実感した。それでも、進化型《ティール》組織で働いている人々であれば、だれもが物事を知るための超合理的な方法を極めて満足に感じ、興味を持つはずで、そのような技術がいつか組織の中に自然と定着するだろうと私は考えている。[9]

だれも座らない椅子

組織の存在目的に耳を傾けるための、単純でそれほど難しくない方法がある。ミーティングのたびにだれも座らない椅子を用意し、それを「組織」と「組織の存在目的」を代表する席にしておくのだ。ミーティングに参加している人はだれでも、いつでも席を替わって組織の声に耳を傾け、自らが組織の声になることもできる。次に示すのは、その椅子に座っているときに思い浮かぶであろう問いだ。

- そこで討論、決定されたことは、あなた（つまり組織）にとっても有益か？　ミーティング終了時のあなたの気分はどうか？
- 今日のミーティングからあなたにとって何が明らかになったのか？
- あなたはどちらの方向に行きたいのか？　どれくらいのスピードで？　今のあなたは十分に自信があるか？　自信を持ちすぎていないか？
- ほかに言っておくべきこと、話し合っておくべきことはあるか？

ハイリゲンフェルトがミーティングでティンシャベルを使うのは（274ページ参照）、本質的にこれと同じことだ。だれかがベルを鳴らすたびに、参加者が「私は今話し合っていることは、当社に役立っているのだろうか？」という問いを考えるよう要請されることになるからだ。

サウンズ・トゥルーはこの「だれも座っていない椅子」方式の変形を、新年を祝う儀式に導入した。毎年、年初に来るべき一年に向けて社屋に感謝するのだ。[10] 儀式の最後に、社員たちは静かに座り、自分たちの会社、サウンズ・トゥルーがこれからの一年に何を望むのかに耳を傾ける。シェアしたい人は自分が耳にしたことをグループの仲間たちに発表する。

大集団でのプロセス

「だれも座らない椅子」の考え方は、日常の、比較的重要性の低い意思決定にも適用できる。また組織が大きな転機に向き合ったとき、人々が大集団で自分たちの組織の存在目的と方向性について一緒に耳を傾けられるような、美しく見事なやり方はたくさんある。たとえば、オットー・シャーマーの「U理論」、ディビッド・クーパーライダーの「AI（アプリシエイティブ・インクワイアリー）」、マーヴィン・ワイスボードとサンドラ・ジャノフの「フューチャー・サーチ」、ハリソン・オーウェンの「オープン・スペース・テクノロジー」などがある。こういったプロセスには階層的な要素はなく、自主経営《セルフ・マネジメント》的なものだ。これらの仕組みでは、多くの場合「システム全体」、つまり組織に属する全社員を集める。規模は数百人でも、数千人でもかまわない。ともかく全員が一堂に会し、一日または数日間に及ぶセッションに参加する。顧客やパートナーやサプライヤーを呼んで、彼らの見解を取り込んでもよい。各プロセスにはさまざまな形式があるが、共通点が一つある。どのプロセスも全員に（たとえ数千人が関与していても）発言権を与え、しかもそれらの声を結集して集団としての成果に結びつけるという、ほとんど不可能とも言える偉業を達成しているのだ。

このような大集団で話し合う技術は、トップダウンの戦略ではとうていなし得ない形で組織に活力を与えることができる。全員が一つの部屋に集まり、集団としてのビジョンが生まれると、驚くべきことが起こる。人々は、そこに現れた未来のイメージに強い思い入れを抱くようになるのだ。そして、ビジョンの実現に真剣に取り組み始める。各自の関心、スキル、才能に応じたプロジェクト・チームがその場で立ち上げられる。戦略はもはや組織のトップにいる少人数の専有物でもないし、戦略の実行は数人のプロジェクト・マネジャーに任される任務でもない。組織全体が一丸となって将来に意義を感じ、将来を切り開こうと力を尽くすのだ（第Ⅲ部第3章では、二日間にわたるＡＩ［アプリシエイティブ・インクワイアリー］活動の要約を紹介している。464ページ参照）。

ハイリゲンフェルトは、大集団によるミーティングを定期的に開催して、将来の方向性を感じ取ろうとしている。そのようなセッションの一つから、同社の精神疾患に対する総合的アプローチを子どもや成人のいる家族に適用するというビジョンが浮かび上がってきた。治療の中で家族の絆が大事にされ、深まり、患者が近親者と一緒に治療を受けたらどんなに素晴らしいだろう？　一年後に、クリニーク・ヴァルドミュンヘンが開院した。家族に対する治療に特化した、新しい形の心療病院である。

もちろん、大集団でのプロセスを行うためにはある条件が満たされている必要がある。リーダーは進んで自分の権限をグループに引き渡さなければならない、というものだ。プロセスがいったん始まると、全員の発言が同じ重みを持つ。特定の方向に向けてグループを統制《コントロール》することも、結果を操作することもできなくなる。リーダーは、グループの集団的な感覚が、自分一人の感覚よりも優れた回答を導き出せると信じなければならない。また権限をそのような形で引き渡すには、謙虚さ、勇気と信頼が必要だ。今日の大組織でこの道を選べるリーダーはほとんどいない。少なくとも今のところ、組織を自由に操りたいリーダーにとっては、トップダウンの戦略が安全な選択肢だ（もっとも、過去の経験と学術研究によれば、トップダウンによってプロジェクトが変更されると、相当数が失敗に終わっているとの証拠がある）。

外部からの働きかけ

自分の使命に従うと、人生が適切なタイミングで正しい機会をもたらしてくれるような気がしてくる——そのような経験をした人は多い。組織レベルでも同じことが言えるようだ。企業が自社の存在目的を明確にしていると、外の世界の方から会社のドアをノックしてチャンスを運んでくる。会社がどちらの方向に行きたいのかは、社内の人ばかりでなく、社外の人にもわかるのではないか、と思えることもあるだろう。

ビュートゾルフには、このことをよく示す事例がある。現在は、どんな背景を持つ人でもヨス・デ・ブロックや社内の人々にいつでも連絡して、ビュートゾルフがどこに向かうのが良いかを一緒に考えることができる。デ・ブロックと社員たちはこうしたミーティングを受け入れ、開かれた心で耳を傾ける。その話し合いから何かが生まれそうに思われると、実験を行って何が起こるかを見守る。経営委員会も、ステージゲート法★も、定められた予算もない。これはいたって単純なのだ。話し合いが行われて物事が生まれ、進むだけである。物事は、起こるべくして起こる。

たとえば、ビュートゾルフには、ヨーロッパやそれ以外のさまざまな国や地域から、看護師やヘルスケア

★ プロジェクトをいくつかのステージに分けて、節目節目で継続か否かの経営判断を行う方法。

管理者が集まってきた。あるチームが二〇一二年からスウェーデンで患者の介護を始めており、アメリカ合衆国、スイス、ベルギー、イギリス、カナダ、日本、中国、韓国といった国々からも、チームを現地で設立したいという真剣な関心が寄せられている。オランダのビュートゾルフ側にはそれほど労力がかからない。いくつかのミーティングで耳を傾け、それぞれのプロジェクトが立ち上がるべくして立ち上がるのを感じ、ビュートゾルフ式のチームを海外で始めたい人々を支援するぐらいである。

ビュートゾルフはまた、「ビュートディーンスト（文字通り訳すと〝近郊サービス〟）」と呼ばれるユニットを立ち上げ、アルツハイマー病患者などの家事を手伝っている。小さなチームの集合体という組織構造で運営しているうちに、このユニットは二年間で七五〇人にまで成長した。

ビュートゾルフには若い労働者たちも集まってくる。二〇一二年、ネグレクトを受けた子どもや非行に走る子どもを支援する「ビュートゾルフ・ヤング」の二チームが立ち上がった。ソーシャル・ワーカー、教育の専門家、看護師で構成され、警察、学校、家庭医と協力しながら、子どもたちや家族に対してさまざまな取り組みを行っている。看護師のチームと同じように自主運営されており、自治体ごとに異なるサービスや、サービス提供者の高い間接費といった、社会福祉事業が昔から抱えている諸問題を、看護師チームと同じように何とか克服したいと考えている。同社の探求はとどまるところを知らず、現在は「ビュートゾルフT」を設立し、精神疾患の初期段階にいる人たちを対象に、患者の自宅で「セラピューティック・ケア」（治療力のある介護）を実践している。ビュートゾルフに集まってきたセラピストは、このタイプの介護によって、心療病院にかかる患者数が相当減る可能性があると考えている。

ビュートゾルフは、大規模で人間味の薄い老人ホームの代わりに、コミュニティー内に高齢者向けの小規模

企業が自社の存在目的を確信していると、外の世界の方から会社のドアをノックしてくる機会が増える。

な住宅をつくる話し合いもしている。病院の将来について考えるという取り組みも進行中だ。病院は、規模の経済を求めて、巨大で、官僚的で、人間味のない機関へと成長してしまった。小規模で、ネットワーク化された施設が都市近郊にたくさん広がっているという、これまでの病院とは全く異なるコンセプトはどのような社会をつくるだろうか？　ここに紹介したすべてのケースで、ビュートゾルフは外部からの刺激に反応し、今度どう進めていくべきかを感じ取ろうとしている。

有機的なプロセスとしての戦略

進化型《ティール》組織が存在目的について考える方法は、従来の戦略策定プロセスを根底からくつがえす。従来型組織では、戦略はトップで決まる。それはCEOと経営陣の責任領域なのだ（戦略部門や最高戦略責任者、あるいは外部のコンサルタントに支えられているが）。定期的に戦略立案プロセスが実施され、組織の新しい方向性を定めた分厚い文書ができあがる。戦略計画と変革プロジェクトの準備が整うと、組織のトップから下部組織へと伝達される。時には「私たちは変わらなければならない。さもないと……」といった足元に火がついたようなメッセージが伴うことも少なくない。

進化型《ティール》組織には、戦略立案プロセスは存在しない。トップは、ほかの人が従うべき方向を定めない。私が調査した組織の中に、自社が進むべき方向を文書の形で用意していたところはなかった。その代わり、だれもが自分の組織の存在目的に対しては実に明確で、鋭い感覚を、そして組織が進むべき方向性についてはおおざっぱな感覚を持っている。詳細な地図は必要とされていない。そんなものがあれば、無限の可能性を、あらかじめ定められたせまいコースに制限してしまいかねない。

自社の存在目的を指針にしているので、個人であれ集団であれ、何がこの世の中から求められているのかを感じるという能力がだれにでも備わっている。人々がさまざまなアイデアを、遊びのように現場で試しているうちに、組織のいたるところで戦略が自然と湧いてくるのだ。組織は、集団的な知識の形成プロセスに対応して、進化、変身、拡大、縮小していく。現実《リアリティ》こそが偉大な審判であり、判断を下すのはCEOでも、取締役会でも、経営委員会でもない。うまく作用したものが、組織内で勢いとエネルギーを得る。そうでなかったものは定着せずにしぼんでいく。

マーケティング

ビジネスはこれまで、人々のニーズや好みや購買行動に応じて顧客を分類する技術では、かなりの水準にまで発展してきた。今後は、顧客セグメントごとに自社製品とブランドを注意深く配置して、それらの魅力を高めていくだろう。成熟した大量消費の市場では、企業は次から次に新しいニーズをつくりだし、人々の心の内に隠れている不安や虚栄心を巧みに操ることも多い。「これを買えば、自信がみなぎるように感じますよ」「これを買えばあなたも人気者」「これを買えば成功します」といった具合だ。

これに対して、マーケティングに対する進化型組織《ティール》のアプローチは実に単純だ。正しい提案だと感じる内からの声に、耳を傾けるだけなのだ。顧客調査もフォーカス・グループもない。基本的

もし地獄に行くことになれば、悪魔は私をコーラ会社のマーケティング・ディレクターに任命するでしょう。競合製品と全く同じで、利点を訴えても売れない、そしてだれからも必要とされていない製品の販売を担当することになるのです。コーラ戦争に真正面からぶつかり、価格、物流、広告宣伝、販促で競争する。私にとっては文字通りの地獄となるでしょう。

——イヴォン・シュイナード

に、マーケティングは次の一言に集約される。「これが私たちの提案です。今この瞬間に、これこそがおそらく、私たちにできるせいいっぱいのことです。お気に召していただけると良いのですが」。一風変わったパラドックスだが、進化型組織《ティール》は世界のノイズ（調査、フォーカスグループ、顧客分類）に合わせるのではなく、自分の内なる声に耳を傾けて世界のニーズに応えようとしているのだ。どのような製品であれば自分たちは本当に誇りを持てるか？　どのような製品なら、世界の本当のニーズを満たせるだろう？　進化型組織《ティール》の人々が、新製品を決めるときに考えるのは、こうした問いであり、分析よりも美と直感で導かれる思考プロセスだ。サウンズ・トゥルーは市場で「至福の喜びに至る三つのステップ」のようなタイトルの本を出せば、もっと多くの書籍やビデオを売ることができるだろうが、この選択肢は採らなかった。人々の生活を鮮明にするのではなく、混乱を増すだけだと考えたからだ。

このアプローチは、スピリチュアル業界だけではなく、製造業でも作用する。一九九〇年代に、FAVIのゾブリストたちは、次のようなアイデアに惹かれるようになった。鋳造工場がいつも合金をつくっているのは、純粋な銅を鋳造できないからだ。もし、FAVIが不可能を可能にしたら、つまり一〇〇％の純銅でできた工業製品を鋳造できたらどうなるだろう？　彼らは「遊び」、つまり楽しく創意工夫をし始めた。そのような製品の市場はあるのだろうか？　これについてはまったく分からなかったが、費用をかけて市場調査をしようとは思わなかった。純銅には、電導性のような、合金にはない特徴がある。そのような特徴には何らかの目的があるはずだ。ゾブリストたちが興奮したのは、見つかるかもしれない市場ではなかった。純銅を鋳造するという、一件不可能なものの美しさの方だった。結局彼らは、楽しく試行錯誤を重ねた末に、開発に成功した。そして予想通り、市場の方が同社のドアをノックした。純銅部品は電気モーターの性能を劇的に高め、今やFAVIの主力製品となっている。

達成型《オレンジ》組織の製品開発アプローチは、技術的特徴、ステージゲート、製造コストに集中して物事を進めるという圧倒的に左脳的なプロセスだ。進化型《ティール》組織は右脳の直感力も生かそうとする。日本人の司馬正次筑波大学名誉教授の助けを得て、FAVIは情緒、美、直感といった要素を取り入れる製品開発プロセスを採用した。これがどのような成果を上げられるかは、FAVIが数年後に行った別の実験によって示されている。銅に殺菌性があることは、冶金学者の間では長く知られてきた。「この特徴が製品に利用できていないとはもったいない」とFAVIの人々は考えた。あるチームが病院用の抗菌銅製品について「遊び」始めた。すぐに有望そうな試作品ができたが、ゾブリストは色がよくないと思った。赤みを帯びた銅は、まるで大昔の、今はなき一九世紀のサナトリウム★を彷彿とさせた。ゾブリストは、いかにも近代的なステンレスの輝きを持った、銀色合金の試作品を作れないかとプロジェクト・チームに尋ねた。「そんなのは全く意味がないじゃないですか」とチームのメンバーはあざ笑った。合金をつくるための原材料を加えたら、銅は抗菌性を失ってしまう。ゾブリストは自分の案には根拠がないことをわかっていた。しかし、「これは追求する価値がある」とも考えた。美に関する直感が心の奥底でそう叫んでいたのだ。とりあえず試してみてくれないか、とゾブリストはチームを何とか説得した。だれもが驚いたことに、そしてその理由はまだ明らかではないのだが、銀色の合金は銅の抗菌性を保ったどころか、その能力を高めたのである。こうしてFAVIの新しい市場が生まれた。

★　隔離された療養所。

ある問題に取り組んでいるときには、私は美のことを一切考えません。しかし作業が終わり、解決策が美しくないと、私はそれが間違っていることがわかるのです。
——リチャード・バックミンスター・フラー

プランニング、予算策定、統制《コントロール》

プランニングと予算策定に対する進化型組織《ティール》のアプローチは、従来の経営理論でベスト・プラクティスとみなされている方法からはあまりにもかけ離れている。予測や管理（あらゆるプランニングと予算策定作業の目標はこれだ）をしようとするのではなく、進化型組織《ティール》は状況を感じ取り、対応しようとする。ホラクラシーのブライアン・ロバートソンは説得力のある比喩《メタファー》を用いて二つのアプローチをうまく対比している。

> 自転車に乗る、という行為を会社の経営ととらえたらどうなるでしょうか。たとえばこんな具合です。自転車をどうやってうまく運転するかを計画する、大きなミーティングを開きます。目の前にある道路をおそるおそる眺めて、自転車がいつどこに向かうかを正確に予想しようとします。そうして計画を立てるのですが、そのためにはプロジェクト・マネジャーに頼り、作業工程を管理するガント・チャートを見なければなりません。管理部門を導入して、すべてが計画通りにいっているかを点検する必要もあるでしょう。
>
> そうして自転車をまたこぎます。目を閉じて、事前に計算しておいた角度でしっかりとハンドルを握ります。そして計画に沿って運転しようとします。もし自転車がどこか途中で倒れてしまったら、どうなるでしょう？　最初に、これはだれの責任なのか、となって、「責任者を見つけ、クビにし、会社から追いだそう！」と物事が進むはずです。そうした一連の手続きを終えたうえで、次は当然、間違わないようにしなければなりません。私たちは明らかに何かを見逃していた、もっと事前に予想する必要が

ある、計画にしたがって物事をきっちり進めるために管理体制をしっかりしよう。

今日の経営システムを支えている考え方は、予測と統制《コントロール》です。しかし、ここでの問題は、人は実際に管理をすることなく統制《コントロール》をしたつもりになりがちだ、という点です。そして私たちが本当に求めているのは現実の統制《コントロール》です。ホラクラシーは組織の中心に、組織運営《ステアリング・モダリティ》の感覚を織り込んでパラダイム・シフトを図ろうとしています。当社ではこれを「ダイナミック・ステアリング（動的な運営）」と呼んでいます。これは予測と統制《コントロール》ではなく、感覚と反応に基づく経営方式です。

自転車の運転は事前に一度スイッチを押しておしまいではなく、常に追加的な運動を少しずつこなしていく継続的な作業です。目を開いて、さまざまな方法でデータを取り込みながら動き続けなければならない、意識的な動きなのです。バランスを取り、前を向き、どの瞬間も冷静さを保ちながら感覚を研ぎ澄ませ、目の前に起こっていることを感じ取り、瞬間瞬間に取るべき行動を、意識的に選択しなければなりません。それは方向性がないということではありません。自分を前進させる目的は依然としてあり、実際のところ、どの瞬間にも意識を高め、冷静になることで、自分の目的を実現する方向へと活動を統制《コントロール》し続けられるようになるのです。

本質はここにあります。自分は統制《コントロール》できるという美しい幻想、事態を統制《コントロール》できるという安心感を捨てなければならないのです。「リーダーとして自分の仕事をきちんと果たした」「すべての分析をやり終えた」「計画を立てた」「計画通りにすべてが運んでいる」「自分たちは事態を統制《コントロール》できている」という思い込み。こうした幻想を捨て去り、存在目的を明確にし、瞬間瞬間に意識を高め、冷静さを保つことの方がはるかに難しく、恐ろしい障害物なのです。[11]

FAVIは、これまでの組織の常識をくつがえすような別の比喩《メタファー》も用いている。FAVIによると、従来型組織では、五年先を見据えたうえで翌年の計画を立てる。FAVIはもっと先について考えている。二〇年先を見据えたうえで翌日の計画だけを立てるのだ。果物の木を植え、どの穀物を育てるかを決めるにはかなり遠くを見つめなければならない。しかし、年の初めに正確な収穫日を計画することは何の意味もない。どんなに頑張ったところで、天候や収穫高、土壌を統制《コントロール》できない。これらはすべて独自の生命を生きているからだ。農家が、目の前の現実を感じ取り、それに合わせて調整せずに、厳格に計画に固執していたら、すぐに立ちゆかなくなるだろう。

これを組織にあてはめると、どういう意味があるだろう? 彼らはどのように感じ取り、反応するようになるのか?

実行可能な解決策と高速反復

予測と統制《コントロール》という枠組みで働くと、人は自然と完全な答えを探したくなってくる。もし将来が予測できるのであれば、自分たちの仕事は、予測できる将来にベストな結果をもたらす解決策を探し出すことになる。入り組んだ(complicated)世界で予測をすることは有益だが、複雑な(complex)世界ではあらゆる関連性が失われてしまう。FAVIのジャン・フランソワ・ゾブリストは、この違いを説明する比喩を見つけ出した。ボーイング七四七などの航空機は、「入り組んだ」システムだ。数百万の部品がスムーズに連携しないと動かないからだ。しかし、あらゆる部品は精密に組み立てられているので、一つの部品を変更すると、それがどのような結果をもたらすかを予想できる。一方、ボウル一杯のスパゲティは、「複雑な」システムだ。もちろん、数十の「パーツ」はあるだろうが、たとえばボウルからはみ出ている一本のスパゲティの先を引っ張ると何が起こるのかを予測するのは事実上不可能なのだ。

予測をすると、自分が統制《コントロール》しているという安心感を得ることができる。しかし実際には、私たちの生きている組織や世界はスパゲティのような複雑なシステムなのだ。そのようなシステムでは、将来を予測することにも、ベストの判断にたどりつくためにそれまでのやり方を分析することにも意味がない。習慣的に分析をしたところで、自分たちは統制《コントロール》と予測をしているのだという幻想を抱くだけで、エネルギーと時間を浪費しているにすぎない。進化型組織《ティール》は、完璧な予測などできない複雑な世界と、うまく折り合いをつけられる。考えられる限りでベストの判断を明確に狙うわけではなく、すぐに使える実行可能な解決策を狙う。新しい情報が入ると、それに応じて判断は見直され、どの時点でも改善が図られる。

こうした原則は、製造分野におけるリーン生産方式★とソフトウェア開発におけるアジャイル・ソフトウェア開発★という、それぞれの分野に急激な変化をもたらした二つのアプローチの核心にある。ホラクラシーの組織統治プロセスとビュートゾルフの意思決定プロセスをみると、組織内のすべての部署で意思決定を組み込むことが可能であることがわかる。どちらの場合も、実行可能な解決策が示されれば採用される（ここでの「実行可能」とは、だれが見ても事態が悪くならないと判断できる解決策を意味する）。もっと多くのデータを集めるかもっと徹底的な分析をすれば、より良い判断ができるかもしれないとだれかが考えたとしても、そのために判断が先延ばしされることはない。新しいデータが現れたら、あるいはだれかがより良いアイデアに遭遇した場合にはいつでも判断を見直す。[12] 自転車のたとえに戻ると、自転車の乗り手は完璧な角度を計算しよう

★ リーン生産方式……トヨタの生産方式を再体系化・一般化した生産管理手法。

★ アジャイル・ソフトウェア開発……ソフトウェア開発を迅速かつ適応しながら行う手法の総称。

とするのではなく、すぐに自転車に乗ってしまい、だいたい正しいと思える角度でスタートし、目的地に着くまでの間に調整し続ける。

このように運営されている企業、つまり大きな飛躍を何度か図るのではなく、高速反復を何度も行う企業の方が、自社の存在目的に向けてスムーズに進歩できる。ベストと思われる判断を見極めるために無駄なエネルギーが使われることはなく、多くのデータと確信を得られるまで判断を保留するという、時間の浪費もない。また、同じく重要な点として、小さな判断を何度も修正することに慣れていれば、判断が間違いだと判明したときにそれを正すことがずっと容易になる（一方、何がベストの解決策かを見つけ出すのにかなりの労力を費やしてしまうと、そのアイデアに夢中になり、物事が計画通り進まなくても必要以上にそれにこだわりがちになる）。結局のところ、（矛盾するようだが）将来の予測から得られる「統制《コントロール》している」という幻想をあきらめ、現実の進行に合わせて物事を進める世界の方が安全に感じるのだ。

目標を設定しない

進化型《ティール》組織はトップダウンの目標を設定しない。読者は、ＦＡＶＩの営業部隊には達成すべき目標がないことを覚えているかもしれない。進化型《ティール》組織の観点からすると、目標数値を設定することには少なくとも三つの問題がある。

1 自分たちは未来を予測できるという前提に立っている。
2 内なる動機から遠ざかった行動をするようになる。

入り組んだシステムの場合は、最善手を見つけ出そうとすることはできるだろう。複雑なシステムの場合、私たちは実行可能な解決法と高速反復が求められる。

3 新しい可能性を感じ取る能力がせばまりがちになる。

人生はかなり複雑で、物事も環境もあまりに速く変化するので、設定する目標もたいていは当てずっぽうなものになる。設定されてから一年もたてば、ほとんどの目標はいい加減な数字になっている。要するに、あまりにも達成が容易で意味がないか、あまりにも難しいから手っ取り早い方法で数字を達成しようとしてしまい、結局は長期的には会社にとってマイナスとなる。

目標数値は人々の行動をも歪めてしまう。多くの企業には公然の秘密がある。マネジャーたちは、年度末になると残っている予算を使い切るために、時にはほとんど意味のない出費を行うこともある。もし今年の予算額を使う必要がなかったように見えると、翌年は削られるのではないかと恐れているのだ。年末までの売上予測を（たとえば九月に）達成した営業部門は、翌年一月まで販売をやめてしまう。もし今年の目標を上回ると、翌年の目標が引き上げられることを恐れるからだ。目標数値がないと、こうしたゲームは消え失せる。人々は自由に内なる動機と相談しながら、自分たちができるベストの仕事をするだけだ。

自主経営組織《セルフ・マネジメント》では、人々は意味があると思ったときに自ら目標数値を定めることができる。ランニングを趣味にする人が、やる気を高めるために目標を設定するようなものだ。FAVIでは、工場作業員が、機械で製品をつくるのにかかる目標時間を自分たちで決め、自分たちで達成度を監視している。モーニング・スターの社員たちは、自分が担当する加工プロセスに目標を定め、継続的な改善を図ろうとしている。達成度を測る基準を決めてそれを測定し、自ら定めた目標値と比較し、差が生じた原因を突き詰めて分析し、新たなアイデアで実験する。こうした目標は地域ごと、機械一台ごと、あるいは作業の一プロセスごとで設定

人生は何が効くのかを懸命に探している。変化を続けながら、何が今効くのかを見つけ出す能力があるからこそ、あらゆる有機体は活力を失わないのだ。
――マーガレット・ウィートリー＆マイロン・ケルナー＝ロジャーズ

されていることが多いので、結果をある程度予測できる。
しかし、いくら目標が自分たちで定めたものだと言っても、視野をせばめて目標だけを見続けることのないよう注意すべきだ。意外なこと、新しいこと、目標を定めたときには想像していなかったような未来が現れそうなときにも、柔軟に対応できなければならないのだ。目標とは、十分に理解されていれば、一つの可能な未来を導く地図のようなものだ。環境が変化し、新しい道路の方が有望そうであるにもかかわらず、計画していた道路にこだわると問題になる。マーガレット・ウィートリーとマイロン・ケルナー＝ロジャーズは次のように説明する。

新しい世界では、はっきりと見えるものの先端に立って、その未来の姿を前提にして計画を立てることがもはやできない。その代わり、自分の意図を明確にして、積極的に気づきを得ようという意欲を持って、出発点に立たなければならない。どうすれば自分のデザインに強引に調和させられるかではなく、どうすればお互いに関わり合えるのか、どうすればその経験に没入し、これからやってくるものに気づけるようになるかを考えるべきであり、それが世界から求められている。計画するのではなく、参加しろと問われているのだ。[13]

予算を簡素化し、予実分析をしない

多くの従来型組織で年に一度行われる予算策定は、実に面倒な作業だ。各部門やチームは、翌年に向けてデータと予測を提出するよう求められ、それが積み上げられていく。形の上ではボトムアップ方式だ。経営

もし神様を笑わせたいのなら、君の将来の計画を神様に話してごらんなさい。
――ウディ・アレン

トップが合計数値をじっくりと眺めて、挑戦意識が足りないと気づくことがある。すると、今度はトップダウン方式で、経営陣が各部門に予測数値を引き上げるよう命令する。数値が経営トップの満足する水準に達するまでこのやりとりが何度か続くこともある。その頃には、現場の人々は提出しなければならない数値をもはや信用しなくなっている（ただし、彼らがうまく立ち回って、売上高と節約額の一部を隠すことができれば話は別である）。その瞬間から、予算はCFOが事実上所有し、毎月毎月予算と実績の差を追跡する。実績が足りないマネジャーは呼び出され、なぜできなかったのかの説明を求められる。こうして、人々は未達の原因をうまく説明して言い逃れ、市場やほかの部署への責任転嫁という作業にかなりのエネルギーが費やされるという、痛ましい検討会が始まる。

本書のために調査した組織はもっと単純なアプローチを取る。

▼予算が策定されるのは、重要な判断を下すために何らかの予測が必要な場合に限られる。たとえば、FAVIでは、原材料の契約を結ぶために、各チームが翌年の大まかな月次予想を立てる。しかし、多くの組織はそもそも予算をつくらない。サン・ハイドローリックスもそうだ（取締役会から要求された場合には、大まかな予算を書いた一ページの予算表にまとめられる）。ビュートゾルフのチームも大きな購買や投資を行わないので、予算に煩わされることはない。ビュートゾルフは、チーム全体を合計した数値として、キャッシュフローの単純な予測数値を立て、新規チームをいくつ立ち上げられるかの目安にしている。新チームが黒字転換するまで一年かかるので、同時に立ち上げるチームの数が多すぎることで、会社が破産しないことを確認しておきたいのだ。

私は将来を心配していない。
すぐにやってくるのだから。
――アルバート・アインシュタイン

▼予算はいったん決まると、組織の上層部から介入されることはない。チームが予測した数値がなんであれ、それが予算となる。一部の企業では、チーム同士で互いの予算に異を唱えることはあるが、だれもどのチームに対しても予算変更を強制できない。たとえばモーニング・スターでは、各部署は自分たちの予算と投資計画を予算担当のタスクフォースに提示する。タスクフォースは社内のあらゆる部門から集まったボランティアで、その予算案に異議を唱え、意見や提案をできる。AESもかつては同じようなプロセスを採用していた。予算は意思決定に使われるのであり、成果を統制《コントロール》するためのものではない。FAVIやモーニング・スターのように、各チームの数値の合計を見る会社は、予実管理には何の価値もないことを承知しており、その作業に無駄なエネルギーを注がない。

FAVIは同社のマニフェストの中で、予算に関する考え方を挑発的な表現で表明している。「新しい考え方によって、私たちは金を稼ぐ方法を知らずに金を稼ぐことを目指す。これは、金を失う方法を正確に知りながら金を失うという、古い方法とは異なる方針である」。FAVIは未上場企業なので、外部、つまり株主への報告義務を負わない。一方サン・ハイドローリックスの事例を見ると、上場企業ですら予算なしのアプローチが可能であることが分かる。CEOのアレン・カールソンはこう説明する。

一九九七年一月に株式公開を果たしたとき、私たちは数字の予測能力を高めなければなりませんでした。当社が新しい製造システムを採用した後、一九九九年のある四半期に事前予想を下回る業績を発表すると、当社株は市場の洗礼を浴びました。私たちはこう言ったものです。「ほらみろ、経済がどう動くかなんて前もってわかるわけがないじゃないか。今から一年後にどれだけの注文を受けられるかなんて、全く分からない」。私たちは数字を基準にしてビジネスをしているのではありません。将来の数字なんてなるようにしかならないのです。私たちがある程度確信を持って示せるのは、せいぜい次の四半期の業績ぐらいです。そこで、年次予測をやめ、四半期ベースの予測値だけを発表することにしました。私たちは、当社の長期的な業績は日々正しいことをしている結果にすぎないことを知っています。[14]

大半のビジネス・リーダーは、予算と予測値がないと裸になったような気分になるだろう。私はカールソンに次のような質問をした。「予測値がない場合、人々の達成度は何を基準にして測るのですか？　たとえば、達成すべき目標がないとすると、ドイツ（サン・ハイドローリックスはドイツに発電所を持っている）の従業員が昨年素晴らしい仕事をしたかどうかを、どうやって知るのですか？」。彼は即座に答えた。

だれも知りませんよ。だれも気にしませんし。彼らは一生懸命、全力で働いているのです。私たちは世界中で素晴らしい人々に働いてもらっているのです。もしそんな目標が必要になったら、おそらく私は間違った人を雇ったことになるでしょう。これが当社のやり方なのです。もし私がアメリカでサン・ハイドローリックスの営業部長をしていて、予測数値を述べよ、と言われたら途方に暮れるでしょう！　一体どうすれば予測数値を編み出せるのでしょうか？　そして結局、あまりに多くのことが収拾不可能となっているはずです。予測不可能なことを予測することなどできないのです。[15]

チェンジマネジメント

本章の前半で、進化型《ティール》の組織が「競争」について決して話さない点を指摘した。今回の取材で出会わなかったフレーズがあと二つある。「変革」と「チェンジマネジメント」だ。考え始めると、これがいかに大変なことかがわかるだろう。組織の変革が難しいことを知らないマネジャーなどいない。変革は最もストレスのたまる作業であり、したがって今日の経営において最も広く考察されている問題の一つだ。世界中の専門家と経営コンサルタントが、変革に挑戦しようという経営者を支援するために口を出そうとする。しかし、本書で紹介している進化型《ティール》組織では、変革は自然に起こるもので、しかも組織は常に変化し続けると考えられているようである。変革のために特に注意を払う必要も、努力も、管理も必要ないようだ。進化型《ティール》組織では何が起こっているのだろう?

達成型《オレンジ》の機械的パラダイムでは、組織は停滞した静的なシステム、つまりピラミッド構造の中に積み上げられた箱のように見られている。静的なシステムには、内部を変化させる能力がない。システムの外側から、変化への圧力がかけられなければならないのだ。こうした世界観に基づく「変化」とは、流動的で浮かび上がってくるような現象ではなく、「A地点からB地点へ」といったように、一つの静的な状態から別の静的な状態への一度きりの移動にほかならない。

この世界観における「変化」とは、不幸な必然だ。人々は将来を予想し、統制《コントロール》することによって、変化の必然性を最小化しようとする。

人は意外性を嫌うものだ。予算と戦略的な計画の範囲内に現実が収まるようにと祈る。予想外のことが起こると、つい目をそらしてしまう。自分たちの計画を無にするほど無慈悲な現実など想像できないからだ。そして再び現実を見据えると、自分たちが計画に固執していた間に周りの世界が変わっていることに気づき、目にしたものにおびえてしまう。今や失った時間を埋め合わせて、無理にでも変化を起こさなければならない。

それは痛みを伴うが、いったんB地点にたどり着けば、すべてはまた整うのだ——そう自分に言い聞かせる。一方、機械を再設計するのと同じように、組織も再設計する必要があると考え、周囲の人々を新しい図面に合うよう動かす。当然予想できることだが、人は動かされることには抵抗する。抵抗を克服するために、組織はやむを得ず恐れを使うことも多い。「何も変わらないと、敵対的な競争相手から生存が脅かされる」という恐ろしい話を人々に吹き込むのだ。

組織が自主経営《セルフ・マネジメント》され、生きている世界では、変化を外から強制する必要がない。生命体としての組織には、環境変化を感じ取り、内側から適応する能力が備わっているからだ。森の中には、雨が降らないとか、春が早く来てしまったときに備えて計画し、ほかの木を指導するような「マスター・ツリー」(先生役の木)は存在しない。生態系の全体が、その瞬間に創造性を発揮して反応する。進化型《ティール》組織も変化には同じように対処する。人々は必要だという感覚に従って自由に反応する。彼らは静的な職務記述書や上下関係や業務部門に縛りつけられていない。次々と予想もしない新しい事態が不連続で起こってくるという状況に、創造力豊かに対応できる。状況が変化するのは当然のこととして、自然に、どこでも、いつでも、ほとんど痛みも努力もなく対応する。

あなたの組織が進化型《ティール》組織の慣行を採用した場合、変化への対処方法を見れば、進化型《ティール》の発想がどの程度

人々は変化に抵抗しない。変えられることに抵抗するのだ。
——ピーター・センゲ

根づいているかがわかる。変化をまだ懸念の対象と考えているうちは、次のようなことを同僚たちとの間で考えるよい機会ととらえよう。「自分たちは、機械的パラダイムのどこにとどまっているのだろう？」「自分たちの組織を生きるシステムとして完全に表現させるにはどうすればよいだろう？」

顧客、サプライヤー、情報フロー

組織が自社の存在目的を真剣にとらえると、その関心を組織の境界にとどめておくことができなくなる。自社の目的達成を追求する努力のなかで、自然にサプライヤーと顧客を巻き込んでいくのだ。

たとえばパタゴニアは、環境対策が完璧な素材のサプライヤーとしか取引しない。ＲＨＤは従業員を大事にするような質の高い労働環境を維持しているサプライヤーを優先する。サプライヤーは価格と品質だけではなく、組織の存在目的とどれだけ合致しているかによって選択されている。

進化型《ティール》組織は、顧客を自社の存在目的に巻き込んでしまうことも多い。パタゴニアが顧客に同社の製品を修繕、再利用、またはリサイクルして製品の寿命を伸ばすよう勧めている話はすでに紹介した。ＲＨＤの「〝〇〇イズム〟ミーティング」の存在は、ＲＨＤのスタッフが人種主義や性差別主義など、つねに「〇〇イズム」を認識し、それに対処するよう促しているだけではない。ＲＨＤはまた、同社の住宅とシェルターに住む人々にも社会的なスキルのトレーニングを始めた。「人々が自律心、尊厳、他者への敬意を持った生活を送れるように支援をする」という自社の存在目的をＲＨＤが本当の意味で実現するには、必然的に顧客の協力が必要なのだ。

しかし、組織から外へ飛び出して、サプライヤーや顧客からの支援をとりつけるのは、常に快適だとは限らない。自社が何を標榜しているのか、何を信じているのか、そしてサプライヤーと顧客に何を要請するのかを明確に発表する必要があるからだ。すべてのサプライヤーがそのような選別を喜んで受け入れるとは限らないし、顧客は過激なスタンスを示されるとそっぽを向くかもしれない。しかし、おそらくそれ以上に居心地の悪さを感じることがある。存在目的が崇高であれば、それについて外部の人々に公然と語りながら組織の実態を隠し立てすると、矛盾が生じるだろう。隠すのは競争上の理由だけではなく、内部の仕組みを外部の監視にさらすのはきまりが悪いと思うからという理由もあるのだ。しかし存在目的の観点からは、外部に対して開放的になれば、だれかがフィードバックと専門知識を提供して助けてくれるかもしれず、得るものも多いと考える。パタゴニアの「フットプリント・クロニクル」はこの考え方に沿った取り組みで、同社のサプライ・チェーンを、外部に対して完全に透明化することを目指している。パタゴニアの現CEO、ケイシー・シーハンは、同社のこれまでの行程と予想もしなかった結果について説明する。

四年ほど前、当社は従来の「企業の社会的責任」（CSR）レポートの形式をやめ、すべての活動をオンライン上に掲載して「フットプリント・クロニクル」と名付けました。実際にビデオカメラと録音機とカメラを工場に持ち込みました。そして工場の人々にこう言ったのです。「すべてがどこで、どのように、どういう状態でつくられているのか、輸送と水の利用により二酸化炭素排出量全体にどのような影響を及ぼしているかをお客様に示そうと思っています。『フットプリント・クロニクル』で私たちがつくっている製品の良い面も、悪い面も、醜い面もすべて公表します」と。現在は、およそ四〇の製品ジャンルを追跡しています。この四〇というのは、当社が年間に生産する数百ものジャンルにおける主力製品群です。

当初、工場の従業員は、だれでもそうでしょうが、完全透明化という方針を渋っていました。ところが、実際には何が起こったかというと、顧客や、生物学者や、効率性の専門家が、製造や出荷といった作業をどうすれば改善できるのかについてさまざまなアイデアをくれ、関連情報も電子メールで送ってくれるようになったのです。インターネットの相互作用性や即時性のおかげで、本当にワクワクするようなやりとりが生まれ、私たちは多くのことを学びました。

透明性といえば、以前は「なんだって！　私はこんなことについて話せないよ。自分の会社で何が起こっているかをすべて明らかにするなんてね。非難や攻撃を受けることになると思う」というのがふつうの反応でした。ところが、自社で起こっていることについて、正直で、開放的で、何も隠さないという新たな姿勢を取れば取るほど、お客様はよりよき地球市民になるための当社の努力に積極的に関わってくれたのです。[16]

これからは、外部との取引で、以前には考えられなかったほど正直な道を選択する企業が次々と現れ、彼らの存在目的の実現に手を貸してくれるようになるだろう。他人から拒否されることや屈辱を受けることへの恐れが少なくなると、PRで自社を飾る必要性が少なくなり、失敗を隠そうという衝動が減る。外部者は、あらゆる点から組織内の奥深くを見る機会を与えられる。顧客はワークショップに参加して会社の存在目的に耳を傾けられる。インターネットを使った全員参加のミーティングも実現できる（たとえば、ザッポス・ドット・コムはこういうミーティングを定期的に開催している）、あるいはパタゴニアのように、主力製品の製造過程を撮影して、オンラインで公開してもよい。ホラクラシーワンは、「グラスフロッグ」というイントラネット用のソフトウェアを開発した。これを使うと、人々の役割、説明責任、組織構造、ミーティングのメモや数々の指標を捕捉できる。従来はこの種のデータは社外秘扱いで、閲覧は組織の従業員に限られていた。ホラクラシーワンはすべてをオンラインに載せることを選択した。外部の人はだれでも、ホラクラシーワンのだれがどんな責任を担っているかを見たり、ミーティングメモを読んだり、社内のデータをのぞき見ることができる。

意図的な「気分《ムード》」の管理

組織にも、それを構成している人間と同じく「気分《ムード》」がある。[17] あきらめの気分が漂っている組織や部門もあれば、恐れと怒りがにじみ出ている組織もある。その一方で、野心が満ちあふれた組織もある。心理学や神経科学、古代からの哲学的な知恵は、人のパフォーマンスが気分と感情によっていかに抑えられ、あるいは伸びるかを教えてくれる。欲求不満の状態にあると、私たちはあきらめたり、断念したりしやすくなる。怒っているときには反発し、やり返そうとする。野心的な気分のときには、高い目標を目指してやってみようという気になってくる。

何ができるかできないかは、気分しだいで変わる。気分が乗ればできるし、乗らなければできないことも多い。したがって、組織の気分を意識的に管理することは、集団の目的を達成するための、最も素晴らしい

（しかし見過ごされやすい）ツールの一つなのだ。組織の目的に関しては、自分の個人的な希望を投影しないよう注意しなければならない。働く人々の性格によって、組織がある特定の気分に向きがちになることはあるだろう。たとえば、陽気で活気ある雰囲気が好きな人もいれば、もっと真剣で、集中した雰囲気を好む人もいる。もちろん重要なポイントは、組織の存在目的を達成するうえでその瞬間に最も寄与する気分は何か、である。快活さかもしれないし、集中かもしれない。もしかしたらそれとはまったく異なる、慎重さ、喜び、誇り、注意、感謝、驚き、好奇心、決意かもしれない。

感謝の気分が必要だったとしよう。感謝は強い感情だ。たとえば、自分が満足していると宣言する。その瞬間に必要なものをすべて得ているので、それ以上を求めない。そのような充実感から、ほかの感情が自然と湧き出てくる。たいていは喜びだろう。そして寛容な気持ちが生じ、ほかの人々に愛と思いやりで接するようになる。

もしこの気分によって協力が生まれやすくなるのであれば、それを職場で意識的に促すにはどうすればよいのだろう？　そのような気分を呼び起こす慣行をつくり出す必要がある。

▼ＦＡＶＩには、長年にわたって「感謝と祝福」という素晴らしい慣行があった。毎回の社内ミーティングでは、参加者が順番に、最近自分が経験した感謝したいこと、あるいは祝福したいことに関する短い話を披露することになっていた（273ページ参照）。

▼オズビジョンが導入している「サンクスデー」を思い出してほしい（269ページ参照）。どの従業員も毎年一日の休日と二万円の入った封筒をもらい、自分の人生にとって重要だっただれかに感謝の気持ちを伝

えるために使えるというルールだ。会社に戻ると、彼らは四〇人の同僚たちにその日をどう過ごしたかを披露する。こうした物語が積み重なって、「感謝」という強力な気分が社内につくられていく。

▼ベルリンにあるESBZが毎週金曜日に行っている「賞賛ミーティング」も、感謝の雰囲気を醸し出すのに一役買っている（268ページ参照）。マイクの前で語られる親切、勇気、配慮、仕事への高い意識に関する小さな物語の一つ一つが糸となって、「感謝」という豊かな刺繍に織り込まれる。そしてこの感謝の雰囲気こそが、この学校の並外れた学習文化を支える土台になっている。今は、同校の職員会議も同じ慣行を取り入れている。毎回、参加者全員の感謝の言葉から始まるのだ。

▼テキサス州で病院向けのコールセンターなどのサービスを提供しているベリル・ヘルスは、ESBZと似た慣行を取り入れはじめた。全員が直接集まる代わりに、金曜日の午後になると大量の一斉メールが常に飛び交うようになる（したがってこの慣行は「金曜日のお楽しみ」と呼ばれている）。ある社員がその週に起こったことについて同僚の一人か別の部門を賞賛し、感謝するために、あるいは何か良いニュースを単に知らせようとして電子メールを全社員に送る。いつもその最初のメールがきっかけとなって、感謝と賞賛のメールが吹雪のように飛び交うのだ。この慣行がコミュニティーをつくり、一週間を感謝の気持ちで締めくくることになる[18]。

個人の目的と組織の目的

個人の目的と組織の目的には、密接な関係がある。お互いに、相手に成功してもらう必要がある。今日のほとんどの組織は、自己防衛と利益のことばかりを考え、社員が各自の使命を模索するための適切な環境をほとんど提供していない。そのような環境では、従業員の側も保身の観点から（つまり、生活のための給料を得る手段として）仕事をとらえる。これに対して、社員が働く仲間として組織の存在目的に耳を傾けるように求められると、社員の側も「自分が人生でなすべき使命は何だろうか」と考えるはずだ。この会社の存在目的は私と共鳴するものだろうか？　私はこの会社で働くことを自分の使命だと感じているか？　私の人生において、今この瞬間に本当にそうすることが自分の使命だと感じることは何だろう？　この職場はありのままの自分を出せるだろうか？　ここで私は成長できるだろうか？

個人と組織の存在目的が共鳴し、お互いに強化し合うと驚くべきことが起こるかもしれない。「これぞ天職だ」と言える仕事に出会う――これは神学者で著作家のフレデリック・ブフナーに言わせると「あなたの深い喜びが世界の深い飢餓に出会う場所」ということになるが――人はしばしば神の恩寵に包まれた気分になる。自分に羽が生えた感じがする。内なる力が湧いてきて、努力しなくても何でもできるような感覚を抱き、かつてないほどの高い生産性を上げている気分になる。

採用、訓練、評価面談は、個人と組織の存在目的の交差点を探るために有益な機会だ。採用を例にとって考えてみよう。前章では、進化型《ティール》組織は採用の際に、①役割（スキルと態度を見るための従来型の面接）、②組織（組織の価値観と自主経営《セルフ・マネジメント》に基づく慣行）、③組織の存在目的という三つの側面からの適合性を見ていると述べた。組織の存在目的との適合性は、個人の存在目的を確認しないと十分に検証できない。次に紹介するのは、採用面接に組み込むと良いかもしれない質問群だ。

▼ あなたはご自身の人生で、これまでたどってきた道筋をどうとらえていますか？　ここで働くことは、あなたがこの世界で自分の使命だと感じていることと、どう適合するでしょうか？

▼ この組織の目的のうち、あなたが共感できるものはどれですか？　あなたはどんな才能を発揮して、この組織に貢献できると思いますか？

最終的には、雇う側も雇われる側も、一つの単純な、基本的な問いに答えようとしている。「私たちは、これからを一緒に旅するよう、運命づけられているのでしょうか？」

こうした質問がきっかけとなる面談は、相当深い部分に至る話し合いとなり、入社候補者と組織が自分たち自身について理解を深めるのに役立つはずだ。採用活動は、互いに相手を評価すると同時に、自分を探求するプロセスにもなる。進化型《ティール》組織の多くでは、自社の採用プロセスと採用の判断は一般の会社よりもはるかに長くなることがあるという。時には成長スピードを遅くすることも厭わず、空きのある仕事だけではなく、組織とその存在目的に合う人が見つかるまで募集を続けることもある。

採用プロセスで尋ねられた質問は、年に一度の評価面談の席でも再び取り上げられるかもしれない。ドイツで心療内科病院グループを運営しているハイリゲンフェルトには、年間の評価面談でそのようなことをあらためて考える、素晴らしく単純な二つの問いがある。

▼ 私のハートは仕事をしているか？

▼ 自分は正しい場所で働いていると感じているか？

我々の最も深い使命は、自分たちがあるべきだと思っているイメージと一致するかどうかにかかわらず、ありのままの自分にできる限り迫ることだ。すると、すべての人が求めている喜びを見つけられるだけでなく、この世界で自分がなすべき仕事を見つけられるだろう。
——パーカー・パーマー

自分たちの存在目的と使命についての問いは、単純だが答えるのは難しいかもしれない。組織は、個人的なコーチングやワークショップを通じて個人の内省を支援できる。たとえば物語ること《ストーリーテリング》や誘導視覚化《ガイド・ビジュアライゼーション》のようなテクニックの訓練を受ければ、人生における自分のこれまでと今後をはっきりと理解しやすくなる。現在多くの組織は、自分たちの仕事は物事を遂行するためであって、自分の使命を見極めたい人々を助けるためではないと感じている（そして人間味のない組織では、多くの社員は、仕事で抱えた課題を自分の使命感ほど熱心に探索しようとはしないだろう）。しかし、個人の目的と組織の目的には密接な関係がある。本当に驚くべきことが起こるのは、まさに組織の存在目的と個人の人生でなすべき使命が互いに共鳴し、補強し合ったときなのだ。組織が何をなすべきかについて明確であるほど、それと共鳴できる人々の数は多くなる。自分の使命を知る人の数が増えるほど、この世界で組織のなすべき仕事にエネルギーを注いでくれる人が増えていくのだ。

存在目的に耳を傾ける——ここまでの要約

「勝利」を約束しているのはジャック・ウェルチの書籍だけではない。過去二〇年間で最も影響力のあったビジネス書のベストセラーを取り上げてみよう。『7つの習慣』、『エクセレント・カンパニー』、『ビジョナリー・カンパニー』、『競争優位の戦略』★。タイトルだけ見ても、現在のリーダーが何を目指すべきか、という考え方がわかる。それは成功であり、競争相手を打ち負かすことであり、トップにのし上がることだ。[19] こ

★『7つの習慣——人格主義の回復』（スティーブン・R・コヴィー著、フランクリン・コヴィー・ジャパン訳、キングベアー出版、2013年）、『エクセレント・カンパニー』（トム・ピーターズ、ロバート・ウォータマン著、大前研一訳、英治出版、2003年）、『ビジョナリー・カンパニー——時代を超える生存の原則』（ジム・コリンズ、ジェリー・I・ポラス著、山岡洋一訳、日経BP出版センター、1995年）、『競争優位の戦略——いかに高業績を持続させるか』（マイケル・ポーター著、土岐坤、中辻萬治、小野寺武夫訳、ダイヤモンド社、1985年）。

の見方に従えば、利益と市場シェアが最重要項目となる。これは株主モデルの本質だ。つまり、経営者の義務は世界における目的に奉仕することではなく、株主価値を最大化することなのだ。

最近は、新しい見方が台頭してきた。これは「ステークホルダー・モデル」と呼ばれ、企業は投資家だけでなく、顧客、従業員、サプライヤー、地域コミュニティー、環境そのほかのニーズにも答えなければならないという主張である。ステークホルダーのニーズは往々にして対立するので、組織リーダーは、長期的に全員が満足するようにステークホルダー同士をうまく調整しなければならない。ホールフーズやサウスウエスト航空などの大成功した数多くの企業は、このようにバランスを取ろうとする考え方の推進者だ。進化の観点からすると、（多元型の）《グリーン》ステークホルダー・モデルは、それよりもせまい（達成型の）《オレンジ》株主モデルよりは明らかに一段階上のステップにいる。しかしステークホルダー・モデルでもなお、組織がすべてのステークホルダーに奉仕できるようになるには、人による意図的な介入が必要だとみられている。

もう一段進んだステップ、つまり進化型《ティール》組織の視点とは、組織をもはや資産として（またさまざまなステークホルダーに奉仕する共有財産としても）見ない、ということである。組織は、独自の存在目的を追求する一つのエネルギーが集まる場、新たに成長する可能性、ステークホルダーを超越する生命の一つのあり方ととらえられる。この枠組みでは、私たちはその創業者または法的なオーナーであったとしても、組織を「運営」しない。組織の管理責任者《スチュワード》として、組織が世界に貢献できるよう、その深い創造的な能力に耳を傾ける媒体なのだ。

こうした観点はあまりにも新しく、従来の考え方とは異なるので、その意味することを完全には理解されないかもしれない。たとえば、組織をエネルギーが集まる場あるいは独自の生命形態と見た場合、

組織は、自分と他者がつながり、目的と目的がつながり、情熱が喚起されると、単に個人が集まったよりもはるかに大きなことを成し遂げられるかもしれない。だから、多くの人々はより多くを望むのだ。だから、一緒にいたいと思えるような人を発見したくてしかたがないのだ。
——マーガレット・ウィートリー＆マイロン・ケルナー＝ロジャーズ

どうやって組織を「所有」できるというのだろう？　今日、組織を所有しているのは投資家である。しかし、投資家に適切な場所を与えつつ、組織の自律性を尊重する新しい枠組みを発明する必要があるのかもしれない。

学び、理解されるべきことがもっとあることは確かだ。しかし、本書のために調査したパイオニア組織は、少なくとも、組織の存在目的に耳を傾けるための慣行を確立している。375～376ページは、進化型《ティール》組織のこうした慣行を整理し、（達成型《オレンジ》組織による）現代の組織経営で支配的な見方と対照させた形で表にしたものだ。

結局のところ、組織にそれぞれの進化的衝動を与えることは、大きな安心をもたらすことなのかもしれない。だれも未来を予言して完璧な戦略をつくる必要はない。変化を無理に起こす必要もない。詳細な予算を立て、達成できなかったら自分を責める必要もない。しかし人生と連携し、自ら生まれたいと思っているものに耳を傾けることはできる。『もっとシンプルな方法』（未邦訳／*A Simpler Way*）で、マーガレット・ウィートリーとマイロン・ケルナー＝ロジャーズは次のように説明する。

この自己組織的な世界は、人々が存在するにはちょっと変わった場所である。自分は運営者である必要はない。設計する必要もない。あらゆる組織形態をつくる責任は自分にあり、何かをハッキリと示すことは、難しく、骨の折れる仕事だ。そうした信念を捨てることができる自分たちがいなければ何も起こらない、などという発想をあきらめてもよい。世界は自らをつくり出す方法を知っている。自分はこのプロセスの中でその良きパートナーなのだ。あるいはパートナーになれるはずだ。[21]

働くとは、愛情を行動で示すことだ。
——ピーター・キャディ

存在目的／組織の慣行

	達成型《オレンジ》組織のやり方	進化型《ティール》組織のやり方
目的	・（ミッション・ステートメントが何を言っていようと）主な目的は組織の存続。	・組織は自らの存在目的を持った生命体として見られている。
戦略	・戦略は組織のトップが決める。	・戦略は自主経営（セルフ・マネジメント）ができる従業員の集団的な知性から自然発生的に現れる。
意思決定	・（存在目的に耳を傾ける慣行はない）競争の中でいかに生き残るかが意思決定の主な原動力。	・組織の存在目的に耳を傾ける慣行： －だれもが感知器（センサー）。 －大集団でのプロセス。 －瞑想、誘導視覚化など。 －外部からの働きかけに対する反応。
競合他社	・競合他社は敵。	・競争という概念は組織行動に無関係。 ・「競合他社」を受け入れ、共に存在目的を追求する。
成長と市場シェア	・成功への鍵。	・存在目的の達成に寄与する限りにおいて重要。
利益	・先頭に立つべき指標。	・正しいことをしていれば自然についてくる後続的な指標。
マーケティングと製品開発	・アウトサイド・イン――顧客の調査と顧客セグメンテーションが提供商品／サービスを決める。 ・必要に応じて顧客ニーズがつくられる。	・インサイド・アウト――何を提供するかは存在目的によって定まる。 ・直感と美によって導かれる。

存在目的／組織の慣行

	達成型組織《オレンジ》のやり方	進化型組織《ティール》のやり方
プランニング、予算策定、管理	・「予測と統制（コントロール）」に基づく。 ・中期計画、年次予算、月次予算という厳しい周期。 ・計画への固執がルール。逸脱した場合には説明が必要で、足りない分は埋めなければならない。 ・従業員にやる気を出させるための野心的な目標。	・「感じ取ることと反応」に基づく。 ・まったくないか、極端に簡素化されている。 ・予算、予実分析はない。 ・「完璧な」答えを探すのではなく、実用的な解決策と迅速な繰り返し。 ・何が必要かを常に感じ取る。 ・目標数値はない。
チェンジマネジメント	・組織をA地点からB地点に動かすためのチェンジマネジメントのツールを揃える。	― （組織は環境変化に合わせて常に内部から変化しているので、「変革」は無関係）
サプライヤーと透明性	・サプライヤーは価格と品質で選ばれる。 ・外部に対しての守秘が当たり前。	・サプライヤーは存在目的への適合度で選ばれる。 ・外部に対して完全に透明なため、存在目的をうまく達成するため部外者からの提案が歓迎される。
気分管理	―	・どのような気分が組織の存在目的に資するかを常に感じ取る。
個人の目的	― （従業員が個人の使命を見つけ出すための支援をするのは組織の役割ではない）	・個人の使命と組織の目的の交差点を探るために、採用、教育、評価制度が用いられる。
実績管理	・過去の実績に関する客観的な断面を把握しようとする。	・その人がこれまで何を学んだか、その人の使命は何か、一人一人と探求する。
解雇	・解雇はほとんどが法的、金銭的プロセス。	・解雇を学習機会へと転換する思いやりのある支援。

第7章 共通の文化特性

文化とは、一錠の鎮痛剤をガラスのコップに落としたときの様子に少し似ている。目には見えないのだが、どういうわけか、効いているのだ。

ハンス・マグヌス・エンツェンスベルガー

第II部第6章までの三章は、組織の構造、システム、プロセス、慣行という、いわば進化型《ティール》組織の見える部分に焦点を当ててきた。本章では、「組織文化」という、目には見えにくいが見える部分と同じくらい強力な側面について考察する。

組織文化とは、組織に属する人々によって共有されている、前提や規範や関心事のことを意味することが多い。もっと簡単に言えば、人々がそれについて意識しないままで物事が進んでいくあり方のことだ。訪問者が会社に入るとふと感じてしまう、「空気」のようなものである。「これが文化だ」と特定できないことも多いのだが、それでも程度の差はあれ社内のあらゆるものに文化が現れている。たとえば、オフィスの内装、ウォーターサーバーの近くで発生するおしゃべりや冗談、社員同士の業務上のやりとり、良いニュースや悪いニュースに対する対処の仕方、といったものだ。サン・ハイドローリックスの創業者のボブ・コスキは、文化を組織の「性格」と呼んでいる。

私は組織の性格を二つの方法で判断します。ひとつは短期的な健康を測る方法で、どのような種類のユーモアが社内に現れているのかに耳を傾けることです。明るいものも、快活なものもあるでしょうし、ユーモアがない会社もあるでしょう。そして、終業時間になるとすぐに人々が会社を離れるのかどうかにも注目します。

もうひとつは組織の長期的な質や力を評価する方法で、会社が大きな損害を負ったときにどうやって立ち直れるかに関心があります。人々はリスクを取って行動を起こし、組織に自信を取り戻させ、組織を回復させられるでしょうか？　社員を安心させる慣行はあるでしょうか？　大きな目的は存在しているでしょうか？　その目的は信頼と問いかけの組織文化[1]（疑問をぶつけることは、一種の不信感の表れと取られるかもしれないにもかかわらず）を育てるのでしょうか？

コスキの問いは組織文化に向かっている。文化はだれもが気づかないうちに、しかし着実に組織をつくりも壊しもするし、組織を繁栄させることも、つまずかせることもある。さまざまな学術研究が組織文化と企業業績に密接な関係があることを論証してきたが、達成型《オレンジ》の機械的パラダイムをベースとする多くの組織は、まだ文化を「ソフトな」ものとして無視している。機械的パラダイムでは、「ハードな」もの、つまり組織が精緻な機械として、適切に機能するよう組み立てられているかどうかが重要だ。ソフトなことについてあれこれ思い悩むのはナンセンスである――いったいだれが（組織の）歯車の内面まで心配する必要があるのだ、というわけだ。達成型《オレンジ》組織のリーダーは、自分がつくった完璧なプランが人々の行動（コミュニケーション上の問題、紛争、変化への抵抗など）によって阻害されると苛立つことが多いようだ。

しかし人間は歯車ではないので、前提や規範や関心事によって行動は大きく変わってしまう。「情報は自由に伝達されるべきだ」という前提を共有している組織と、「情報は力であり、知る必要のある者以外に漏らしてはならない」という組織を比較してみよう。明らかに、この二つの組織が同じような業績を達成することはないだろう。次に、ほかの人を非難し、陰で文句を言うことが当たり前になっている組織と、各自が説明責任を持ち、意見の違いを一つ一つ解決しようという原則を共有し合っている組織を思い浮かべて比較してみてほしい。どちらの組織の方が生産的で、楽しい職場かは一目瞭然だろう。

多元型《グリーン》のレンズで世界を見ているリーダーは、従来型組織とは全く逆の視点で考えることが多い。彼らにとっては、文化は究極の資産、言い換えれば企業の成功にとって最も大事な要素なのだ。多元型《グリーン》の視点では、組織は家族に例えられ、すべてが個人的な関係を持ち、互いに関連性があるものとみなされる。この見方に立つと、家族が機能障害に陥らずに健全な関係をきちんと保つことが何よりも大切で、そのために時間と資金を投資すべきということになる。

文化、システム、世界観はどう作用し合うのか——四つの象限

それでは、どちらの考え方が物事を正しくとらえているのだろう？　はっきりと触れることのできる組織構造、あるいはつかみどころのない文化のどちらに依存するのがベストなのだろう？　この問いにどう答えるのかは、リーダーにとって深い意味があるのだが、さほどの根拠なしに論じられることが多い。ケン・ウィルバーの「四つの象限」モデルは、この問題を考える土台となるもので、その区分は単純だが強力だ。インテグラル理論の提唱者であるウィルバーは、あらゆる現象には四つの面があり、四つの角度からアプローチできる、と主張する。この理論を十分に理解するには、現象を外側（手触りがあり、測定できる外面的な次元）から客観的に眺めると同時に、内側（思考、感覚、感情といったつかみどころのない内面的な次元）から感じる必要がある。また、現象を個別のもの（個別的な次元）として見ると同時に、もっと広い文脈（集合的な次元）からも見なければならない。四つの次元のすべてから眺めたときに初めて、ウィルバーが「現実の総合的《インテグラル》な把握」と呼ぶものを認識できる。

このモデルを組織にあてはめるときには、①人々の信念と心の持ち方、②人々の行動、③組織文化、④組織のシステム（構造、プロセス、慣行）を見なければならない（ちなみに、進化型《ティール》組織に対する本書のアプローチも同じで、心の持ち方、信念、行動が第Ⅰ部第3章と第Ⅲ部第1章で、組織システムは第Ⅱ部第2章から同第6章まで、そして組織文化は本章で考察されている）。

組織に当てはめたウィルバーの「四象限モデル」

	内面的な次元	外面的な次元
個別的な次元	**人々の信念と心の持ち方**	**人々の行動**
集合的な次元	**組織文化**	**組織のシステム（構造、プロセス、慣行）**

現実の例を示せば、このモデルをよく理解できるかもしれない。ここでは「人々はお金と地位によって動機づけられる」という一般的な（達成型《オレンジ》の）信念を取り上げる。そのような信念を抱いているリーダー（左上の象限）は、人々は野心的な目標を与えられ、それを達成できれば高額の賞与をもらえるようにすべきだと考えており、それに沿うようなインセンティブ・システム（右下の象限）を当然つくるだろう。この信念とインセンティブは、組織全体を通じて人々の態度に影響を及ぼすはずだ。人々は個別的に振るまい、数字を上げるために必要であれば抜けがけするだろう（右上の象限）。そして、チーム・プレーヤーよりも個人の成績を上げた人々を尊敬する文化ができあがる（左下の象限）。

「四象限モデル」は、心の持ち方、文化、態度、システムがいかに深く関わり合っているかを示している。どこか一つの象限が変化すると、ほかの三つにじわじわと広がっていく。しかし、人々はその全体像をつかみ切れていないことがあまりにも多い。順応型《アンバー》と達成型《オレンジ》は「ハードな」測定できる外面的な次元（右側の二象限）しか見ることができず、「ソフトな」内面的な次元（左側の二象限）を無視してしまう。多元型《グリーン》の突破口は心の持ち方と文化という内面的次元に注意を向けるが、振り子が反対側に行きすぎてしまうことも多い。多元型《グリーン》組織は文化を重視しすぎるあまり、構造やプロセスや慣行を見直すことをしない傾向がある（組織文化研究の第一人者であるエドガー・シャインは、かつて次のように述べた。「リーダーが行う本当に重要な唯一のこと、それは文化をつくり、

	内面的な次元	外面的な次元
個別的な次元	**人々の心の持ち方** 人々はお金と賞賛によって動機づけられる。	**人々の態度** 利己的な態度。人々は目標数値を達成するために抜けがけする。
集合的な次元	**組織文化** 内部の競争、個人の達成がチーム・プレーよりも高く評価される。	**構造、プロセス、慣行** トップダウンによる目標設定、個人的なインセンティブ。

管理することだ」。これは典型的な多元型《グリーン》の考え方である）。サウスウエスト航空やベン&ジェリーズといった企業は、従来の階層構造の要素（右下の象限）を現在もかなり取り入れているが、同時にマネジャーには階層がないかのようにふるまうよう、つまり部下の意見に耳を傾け、権限を委譲するサーバント・リーダーになってほしいと要請する文化（左下の象限）も備わっている。

非階層的な文化と階層構造――この二つが水と油のようになじまないのは明らかだ。だからこそ、多元型《グリーン》組織のリーダーたちは、文化を常に重視し、文化に投資し続けるべきだと主張する。つまり、マネジャーに権限がある階層構造でマネジャーが権限を行使しないようにするためには、常に一定のエネルギーを費やさなければならない。もし文化への投資をやめれば、その組織は構造的に、階層主義が幅を利かせることになるだろう。

自主経営《セルフ・マネジメント》の構造は、文化と制度の対立問題を超越する。内面と外面、文化と制度は互いに反発し合うのではなく、協力するのだ。権限は自然に分配され、時間と労力を費やしてマネジャーが部下に「権限委譲」しやすい環境をつくる必要はない。そもそもマネジャーが武器を持っていなければ、武器を使わない文化をつくろうと投資する必要もない。このことに関連して、『ストレスフリーの整理術』で有名なデビッド・アレンは、組織開発のコンサルティングを行う自社でホラクラシーを採用したときの経験を語っている。

説明責任を組織の隅々にまで分配してしまうと、私はもはや、組織文化についてほとんど注意を払う必要がなくなっていた。機能停止に陥っている組織では、まずはある程度社内で納得を得られそうな価値観のようなものをつくることに、集中する必要がある。けれども、もし皆が組織の存在目的を常に意識し、自分たちの仕事をうまく成し遂げようと積極的に努力するようになると、文化は自然に立ち現れてくるのだ。それを強制する必要はない。[2]

このことはつまり、進化型《ティール》組織は文化をそれほど重要視しないことを意味するのだろうか？　ブライン・ロバートソンは、この問いに見事に答えてくれる。ロバートソンによれば、自主経営《セルフ・マネジメント》組織の文化は、従来型組織に比べると必要性が低いけれども影響力が強い。必要性が低いというのは、従来の組織にあったような、階層構造によってもたらされる問題を克服するための文化は必要ない、という意味だ。影響力が強いというのは、従来の組織で階層構造との戦いに費やされていたエネルギーがすべて、事業の成果をあげるために費やされるようになる、という意味だ。進化型《ティール》組織の観点からすると、組織文化と組織システムは密接な関係がある。言い換えれば両者は同じ現実の違う側面であって、いずれも意識的に注意する価値が同じくらいある。

進化型《ティール》組織の文化

すべての進化型《ティール》組織に共通の文化特性はあるのだろうか？　今回の調査でわかったのは、実にさまざまな形があり得るが、どの組織にも数多くの文化的要素が目立ちやすい、ということだ。ある会社がどのような環境で活動しているか、追求している目的は何かによって、それぞれ独特の文化が必要になる。

たとえば、ＲＨＤとモーニング・スターを比べてみよう。ＲＨＤの本社は、おそらくあなたがこれまで見た中で最も奇妙で、色彩豊かに見えるだろう。以前に倉庫だったところをつなぎ合わせてつくられた、巨大

組織の存在目的と文脈が組織に必要な文化を決定する。しかし、それでも進化型（ティール）組織全般に共通な一定の文化的要素がある。

なオープン・スペースのオフィスを想像してほしい。壁は明るいオレンジ色に塗られているのだが、ＲＨＤの顧客の大きすぎる写真、同社が治療している精神疾患患者の絵、あるいは格言が書かれた張り紙や、同社の地域コミュニティー活動を紹介するポスターがあちこちに貼られており、壁の明るいオレンジ色を見られる場所はあまりない。こうした賑やかな雰囲気の一角に訪問者用の待合スペースがあり、椅子がいくつか置かれている。隣には小さな池があって、かなり風変わりなプラスチック製のアヒルが、おそらくは以前はそこを泳いでいた金魚の代わりに、誇らしげにプカプカと浮いている。

好対照なのがモーニング・スターの本社だ。工場の中にある本社オフィスは、これ以上殺風景な場所はないと思わせる風情で、何もかもが高品質と清潔感を醸し出している。壁は白く塗られ、絵は美しい額に飾られ、掲示板にピン止めされている以外には張り紙やポスターは見当たらない。

二つの会社は、非常に異なる文脈の下で活動している。文脈から考えれば、それぞれのオフィスに現れている文化の違いが理解できるだろう。

ＲＨＤの活気ある本社オフィスは、他者の変わったところを自分の性格と同じくらい受け入れることが促される文化を表している。ＲＨＤの存在目的は、精神疾患、精神障害、ホームレス、依存症などの問題を抱えた人々の生活改善を支援することだ。その実現に最も重要なことは、従業員が顧客にとって思いやりのある、何事も決めつけない存在になることだ。そうすることで、お互いを二者択一で（たとえば健常者の従業員とある種の病を抱えた顧客とを）区別しないようになり、従業員であろうが顧客であろうが、お互いをユニークな、変わった存在として認め合うようになる。

一方のモーニング・スターは、厳格な衛生基準が定められた食品業界で活動している。ＲＨＤのような、賑やかな環境は一切拒絶される。加工プロセス上のいかなる問題も見過ごさないように、工場内は清潔でなければならないので、そういう雰囲気がオフィス内にも染み渡っている。

文脈と存在目的が、組織に必要な文化を醸成する。しかし、組織ごとにある独自の文化以外に、組織の発達段階に直結する共通の特徴も多い。順応型《アンバー》組織は（程度の差はあろうが）命令への服従に価値を置いている（これは進化型《ティール》組織を管理するうえで意味を失うものだ）。以下に示すのは、私が調査したパイオニア組織で見かけた、共通の文化的要素（前提、規範、関心事）だ。これらは、進化型《ティール》の世界観とも一致するのではないかと思う。網羅的なリストではないし、モデルになるものでもないが、考える材料にはなるだろう。

自主経営《セルフ・マネジメント》

信頼

- ▼ お互いに好意的な意図を持った存在として親しみを感じる。
- ▼ 自分たちが間違っていることがはっきりするまで、同僚を信頼することが、組織に関わる際の前提条件である。
- ▼ 自由と説明責任はコインの裏表である。

情報と意思決定

- ▼ すべての情報はあらゆる人に開放されている。

- 扱いの難しい事件が起こっても、だれもが冷静に対処できる。
- 集団的知性の力を信じている。全員で出し合う知恵に勝るものはない。したがって、すべての意思決定は助言プロセスを通じて行われる。

責任と説明責任

- 一人一人が、組織のために完全に責任を持つ。対処すべき問題を感じたときには、行動する義務を負う。問題意識を自分の役割の範囲にとどめることは認められない。
- フィードバックや、敬意をもった指摘を通じて、だれもが安心してお互いに説明責任を問うことができなければならない。

全体性《ホールネス》

等しい価値

- だれもが本質的には、等しく価値ある存在だ。
- 同時に、すべてのメンバーがそれぞれの役割や教育、生まれ育った背景、興味、スキル、性格、物の見方の違いを尊重し合って、自分なりのやり方で貢献できるようになれば、組織のコミュニティーは最も豊かになるだろう。

安全で思いやりのある職場

▼どのような状況であっても、恐れと分離の精神で対処することも、愛と絆に基づいてアプローチすることもできる。私たちは、愛とつながりを選択する。

▼私たちはだれもが自分らしくふるまえるような、感情的にも、精神的にも安全な環境をつくり出そうと努力している。

▼愛、思いやり、賞賛、感謝、好奇心、楽しみ、陽気さといった気分や雰囲気を尊重する。

▼職場の中で、「思いやり」「愛情」「奉仕」「目的」「魂」といった語彙を抵抗なく使える。

「分離」を克服する

▼それぞれの人のすべての部分を尊重できる職場を目指している。認知的にも、物理的にも、感情的にも精神的にも。また、理性的にも直感的にも。そして、女性的にも男性的にも。

▼私たちは、互いに深く結びついた、自然とあらゆる生命体を含む大きな「全体」の一部だということを認識している。

学び

▼あらゆる問題は、学びと成長を促すヒントである。いついかなるときでも学習者になる。「これで終わり」ということは絶対にない。

▼目的に向かって大胆に努力し続ければ、常に失敗はあり得る。失敗についてオープンに語り、そこから

学んでいく。失敗を隠したり、無視したりすることは受け入れられない。

▼フィードバックと敬意を失わない対立は、お互いの成長を支えるために与え合う贈り物である。

▼弱みよりも強みに、問題よりも機会に注目する。

人間関係の構築と対立

▼他者を変えることは不可能だ。しかし、自分自身を変えることはできる。

▼思想、信念、言葉、行動は自分のものである。

▼噂を広めない。陰口を叩かない。

▼意見が一致しないときには当事者同士で解決を図り、ほかの人々を巻き込まない。

▼問題の責任を他人になすりつけない。だれかを非難したくなったら、自分たちがどのようにその問題（と解決策）の一部となっているかを振り返る良い機会ととらえる。

存在目的

集団としての目的

▼組織にはそれ自体、魂と目的があると考える。

▼組織がどこに行きたいのかに耳を傾け、無理に方向を決めようとしないよう気をつけなければならない。

個人の目的／使命感

▼私たちは、自分の使命が組織の存在目的と共鳴するのか、そしてどのように共鳴するのかを見極めるために、自分の心の声に耳を傾ける義務を、自分自身だけでなく組織に対して負っている。

▼自分の役割に対して、自分のエゴではなく、魂を吹き込む。

将来を計画する

▼未来を予測し、統制《コントロール》しようとすることは無駄である。予測は、具体的な判断をしなければならないときに限られる。

▼統制《コントロール》しようとするのではなく、単にその場その場の状況を感じとり、対応することにすれば、すべてのことが見事に見えるようになるだろう。

利益

▼長期的には、存在目的と利益の間にはトレードオフは存在しない。私たちが存在目的の達成に向けて精一杯努力すれば、利益はついてくるはずである。

組織文化の出現をどう支えるか

組織文化はどのように出現するのか？　そしてある文化がほかの文化よりも強いのはなぜか？　ほとんど

の組織では、文化は単に、組織の創業者かリーダーが抱いている前提、規範、関心事を（光の部分も影の部分も全部ひっくるめて）反映したものだ。

進化型《ティール》の観点では、組織は自らの生命力を持った有機体であり、創業者やリーダーの前提や関心事とは別の、組織自身の自律的な文化を持つことが認められるべきだ。組織の文脈や存在目的に最も合う文化に耳を傾けられる場に、だれもが迎えられるべきだ（たとえば、第Ⅱ部第4章の260ページで描かれた大集団のプロセスを用いて）。それでは、ある集団の人々はどうすれば意識的にそのような文化を生みだせるのか？ ウィルバーの四象限モデルによって、単純な答えを導けるだろう。それは、組織文化（左下の象限）をつくり上げるには、他の三つの象限を追求する努力を並行して行えば達成できる、というものだ。

①組織文化を支える構造、プロセス、慣行を整える（右下の象限）。
②社内で倫理的権威を持った人々が、文化に関連する行動の模範となれる環境をつくりだす（右上の象限）。
③個人としての信念体系が新しい文化を支えるのか、崩すのかを組織の人々に探求してもらう（左上の象限）。

たとえば、自分の勤める会社に感謝と祝福の雰囲気をつくり出したいと考えたとする。

▼あなたは、ＥＳＢＺの「賞賛ミーティング」（268ページ参照）やオズビジョンの「サンクスデー」（269ページ参照）のような、感謝と祝福の雰囲気をつくるような行事（右下の象限）を企画できるだろう。こうし

た行事を数カ月続けると、お互いに讃え合い、感謝するのが自然だと感じる文化が社内にでき上がる。

- ▼社内で最も尊敬されている（社内のほかの人々から一目置かれている）人々に、しばらくの間、あえて仲間に感謝し、仲間の努力と成果を祝福してもらうよう依頼してもよい。
- ▼社内でワークショップを開き、自分の中にある感謝と祝福の気持ちを探る機会を提供する。すると、同僚に対して自然に、無意識のうちに「ありがとう」と言う人が何人か出てくるものだ。もちろん、そうならない人もいる。感謝の意を示す、あるいはほかの人を祝福するのが決まり悪いのだ。もしかすると、たとえば、小さいときからそのようなことが話題にならない家庭で育ったから、という理由があるかもしれない。そういう人は、コーチングを受けると、感謝と祝福によって他人と関わることをためらわせる「不自由な自分」が明らかになる。

以上をまとめると、進化型《ティール》組織の中で組織文化はどう位置づけられるだろう？自主経営《セルフ・マネジメント》の組織構造とプロセスが整い、全体性《ホールネス》と存在目的を追求する慣行が定着すると、文化の必要性は低下するのだが、影響力は強くなる。組織文化は組織の文脈と存在目的によって形づくられるべきもので、創業者やリーダーの個人的な前提や規範や関心事によって決まるべきものではない。自主経営《セルフ・マネジメント》の組織構造では、組織文化はだれから強制されることもなく、自然発生的に生まれる。というのも、トップだけでなく全員が、組織に必要

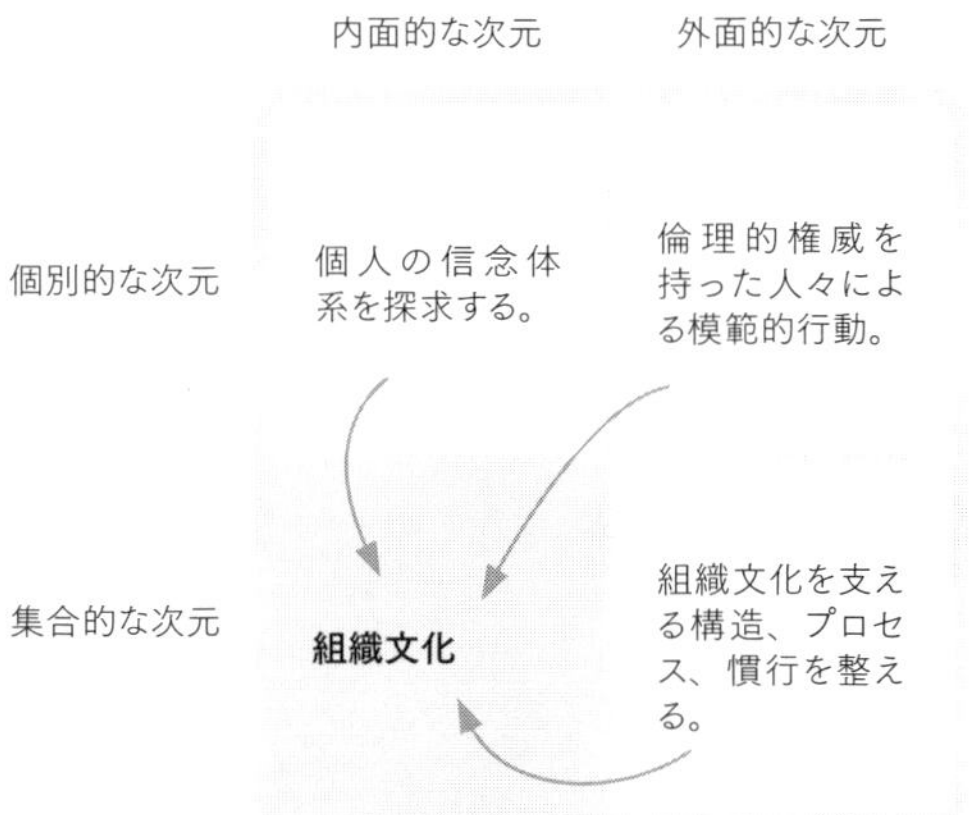

なものを感じ取る作業に参加しているからだ。しかし、組織文化はもっと進化する必要があるという感覚がある場合には、社員たちは、おそらく大集団でのプロセスを用いて、文脈と存在目的がどんな文化を求めているか、という問いに耳を傾けることに時間を費やせるだろう。

求められる文化の多くの側面が組織固有のものだが、進化型《ティール》組織に共通の要素も現れる可能性が高い。数ページ前に掲載した、進化型《ティール》組織に共通する文化的要素のリストを参照して考えを深めることもできる。

新しい文化を組織内に定着させるには三つの方法がある。

1 それなりの行動を身につけるための慣行。
2 倫理的権威を持った同僚が示すロール・モデリング。
3 自分の信念体系が新しい文化をどう支持するか、あるいは排除しようとするかを人々が検討するための場所の提供。

理論の上では、進化型《ティール》組織には、ウィルバーの四象限モデル（文化、システム、心の持ち方、行動）のどの次元でも突破口《ブレイクスルー》が必要だ。進化型《ティール》より前のパラダイムでは、「ソフト」面を犠牲にして「ハード」面を重視するか、その逆だった。将来は、「ハード」と「ソフト」が協力し、互いを補強しながら存在目的の達成を目指す組織が圧倒的多数になると考えてよさそうだ。

第Ⅲ部

進化型《ティール》組織を創造する

第1章

必要条件

今日、リーダーシップは注目されすぎている。その主な理由は、ビジネス成功の鍵がリーダーにあると広く信じられているからだ。現実に、一人のリーダーが企業の業績に及ぼすとされる影響範囲は、過大評価されている。

その一方で、倫理的リーダーシップが組織の寿命と成功に及ぼす影響や重要度は、あまりにも過小評価されてきた。

デニス・バーキ

進化型《ティール》の原則、構造、慣行、文化に従って、新しい組織を作るか既存の組織を変革するための必要条件とは何だろうか？　考えるまでもなく取り組むべき要素はあるのだろうか？　調査を通じて、条件が二つだけあることが明らかとなった。

❶ **経営トップ**——創業者、あるいはトップのリーダー（他に適当な言葉がないので、ここではCEOと呼ぶことにする）は、進化型《ティール》の世界観を養い、精神的な発達を遂げていなければならない。とはいえ、リーダー人材の大半が進化型《ティール》の考え方をもって業務にあたることは組織にとって役立つが、必須ではない。

❷ **組織のオーナー**——組織のオーナーも、進化型《ティール》の世界観を理解し、受け入れていなければならない。これまでの事例にも現れているとおり、取締役会は「理解できなくても」、進化型《ティール》のリーダーが圧倒的な実績を示すと、一時的に彼にすべてを任せる場合もある。ところが、景気が悪くなったり極めて重要な選択に迫られたりすると、自分の目に合理的と映る方法（トップダウンの上意下達式の命令や仕組み）だけで状況を統制したがるようになる。

この二つの条件が、組織の運命を左右する絶対的な要素だ。進化型《ティール》の考え方で組織を運営するにあたって、これ以上に重要な変数はない。

▼ **業種**は重要ではなさそうだ。成功したパイオニア組織の業種は、ヘルスケア、製造業、小売り、食品加工、サービス産業などさまざまで、営利企業もあれば、非営利組織もある。

▼ 進化型《ティール》組織の原則と慣行は、**組織の大小にかかわらず**採用できる。本書の事例では数百人、数千人、数万人の規模にまで及んでいる。

▼ **地理的条件と文化的背景**もそれほど重要ではなさそうだ。ＡＥＳの自主経営《セルフ・マネジメント》方式は、同社が買収した

すべての発電所で定着した。ある研究によると、人の意識の発達段階《ステージ》は国や文化が異なってもあまり変わらない。AESの事例はこの例証と言えるだろう。

組織の運命を左右するのは、経営トップと組織のオーナーの世界観だけなのだが、かなり高い壁であることは間違いない。こうした条件が整っていない組織はどうだろう？「一人のミドル・マネジャーが、自分の担当部署で進化型《ティール》組織的な慣行を導入するのは可能でしょうか？」。このような質問をされると、できれば可能だと言いたいのだが、「無駄な努力はやめたほうがよいですよ」と答えることにしている。進化型《ティール》の慣行を組織の一部に導入して実を結ぶことはある。しかし経験測では、それはせいぜい短期間しかもたない。経営トップがこの世界を順応型《アンバー》または達成型《オレンジ》のレンズで眺めると（多元型《グリーン》の寛容性にはまだ希望の余地があるが）、進化型《ティール》の実験は、あからさまに危険ではないとしても、ふざけているように見えるだろう。様子見として一時的に認めるかもしれないが、結局のところ階層構造が幅を利かせて再び実権を握ろうとする。そうなると、それまで注がれていた情熱は苦々しい思いと皮肉に変わってしまうかもしれない。もっと明るい希望を提供したいが、それが現実なのだ。これまで私は組織の一部だけが進化型《ティール》の慣行を（程度はともかく）取り入れて、長期間運営し続けられた事例に一度もお目にかかったことがない。実験が続いている間、その部門で働く人々は、部門外の「上司の上司」と何度も何度も戦って、その組織では前例のない運営方法を守らなければならないのだ。

こうした状況で、ミドル・マネジャーやシニア・マネジャーは何ができるだろう？もちろん、具体的な事例を示したり、実際の進化型《ティール》組織への訪問を企画したりして、進化型《ティール》の慣行をとり入れていくべきだとC

EOと経営チームの説得を試みることはできる。しかし残念なことに、私はこの方法もそれほど有効とは思わない。なぜなら、リーダーたちに進化型《ティール》の見方を無理強いしているのと変わりないからだ。発達段階を上るのは、複雑で、神秘的で、精神的なプロセスだ。それは自らの内側から起こるもので、どんなに素晴らしい主張をもってしても、外から強制されてできるものではない。「多元型《グリーン》組織や進化型《ティール》組織の慣行を採用すると、素晴らしい投資リターンを達成できます」と、具体的な数値を示して証明しようとするコーチやコンサルタントによく出会う。多元型《グリーン》や進化型《ティール》の経営原理を売り込むために、事実上達成型《オレンジ》組織の言語を駆使しているわけだ。しかし私はこの方法がうまくいったケースを見たことがない。経営トップは最初は耳を傾けるが、どのような慣行が実践され、どの程度の権力を自分が手放さなければならないかを理解すると、関心を失ってしまうからだ。

リーダーたちにまだ受け入れる準備が整っていないときに、あなたが個人としてできることはあるのだろうか？　私は、（順応型《アンバー》や達成型《オレンジ》や多元型《グリーン》のモデルから進化型《ティール》のモデルへという）垂直的な変容は最初から負けゲームだと考えている。しかしそれでも、たとえば不健全な形態の達成型《オレンジ》組織が健全な形態に変わる、といった水平的な変容なら考えられる。目標値に基づく経営でありながら、社員が自分で創意工夫し、自らを表現する余地を与えている達成型《オレンジ》組織であれば、活気ある、革新的な職場になる可能性がある。一方、山のようなルール、手続き、予算、目標数値でがんじがらめの組織は、ストレスに満ちた、活気のない場所になる場合もあろう。あなたがミドル・マネジャーかシニア・マネジャーなら、達成型《オレンジ》の文脈《コンテクスト》の中で自分の部門になるべく健全な環境をつくるよう努力できるかもしれない。目標設定を例に考えてみよう。あなたの部門で（進化型《ティール》組織でしているように）目標数値を廃止すると、それは会社全体に反旗を翻しているに等しいが、社内で受け入れられる範囲内で目標設定プロセスを修正することはできるだろう。トップダウンで目標設定をするのではなく、自分の「下」で働く社員やチームに自ら目標を決めるよう要請するのだ。各人、各チームからの目標数値を足したときに、上からの期待数値に足りなかった場合には、目標を引き上げる必要はない。チームメンバーに集まってもらい、社員同士で話し合ってもらい、どの目標を引き上げられそうかを決めてほしいと言えばよい。チームがうまく機能しているときには、あなたがミーティングに参加する必要はない。彼ら自身にベストの解決法を探らせるのだ——結局のところ、目標数値は彼らのものなのだから。この事例のように、すでに存在している、支配的なパラダイムの中で健全な仕組みをつくろうとする努力の方が、成功率はずっと高く、あなたの部門の事例を社内全体に容易に広げられるかもしれない。

経営トップ

それでは、最初に示した二つの必要条件をもう少し掘り下げてみよう。一般的なルールとしては、組織の意識はそのリーダーの意識レベルを超えられないと言えそうだ。CEOが進化型《ティール》の慣行を組織内で成功させたければ、進化型《ティール》のレンズを通して世界を見なければならない。進化型《ティール》の慣行で運営されていたにもかかわらず、達成型《オレンジ》の視点で世界を見るリーダーに交替したため従来の経営方式にすぐに戻ってしまった例はいくつかある。

ここで読者は大きな矛盾に気がついたかもしれない。自主経営《セルフ・マネジメント》では、CEOは従来型組織に比べてはるかに重要な存在であり、またはるかに重要でない存在でもある、という点だ。CEOは階層的なトップダウンの権限をあきらめてしまっている。もはや意思決定の権限は自分のものではない。どのような意思決定をすることも、それを覆すこともできない。それでも、人々がなお順応型《アンバー》、達成型《オレンジ》、多元型《グリーン》の視点で組織を考えているときには、CEOは進化型《ティール》の組織空間をつくり、維持するという絶対的に重要な役割を担うことになる。ところが、逆説的ではあるが、そのような空間をつくり維持する以外には、CEOがしなければならないことはそれほど多くないのだ。進化型《ティール》パラダイムが定着すると、組織メンバーによる自主経営《セルフ・マネジメント》に経営を任せられるからだ。

マインドフルである、自分らしさを失わない、謙虚であるといった、進化型《ティール》リーダーシップの特徴についてはすでに多くの著作物があり、私はそれらをここに要約しようとは思わない。ただ、そのような研究のほとんどが従来の（順応型《アンバー》／達成型《オレンジ》／多元型《グリーン》）組織を対象としており、「進化型《ティール》リーダーはどうすればマインドフルネスを階層構造に持ち込むことができるのか？　どうすればもっと意識の高い、健全な文化をつくり出せるのか？」といった問いを検証している。一方私は、これまで検討されてこなかった別の問いについて考察したいと思う。それは「進化型《ティール》組織におけるCEOの役割は何か？」というものである。具体的な事例を見ると、進化型《ティール》の原則と組織慣行で運営されている組織では、CEOの役割が従来型組織とは劇的に異なっている。

ただし、ある役割は変わらず残っている。進化型《ティール》組織のCEOは、外部に対する組織の代表であることが多いという点だ。サプライヤー、大手顧客、規制当局は組織の「トップ」と話をつけたがることが多いので、たいていは（常にそうとは限らないが）CEOがその役割を担う。しかしそれ以外では、従来型組織でCEOが担当してきたような役割はまずないと言ってよい——たとえば、目標数値の設定も、予算の承認も、

一般的なルールとしては、組織の意識はそのリーダーの意識レベルを超えられないと言えそうだ。

経営を推進する経営幹部チームも、策定すべきトップダウンの戦略も、解決すべき対立も、決定すべき昇進もない。

その一方で、パイオニア組織への調査でわかったのは、CEOが果たすべき、極めて重要な、二つの新しい役割があるという点だ。進化型《ティール》の運営を行うこと、そして、進化型《ティール》の行動の模範を示すための空間をつくって、維持することだ。それ以外の点では、CEOは社員と何ら変わるところはなく、必要なものは何かを感じ取り、プロジェクトに関わり、助言プロセスを用いて判断を下す。本書ではもっと良い表現がないので「CEO」という言葉を使っているが、誤解を招きやすい用語であることは理解している。この言葉には、ピラミッドの頂上に座って命令を下すというイメージがつきまとうからだ（代わりに、「空間の保持者、模範、代表者」などもあるかもしれない）。

進化型《ティール》の空間を保持《ホールド》する

創業者／CEOの極めて重要な役割は、進化型《ティール》の組織構造と慣行のための空間を維持することだ。何か問題が持ち上がると、だれかが、どこかで、すでに実証済みの解決策を求め始める。曰く「ルールや統制の仕組みを加えよう」「中央に集中した機能の下で問題を把握しよう」「監視体制を厚くしよう」「プロセスをルール化しよう」「そのような判断は、将来は組織内のもっと上で行おう」といった具合だ。こうした要請は組織内のさまざまなところから発せられる。取締役の場合もあれば、同僚、サプライヤー、あるいは顧客の場合もある。CEOはそのようなときでも、信頼が何よりも優先されると強調し、従来の組織慣行が背後から忍び寄ることのないよう繰り返し努力しなければならない。

具体的に考えてみよう。組織というものは、そもそも規則や方針を作りたがる傾向がある。それを避けるのは容易ではない。多くの人々は、人を統制する仕組みがあれば安全だという、社会に深く根ざした前提の中で育ってきた。完全な統制体制にある組織で企業スキャンダルが何度起ころうとも、この前提にしがみついている。何か間違ったことが起こったり、社員のだれかが愚かな判断を下したり、システムを悪用したりといったことが起こると、問題が再び起こらないように統制システムを整えろという大合唱が沸き起こる。こうしたことが長年の間に繰り返されているうちに、「経費に関する方針」「出張ガイドライン」「服装規程」「社用車利用方針」「顧客接待規定」「業者との契約手続き」「休暇規定」「携帯電話とIT方針」「電子メールとインターネットの利用規程」などのルールが際限なく増えていく。もちろん、どんな方針も機能するためには守らせる仕組みが必要だ。そのため、法に則って文書記録を強制し、規則違反があった場合には罰則を科す権限を与えられる部門まで現れる。

「信頼」はそのような文化と相容れないので、進化型《ティール》の空間を維持しようとするときは、何か問題が起こるたびに信頼が守られ、再確認される必要がある。RHDでは、長年にわたって社用車の管理を担当していたマリアがそのような事件を起こした。機転の利いたユーモアをさらっと言えるような、だれからも好かれる人柄だったので、マリアが不正にかかわっていることが明らかになったとき、だれもがショックを受けた。彼女は社用車の一台を、家を出て大学に通うことになった息子に使わせていた。二日後にクビになったが、この話はそれで終わらなかった。この事件を受けて、規則を厳しくするべきだという声が上がったのだ。監視をつけずに、社員に会社の資産を取り扱わせたり、会社の資金を使わせたりするのはいかがなものか、というのである。そのような場合には、組織の原則と前提に従って確固たる姿勢を取るのは、多くはCEOの役割だ。RHDの創業者、ロバート・フィッシュマンは次のように説明する。

RHDの文化はもろい。マリアのように、社内で物を盗む人が現れると、お互いを信頼し合おうという文化が揺らいでしまうのです。組織への安心感も薄れてしまいます。会社では次のような疑問が持ち上がりました。「他の従業員も、会社の資産を個人的に流用していたのではないか？」「経営者は毎週、あるいは毎日すべての社用車を点検するシステムをつくるべきではないか？」「全国で社用車を管理している各部門の責任者に対し、社用車が個人的に使われていないことを書面で提出するよう求めるべきではないか？」

マリアがしたような悪事によってRHDの文化が変わってしまうかもしれないという危うさは、当時も今も変わっていません。組織に活力と創造性をもたらす信頼の水準を下げることは実に簡単です。

本質的な問いは「社内で窃盗の事例が一件あったことに対応して信頼の基準を下げ、ほかの三〇〇〇人の社員も泥棒であるかのようにみなすべきなのか？」「一人の従業員による悪事を理由に、社員を信用しないことを前提とする仕組みをつくり、組織文化を変えてしまってよいのか？」ということです。企業国家アメリカの多くの経営者は、この質問に「そうだ」と答えるでしょう。「現実を直視せよ」というわけです。根本的には「人はそもそも信用できない」という一般的な前提があるのです。

私たちは、信頼のレベルを下げることを「拒否」します。私たちが守るのは「当社」と呼ばれる法人だけではありません。従業員一人一人の価値観、尊厳、誠実さを信頼する、という文化も守らなければならないのです。結局、ＲＨＤにはマリアの事件による損害はありませんでした。マリアは車を返却したからです。こうした経緯を経て、結局どうなったのか。ＲＨＤは過去三六年間で一四億三三〇〇万ドルの政府資金を運用してきました。そして、現時点で当社の社員が犯した企業資産の窃盗額はわずか三二万五〇〇〇ドル。損失割合はわずか〇・〇〇〇二三なのです。[1]

同社と同じように、規制を厳しくすべきだという訴えは、私が調査したどの組織でも起こった。FAVIでドリルが盗まれた話を覚えているだろうか（135ページ参照）。ある日倉庫からドリルが消えてしまったとき、倉庫に再び鍵をつけるべきだという意見が出た。すぐさま、ジャン・フランソワ・ゾブリストは倉庫内に紙を一枚貼って、ドリルを盗むことがいかに愚かな行為かを訴えた。必要なときにはだれでもドリルを一日持って帰ることができるが、盗むと即座に解雇となる場合がある。ゾブリストは「女性トイレの壁に男性器の絵が描いてあった」という報告が女性社員からあったときも同じように対応した。この事件を受けて、調査すべきだという声が上がった。ゾブリストは、いつもの図々しいスタイルで女性トイレの入口に、仕事で使っているフリップチャートを掲げてこう書いた。「私たちの中に、自分の健康のために性的な絵を描く必要があると感じている、ちょっとおかしい人がいます。今後は、トイレの壁ではなく、この紙の上にあなたの絵をお描きください」。どちらのケースも、調査をすることも統制の仕組みを導入することもなく、問題はなくなった。

　もちろん、やっかいな問題もある。外部からの圧力に対処するのが最も難しいと話してくれたCEOもいる。取引の条件としては、製品の出荷前に品質管理部門トップの承認が絶対必要だと大手顧客が主張したら、そのような部門をつくらずに済ますことはできるのだろうか？　階層的な承認を要求する業界標準や承認システムにどう取り組んでいけばよいのだろう？　企業向けの業務管理システムは、縦割り化した階層構造の組織向けに設計されているため、自主経営《セルフ・マネジメント》チームの現実にシステムを合わせようとすると、時に費用のかかる面倒な改修が必要になる。こうした場合の安易な解決策は、ある程度（あくまでも部分的に）一定の階層的なプロセスに戻すことかもしれない。ほかに創造的な解決方法が見つけられるはずだが、かなりの情熱と努力が必要だ。

もちろん、自主経営《セルフ・マネジメント》組織では、進化型《ティール》の原則と慣行を組織内に根づかせるべく、だれもがＣＥＯのように意欲的に取り組む必要がある。とはいえ、だれもかれもが進化型《ティール》の視点から世界を眺めなければならない、というわけではない。これは組織の魔法である。社員の個人レベルでは高い意識に基づく行動ができなくても、進化型《ティール》組織のプロセスを通じて社員の意識レベルが上がり、そうした行動ができるようになるからだ。ある組織の多くの人々が進化型《ティール》の視点を持てるようになると、その空間を保持《ホールド》できる人の数も増えていく。しかし、ほかのだれにもできないと、最終的にその仕事はＣＥＯに戻ってくることになる。おそらく組織内の社員の大半、あるいは全社員が進化型《ティール》の視点を理解できる日が来るかもしれない。そうなると、「（進化型《ティール》の）空間を保持《ホールド》する」というＣＥＯの役割はもはや必要なくなるのだろう。そのときが来るまで、この役割は欠かすことのできないものとなるはずだ。

進化型《ティール》組織を支える三つの突破口《ブレイクスルー》の模範となる

自主経営《セルフ・マネジメント》組織のトップは、階級組織的な権限は持っていないものの、倫理的権威を身にまとっていることが多い。私が取材したリーダーたちは、従業員が自分の存在、言葉、行動には特別な重みがあることを十分に認識していた。人々は彼らを見上げて思うのだ。「この人は真剣だろうか？」「信頼に足る人物なのか？」「ほかの社員と同じルールに従って行動するのか？」「自分らしさを失っていないか？」「トップを前にして、私は自分自身を失わないでいられるか？」。良きにつけ悪しきにつけ、結局はCEOの行動が手本となって、組織をその根本から形づくっていくことになる。自分の組織が進化型《ティール》の慣行に従って動いてほしいと思うのなら、自主経営《セルフ・マネジメント》、全体性《ホールネス》、存在目的という三つの突破口《ブレイクスルー》に結びつく行動の模範となる必要がある。

自主経営《セルフ・マネジメント》の手本を示す

第一に、進化型《ティール》組織のリーダーは、自分たちの権限が、助言プロセスを通じてかなり厳しく制限されることを承知しなければならない。自分の考え方がいくら正しいと考えていようと関係ない。その問題に関わるステークホルダーか、それに関する専門知識を持っている人と相談せずに意思決定はできないのだ。これはとても厳しい条件だ。たとえば、モーニング・スターを創業し、大成功を収めているクリス・ルーファーの立場になって考えてみてほしい。ルーファーは二〇年以上前に会社を興し、トラックを使ったトマトの運送業を始めた。現在、モーニング・スターは世界最大のトマト加工業者だ。創業以来高い収益性を誇っており、成長のために外部の投資家から資金を調達する必要がなかった。ルーファーは同社株の一〇〇%を所有し、唯一の取締役でもある。それでも、自分が創業者、社長、オーナーでありながら、ほかの社員に相談せずに彼らに大きな影響を及ぼすような判断をすべきではない――そのことを充分に理解している。

一九七〇年にRHDを立ち上げたロバート・フィッシュマンは、創業から四〇〇〇人規模まで成長した現在もCEOを務めているが、その難しさを認める。

> （最初の）メンタル・クリニックを開くとすぐ、私は従業員たちと当社の価値観は何かを探求し、それらを書き出し、自分たちが従うべき行動にどのように反映させるかという検討を始めました。すると、組織生活の中でこうした価値観が私にどういう結果をもたらすかに気づき始めたのです。私はこの会社の創業者で、いわば「ボス」でしたが、それでもこうした価値観にこだわると、企業としての命令を（それが正しいことだと確信していたとしても）私でさえ強制できないのだという事実に愕然としました。これはとてつもなく大きな挑戦でした。そして現在も難しいことに変わりはありません。[2]

だれもが完璧でなければならないと期待するのは無理がある。創業者やCEOが、常に、まったくミスすることなく、新たなパラダイムの手本を示せるとは限らない。しかし、矛盾するようだが、時に間違いを犯すことで、自主経営《セルフ・マネジメント》は弱まるどころか強化されることもあるのだ。

興味深い事例がビュートゾルフにある。ヨス・デ・ブロックはかつて、助言プロセスをうっかり飛ばしてしまったことがある。課題は残業問題だった。看護師の労働時間は、患者の健康状態によって大きく、しかも予想外のタイミングで増減することがある。あるとき、デ・ブロックは、あるチームでは看護師の労働時間にかなりばらつきのあることに気がついた。その結果、残業代がかなり支払われている看護師がいる一方で、契約時間分を働かない看護師がおり、会社の財務にとって好ましくない状況だった。

デ・ブロックはイントラネットのブログにメッセージを投稿し、チーム内の負担が偏りすぎないように看護師同士で話し合うよう依頼するとともに、残業代はチーム全体の労働時間が契約時間を超えた場合に限って支払われることを伝えた。このブログには多数のコメントが寄せられた。ほとんどのコメントは、「状況が厳しいことは認識しています。この問題を徹底的に考えることは重要です。けれども、残業代を支払わないという意思決定の仕方は、ビュートゾルフのやり方とは違うのではないでしょうか」

数時間のうちに、デ・ブロックは自分の判断が間違いで、事前に看護師たちに相談すべきだったという趣旨のメッセージを書いた。そして、残業代は以前と同様に支払われるようになった。さらに、デ・ブロックはこの問題をどう解決すべきかを考える、有志による作業グループを作ることを提案した。デ・ブロックによる最初の書き込みが引き金となった問題は、こうしてわずか数時間以内に自己修正された。このようなことは自主経営《セルフ・マネジメント》組織ではよく起こる。この事件によって、助言システムは損なわれず、その重要性が再確認された。

リーダーは、助言システムに従っている場合でも、何か行動を起こすときには注意しなければならない。数年前にＲＨＤで起こったケースを紹介しよう。当時、ロバート・フィッシュマンは、刑務所に服役している成人へのサービス提供をすべき時期が来たと感じた。従来型組織のやり方であれば、リーダーはプロジェクトを信頼できる人に託し、定期的な報告を依頼する。ところが、フィッシュマンは、この問題を掘り下げるミーティングを開くので、関心のある人はどうぞ参加してほしいと社員全員に呼びかけた。一〇人が手を挙げた。参加メンバーは中身の濃い議論をし、プロジェクトを中心になって進める「連絡係」を選んだ。

プロジェクトは自ら動き出した。このグループは、フィッシュマン自身が先導する場合とは別の方向にプロジェクトを動かしてしまうかもしれない。その可能性をフィッシュマンは認めざるを得ない。
自分が口出ししたいという内からの欲求と戦うことが、おそらく自主経営《セルフ・マネジメント》組織のリーダーにとって最も厳しい課題だろう。何度も何度も、CEOは自らに「仲間を信頼せよ」と言い聞かせなければならない。AESの初期にあった興味深い事例を紹介しよう。デニス・バーキは、同社の発電所第一号を稼働し始めたばかりのころ、同僚の一人がそのITシステムを誇らしく紹介したときのことを今でも覚えている。

彼は、自分の机の上に設置してある、発電所の計器盤の備わったコンピューターを見せてくれた。「発電所の運行の様子は、基本的にここで監視して制御できます。よければあなたのコンピューターにもインストールできますよ。何なら新しい発電所が稼働するたびに、このシステムに追加して集中管理できるようにしてもよいと思うのですが」。私はわざわざそんなことをする必要はないと言い、彼のシステムも取り除くよう提案した。この手の集中化は職場に大きな悪影響を及ぼしかねないからだ。[3]

私がこの例を素晴らしいと思うのは、さりげないやりとりだからだ。自主経営《セルフ・マネジメント》は情報が完全に透明化されたときに進展する。CEOがすべての発電所の実績データにリアルタイムでアクセスできると、どんな不都合があるだろう？　その考え方自体には、何の問題もない（同じデータを社員全員が見ることができる限り）。しかし、自主経営《セルフ・マネジメント》の考え方に従えば、各チームは自分たちの実績を監視するので、チーム以外の人が同じ行動をとる必要はないのだ。自分たちの仕事の様子をCEOから背中越しにリアルタイムで監視されるというのは、はっきりとした形ではないが、間違いなく責任感《オーナーシップ》が侵食される気がするものである。

進化型《ティール》組織のリーダーになると直面する最も微妙で、おそらく最も難しい変化は、「社員たちは自分に行動を起こしてほしいと考えているはずだ」という、ともすれば陥りがちな感覚を捨てるということだ。ホラクラシーのブライアン・ロバートソンは、自主経営《セルフ・マネジメント》企業の中では、CEOだけでなくだれもがヒーローになれるという事実を受け入れることが、創業以来ずっと自分にとっての課題だったことを認める。


起業した当初、CEOという役割に病みつきになりそうな自分に気がつきました。毎日ヒーローになれるのですから。会社に颯爽と登場して窮地を救い、「だれも彼もが自分に頼っている」と感じるのは何よりも快感です。

ホラクラシーの課題であり利点でもあるのですが、「昔とまったく同じように、自分がヒーローになれる。けれども、他のだれでも自分と同じようにヒーローになれるのだ」と考えなければいけません。私がほかの社員全員のために会社を窮地から救わなくても、私の行動力に頼ろうとするほとんど弱者といえる社員のために頑張らなくても、いまやだれもが自分の役割を積極的に担えるのです。（皆の能力が高まれば）だれかがヒーローになる必要も、だれかから助けてもらう必要もなくなる。これは興味深い闘いです。ホラクラシーは、権力、つまり自分がトップとしてあの役割を担っているのだという感覚の持つ中毒性を和らげます。そして、組織のトップにいるただ一人に頼るのではなく、社内のいたる所にヒーローがいることの方が、はるかに素晴らしいと思うのです。[4]

自分が口出ししたいという内からの欲求と戦うことが、おそらく自主経営（セルフ・マネジメント）組織の創業者とCEOにとって最も厳しい課題だろう。

全体性《ホールネス》の模範となる

リーダーが仕事用の仮面を被っていると、社員が自分の正体をさらけ出して出社する危険を冒すことはまずない。私が調べたどの組織のリーダーも、それぞれが独自のやり方で、強い倫理的な権威をまとっている。そうして自らの行動で示すことで社員たちを全体性《ホールネス》へと誘うのだ。サウンズ・トゥルーの創業者でCEOのタミ・サイモンは、ミーティングが始まる際のチェックイン★を深める例を示す。

チェックインは、社員たちにとって様々な意味があってよいのだと思います。チェックインをして「そうだ、僕がしていることは素晴らしい。あらゆることが順調だ」と言う人もいるでしょう。ただ、部屋の中のだれか一人でも、自分自身の内面にもっと深く立ち入ってほしいとは思います。たとえチェックインなどのツールを利用したとしても、自分自身で深められる人がいないと何も変わりません。そんなに多くいる必要はないのです。一人か二人でしょうか。私は常々そういう人がいてほしいと思っています。[5]

CEOが謙虚さや信頼、勇気、思いやり、弱さをさらす、自分らしさといった美徳の手本を示すと、社員たちも同じリスクを取りやすくなる。デ・ブロックが、だれにも助言を求めずに残業時間の計算方法を変えようと決め、その後自分の誤りを社内の全員に対して認めたとき、彼は大失敗を、自分の弱さと謙虚な態度を示す機会に変えた。ジャン・フランソワ・ゾブリストが石けん箱を演台にしてその上に立ち、集まった同僚たちに向かって、自分が厳しい問題をどう解決すべきかがわからないので皆の意見を聞かせてほしいと尋

★ 会議の開始や終了時に行う参加者の意識共有活動。

ねたとき（173ページ参照）、彼もまたFAVIで同じ謙虚さを見せたのだ。

こうしたエピソードは、進化型組織《ティール》が持つ美しいもう一つのパラドックスを示す。弱さと強さは反対なのではなく、互いを補強し合う両極だ、ということである。ハイリゲンフェルトには、CEOのヨアヒム・ガルスカが、やっかいな問題に明るく対処して不安を鎮めた素晴らしいエピソードがある。数年前、ガルスカは最高級のジャガーを社用車に選んだのだが、このときは「そんな贅沢は当社の文化に合わない」という不満の声が社員から上がった。リース期間が終わると、ガルスカはいたずらっぽいウインクをして、不穏な雰囲気があったことを知っていたと認めたうえで、その車を買い、会社に寄付した。ハイリゲンフェルトには、社員同士が礼状を贈り合って感謝の気持ちを交換するという素晴らしい慣行があった。毎週、礼状を受け取った人が無作為に選ばれて、ガソリンが満タンで洗車されたジャガーに一週間乗る機会が与えられることになった。一年間で五二回、ジャガーは毎週社員のだれかからだれかに乗り継がれる。ジャガーは、今やガルスカが社員からのフィードバックを喜んで受け入れるシンボルになり、「生きる喜び」（joie de vivre）に満ちた生活の代名詞となった（「贅沢」を意味するこの表現は大いに活用された。ちなみにジャガーは間もなく廃車になる）。

「存在目的に耳を傾ける」手本を示す

リーダーたちが謙虚さを示す方法の一つは、自身と組織のメンバーに、自分たちの仕事が個人を超越した目的への奉仕であることを思い起こさせることだ。私たちは、情熱と時間と才能を仕事に注ぎ込むと、この努力が実ってほしい、認められてほしいと思う。進化型組織《ティール》のリーダーが認識している（けれども自分にも他人にも何度も言い聞かせる必要がある）こと、それは個人的な成功も、集団的な成功も、意味のある目的を追求した結果として得られるものであって、成功自体を目標にしないよう気をつけなければならない、ということだ。そして、自分のエゴは満たすけれども心には響かないような、また、会社の利益にはなるが存在目的には寄与しないような競争心へと戻らないよう注意しなければならないのだ。

とはいえ、これは**無私無欲**で仕事に当たるべきだ、ということではない。宗教やスピリチュアリティの世界では、精神を通じてしか救済の道はなく、罪深い、世俗的な世界から自分を引き離すべきだと説くものもある。こうした文化的背景があるがゆえに、次のような誤解がある。それは、私たちは自分が**無私無欲**となり、個人的な欲や野心から自らを引き離して初めて存在目的を追求できるのだ、というものだ。進化型《ティール》の逆説的な思考法で考えると、この「どちらか一方」の二分法を超越できる。私たちは（利己的にならず）完全に自分らしさを保ちながら、組織の存在目的の達成に向かって努力できるのだ。勤務中に自分の一部を拒絶する必要はない。まったく逆だ。組織の存在目的のおかげで使命感と精神が研ぎ澄まされ、自分という全存在に活力がみなぎるとき、私たちは最も生産的になり喜びに満ちあふれる。

CEOが、存在目的の素晴らしさを身をもって示すための、最も単純で強力な方法は、さまざまな問いを投げかけることだ。

▼判断のたびに問いかけよう。**どの判断が組織の存在目的に最も寄与するのだろう？**

▼役割の変更が議論されているときには、次の問いがよいだろう。**この役割は組織の存在目的にどう寄与するのだろう？**

▼新規の顧客やサプライヤーを獲得するときには次のような問いが考えられる。**この顧客／このサプライ**

ヤーは組織の存在目的に寄与するだろうか？

リーダーがこう問いかけるたびに、彼ら自身も社員も、「だれも組織に方向性を強制する必要がない」ことを改めて認識する。組織自らの方向感覚と連携して進むとき、そして組織の存在目的が世界で示したいことに耳を傾けるとき、仕事は楽しくなってうまく進む。

その他の役割——ほかの社員と同じ一人の仕事仲間

従来型の大企業では、ほとんどのCEOは気が狂うほど大量の議題とミーティングのスケジュールを抱えている。朝から晩まで次から次へとミーティングの予定が埋まり、しかもその多くは数週間前から決まっている。そしてどのミーティングでも、自分が判断を下すか承認するための背景情報として書かれたメモやスライドが際限なく手渡され、それをまずは消化することが求められる。この役割が逆転することはまずない。ピラミッド型組織の会社では、どんな判断も、全体像を見ることのできる者、つまり組織のトップがしなければならない。

自主経営《セルフ・マネジメント》では、このプロセスがすべて劇的に変わる。大企業の創業者やCEOが抱えていた課題の多くは、進化型《ティール》組織の中に散ってしまう。経営会議も、運営委員会もない……いやそもそも決められたミーティングはほとんどない。サン・ハイドローリックス（同社は上場企業だ）のCEO、アレン・カールソンに会ったとき、一週間の予定を見せてほしいと頼んでみた。彼はその一週間全体で四つのミーティングを予定して

リーダーがエゴにとらわれすぎていると、組織は存在目的を追求し続けられなくなる。エゴは恐れに基づくものだからだ。リーダーが自分のゆがんだエゴを守ることに汲々としていたら、高い意識で社員を導けるはずがない。
——サラ・モリス

いたが、そのうち二つは私との面談だった。

「では、進化型《ティール》組織のＣＥＯは何をするのだろう？」。あなたはそう思うかもしれない。本書ですでに示した「(進化型《ティール》の)空間を保持《ホールド》すること」「行動の手本を示すこと」という二つの役割は、ＣＥＯの時間をある程度消費する。それ以外の時間は、ほかの同僚たちと同じく、会社の存在目的を実現していくという役割を果たしてもよいかもしれない。プロジェクトに参加したり、何かの活動を率いたり、採用活動に携わったり、紛争を緩和したり、顧客や政府の役人と会ったりすることもできる。どのような役割を選んでも、ＣＥＯはほかの社員と同じように価値を生まなければならない。さもないと従業員たちはＣＥＯを長く務めさせてくれないだろう。

　私が知っている従来型組織のＣＥＯの大半は、自分が担っている役割の価値を証明することに困っていた。もっとも彼らは、自分がなすべきだ、あるいはしたいと感じる役割については、それが自分のものだと主張することには慣れているのだが。経営陣を年齢や経験を評価して外部から雇うことが、自主経営《セルフ・マネジメント》組織にとってなかなか難しいプロセスになる理由の一つはこれである。サン・ハイドローリックスは、それでも経験のあるリーダーを招き入れる面白い方法を開発した。長くＣＥＯを務めた創業者のボブ・コスキが引退間近になったとき、昔からビジネス上で付き合いがあり、競合他社の社長をしていたクライド・ニクソンが新しい仕事を探していた。コスキは「何の役割もタイトルもなしで一年間社内外を見て回り、自分が何をできるかを見てほしい」と言ってニクソンをサンに誘った。コスキは、ニクソンが組織に価値を加える方法を見つけ、社員たちから受け入れられるだろうかと試したのだ。ニクソンはその期待に応え、一年後、コスキから社長業を引き継ぐことが決まった。

その一二年後、ニクソンの後継者も同じような形で決まった。アレン・カールソンはある大手メーカーで出世した人物だったが、マーケティング担当者が必要ないことに気がついた。問題は出荷の方で、注文がどんどん入ってくるのに時間通り顧客に届けられていなかった。カールソンはいつの間にか、顧客に出向いて注文をキャンセルさせてほしい、ただし取引関係は切らないでほしいと懇願して回った。すぐにでも解決しなければならなかったのは、製品をうまくマーケティングすることではなく、製造工程での納期を確定させることだったのだ。カールソンは、自分にとってのベストの選択は別の会社でマーケティングの仕事を探すことだと感じたが、ニクソンはカールソンに、製造プロセスの改善を手がけてみないかと提案した。カールソンは製造オペレーション担当の社員たちと一緒に問題改善に取り組み、新しい製造システムが導入された。その結果、日程計画を立案する部門が廃止されて、製品が納期に間に合うようになった。その間、カールソンはこのプロジェクトにかかりきりで別の仕事を探す暇がなかった。ところが、まったく専門外の分野でも、自主経営《セルフ・マネジメント》の手法を用いてプロジェクトをやり遂げたことでカールソンの評判が高まり、結局三年後にカールソンはニクソンの引退後にCEOに就任したのだった。

助言プロセスを伴ったリーダーシップ

進化型《ティール》組織のリーダーが選ぶ役割は、組織のなかで最も影響範囲の広い課題に関するものが多い。**新しい製造ラインを立ち上げる必要があるのか？　オフィスを引っ越すべきか？　新しい工場を建てるべきか？　新しい報酬制度を導入すべきか？**　こうした問いは社員の大勢、時には社員全員に影響を及ぼすことさえある。

従来型組織では、CEOはトップダウン方式で決断を下し、あとは部下に任せて組織全体に伝えようとする。進化型《ティール》組織では、CEOも助言システムに従わなければならないので、社内では相当多くの人々がCEOから相談を受けることになる。どうすればそのようなことが可能なのだろう？　たとえばFAVIのような小さい組織であれば、CEOはゾブリストのように社内を歩き回って同僚たちに話しかければ済む。ところが、数百人、あるいは数千人規模の会社になって、各地に事業所が分かれるようになると、社内を歩き回るのは現実的な方法ではない。たとえばビュートゾルフの場合では、数千人の看護師がオランダ中に散らばっているので、デ・ブロックが、いやだれであろうと、何らかの判断を下すときに社内を歩き回って関係者に相談するというわけにはいかない。とはいえ、助言プロセスでは人々に相談することになっている。

デ・ブロックは、簡単かつ強力な答えを見つけた。ビュートゾルフのイントラネット上にある自分のブログを、リーダーシップ発揮のためのツールに変えたのだ。彼は心に思ったことを、何の脚色もせずに定期的に書き込んでいる（ご想像の通り、ビュートゾルフにはPR部門はない）。デ・ブロックは社内から尊敬を集めているので、その書き込みは多くの人々に読まれている。私が会った日の朝、デ・ブロックが前日の晩に書き込んだブログをすでに一九〇〇人の看護師が読んでいた。その日の終わりまでには、七〇〇〇人の看護師の大半が読み終えていた。デ・ブロックのメッセージは、実用的で現実的なことから、哲学的なこと、精神を刺激するようなことまで、あらゆる方向にわたる。彼は会社が取りうる方向性や、必要と感じる判断や、あるいは日中に自分が経験したビュートゾルフらしさを物語るような素晴らしい出会いを全員に伝える。数時間以内に、その書き込みには数十の、時には数百のコメントが寄せられる。したがって、デ・ブロックの書き込みが同僚たちの共感を得ているのか、それとも賛同や反発などさまざまな反応を引き起こしたのかがすぐに明らかになる。いずれにせよ、社員全員が今の会社の現実と将来の可能性について、意識を新たにするきっかけになっている。

　このブログのおかげで、意思決定も速くなった。デ・ブロックは、多くの社員に影響を及ぼすような判断を思い浮かべると、自分の考えをブログに書き込んで反応を待つ。「賛成」というコメントが大勢を占めると、それから数時間以内に判断が下される。論争が始まると、提案は修正され再びブログに記載される。まだ判断を下すのは早すぎると思われる場合には、作業グループがつくられて提案内容に改良が加えられる。

　ブログへの書き込みでリーダーシップを発揮するには、ある程度の率直さや弱さをさらけ出す姿勢が必要だ。従来型組織のリーダーで、そういう態度を取ることに心地よさを感じる人はほとんどいないだろう。書き込みがいったん公開されると、後戻りはできない。重要なコメントや反論をだれもが見ることができ、削除も無視もできない。ブログへの書き込みは組織に与えられる刺激のようなものだ。組織が刺激をどう受け止めるかは、もはやＣＥＯの力の及ぶところではない。

　従来型組織のレンズを通すと危険そうに見えることが、進化型《ティール》の視点からは素晴らしく効率的に見える。自宅のソファでくつろぎながら書き込んだブログが、次の日の午後には社内の数千人の承認を得て一つの判断につながるのだから。業界の向かう先についてのアイデアや心配事があったら？　短い書き込みをしてみればよい。すると組織のメンバーがどう反応するかがわかる。同僚たちがあなたの考え方に賛同しないときには、（書き込むのにかかった）一五分を失ったことになるだろうが、一方で、組織のメンバーが何を考えているのかについて新たなヒントを得たことにもなる。今日の大企業で意思決定がどのようになされているかを考えると（パワーポイントがその必要性を説き、運営委員会と経営会議でだらだらと議論され、その後にトップダウンによって決定が知らされて、一語一語の意味が重み付けされる）、ブログの書き込みで発揮されるリーダーシップがいかに効率的かに驚くほかはなくなる。[6]

CEOの役割を眺める別の方法

『生きている組織』（未邦訳／*The Living Organization*）の中で、ノーマン・ウルフは、職場は**活動《アクティビティ》**、**人間関係**、**文脈《コンテクスト》**という三種類のエネルギー場に分かれているという鋭い見解を披露している。**活動《アクティビティ》**についてウルフは、「私たちが何を、どのようにするか」という行動に注がれるエネルギー（活力）と定義している。**人間関係**とは、「私たちが何を、どのように言い、お互いにどう関わっていくか」というほかの人々とのやりとりに注がれるエネルギーのことだ。それに対して、**文脈《コンテクスト》**とは、組織全体に社員がつながることとの意味や目的に宿るエネルギーだ。

機械的パラダイムでは、活動《アクティビティ》こそがすべてだ。従来型組織のリーダーが、活動《アクティビティ》の場、つまり問題解決や意思決定、トラブルへの対処などに全精力を傾けているのはある意味で当然だ。私の経験では、彼らの多くは人間関係を必要悪ととらえている。また、個人間に摩擦が生じれば機械の性能を低下させる恐れがあるため、ある程度時間を使う必要のある分野だと考えている。ところが文脈《コンテクスト》は、ほとんど意識されない。

本書の調査対象となったパイオニア組織の創業者やCEOは、これとはまったく逆の立場からスタートする。彼らの最も重要な役割（進化型《ティール》空間を維持すること）は、文脈《コンテクスト》と全面的に関係がある。進化型《ティール》組織のリーダーシップの手本を示すには、文脈《コンテクスト》と人間関係の両分野に入り込む必要がある。そして、残りの時間を活動《アクティビティ》の場に使う。しかし、活動《アクティビティ》に集中しているとき（たとえば、助言プロセスの最中に同僚から相談されて受け身的に自分の意見を述べているとき）でさえ、同時に文脈《コンテクスト》と人間関係の領域に気を配ろうとしている。自分の主張が自主経営《セルフ・マネジメント》、全体性《ホールネス》、存在目的といった進化型《ティール》の突破口《ブレイクスルー》を支えているのか、崩しているのか、ということを。

ビュートゾルフの小さな本社でデ・ブロックと一日を過ごしたとき、私はあること（しかもそれは本書執筆のために訪れた別の組織ですでに気づいていたことだった）に深く感動していたのだったが、そのときは、言葉にできなかった。それは進化型《ティール》組織では日々の過ごし方がかなり単純化できるということだった。ビュートゾルフはものすごい勢いで成長している七〇〇〇人規模の会社だということを忘れないでほしい。オランダの地域看護業での市場シェアを、わずか七年間で六〇％まで伸ばした組織だ。同社は、海外進出から若者向けサービス、自宅での精神科医療、小規模な高齢者向け住宅など、新しい分野に積極的に打って出ている。普通は、組織が大きくなると複雑化していくと思うだろう。ところが、同社の本社で働いている社員数はわずか三〇人で、ストレスを感じたり残業で苦しんだりしている人はだれもいないようなのだ。本社ビルには静かに集中しているという空気が漂っている。私はヨス・デ・ブロックと数時間話したが、その間、だれかにインタビューを中断されることは一度もなかった。緊急の電話はもちろんのこと、アシスタントが入って来て、何かの重大事や緊急事態が起こったとCEOの耳にささやくこともなかった。何もかもが緩やかに進んでいてほとんど魔法のように感じるのだ。

文脈《コンテクスト》、人間関係、活動《アクティビティ》を明確に区別すると、魔法が生まれる。文脈《コンテクスト》というエネルギー場が健全で強力だと、人間関係も健全で強力になる。そして、ほかの状況であれば活動《アクティビティ》の場で時間とエネルギーを無駄遣いするようなことが、あっさりと消えてしまう。物事を成し遂げるにあたっての障害はない。多くの企業では、社員は出世争いに明け暮れ、だれもそこから逃げ出すことができないように感じている。ビュートゾルフをはじめとする進化型《ティール》組織は、それとはまったく違ったイメージをつくりあげている。人々は羽を伸ばし、穏やかに、しかし目的地に向かってしっかりと飛んでいるように感じるのだ。正しい文脈《コンテクスト》と人間関係が築かれていれば、組織を運営するはるかに簡単な方法は本当に存在するのだ。

取締役会とオーナー

組織を進化型《ティール》の視点から運営するための二番目の条件は、CEOだけでなく、取締役会も進化型《ティール》のレンズで世界を見なければならない、という点だ。

営利企業でも非営利組織でも、取締役会はCEOを指名し、解雇する権限を持っている。進化型《ティール》以外のレンズで世界を見ている取締役は、進化型《ティール》組織の構造と慣行の意味がまったくわからず、それをいつまでも許容できないだろう。そして順応型《アンバー》または達成型《オレンジ》の視点から経営に当たるCEOを指名して、状況を自分たちの支配下に戻すはずだ。

したがって、取締役会の構成は、創業者たちが真剣に考えるべき重要な問題だ。RHDの取締役は少人数だが、全員がRHDの基本方針に深く関わり、RHDの創業当時から取締役を務めている者もいる。ビュートゾルフはそうではなかった。最初のメンバーはデ・ブロックが専門知識を持った人々（たとえば、法律家や財務の専門家）を選定していたが、そのうち、彼らがビュートゾルフの運営方法とうまく調和しないことが判明した。その後時間をかけて、一人ずつ、ビュートゾルフがどういう組織かを理解し、支持してくれる新しい人を探し、取締役に任命していった。モーニング・スターとハイリゲンフェルトは創業者によって一〇〇%所有されている。FAVIは同族企業なので、現在までのところ、創業家は同社の異例な経営方法を支持している。サウンズ・トゥルーのオーナーは一人のエンジェル投資家で、彼は精神的な知恵を広めるという同社の存在目的を正しいと信じているからこそ資金を投じている。

調査した企業の中の二社については、新しい運営方法を始めたにもかかわらず、従来型の経営方式に戻ってしまった。いずれも、取締役会が創業者と同じ目線で世界を眺めることができず、進化型《ティール》の経営方式を取りやめたのだ。

エッカルト・ウインツェンは、一九七三年にソフトウェア・コンサルティング会社のBSO／オリジンをオランダに設立した。その後二〇年をかけて、同社を一万人規模の会社に育て上げ、ヨーロッパ、南アメリカ、アジアの一八カ国に事業所を設立した。組織構造は完全に自主経営《セルフ・マネジメント》で、事実上本社もスタッフ機能も持っていなかった。一九九四年に、同社はフィリップスの事業部門の一つと合弁会社を設立し、二年後にその事業部門がBSO／オリジンの所有権の過半数を握った。ウインツェンは一〇年後に書いた著書の中で、二つの世界が衝突したと回想している。

> 私は取締役となり、当社のシステムを残したいという力強いスピーチを行った。ところが残念なことに、しかしある程度予想できたことだが、フィリップスからの出向者たちは、彼らの視点で物を考え、日常的に、強い調子で「(その考え方は) 受け入れられない」と発言したのだ。フィリップスの視点から

君が夢見る方向へ自信を持って進みなさい！　そして、君が想い描いた人生を生きなさい。人生をシンプルにすれば、宇宙の基本法則もシンプルになるはずだ。
——ヘンリー・デイヴィッド・ソロー

すると、一般社員に採用権を与えるなど「言語道断」であり、ミュージカルのチケットを（顧客に）配るという判断をすることさえ許しがたいことだった。この問題をめぐって、顔が真っ赤になるまで文字通り怒鳴り合ったことさえあったと思う。「チェックし、チェックし、ダブルチェックせよ」という標語とともに厳格な財務手順を課そうとする世界と、「信用し、期待しよう」という世界はこうして衝突した。[7]

ほんの数カ月の間に、従来の経営スタイルが持ち込まれ、ウインツェンは自分が二〇年前に設立した会社がかつての魅力を失っていく様を目の当たりにした。

AESは、発電と配電を行うエネルギー会社として一九八二年にロジャー・サントとデニス・バーキによって設立され、やはり同じような道のりをたどった。一九九四年まではサントがCEOを務め、その後はバーキが引き継ぎ、たった二人の会社から世界で三〇カ国以上に発電所を所有し、従業員四万人を抱えるグローバル企業へと成長した。一九九一年に上場した後は、ウォール街の人気銘柄の一つとなった。長年にわたって成功に次ぐ成功を続けている間は、取締役会はAESの徹底的に権限を分散した、信頼に立脚した意思決定システムを支持していた。ところが、バーキは「ほとんどの取締役がAESの経営方法を支持していたのは、もっぱらそれが株価を押し上げていたからで、その方法が組織の『正しい』方法だと考えていたからではなかった」のではないか、という疑いを抱いていた。[8]

一九九二年に、「大半の取締役には、指揮統制型の視点がまだしっかり根付いているのかもしれない」というバーキの疑いが確信に変わる予想外の問題が起こった。その年の、AESが上場して間もない頃に、オクラホマ州シェイディー・ポイントにある発電所で九人の技術者が水質検査の結果を改ざんし、不正確なデータをアメリカ環境保護庁（EPA）に報告していたとの報告があった。川に放出された水には実際には害はなく、最終的に同社に科された罰金も少額だった。ところが、バーキがそのニュースを全社員に報告する社内文書がマスコミに漏れると投資家が過剰反応し、株価が四〇％も暴落する事態となった。バーキの記憶によれば、すぐに、取締役会と一部の社員が自主経営方針《セルフ・マネジメント》を取りやめようと動き出した。

株価が下がった後は、当社の反応の仕方が劇的に変わった。私たちはパニックに陥り、それまでの開示方針からダメージ・コントロール重視へと方針が変わったのだ。私たちの関心は株主を安心させることに向かった。「当社の資産を守るために」弁護士が大挙して発電所に押し寄せた。幹部職員と取締役の一部が、当社の経営方針が問題の主要因かもしれないと主張し始めた。その物言いは、いかにも会社が今にもつぶれるのではないか、という勢いだった。そして、私たちの型破りな権限の分散、組織階層の欠如、異例の経営スタイルが「経済的な」崩壊を招いてしまったと拙速に結論づけた。もちろん、当社は経済的には何の痛手も負っていなかった。ただ株価が下がっただけだったのだ。さらに、副社長の一人が「電力ニーズに奉仕する」のではなく、「我々の資産を守る」ことが会社の第一の目的だというプレゼンテーションを取締役会で行った。彼が言いたかったのは、法律上、環境上、規制上の論争を避けるため、弁護士集団を軸に会社を防衛する戦略を採るべきだ、ということだった。さらに、私と発電所の担当マネジャーとの間に新しく課長職を置いて、彼らに実務を任せようという議論もあった。弁護士たちからの圧力と、当時の状況から考えればやむを得ない信頼の喪失もあって、（オクラホマの）発電所は「間違いのない」産業設備の運営方法に戻すことを決定した。交替勤務制の監督者と発電所の副所長職が復活し、環境保全部門が新たに設置され、そのスタッフが（水処理担当の職員が業務を正しく行っていることを）発電所長に報告する体制が整えられた。こうした業務体制の変更によって、発電所での職員数は三〇％以上増加した。

この間私は自分が正しく評価されないと感じ、取締役の中で自分がどの程度の支持を集めているのかについて確信が持てなかった。取締役が私たちの価値観を好きだったのはただ、それらが市場で好評だったのと、従業員たちの間に人気があったからにすぎないように思われた。私たちの価値観が本質的に正しいと思って戦っている自分は、ひとりぼっちなのだと感じた。[9]

この不祥事が起こって以来、バーキと取締役会との間では、際限がないと感じられるほど長い、消耗しあう会話が始まり、それは六カ月に及んだ。結局、彼は取締役会からの信任を何とか得て、ＣＥＯにとどまった。バーキは事を強引にやり過ぎると取締役会は考えたが、バーキは逆で、新しい考え方がまだ同社にしっかりと根づいていなかったと結論づけていた。彼は、ＡＥＳの基本的な前提と一致する「あらゆる組織デザインとあらゆるシステムに挑戦しよう」と決意した。その後の一〇年間、バーキは自主経営《セルフ・マネジメント》が組織内に根づくための努力に全身全霊を打ち込んだ。本人の話によると、その取り組みはある程度は成功したものの、失敗した部分もあった。まず、従業員はバーキがＡＥＳの慣行と呼んでいる「ジョイ・アット・ワーク！（職場で喜びを！）」の圧倒的な支持者になった。しかし、対取締役会ではバーキの努力はそれほど実らなかった。

私は取締役会のなかで、自分のキャンペーンがそれほど支持を広げていない感触を得ていた。一部の取締役は株主に対して「喜んで権限を放棄する」と言っていたときでさえ、自分が判断を下すのではなく助言を与えることに困難を感じていることがわかった。さらに、特に年次報告書の挨拶文や株主との会合の場では、私たちの共有された価値観や存在目的についての「美辞麗句」のトーンを落とすよう取締役会から提案されたことも一度や二度ではない。[10]

二〇〇一年にITバブルがはじけると、最高値が七〇ドルまで達したこともあるAESの株価は下がり始めた。九月一一日の同時多発テロが起こるとさらに下がって二六ドルに達した。一〇月にエンロンが破産を宣言すると、市場はパニック状態となってエネルギー供給会社の株価が軒並み底抜けし、AESの株価も五ドルまで下がった。AESの経営陣がそれまでの数年間で行ってきた経営判断の中には、不況になってみるとリスクが高く誤りだったことが明らかとなったものもあった。同社の成長の多くは「株よりもコストが安い」という理由で負債による資金調達でまかなわれてきた。そしてコストは確かに安かった――デット・ファイナンスが崩壊するまでは。AESは一九九〇年代後半に「マーチャント・プラント」にも手を染め始めていた。これは、長期契約の担保なしにスポット価格で電力を売るという事業で、その時々の電力価格の変動にさらされる不安定なビジネスだ。

AESの自主経営《セルフ・マネジメント》方式では、株価下落の責任を問われることはほとんどあり得ない。後になってからある意思決定のリスクが高いことが明らかとなったとしても、それは、社内のだれかが暴走した結果ではなく、取締役会で議論の上合意されたものだったからだ。しかし、当時そんなことは問題ではなかった。不安が取締役会メンバーを覆い、彼らは会社の再組織化とあらゆる意思決定を集中化することを求め始めた。法律家、コンサルタント、アドバイザーが大勢雇われ、取締役会は会社に対する支配権をさらに強めた。その間、従業員はなおAESの分権化した運営方式と、それを具現化しているバーキを心から信奉していた。苦境に陥った取締役会は、バーキを交代させずに、新しい共同CEOを招き、バーキはその指示に従って業務を行うよう要請された。ほとんどすべてのことについて意見が分かれてしまっては、二人が協力することはもはやほとんど不可能だった。いらだたしい九カ月を過ごした後、バーキは辞任した。彼がいなくなって自由な権限を得た新しい首脳陣は、AESが一〇年前に他社に先駆けて導入していた自主経営《セルフ・マネジメント》方式の代わりに、従来型組織で何度も試されて成果が実証されてきた経営方式を導入した。

AESとBSO／オリジンのたどった道のりは、投資家と取締役会が考え方の枠組みを共有していない状態では、進化型《ティール》組織の経営方式はもろいことを示している。順応型《アンバー》または達成型《オレンジ》のレンズで眺めると、進化型《ティール》の構造や慣行はあまりにも馬鹿げているか、危険なやり方にさえ見える。誠実な取締役であれば、従来の、統制をベースとする仕組みで組織（と自分たち）を守るのが自分たちの義務であると感じる。

営利企業の場合、創業者たちは投資家を選択する際には注意する必要がある、ということだ。今日の法制度の下では、組織のオーナーは株主であり、彼らは自分の世界観に最も適合した組織パラダイム（衝動型《レッド》、順応型《アンバー》、達成型《オレンジ》、多元型《グリーン》、あるいは進化型《ティール》）を課すことができる。その結果、進化型《ティール》組織を育てたいと考える創業者には二つの選択肢が残される。可能であれば、仮に成長スピードが落ちることになっても、外部の投資家に頼らず、銀行ローンと自己資金で成長のための資金を調達して成長を模索することはできるだろう

（モーニング・スター、ハイリゲンフェルト、FAVIがたどった道）。あるいは、進化型《ティール》の物の見方を受け入れてくれる株式投資家を慎重に探すのだ（タミ・サイモンがサウンズ・トゥルーのために選択した道）。

法的な枠組みを制限する

今日の世界では株主が企業を所有し、オーナーとして会社が何をすべきかを自由に選ぶことができる。多元型《グリーン》組織の観点に従うと、株主は数多くのステークホルダーの一つにすぎず、株主の力は従業員、顧客、サプライヤー、地域社会、環境といったそのほかのステークホルダーに与えられた発言権によって制約を受けるはずだ。進化型《ティール》組織の視点に立つと、株主の力は制約されるべきではないが、組織の存在目的のほうが超越した存在なのだ。株主が、ほかのステークホルダーとまったく同じように組織の存在目的に耳を傾け、その方向感に従おうとすればするほど、自分たちの投資から健全なリターンを得られる可能性が高まるという考え方だ。

そのような資本主義の基本的な前提に疑問を投げかける見解が、いつ、どのような形で法的な枠組みの中に統合されていくのかを断言するのは時期尚早だ。ただし、いくつかの実験が進行中である。たとえばホラクラシーは、取締役会が採用でき、将来の株主までも拘束する「憲法」の草案を作り上げた。この草案では、株主は財務に関する事項で正当な発言権を得るが、戦略を一方的に押しつけたり、組織を従来型の経営慣行に戻したりすることは禁止されている。ホラクラシーはその憲法がアメリカの会社法に適合するようになるための法的処理をすでに終え、現在はほかの国々の法制度に合うように調整を進めている。本稿執筆時点では、ホラクラシー憲法を採用した企業は数えるほどしかない。ホラクラシー憲法が企業経営で実際にどう

特に重要なときには、取締役会は彼らと世界観を共有するリーダーを選び、選ばれたリーダーたちは同じ角度から問題や解決法を見つめることになる。

機能するかを見るための事例はそれほど多くないが、株主の視点から企業の存在目的を中心に据えるという視点への道筋は明るいように見える。

また、ここ数年「ベネフィット・コーポレーション」あるいは「Bコーポレーション」（あるいは単に「Bコープ」）と呼ばれる新たな企業形態が注目を集めている。Bコーポレーションは営利企業でありながら、社会問題や環境問題に取り組むと明確に謳っている。アウトドア向けアパレル企業のパタゴニアは、二〇一二年はじめにBコープ憲章を採択したカリフォルニア州で最初の企業だ。本稿執筆時点で、カリフォルニア、イリノイ、ニューヨークなどアメリカの一一の州でBコープとして企業を設立することを認める法案が通過しており、さらに一一の州が同様の準備を進めている。我々が知っている形態の営利企業（いわゆるキャピタリズム・コーポレーション（Cコープ））では、企業の取締役は株主に対する、いや株主のみへの忠実義務を負っている。経営者が株主を犠牲にし、環境問題や社会問題を考慮に入れ、株主への忠実義務を怠れば民事訴訟に直面する可能性がある。Bコープの取締役の義務は、社会保障、従業員とサプライヤーの抱える諸問題、環境への影響などに広がる。別の言い方をすれば、Cコープは達成型《オレンジ》組織の株主価値に基礎を置き、Bコープは多元型《グリーン》組織の株主の概念を出発点にしている。Bコープでは、支配権、組織構造、あるいは会社の存在目的の変更には取締役の三分の二の賛成が必要という特別条項がある。こうした条項のおかげで、資本を調達することで自社の社会的使命や環境的使命を果たせなくなることを恐れる企業家は、ある程度守られている。

社会全体が進化型《ティール》組織のパラダイムへと向かうとともに、ホラクラシー憲法やBコープのような法的な実験が今後も増えていくと私は考えている。本書の最終章では、さらに深い変化について考える。進化型《ティール》の社会では、もはや所有者という視点ではなく、管理責任《スチュワードシップ》という視点から物事を考えるべきではないか、という点だ。そのような変化は、組織の法的な所有権という点からは極めて深い影響があるだろう。そのようなシナリオが実現するのか？　もし実現するとしたらどのような形でそうなるのか？　これらは時間がたたないと分からない。今のところは、Bコープやホラクラシー憲法といった取り組みは、進化型《ティール》組織の考え方に合った法的枠組みに自分の組織の基礎を置きたいと考えるリーダーには、興味深い道筋となっている。

必要だが不十分

CEOと取締役会が組織のあり方を「理解している」ことは必要条件だが、十分条件ではない。組織開発研究者の間では、リーダーの意識が高まれば、すべてがうまくいくという認識がある。これはあまりに単純化した議論だ。リーダーのレベルが上がったからといって、自動的に組織のレベルも上がることはない。権力構造、人々の職場での振る舞い、組織の目的の表現方法を変えるほどの、組織構造、慣行、文化をリーダーが採用して初めて組織のレベルも向上できるのだ（インテグラル理論の四象限モデルを用いて説明すると、上の二つの象限だけを変化させて下の二象限を残しても半分までしか到達しない、ということである）。ホラクラシーワンの社員であるデボラ・ボイヤーは、あるブログの書き込みで、現在の状況と比較しながら以前勤めていた会社での経験について書いている。その会社では、リーダーの意識は決してホラクラシーワンより低いわけではなく、むしろ高いくらいだったが、組織構造が変わることはなかった。

私が最初にホラクラシーに引かれたのは、一種のフラストレーションからでした。

前の企業では、何とかして組織文化を変えたいという強い意欲をもった心ある人々が、何度も集会を行っていました。それに参加することが次第につらくなっていったのです。最初の頃は崇高な目的の下に集まってお互いに協力していたものの、そのうちにそのほんの一部さえ実現することができない自分たちの能力の限界を感じ、私はだんだんと、しかし容赦なく、どんどん苦しく、無力感を覚え、ついには挫折してしまいました。成し遂げられたことはあったのですが、人間関係と不愉快なミーティングが重なると行動にも無駄が多くなってしまい、幻滅、失望、不信感が募り、参加し続けることが次第につらくなっていきました。私自身がそれまで蓄積していたものも、友人たちの蓄積も枯れ果ててしまったのです。

何度も何度も、私は個人の進化と組織の狭い許容度のギャップに呆然としました。こうした試みの失敗がさまざまな局面に現れ、私はひどく困惑しました。というのもすでに友人としての関係が築けており、同じような世界観を共有し、善意にあふれている人々との間にこうした失敗が繰り返されたからです。私一人が困惑を経験していたわけではありません。夫は広く知られたスピリチュアルの指導者です。彼はほかの有名な指導者と連携して仕事をしていましたが、そのグループの中にも同じようなサイクルが見てとれました。私は、彼らなら嵐を乗り越えられるだけの素養はあるだろう、と考えていました。しかしそのような、「最も優れた人々」であっても、権力や、権威や、生産性をめぐる争いに押し流され、おぼれてしまう人さえいたのです。

私は、このような失敗から生じる痛みや怒り、悲しみから自分を守ろうと、自分の周囲に「シニシズム（冷笑主義）」という壁を少しずつ築いていきました。あれほどの才能とスキルを持った、あれほど多くの素晴らしい人々が、どうして政治やエゴのうずまく沼地から脱出できないのでしょう？　私の結論はこうです。この現象は、私たちの不完全な人間性、そして自分が思い描ける像と、外に示せるものとの乖離が別の形で表面化したものにすぎないのだ、と。私は自分の期待感が高すぎたことに気づきました。そして、自分はまず忍耐と謙虚さを養い、人付き合いのスキルを身につける必要がある、そう決めました。私は自分が「ベビーブーム世代」の悪い面を身につけてしまったのではないか、あらゆる物をすぐに、時間をかけて必要な努力をしないで手軽に欲しがるようになっているのではないか、と心配しました。ここまで書いたことの多くは今の私にも当てはまるかもしれませんが、そうかと言って、それはホラクラシーを実践し、特にホラクラシーワンの仲間になったことで私が発見した、精神を心の底から解放してくれたことの価値を落とすものではありません。

ホラクラシーワンに入社して、私は自分自身が完全に新しい存在になったことを実感しています。このシステムでは政治的な動きをする必要もないし、むしろそんなことは役に立ちません。自分の緊張状態が存在していないかのように振る舞ったり、その状態から目を背けたりするのではなく、それに向き合い、対処することが期待されています。ほかの人々のように振る舞わなければならない、というプレッシャーもありません。私は本当に変わりました。それが大切なのです。必ずしも成長する必要はありませんが、成長しています。完璧になる必要はありませんが、少しずつ良い人間になっています。自分が果たしている役割にどういう影響力があるのか、ほかの役割にどう関与する必要があり、ほかの人々からのインプットをどう組み入れていけば良いのかが、今ははっきり分かります。迷ったときには、その不安をガバナンス・ミーティング（ガバナンス問題が処理されるミーティング）に持ち込むのです。ホラクラシーワンでは物事がしっかりと、淡々と、しかし鮮明で、いつでも繰り返せる再生可能な創造力を伴って進んでいます。人々の団結心はとても強く、持続性があります。それは人々がこのうえなく楽観的だからではなく、動かしているシステムが健全で、このシステムのおかげで自分たちの情熱が解放されて、自然と機能しているからです。私はとても健全な家族に入れてもらったような気がしています。これもまた、「家族のみんな」が特に、心理的に傷ついていないからではありません。彼らも同じ人間なのですから。そうではなくて、ホラクラシーでの私たちの実践活動が、時代遅れの慣習や政治から完全に解放された、まっさらな空間の中で、お互いの相互作用に立脚しているからなのです。

人間の発達に関する神経科学の分野では、安定した愛着関係《アタッチメント》への関心が高まっています。子どもは家族の中で自己表現をし、話を聞いてもらい、成長するにつれ適切な制限を定められ、他人のスペースと制限を尊重するようになっていきます。こうして安定した愛着関係《アタッチメント》を身につけていくのです。ホラクラシーワンに入ってから、私は安心して組織の一員であることに喜びを感じるようになってきました。これは気持ちが深く癒やされる、組織内の体験です。以前よりも地に足がついた、誠実で、人間らしい生活をしていると感じています。これまでになかったほど集中し、多くのことを成し遂げたいと強く感じています。自分で物事を決める力を与えられ、そうするための必要な支えを積極的に求めることができる気がするのです。私は自分が奉仕している目的によって、完全に明るくなったと感じています。[11]

第2章 進化型《ティール》組織を立ち上げる

あなたにできること、あるいはできると夢見ていることがあれば、今すぐ始めなさい。向こう見ずは天才であり、力であり、魔法です。

ヨハン・ヴォルフガング・フォン・ゲーテ

本書を読んで、読者は新しい組織を立ち上げようと思ったかもしれない。「進化型《ティール》のイースト酵母を、組織というパンに焼き上げるには何から始めれば良いのだろう」と考えているだろう（読者がもしすでに組織を運営していて、それを進化型《ティール》組織にどうすれば変わるだろうと考えているのであれば、次の章で具体的に取り扱っている）。

新たな組織の立ち上げは気分を浮き立たせるだろうが、同時にとてつもなく厳しい仕事でもある。一つ良いニュースがある。進化型《ティール》組織をゼロから立ち上げると、軌道に乗せやすいようなのだ。

スタートアップ企業は、立ち上げ直後の段階ではどこも極めてインフォーマルで、自主経営《セルフ・マネジメント》で運営される傾向がある。ところが、厳しい脱皮の時期を通過して組織が大きくなると、構造や階層や統制といった「膜《レイヤー》」が組織に加わる。これに対して、進化型《ティール》組織は継続的、流動的、有機的に適応し、成長する。

これまでの事例を見ると、すでに歴史を持ち、前のパラダイムのしがらみがある企業を変革するよりも、最初から進化型《ティール》組織を立ち上げる方が簡単である。全くの白紙から始めると、組織の存在目的に耳を傾け、文化をつくり、慣行を根づかせ、人々を集め、その他の要素を揃える、といったことが無理なく進められる。そのときに当然熟考すべき問いを挙げてみよう。

▼ほんの一瞬あなた自身の希望や夢を無視して、今生まれようとする組織の声に耳を傾けると、それが成し遂げたい目的は何だろう？

▼組織はどのような形をしたいのだろう？

▼組織はどれくらいのペースで成長したいのだろう？

▼組織は単独の創業者であるあなたが運営するのと、複数の創業者が運営するのと、どちらがうまくいくだろうか？　だれが共同創業者として参加してくれるだろう？

創業者であるあなたが組織にもたらす態度と意識によって、組織運営の意識レベルは影響を受けるだろう。したがって、組織づくりで最も大切なことの一つは、自分が「いる」ことによって組織に及ぼす影響力や自分が組織に及ぼす良い面と悪い面を、じっくり考えることにかなりのエネルギーを注ぐということだ。その手段は、仲間や友人からのフィードバック、メンタリング、コーチング、読書、瞑想、自己啓発など、自分に最も合いさえすれば何でもよい。

もし二人以上で立ち上げるなら、正しい共同創業者を選ぶことは、どのようなスタートアップ企業にとっても今後を左右する判断だ。共同創業者たちが適切なスキルを持っていることや、意思疎通がうまくいくことも大事だが、それだけではない。自分の組織を進化型《ティール》の原則に基づいて運営したいのなら、組織の存在目的に共同創業者たちがどの程度共鳴するか、彼らが進化型《ティール》の運営方法をどの程度受け入れる準備があるか、という点も考慮すべきだ。こうした話題についての議論にかなりの時間を費やす覚悟を持とう。こういった問いをどれくらい深く考えられるかによって、あなたが正常と考える社内での会話の種類と質が決まる。要するに、会社がスタートする前から、あなた自身が組織の文化をつくっているのだ。

共同創業者か最初の社員が入社するとすぐに、組織構造と社内の慣行やプロセスについていくつか選択をしなければならない。「だれがどの判断を下すのか？」「だれが会社の資金を使うことを決められるのか？」「社員は個人の目標を持つべきなのか？」「目標を達成した社員にボーナスを払うのか？」「だれがだれを評価するのか？」「意見の不一致があった場合にはどう対処するか？」「だれが最終判断を下すのか？」といったことを決める必要がある。

順応型《アンバー》、達成型《オレンジ》、多元型《グリーン》、進化型《ティール》のいずれの組織形態も、こうした問いの一つ一つに答えられるはずだ。

立ち上げ直後のスタートアップ企業の雰囲気は、極めてインフォーマルになることが多い。情報はすべて共有され、重要事項は皆で議論したうえで決められていく。しかし、よく注意しておかないと、従来型の経営手法がすぐに入り込んでくる。なぜならば、大半の人々が知っている手法はそれだけだからだ。進化型《ティール》組織を運営しようとするのなら、新しい慣行やプロセスの必要性が生じるたびに、組織にとっての分岐点に来たという点を意識すべきだ。そのうえで従来型の経営手法を採用するもよし、進化型《ティール》の経営手法を模索してもよいのだ。創設期のチームメンバーが、本書で解説したコンセプトをよく分かっていれば役立つかもしれない。さらに、彼らと話し合う時間を取って（おそらく長くても二、三日）、あなたが新組織で採用したい慣行について、一緒に考えられればなおよい。自主経営《セルフ・マネジメント》、充実感、存在目的を実現するためのさまざまな進化型《ティール》の慣行を要約した表が、それぞれ235〜236ページ、322〜323ページ、375〜376ページ（別の観点からまとめられた付録④も参照のこと）に掲載されているので役立ててほしい。

「組織を立ち上げるときにはどういった慣行が最も重要ですか？」と尋ねられることがあるが、「これさえすればどのスタートアップ企業もうまくいく、といった解答集など存在しません」が私の答えだ。あなたの組織がどのような目的を持ち、どういう環境の中で存在しているかによって、取るべき優先順位は変わるはずだ。それは何か？　この問いに対しても、いつも「自分の胸に手を当てて、何が求められているかに耳をすまして、それを感じることから始めて下さい」と答えている。とはいえ私の頭の中には、創業者チームであれば検討すべき慣行がいくつかは自然と浮かび上がってくる。なぜなら、それらは創業一日目から重要な活動で、組織の根本に関わるからだ。その慣行が組織内に肥沃な土壌をつくり、その組織が大きくなって明示的な組織構造やプロセスを必要としたときに、ほかの進化型《ティール》の慣行が容易に根づくのを後押しするはずだからだ。

前提と価値観をつなぐもの

現在は、進化型《ティール》パラダイムの初期段階にあるので、あなたが選択する組織の慣行は、大部分が今の文化や価値観にかなり反したものとなるだろう。まわりから疑問をぶつけられ、その選択はばかげていると言われるはずだ。本書のために調査した組織は、一定の経営手法に賛成か反対かという議論の水準にとどまらずに、もっと深いレベル、つまりそうした慣行の下に隠れている前提は何か、という話し合いにまで進むと、はるかに実りある議論になることを知っている。人々や仕事に関して自分が持っている前提を明確にできれば、おそらく物事はもっと単純になるだろう。ここに考えるためのヒントをいくつか提供する。

- RHDは、次の三つの基本的な前提を自ら定義した。「①人は皆、平等に尊い存在である」「②人は明確にそうでないと証明されない限り、本質的に善良だ」「③組織の問題にうまく対処する単一の方法はない」
- モーニング・スターの運営方法は二つの原則の上に成り立っている。「①社員は権力または強制力を使わずに一緒に働くべきだ」「②社員は約束《コミットメント》を守らなければならない」
- FAVIは三つの基本的な前提を明確にしている。「①人はそもそも善良（信頼でき、意欲的で、頼りになり、知的）な存在だ」「②幸福感なくして成果はありえない」「③価値は現場でつくりだされている」

実践のためのヒントを一つ提供しよう。**前提を考える際には、一人で考えず、チームの仲間と話し合うと**

よい。そして最初のステップとして、従来の階層的な組織（順応型《アンバー》／達成型《オレンジ》）モデルに隠れている前提を明らかにすることから始めよう。「労働者は怠け者で信頼できない」「年長者がすべての答えを知っている」「従業員は難しい問題を取り扱うことができない」といった類いの条件だ。こうした試みをするとハッとする従業員は多い。一連の悲しい前提が従来の経営モデルの下敷きにあることに気がつくと、前向きな前提を決めたいという欲求が強くなるものだ。

そうして決められる前提は、二つの機能を果たすことになるだろう。まず、従来の経営手法とは異なる慣行に基づいて会社を運営していこうとなぜ決めたのかを説明しやすくなる。第二に、新しい慣行やプロセスを導入しようとするたびに、自分たちで決めた前提をその基準にできる。組織内のだれもが、そう、最も若い同僚でさえ「今私たちがしていることは、当社の基本的な前提に沿っているのでしょうか？」と声を上げて尋ねられるはずだ。

自主経営《セルフ・マネジメント》に関する三つの慣行

組織を立ち上げた当初から自主経営《セルフ・マネジメント》を導入したければ、最初に考えるべき問いは、「あなたは、すでに確立されている手法を引き継ぎたいのか？」だ。もし「イエス」ならば、ホラクラシーが最も自然な候補となる。運営方法がすでに文書化されているし、コンサルタントや、ミーティングのファシリテーターや、トレーナーの支援も受けられるはずだ。「あなたは、独自の組織構造や慣行を開発したいのか？」。もしこちらの問いを選ぶのであれば、会社の立ち上がった初日から導入を検討すべき慣行が三つある。

▼**助言プロセス**（165ページ参照）——ある問題について影響を受ける人や、専門知識を持った人の助言を受けているかぎり、組織のだれもがその問題についてどのような意思決定もできる、という決まりにしておく。新入社員があなたのもとにやってきてある決定について承認を求めてきたら、「それは無理です」と拒否しよう。自主経営組織《セルフ・マネジメント》では、だれも、創業者でさえ、どのような判断をも「承認」してはならないことを明確にしよう。とはいえ、もしその判断によってあなたが大いに影響を受ける場合、あるいはあなたがその問題について専門知識を持っている場合には、もちろん助言してかまわない。

▼**紛争解決メカニズム**（187ページ参照）——二人の同僚間に意見の不一致がある場合には、二人はあなたに報告しにいくだろう。彼らのためにその問題を解決してあげたくなったとしても、がまんしよう。そう思ったときは、まさに彼らが自分たちで紛争を解決できるような紛争解決メカニズムをつくるタイミングだ（後になってから、二人が一対一では解決できないか、あなたを仲裁者か仲裁委員会のメンバーに選んだときには関わることになるかもしれない）。

▼**同僚間の話し合いに基づく《ピア・ベース》評価と給与決定プロセス**（206ページと217ページを参照）——新入社員の報酬はだれが、どのようなプロセスを経て決定するのかを意識的に考えないと、従来型の手法で事を動かそうとするかもしれない。それは、一定の雇用／報酬条件について新入社員と交渉するやり方だ（そしておそらくそれを秘密にしておくだろう）。反対に、最初からこれまでにないようなやり方で物事を進めたらどうだろう？　入社希望者に社員の給与に関する情報を与えたうえで、自分の希望する給与額を提示させるのだ。そうして社員グループの助言に従って額を上下させるのである。同じように、

同僚間《ピア》の話し合い《・ベース》に基づく評価プロセスの仕組みを正式に導入すると考えているのであれば、組織の立ち上げ当初からそうした方がよい。さもないと、社員たちは自分たちがどうすればよいかの指示を仰ごうと創業者であるあなたの方を向き、チーム内に事実上の階層ができてしまう。それが自然の成り行きだ。

全体性《ホールネス》に関する四つの慣行

創業者であるあなたの態度や、あなたが会社にやってくる様子によって、ほかの社員がどの程度快適な気持ちで、自分らしさを完全に保ったまま出社できるかどうかがほぼ決まってしまう。あなたが自分をさらけ出し、自分らしさや弱さを見せ、自分の長所や短所について正直であるほど、社員たちは安心して同じようにふるまうだろう。こうした反応はあなたにとって自然かもしれない。いずれにせよ、新しい組織を立ち上げるときには、いくつかの慣行を実践すれば、あなたも社員も全体性《ホールネス》を取り戻せるかもしれない。具体的には、組織のかなり初期の段階では、次の四つの慣行を取り入れるとよいだろう。

▼**安全な空間をつくるための基本ルール**（253ページ参照）——ほかの人々にありのままの自分をさらけ出すには、そうすることが安全だと感じてもらわなければならない。多くの組織が、大切にする価値観を定めておくことや、社員コミュニティーの中で「こういう行動は奨励される」「こういう行動は受け入れられない」と示すことが有益だと認めている。これはＲＨＤの「権利と責任憲章」やモーニング・ス

ターの「私たちの原則」といった文書に最もよく集約されている。以前に働いていた会社での良い経験や振り返りをもとに、こうした文書の完全版を最初から仕上げようとすることが重要と判断する企業もあれば、何かが起こってから、新たに付け加えるべきテーマを追加しながら少しずつ章を積み上げていく企業もあるはずだ。どのような方法を選ぶにせよ、一人の人間が書くのではなく（創業者であるあなたであっても、だ）、多くの人が参画して執筆する体制を維持しなければならない（そして、一人または複数の有志にその文書のメンテナンスを任せるとよいだろう）。

▼ **オフィスまたは工場**（280ページ参照）――たいていのオフィスや工場のある建物は、くすんだ色の、冷たい場所だ。そこにいると、社員は無言のうちにこう言われているような気がしてくる――「ここは働く場所であり、社員はしかるべき方法で考え、行動することが期待されている」と。どうせなら、職場を最初からだれでも迎えられる雰囲気を醸し出すような、カラフルで、突飛で、その組織の文化や存在目的にピタリと合うような装いにしてしまったらどうだろう？　一日、あるいは週末を使ってチームメンバー全員で計画を立て、職場の模様替えを行うのだ。やるからには「職場とはこうあるべきだ」などという先入観を捨て、思い切って大胆に取り組もう。そうすれば、社員はこの場所が特別な空間だと思えるし、自分たちも職場の建物と同じく、自分なりの気持ちと服装で会社にやって来てもよい、と思いやすくなるはずだ。

▼ **オンボーディング・プロセス**（297ページ参照）――新入社員が戦力化するまで教育をおこなうオンボーディング・プロセスは、新規メンバーが歓迎されていると感じ、新しい職場がどのように動いているかを知るとても重要な機会だ。新入社員は最初の数時間、数日、数週間でどのような経験をすることが

理想的だろう？　だれもが体験すべき基本的なトレーニングとは何なのだろう？　自主経営《セルフ・マネジメント》、じっくりと耳を傾けること、紛争に冷静に対処する方法、人々が安全と感じられる雰囲気をつくり出す方法、それとも現場のスキルだろうか？

▼ **ミーティングで実践すべき慣行**（272ページ参照）——組織の立ち上げ期には、足並みを揃え、お互いの行動を確認するために頻繁にミーティングをすることが多い。ミーティングが陥りがちな弊害、つまり参加者のエゴが頭をもたげ、だれかの発言がほかの人に遮られることを避けるため、参加者が全体性《ホールネス》を取り戻せるような慣行を取り入れるとよいかもしれない。ミーティングを始める前に一分間沈黙する。あるいは全員が感謝の言葉を述べるといった簡単なことでもよいし、ホラクラシーやビュートゾルフで行われている体系的な意思決定プロセスを選んでもよい。

存在目的に関する二つの慣行

組織の立ち上げに精力を注ぐのであれば、おそらく、組織の存在目的はあなた自身の人生経路と深く共鳴しているはずだ。あなたの情熱とこれまでの道のりを、チームの仲間、できれば一人一人に伝えよう。その努力をすればするほど、それぞれが自分と組織の存在目的との関係を改めて見直し、確認しやすくなるはずだ。

組織の存在目的が自明に思われるあまり、社員にそれを実行させることにすべての情熱を注ぎ込み、皆の努力の背景にある「なぜ？」という深い目的について語ることを忘れてしまう創業者もいる。逆に、創業者があまりにも組織の存在目的を熱く主張するので、創業者しか目的を決めてそれについて話すことができないとの印象を与えてしまう、という問題も起こりうるのだ。

創業者個人の希望と欲望とは明確に区別された、組織自体の生命と目的があることを創業者であるあなたが最初から承知している——これが健全な関係だ。確かに、創業当初の短い期間には、あなたが中心になって組織の存在目的を明確に伝えるのかもしれない。しかしほかの人々が入社すると、彼らもすぐにそれを認識し、自分なりのやり方で表現できるようにならなければならないのだ。次の二つの慣行が役立つかもしれない。

▼**採用**（369ページ参照）——社員候補者にとってみると、採用プロセスは、組織の存在目的が自分の使命感や希望とどう共鳴するのか（しないのか）を深く探ることのできる素晴らしい機会だ。採用面談が、驚くほど深く、時には感動的な会話に発展することもある。そしておそらく、候補者は入社前であっても、組織がどこに向かうべきかについて自分が感じた意見を述べられるようになっているかもしれない。

▼**「だれも座らない椅子」ミーティング**（343ページ参照）——「だれも座らない椅子」は、組織立ち上げの初日から実行できる簡単な慣行だ。ミーティングが終了するたびに（あるいはミーティング中のどこかのタイミングで）、参加者の一人がその椅子に座り、組織の存在目的を代表する者として次の問いに耳を傾けるのだ。「このミーティングは組織の存在目的の達成に貢献しただろうか？」

第3章 組織を変革する

現在のように、西欧諸国の機械的なパラダイムの支配によってもたらされた世界的危機の時代にあっては、思い切った内部変革を行って意識レベルを高めることが唯一の現実的な希望である。

スタニスラフ・グロフ

本書のために調査した組織は、大半が創設時から従来とは異なる経営手法の実験を始めたのだが、もともと順応型《アンバー》／達成型《オレンジ》パラダイムに従って運営されており、後に進化型《ティール》に変わった組織も少数ながらあった。ゾブリストが組織の大改革を行う以前のＦＡＶＩは、支配を前提とした極端に階層的な工場だった。ＡＥＳは特殊なケースだ。もともとは先進的な手法で運営しており、一九八〇年代と九〇年代に急成長を遂げる過程で買収した何十ヵ所もの発電所は従来型の手法で運営されていたが、そのすべてを進化型《ティール》に変えることに成功したのである。そして、ホラクラシーワンがある。同社は既存企業に自主経営《セルフ・マネジメント》の経営手法を導入することを専門とするコンサルティング会社だ。

確かに、数としては少ないが、自社の運営方法を変えたいと考えている組織のリーダーには、こうした成功例が重要なヒントや糧になるだろう。将来は、進化型《ティール》に変わっていく組織が増えるにつれ、組織の発達を後押しするために何が必要かについての理解も進むだろう。

したがって、もしあなたが組織の一員で、自分の組織に進化型《ティール》の組織構造と慣行を採用しようとしたら、いったい何ができるだろうか？　まず、第Ⅲ部第1章で取り上げた二つの条件が自分の組織にそろっているかどうかを、チェックする必要がある。

1 CEOは「ちゃんとわかっている」か？　進化型《ティール》のレンズで世界を見ているか？　進化型《ティール》の原則に従って組織を運営するというアイデアを個人的に「素晴らしい！」と思っているか？

2 取締役会はこのパラダイムを「理解し」、支持しているか？

CEOが乗り気ではない場合、あなたの時間と精力を組織変革プロジェクトに注ぐことはそれほど意味がない（その場合、既存のパラダイムの中で健全化するように「水平的な」変革に力を入れることができる）。CEOが組織変革への熱意を持っていても、取締役会の足並みがそろっていなければ、そのうち世界観の対立が起こり逆境に見舞われることになる。そうなると、あなたができることはせいぜい、時間の経過とともに進化型《ティール》組織を支持する人材が取締役になれるかどうかを見極めようとすることぐらいだろう。第Ⅲ部第1章でCEOについて述べたのと同じ理由で、議論を通じてあなたの見解を現職の取締役に納得させるのは相当難しいだろう。

上の二つの条件をクリアした場合にはよいニュースがある。進化型《ティール》組織に至る方法は数多くあり、これまでの事例によると、CEOがあきらめずに努力を続ければ、進化型《ティール》組織を何とか実現できるだろう。しかし、どこからスタートすべきなのだろう？　最初に注力すべき点は何なのか？

生きている組織は段階的に変化していくものなので、一度にすべてを変えようとするのではなく、進化型《ティール》組織の三つの突破口《ブレイクスルー》である「自主経営《セルフ・マネジメント》」「全体性《ホールネス》」「存在目的」のどれか一つから始めて、時間の経過とともにほかの二つを導入していくと無理なく進められるかもしれない。もちろん、この三要素は互いに補強し合うものだ。たとえば、ある組織が自主経営《セルフ・マネジメント》を行えば、社員は常に、どのレベルでも自ら率先して動くようになり、組織はトップダウンによる戦略の策定がなくてもその存在目的の達成に向けて動くはずだ。したがって、一つの突破口《ブレイクスルー》を開こうと努力すると、ほかの突破口《ブレイクスルー》にもある程度の変化が現れる可能性があるのだ。しかし、三つの突破口《ブレイクスルー》すべてを一度に開こうとすると、組織が自然のリズムを失ってしまうかもしれない。

ここで耳を傾けるべきなのは、「組織のニーズに最も合うものはどれか」という問いだ。存在目的を最初に検討すべきだ、と思うかもしれない。社員全員がそれに共鳴しさえすれば、彼らは自主経営《セルフ・マネジメント》と全体性《ホールネス》への情熱を得るはずだからだ。あるいはもしかしたら、全体性《ホールネス》を取り戻す努力から始めると、組織で働く人々がほかの二つの突破口《ブレイクスルー》を受け入れるだけの十分な信頼と仲間意識をうまく築けるかもしれない。あるいは、まずは階層を崩す必要があるのかもしれない。どの分野から取り組むのがベストかを感じることができるのは、あなたと会社の仲間たちだけだ。

自主経営《セルフ・マネジメント》を導入する

自主経営《セルフ・マネジメント》を既存の組織に導入したリーダーたちは、ミドルからシニアのマネジャーやスタッフ部門からの反応が、現場の労働者たちとは大きく異なったと気づいた。あなたが自分の組織に自主経営《セルフ・マネジメント》を持ち込むと同じことが起こると覚悟しておくべきだ。

組織の下位にいる人々ほど自主経営《セルフ・マネジメント》にすぐになじみ、積極的に受け入れる。それまでは意思決定をする権限も余地も少なかった人々の多くが、自分たちに合う方法で仕事のやり方を決められるという自由を満喫できるからだ。進化型《ティール》組織の多くは、自主経営《セルフ・マネジメント》モデルで活躍できそうな、正しい人々を採用することが非常に重要だと主張する。しかし、FAVIやAESのように、事前に人材を選別しなくても、労働者の集団が自主経営《セルフ・マネジメント》を積極的に受け入れ、しばしば声高に主張するようになるケースもある。デニス・バーキは、AESが世界のどこかで工場を買収するたびに、その場所では自主経営《セルフ・マネジメント》は機能しないと言われたものだと回想する。

同僚のロジャー・ネイルと私は、世界中にあるAESの発電所を訪ねました。特に買収して間もない施設の人々とよく会ったものです。質疑応答の時間になると、必ず最初に耳にするコメントが、「それはとても面白そうな仕組みですが、たぶんここではうまくいかないでしょう。なぜならば……」というものでした。理由として言われるのは、「ここは共産圏だからです」「開発途上国だからです」「これまでのやり方であまりにも長くやってきたので、今さら変えられません」「ここはアメリカではないからです」「ここには〇〇組合がありますから」といった具合でした。ＡＥＳ方式に対する反対意見が述べられるたびに、ロジャーと微笑を交わし合ったものです。あきらめずにＡＥＳのスタイルを各発電所に導入していくと、反対意見が自然となくなることを知っていたからです。

世界中の発電所での経験を経て、私はいくつかの有益な教訓を得ました。ほとんどの人は自由な職場環境の中では生き生きと働く、ということです。この種の職場を好きになり、そこで成果を上げられるようになるかどうかには、年齢、性別、学歴、政治的志向、労働組合員であるかないか、肌の色や人種、あるいはＩＱさえもほとんど影響ないのです。[1]

もちろん例外はある。指揮と統制におびえる生活をあまりに長く送ったため、上司がいないと生活をうまく調整できない人々がいる。自主経営《セルフ・マネジメント》は楽なシステムではない。だれもが自分の行動とほかの社員との関係の維持に責任を負うし、不愉快なニュースやトレードオフが発生した場合の困難な選択から逃げるわけにはいかない。自分を守ってくれる上司も、責任を転嫁する相手もいないからだ。自主経営《セルフ・マネジメント》の自由に伴う責任を背負いきれない人は、従来型の階層的組織へ去ることを選ぶことが多い。

心理的オーナーシップ

ほとんどの社員が自主経営《セルフ・マネジメント》の方法で熱心に働くようになったとしても、組織がすぐに変革するわけではない。大半の企業では、組織階層の下位レベルにいる人々は命令されることに慣れている。彼らは、会社がもうけようが損をしようが気にすることはなく、市場での脅威や機会についても心配しない。業績が悪くなるか、見通しの修正が必要になったときには、組織の上位にいるだれかが判断してくれると考えている。それに対して自主経営《セルフ・マネジメント》の成功は、専門家の言う「心理的オーナーシップ」を従業員が持てるかどうかにかかっている。自分の仕事、組織の存在目的、文化、業績、評判などが、限られたトップ層だけでなく、社員全員の肩にかかってくるのだ。

心理的オーナーシップという感情は一つのプロセスを経て成長するものなので、人々が自主経営《セルフ・マネジメント》の自由を与えられたからといってすぐに現れるものではない。従業員は、いったんルールや予算、上司から解放されるとすぐに、自発的に全力で動きはじめると考えているリーダーもいるようだ。従業員がすでに強い心理的オーナーシップを持っているときにはそういうこともあるだろう。そうでなければ、いきなりうまくは動き出さないだろう。組織とその存在目的にそれほどの思い入れがなく、仕事をなるべく軽くすべき負担だと従業員が考えている場合、彼らが自由を与えられるとそれを享受するだけで責任を取らないように振る舞っても、決して驚いてはならない。目標数値や「サボるな！」という上からのプレッシャーに依存する仕組みの中で長年働いてきたため、上司や目標が突然なくなると手抜きが始まると考えてよいだろう。

あなたがもし、社員に心理的オーナーシップがあまりないと感じたら、彼らが仕事や組織、その存在目的や成果への思い入れを強くするようになるにはどうしたらよいかを、慎重かつ創造的に考える必要がある。第Ⅱ部第3章では、自主経営《セルフ・マネジメント》組織で働く人々が自由を悪用しないのは、自分の仕事と組織の存在目的に

言われたことをすべて吟味し直しなさい。あなたの魂を侮辱し傷つけるものは捨て去りなさい。
――ウォルト・ホイットマン

かき立てられる内発的モチベーションがあるからだと指摘した。一方で仲間との励まし合いや市場からの圧力も一定の役割を果たすかもしれない（206ページ参照）。こうした要素の一つ一つが、同僚たちの心理的オーナーシップを育むうえでは重要かもしれない。

▼**存在目的**――組織の存在目的が明確でない場合、あるいはその目的に自らをかき立てる要素があるとは感じられない場合、自主経営《セルフ・マネジメント》を導入する前に、まずこの問題を片づける必要があるかもしれない（なお、自主経営《セルフ・マネジメント》の導入方法については本章内で後述する）。

▼**競争意識**――企業で働く人たちは、自分の仕事やある目的の達成にどうすれば思い入れを抱けるのだろう？　一つのアイデアを紹介しよう。各チームに自分たちで計画を立て、目標を設定し、投資予算を作成してみようと強く勧める。なお、自分たちの計画をお互いに発表し合う大きなイベントがあることを知らせておく（モーニング・スターの「ビジネス・ユニット」はこれを年に一度開催している）。そしてイベントの最後に投票を行う（たとえば、各チームが最も素晴らしいと思う三つの計画に投票する）。各チームは仲間たちの前で栄光を勝ち取るべく準備に十分な時間を与えられる。規模の小さい企業では、プレゼンテーションを公正に競い合おうにも参加チーム数が少なすぎるかもしれない。その場合には、オーナーや取締役会の前で発表してもよい。率直に言って、オーナーや取締役会がチームの発表によほど感銘を受けない限り、自主経営《セルフ・マネジメント》に切り替える（そして取締役としての上意下達の権力を実質的に放棄する）ことには同意しないだろう。そんなことは承知の上だ。どんな手法であれ、各チームのプレゼンテーションは、それが準備段階である限りそれほど問題ではない。人々の思い入れが大きくなるのはチームの作業部屋な

のだ。そこで彼らは自分たちの計画や目標について意見を戦わせ、何が可能で何が現実的かを想像しはじめるのだから。ミーティングを重ねていくうちに、初めから熱中していた人々が、うんざりしている人をたきつけるようになるかもしれない。

競争心は、情報の透明化によっても刺激される。たとえば、ビュートゾルフにおける生産性のような、全チームを比較できる共通の基準があると、各チームの結果を毎月公表するだけでも効果があるかもしれない。いつまでもリストの最後尾にとどまりたいチームなどいない。どこかの段階でチームの抗体が作動する。あるチームの成績が不振だとすると、それは何かがうまく動いておらず、もしかしたらその仕事が不快なものなのかもしれない。すると、どこかのタイミングでチーム内のだれかが声を上げ、何らかの形での変化を無理にでも引き起こそうとするだろう。

市場からの圧力――FAVIでは、

たとえばボルボ向けに部品供給を行っているチームが、販売担当のチームメイトから、ボルボがどのような発注をしたのか、そして競合他社の提案価格はいくらかについて毎週報告を受ける。顧客と直接つながっているので、チームメンバーは、警戒を怠れば自分たちの仕事を失う危険があることをよくわかっている。それは社内の上層部が彼らを解雇するからではなく、顧客が発注を止めるからだ。FAVIやビュートゾルフのような組織では、すべて、あるいはほとんどすべてのチームが顧客と直接つながっているため、市場からのプレッシャーが自然の動機づけとなり、自主経営《セルフ・マネジメント》に対する責任感を高める。モーニング・スターやAESの発電所など、発注からサービス提供までのプロセスが長い組織の場合、どこかのチームが成果を上げたか上げなかったかが直接顧客に結びつくわけではなく、全チームの業務実績が平均されるので、市場からの影響はそれほど強くない。

仕事と組織に対する社員の思い入れを高めようとする際、整っていなければならない条件が一つある。それは自主経営《セルフ・マネジメント》を導入したいリーダーが信頼されていなければならない、という点だ。たいていの職場では、上層部から売り込まれる変革への取り組みを、労働者は本能的に信じなくなっている。リーダーを信用していない労働者に対して自主経営《セルフ・マネジメント》方式を上から押しつけると、彼らは自由を享受するが責任を取ることは拒絶し、会社は倒産の方向に向かう。

「あの人はふつうのリーダーとは違う」「社員たちのことを心から大切にしている」「権限を手放そうとしている暴挙に見える行動でも、あの人なら信用できる」というような評判を得られれば、皆がリーダーについていくだろう。FAVIでは、ゾブリストは入社してわずか一年後に自分自身の進化の第一段階を始めた。毎日作業場に顔を出し、作業員と会話し、質問をし、心から興味があることを示した。なぜ一人で動きまわっているのかと尋ねられると、変革が必要だと感じている点について率直に語った。こうしたプロセスの中で、作業員たちはゾブリストと彼の意図を信頼するようになっていった。

AESは新たな発電所を買収するたびに、同社がすでに運営している発電所から三〜四名のリーダーが派遣されて主要ポジションを引き継いだ。そのうちの一人は所長含みの派遣だった（〝CEO〟に理解させることが、進化型《ティール》組織になるための必要条件の一つだったことを思い出してほしい。そして本部から遠隔地にある発電所の責任者は、一種のCEOなのだ）。ゾブリストの場合と同じく、彼らは自主経営《セルフ・マネジメント》方式を無理に最初から導入しようとはしなかった。新しい経営者たちは時間をかけて、リーダーのあり方がこれまでと違うものであること、その目的が信用できるものであることを現場作業員に納得してもらうことに努めた。彼らがAESの自主経営《セルフ・マネジメント》の慣行を完全に導入するには、少なくとも一年、時には二年かかることも珍しくなかった。

ミドル・マネジメント以上のマネジャー

大半のミドル／シニアのマネジャーとスタッフ部門は（最初のうちは）自主経営《セルフ・マネジメント》への移行を脅威とみるだろう。少なくとも諸手をあげて歓迎することはないだろう。何しろ、最低でも自分の階層的組織的な権限を失うはずだからだ。しかも、それまで担っていた役割がすべてなくなるので、組織改編後は、社内か社外で新しい仕事を探さなければならなくなる可能性の方が高い。たとえば、以前のFAVIは五段階の階層的組織だった。現在は、自主経営《セルフ・マネジメント》チームの「上に」CEOが一人いるだけだ。ある意味で当然だが、自分の権限と仕事が強く揺るがされる（したがって新しい仕組みは自分たちにはまったく理解できない）人々は、組織変革に強く反対する傾向がある。それが組織変革で最も難しい課題になることを覚悟しておいたほうがよい。

FAVIとAESの事例は、そうした状況を見事に乗り切るためのヒントを与えてくれる。FAVIでは、ゾブリストは新CEOとして外部から雇われ、退任する前CEOとの引き継ぎ期間は四カ月あった。ゾブリストは、二人のトップがいることは破滅への処方箋になり得ることを知っていた。前任CEOは引き継ぎ期間中も会社を完全に仕切っていた。そこで、ゾブリストは四カ月間手も口も出さなかった。その間にしたことと言えば、社内を動き回って人々に話しかけ、彼らと、そして会社を知ろうとしたことだった。ある日、ゾブリストは一種の啓示を受けた。ある労働者が一枚の紙を手に、鍵のかかった倉庫の前で待っていたのだ。何事かと尋ねると、新しい手袋が必要なのだと言う。ところが社内手続き上、まずは古い手袋がすり切れて使えなくなり、新しい手袋が必要であることを認める書類に上司のサインをもらう必要があった。次に、署名済みの書類を手に、供給部門マネジャーが倉庫を開け、書類と交換に新しい手袋を一組渡してくれるのを待たなければならなかったのだ。ゾブリストは困惑した。なぜ倉庫に鍵がかかっていなければならないのか？　労働者は信頼できる存在ではないのか？　そして頭の中で計算した。作業員が手袋交換の手続きに従っている間、機械は停止せざるを得なかったのだが、それにかかるコストは一組の手袋の価格の一〇倍だった。

その瞬間、問題は倉庫だけにとどまらないことをゾブリストは認識した。社内中に信頼が欠如していたのだ。それはたとえば、一日の初めと終わりに労働者が打刻を義務づけられていたタイムカードに現れていた。労働者が各自の仕事を適切に行っているかをチェックする、品質管理担当者の仕事もそうだった。CEOと労働者は五段階の管理体制で仕切られていた。信頼感の欠如は建物の構造にも現れていた。CEOはオフィスの窓から工場全体を見渡すことができた。業績給システムもそうだった。労働者は遅刻するか、生産性が低いと減給の憂き目を見ていた。

CEO職を引き継いでから数カ月間、ゾブリストはこうした社内の仕組みを廃止すべく経営チームと話し合いを続けたが、かなり強い抵抗に遭った。交代から九カ月後、年末最後の営業日となったクリスマス休暇の直前に、彼は戦術を変える決断をした。工場の一角に社員全員に集まってもらい、いくつか箱を並べてその上に立ち、社員が会社によって管理されている様を見るのは耐えがたいと述べて、次のように発表した。「クリスマス休暇が終わった後は、工場からタイムカードを廃止します。業績給システムは固定給制度に変わります。皆さんを統制するための減給制度はなくなります。倉庫からは鍵が外され、記録しておけばだれもが必要な物を取り出してよいこととします。皆さんを信頼しているからこそ、そうするのです。最後に、マネジャー専用の食堂は閉鎖され、だれもが昼食を一緒に取れるようにします」と。

話がここまでくると、マネジャー層は真っ青になり、聴衆はシーンとなった。ゾブリストは続けた。

今後私たちは当社をどのように運営していけばよいでしょうか？　正直なところ、私にはわかりません。皆さん一人一人が、会社のために独自のやり方で一緒に仕事をするに値する人々だ、と私は確信しています。けれども、私にはほかのモデルが思い浮かばないのです。私たちが、善意と常識、そして誠実さをもって仕事をしながら、全員で学んでいくことを提案したいのです。[2]

休暇が終わると、マネジャーたちはゾブリストに対し声高に不満をぶつけた。アメとムチを取り上げられてしまった今、私たちはどうやって労働者たちを統制していけばよいのか、と。ゾブリストは後戻りをしないと明言し、以前から暖めていた次の段階を説明した。チームは自主経営《セルフ・マネジメント》とする、と宣言したのである。言うまでもなく、これはもはや上司やマネジャーはもちろん、スタッフ機能の一部も不要になることを意味した。「だれも解雇されません」と説明したうえで、ゆっくりと周りを見渡し、工場作業員たちと話したうえで、自分自身のために有益な役割を見つけるか、つくり出してほしいと提案した。「どのような役割を担ったとしても、皆さんの給料が減ることはありません。関心のある役割を見つけられないか、ほかの会社での管理職を望む場合には、正当な額の退職金をお支払いします」と。結局会社を去ったのは、以前に営業課長をしていた一人だけだった。定年退職が近い人が数人いたが、残りの一、二年をつなぐための仕事を社内に見つけた。FAVIが急速に成長し始めたこともあり、ほかの社員も新たな役割を見つけやすくなった。

FAVIのエピソードはいくつかの点で有益な教訓を含んでいる。CEOが最終的にトップダウン的な

自主経営（セルフ・マネジメント）を採用するときに直面すると思われる中心的な問題は、ミドル・マネジメントとシニア・マネジメント、そしてスタッフ部門の抵抗にどう対処するか、である。

判断で自主経営《セルフ・マネジメント》を強制したことは皮肉である。しかし、何が起こったのかを注意深く観察すると、ゾブリストは正確に自分の権限を行使したものの、その果たす役割を可能な限り抑えたことがわかるだろう。彼は組織再編計画を決めることも押しつけることもしなかった。マネジャーやスタッフ部門をどのように配置し直すのかも決めなかった。だれが残り、だれが止めるべきかも決めなかった。管理職的な仕事がなくなる、という制約条件を前提に、自分と会社にとってどの道を選ぶのがベストかを社員に自分で見つけさせたのだ。確かに、それまで管理職を担ってきた人々にとって、この組織変革は自分のキャリアにおける（少なくとも一時的な）試練だった。しかし、結局は多くの社員が新しい役割で活躍した。それまで自分の肩にのしかかっていた重石が取れ、部下にプレッシャーを与えて行動や業績を改善させる必要も、自分の上司に気に入られるよう気を遣わなくてもよくなったのだから。

AESに買収された世界各地の発電所も、FAVIほどではないが、それに引けを取らないほど階層的な組織と仕組みを採用していた。たとえば、かつてカザフスタンの発電所の組織図は一〇階層で成り立っていた。AESは、買収を終了すると、ほぼすべてのケースで十分な退職条件を提示し、ミドル・マネジャーが他社で仕事を見つけられる機会をつくった。かつて存在していた数多くの管理職ポストがなくなってしまうからだ。FAVIの場合と同じく、AESは同社が今後発電所をどのように運営したいかを詳細に説明し、手厚い退職手当を用意して、社員が自分の将来を自分で決められる手段を提供した。社員たちは成長途上の同じ組織内で役割を見つけるか、他社に仕事を求めるかのいずれかを選ぶことができた。AESはFAVIと同じ経験をしたと述べている。会社に残ることにした以前のマネジャーたちの多くは、階層のない職場環境を喜ぶようになったというのだ。特にミドル・マネジャーは、部下の統制と上からの命令の板挟みに苦しむ人が多かったのだが、階層的な関係が過去のものになると、突然空が晴れ渡ったような感じがしたという。

進化型《ティール》組織に移行するときに、おそらく最も難しいのはミドル／シニア・マネジャーやスタッフ機能の人たちをどう処遇するかだと思われる。解決しなければならないもう一つの大きな問題は、あなたの組織にとって最も適切と思われる組織構造の決定だ。それはビュートゾルフやFAVIのような自主経営《セルフ・マネジメント》チームなのか？　モーニング・スターのような社員との個別契約に基づく組織構造か？　ホラクラシーのような入れ子構造のチーム編成か？　あなたが働いている業界や、担当している仕事の種類によって必要な組織構造は異なるはずだ。この問題について深く検討したい方は、付録③をご覧いただきたい。そこではモデルごとの違いを説明するとともに、どの構造があなたのニーズに最もよく合うかを、自分のチームと考え発見するための問いを整理して紹介している。

三つめの重要な点はタイミング、つまり自主経営《セルフ・マネジメント》をどのように導入するか、という問題だ。ビッグバンのように一度に移行してしまうのか？　あるいは徐々に進めていくのか？　どの程度強制する必要があるのか（ないのか）、そしてどの程度は自発的な発展に任せるのか？　もちろん、こうした問いには万能な答えはない。組織ごとにたどってきた道のりは異なるし、必要なアプローチもそれぞれだからだ。とはいえ、だいたい三つのアプローチに分類できると思う。私はこの三つを「創造的カオス」、「ボトムアップの再設計（全員参加での組織見直し）」「既存テンプレート」と呼んでいる。

創造的カオス

このアプローチでは、CEOは、以前自分に与えられていた権限を用い、トップダウンの判断で根本的な権力構造を取り除く。企画部門などのスタッフ機能や、現場の管理職をなくしてしまう。あるいはゾブリストがFAVIで断行したように、監督者が機械作業員を統制するために使っていたタイムカードや業績給システムなどの主な管理ツールを廃止する。もちろん、当初はカオス、つまり混乱状態になるだろうが、それこそがこの変更の狙いだ。このアプローチを実行に移すには「自己組織化の力がカオスを抑えられるだろう(しかも、顧客や組織の存在目的が悪影響を受けすぎないくらい早く抑えられる)」とあなたが信じなければならない。従業員が自分たちの仕事と組織に心理的オーナーシップをすでに持っており、現場の労働者たちがあなたを信頼している――そう感じるようであれば、彼らが自主経営《セルフ・マネジメント》の機会を見過ごすはずはない。自ら立ち上がり、自分たちの権限と才能を生かせる仕組み作りを主体的に推し進めるだろう。心理的オーナーシップがそれほど広がっていないと感じたとしても、特にFAVIでゾブリストが経験したように、ミドル／シニア・マネジャーからの抵抗にめげずに賭けに出てみる価値はある。

ボトムアップの再設計

創造的カオスほどに過激ではないが、組織内の全員に組織の将来像の設計に参画してもらうという方法がある。階層構造からどのような構造に移行するのが最も合理的か、どのような慣行(たとえば、助言プロセス、透明な情報共有、同僚間《ピア・ベース》の話し合いに基づく評価)を導入すべきかをそのグループに決めさせるのだ。関わる人は多ければ多いほどよい。「AI(アプリシエイティブ・インクワイアリー)」「フューチャー・サーチ」「プロセス・デザイン」といった大規模グループ向けのファシリテーション手法を用いると、従業員が数百人、あるいは数千人であってもすべての人の知恵を引き出せる。経験豊かなファシリテーターを選定し、準備・運営を手伝ってもらうのは決してぜいたくなことではない。

この方法を使うには次のような条件があることが望ましい。まず、現場の従業員が、自主経営《セルフ・マネジメント》を積極的に取り入れようという意欲を持てるほどあなたを信頼していること。そしてミドル／シニア・マネジャーは、自分たちが反対だからといって、移行作業をサボらないことである。組織の地固めのためにできることは数多くある。社内で啓発する、講師を招く、従業員を自主経営《セルフ・マネジメント》組織に訪問させる、参考文献で紹介されているさまざまな本のコピーを配る、といったことだ。事前の段階で、自主経営《セルフ・マネジメント》がどういうもので、自分たちの仕事をいかに刺激的で意義深いものにできるかを理解している従業員の数が多いほど導入は容易だ。AESは発電所訪問の機会をかなり効果的に使った。新しく買収した発電所の労働組合幹部は、AESの発電所に招待されて数日を過ごし、「ジョイ・アット・ワーク！（職場で喜びを！）」と呼ばれる同社の慣行を経験した。発電所に戻った組合幹部たちは、だれもかれもが新方式を声高に提唱するようになった。ミドル・マネジメントとシニア・マネジメント、スタッフ機能に対しては、組織の再設計を始める前に、彼らの将来像をある程度明確に説明しておいた方がよいだろう。現在の役割がなくなるとしたら、組織内で別の仕事を探すために何ができるだろう？　興味のある仕事が見つからない場合、あるいは退職を選択した場合には、会社はどういう支援をすればよいだろうか？

既存テンプレートの活用と「切り替え日」の設定

三つ目のアプローチは、すでに実績のある自主経営《セルフ・マネジメント》方式を採用する方法だ。まず候補となるのはホラクラシーだ。これはもともとターナリー・ソフトウェアで最初に導入され、現在は「組織のオペレーティング・

システム」として、ほかの組織でも導入可能なように定義された一連の高度な運営方式である。ホラクラシーには、これを詳しく説明した憲法（「ホラクラシー憲法」）があり、ミーティングと意思決定に関する詳細な組織慣行が定められている。また、あなたの組織がこのシステムに慣れるまで指導し、ミーティングのファシリテーションをしてくれる公認コンサルタントもいる。ホラクラシーのような既存の経営方式を採用すると、進化型《ティール》組織への移行を速く、円滑に進めることができる。革新的な経営方式の実験と改良を何度も積み重ねて得られた知見からも得るものは多いはずだ。

ホラクラシーを導入し成功させるには、複数の円が入れ子状に重なった組織構造を決定する必要がある。しかも新しい組織、運営方式、プロセスが有効となり、古い仕組みが存在しなくなる「切り替え日」を決めなければならない（創業者またはCEOがホラクラシー憲法を採用した日になることが多い）。最初の組織構造は完全なものである必要はまったくない。物事を複雑にしないために、最初は古い階層的構造から始めてもよいくらいだ。ホラクラシー的なガバナンス・プロセスを繰り返すうちに、組織構造は自然と進化し、組織の置かれた状況と存在目的に最も合うように順応していくだろう。

もちろん、ほかの情報源から刺激を求めることもできる。モーニング・スターの「セルフマネジメント・インスティテュート」は、同社の経営方式を学びたい人々向けに二日間の研修コースを提供し始めた。ビュートゾルフは、同社の組織構造と実践活動の内容を幅広くまとめた文書を発刊し、外国の医療セクターで活動している人との協力も積極的に受け入れている（この文書は現在オランダ語版のみ）。一般的に、自主経営組織《セルフ・マネジメント》は、自分たちの学んだことや実践活動を、自分たちの組織にも取り入れたいと真剣に考えている人々に喜んで公開する。

自主経営《セルフ・マネジメント》を実践している企業は、当然自社で培ってきた自主経営《セルフ・マネジメント》のテンプレートを持っている。したがってそのような会社が従来型の運営方式の企業を買収すると、時間を節約し、かつ一貫性を確保するため、買収された会社がわざわざゼロから始めるのを待つのではなく、すでに実践済みの自主経営《セルフ・マネジメント》方式を採用するよう勧めることができる。ＡＥＳの事例は興味深いヒントを提供してくれる。同社は世界中のすべての発電所でまったく同じ運営方式（助言プロセスや同僚間《ピア・ベース》の話し合いに基づく予算策定など）を採用することにした。しかしＡＥＳは、新しく買収された発電所がこうした方法を採用する方法を標準化しなかった。文化的な背景や買収されるまでの経緯が発電所によって異なるので、新しい運営方法の導入も一緒くたにはできないことに気がついたからだ。ＡＥＳの方式が徐々に導入されていった発電所もある。労働者が新しい雇用契約に署名した日を公式の「切り替え日」として、一部の変更をまとめて実施するケースもあった。哲学を守るという観点から、ＡＥＳはどの発電所でもブルーカラーの労働者に時間給から固定給への切り替えを提案していた。労働者が新しい雇用契約書に署名した日を記念日として休日にする、あるいは発電所がＡＥＳの自主経営《セルフ・マネジメント》方式を完全に採用する日を記念日とする発電所もあった。

全体性《ホールネス》を醸成するための組織慣行を決める

おそらく、全体性《ホールネス》に関する組織慣行を取り入れるプロセスは自主経営《セルフ・マネジメント》よりも容易なはずだが、その理由は少なくとも二つ挙げられる。

▼自主経営《セルフ・マネジメント》に切り替えると、権限や仕事を失うことを恐れる人々から抵抗を受けるかもしれない。全体性《ホールネス》を取り戻す慣行については、最初は不愉快に感じる人がいるかもしれないが、強制するのではなく徐々に慣れてもらうようにすれば、実質的な反対に遭うことはないだろう。仕事用の仮面を脱ぎ始める人が増えてくると、当初は不愉快だと思っていた人々も仲間になり、以前よりも素直な自分をさらけ出して職場に来ることが楽しいことに気がつくようになるはずだ。

▼自主経営《セルフ・マネジメント》は、これまで上司が担っていた、相互に関連する業務プロセス（紛争処理、情報共有、役職や給与の決定など）をまとめて構築し直す必要があるのに対し、全体性《ホールネス》については、組織の風土に応じて慣行を取り入れる順番やスピードを調整すればよい。

全体性《ホールネス》を取り戻す慣行を取り入れるにあたっては、徐々に進める方法と、包括的に導入する方法の二種類がある。

全体性《ホールネス》を醸成する

全体性《ホールネス》の慣行は、タイミングを見ながら、徐々に導入できるものだ。たとえば、あなたが参加するミーティングでなにかルールを提案してみよう（全員で「チェックイン」を行う、あるいは「感謝」をする、一分間の沈黙の時間を作るなど）。その提案があたたかく受け入れられれば、組織全体での実践を提唱するのだ。あるいは、評価面談の場を、各自のこれまでの学びの経緯や使命感を語ってもらう場に変えるよう提案してもよい。あるいは、新人研修の内容を再検討するよい機会かもしれない。

こうした慣行を導入する前に、仕事用の仮面を脱ぎ捨て、できるだけ素のままの自分で職場にやってくることがいかに素晴らしいかを率直に皆の前で語り、実際にそれをしてみせることが望ましい。そして、全体性《ホールネス》の素晴らしさと、職場にとってなぜそれが重要かを語るのだ。同僚たちも、背景を理解すればこうした慣行を受け入れる可能性が高まるだろう。

また、議論よりも具体的なエピソードの方が説得力はある。**なぜあなたは、社員同士がもっと全人格をさらけ出してつきあえるような組織をつくることに情熱を注いでいるのか？　あなた自身の人生にとってなぜこれが重要なのか？**　こうしたことを、個人的な経験を元に語れればなおさらよい。

全体性《ホールネス》という話題を組織の存在目的に結びつけることもできる。組織の存在目的を達成するために、どうしてありのままの自分で仕事に臨む必要があるのか？　たとえば、医療分野では、医師と看護師との関係次第で、患者の健康状態が大きく左右されることを証明する多くの研究がある。学校における（先生同士、先生と子どもたち、親と先生との）信頼の高さが、生徒の成績に最も強い影響を及ぼす変数だという研究もある。[3]自分の組織の存在目的について考えてみよう。ありのままの自分をなるべくさらけ出すことと、組織の存在目的の実現度との間には、明確で、説得力のある関係が見つかるはずである。

情熱をもって、ありのままに、全体性《ホールネス》についての体験談を語れば、組織内にしっかりと根づくだろう。あなたの物語に共鳴する人も出てくるだろう。彼らを支持者に変えるのだ。どのような慣行が導入されるのがよいかを尋ね、彼らに先導役になってもらう。リーダーシップを取りたいと考えている人がいるかもしれない。多くの人の支持を得られるほど、組織内には速く、しかも深く広がるはずである。

全体性《ホールネス》を取り戻す慣行を包括的に取り入れる

全体性《ホールネス》について、組織全体で内省し、設計することを提案してもよい。ＡＩ（アプリシエイティブ・インクワイアリー）、フューチャー・サーチ、オープン・スペース・テクノロジーといった大きなグループで使える手法は数多くあり、数百人、あるいは数千人の従業員でも同時に参加できる。あなたがこれらの手法に参加したことがなければ、本当に生産的なことができるのかと疑問に思うかもしれない。しかし、こうした手法を取ると、トップダウンによる統制はないが、集団的知性を喚起する仕組みによって、一見矛盾したことを達成できる。つまり、自己組織化の力で、だれもが参加し、全員の声に耳が傾けられ、極めて具体的な成果が生まれるのだ。自分たちにとって最も意味のあることに耳を傾け、同僚が最も真剣に考えている懸念を共有していることがわかると、組織内にとてつもないエネルギーが解放される。

創作《フィクション》ではあるが、極めて現実的な事例を紹介しよう。このプロセスの可能性を少しはおわかりいただけると思う。あなたは、最近自主経営《セルフ・マネジメント》に切り替わった五〇〇人規模の工場で働いていると想像しよう。さまざまな難題を乗り越えて、運営方法の移行が実現した。ここで働く人々は、今もなお階層的な思考を見せることが多い。人々が完全に自然体でいられるような環境をつくれば、彼らはもっと自信を持って自由を享受し、責任感を持てるようになるとあなたは感じている。

あなたはまず、機械の操業を止めてしまう。そして五〇〇人の従業員全員を、大きな倉庫で開かれる二日間のオフサイト・ミーティングに招待し、次の問いを深く考えてもらう。「どうすれば私たちは職場で本当に自分らしくいられるだろう？」。これをＡＩの手法を使って行うのだ（病院やコールセンターなど、営業を全社一斉に止めることのできない企業はあるし、事業所のある場所や労働時間帯がさまざまに広がっている企業もある。その場合でも、職務を交代しながら全員が参加できるプロセスを設計する方法はある）。

合宿のプログラムは、一〇人のボランティアが、外部ファシリテーターの力を借りながらつくったものだ。大半の社員は事前にテーマについては聞いているが、これから何が起こるのかは知らない。初日の朝に会場である倉庫になだれ込んできた人々は、一台あたり八脚の椅子が並んだ七〇台の丸テーブルのうち、好きなところに座ってくださいと言われる。ファシリテーターが初日午前のセッションの目標について簡単に説明する。その部屋にいるそれぞれの参加者にとって全体性《ホールネス》とはどういう意味か、そしてそれが自分個人にとって、そして組織全体にとってなぜ重要かを尋ねるのだ。前置きはここまでで、参加者は二人一組になって、次の問いを尋ね合う。

- 職場で自分が本当に自分らしくあると感じたとき、あるいは自分が役職にふさわしい役割を演じることも、その役割に合わせる必要もないと感じたときはいつですか？
- そのときあなたはどう感じましたか？
- そのとき、あなたは同僚の皆さん（あるいは顧客、夫や妻や子ども）との人間関係に何か違いを感じましたか？　雰囲気はどんな感じでしたか？
- 完全に自分らしくあると、あなたの仕事の何かが変わりましたか？　あなたは自分の生産性や革新性、あるいは別の能力が上がったと感じましたか？　それについてお話しください。
- あなたが職場で完全に自分らしくなれたときは、どういう状況が整っていたのでしょうか？　そのときのことを振り返り、思い出していただけますか？

このペアによる相互インタビューを実施すると、これまでほとんど共有されたことのない有意義な体験談が何百も出てくる。参加者は同僚の新たな面を発見し、お互いを新鮮な目で見るようになる。

相互インタビューが終わったら、今度は同じテーブルの八人で、自分たちの話を短くまとめて皆に話すように求められる。それが済むとマイクが一本持ち込まれ、手を挙げればだれでも自分の話を参加者全員に伝えることができる。わずか二時間のうちに、社員全員が、職場において全体性《ホールネス》とは何なのかについての個人的な経験をたくさん（最初は自分たち自身について、次にインタビューの相手から、次に同じテーブルの六人のメンバーから、最後に全体の中の数人から）耳にしたことになる。朝部屋に入ってきたときには、多くの社員たちはこの会議のテーマである全体性《ホールネス》とは一体何だろう、と思っていた。皆でお互いの物語を共有したことで、これが自分事で、意味があり、身近なテーマになった。

そして、午前中最後のセッションでは、「あなたが職場で完全に自分らしくなれたときは、どういう状況が整っていたのでしょうか？」というインタビューの最後の質問に対するそれぞれの答えを八人で共有して議論する。参加者たちは、職場で全体性《ホールネス》を取り戻せるケースに共通の要素を見つけようと試みる。しばらくすると、一本のマイクが再び持ち込まれ、さまざまなテーブルから見つけ出された条件を次々と挙げていく。多くのテーブルが同じような条件（たとえば、信頼、決めつけをしないこと、楽しむこと、お互いを知り合うこと、共通の目標を持つこと）を見いだしている。人々がマイクに向かって話している間に、グラフィック・ファシリテーター★がキーワードを捕まえて、壁に即興で大きな絵を描く。全員の目の前で、人々がありのままでいることを促すような職場の絵が現れる。

★「グラフィック・ファシリテーション」とは、対話の内容、雰囲気、進行をさまざまな絵と色を使って記録して可視化することで、認識の共有と対話の活性化を促す手法。

昼食後には、だれもかれもが自分をさらけ出して仕事場に現れる「夢」に深く没頭する。再び八人のテーブルに戻り、テーブルごとに次のテーマについてよく考えるよう促される。

あなたは深い眠りにつきます。五時間後に目を覚まし職場に戻ってくると、自分が目にしたものに驚きました。会社のみんながリラックスしてほかの社員とも打ち解け、やる気と情熱に満ちあふれているのです。仮面をつけている人はいません。だれもが自分の才能を精いっぱい発揮して、とても生き生きしているように見えます。

同じテーブルに座っている仲間たちと、あなたが見て、聞いて、気づき、感じたことを話し合ってみましょう。あなたのグループ内で共通の絵が現れたら、ほかのテーブルの仲間たちにも伝える方法を考えてください。寸劇でも、物語でも、絵でも、歌でも、詩でも、何でもいいのです。

でも箇条書きは駄目ですよ！

会場は情熱と大声、笑い声でざわつき始める。二時間後には、ファシリテーターが一〇組程度のグループに自らステージに上がってもらい、全体性《ホールネス》が実現した場合の職場の未来像について仲間たちの前で示してもらう。プレゼンテーションは面白おかしいものもあれば、感動的なもの、不器用なもの、ほとんどプロ並みのものもある。一チームが発表するたび、望ましい将来像のイメージが集団の意識に織り込まれていく。プレゼンテーションの間、グラフィック・ファシリテーターは大きな絵をもう一枚つくる。それは、素晴らしい未来を描いた健全な夢の絵だ。

次の日の朝、参加者たちは前日と同じ八人のチームで集まる。各チームは、前日に想像していたビジョンを現実に変えるような、二つから三つの取り組みを決めるように指示される。つまり、極めて具体的に、人々がありのままで職場に出かけられる雰囲気をつくるには何ができるのかを考えるのだ。三〇分後に、各チームは順番に自分たちのアイデアを全員の前で発表する。グラフィック・ファシリテーターは、発表されたおよそ一〇〇のアイデアをもう一枚の絵に描く。そしていよいよ優先順位付けの時間がやってくる。参加者たちは、丸いシールを三つ受け取り、自分が最も刺激を受けたアイデアの横にそれを貼るよう指示される。全員が再び席に戻ると、全体で結果を評価する。すると、二〇のアイデアが半分以上の票を集めた。対話が進むうちに、ファシリテーターはそれらが五つに分類できることに気がつく。

▼参加者が深いレベルでお互いを知る機会となるアイデア（お互いを知れば知るほど、自分らしさを出しやすくなる）。
▼価値観や指針を決めるために、安全な場で意見を交換する。
▼職場に楽しみをもたらすアイデア——楽しみは、真面目すぎる仕事用の仮面を外す素晴らしい方法だ。
▼全体性《ホールネス》に関連したテーマでの、個人的な、あるいは仕事に関するトレーニング。
▼オフィスや作業現場のレイアウトと雰囲気の変更。

参加者たちが休憩から戻ると、二〇枚のフリップチャート（一つのアイデアにつき一枚ずつ）が部屋の壁に貼ってある。ファシリテーターは参加者に、「足を使って投票してください」と促す。つまり一人一人が最も熱心に取り組みたいと思うアイデアの隣に立ってほしいというわけだ。そうしてできたグループごとで、新しいチームメイトに（もしお互いを知らなければ）自己紹介をしてほしいと指示をする。人々はすぐに作業に取りかかる。各チームの任務は、自分たちの取り組みがうまくいけばどんな未来になりそうかを表現する「大胆な意見表明」を考えることだ。それは、日常的に使っている言葉で、現在形を用い、しかも大胆でなければならない。

ランチの後、各チームは自分たちの大胆な意見表明を、近くにいる二つのチームに見せて意見をもらう。フィードバックを集めると、行動計画《アクション・プラン》と役割分担を決める。ここでもファシリテーターは、行動計画をほかのグループに見せてフィードバックをもらって、改善を繰り返しながら得られる知見を取り込むよう助言する。最後に、各チームが自分たちの計画を作成し、役割を決め、次のステップを確認すると、最後の問いを与えられる。「ここに集まった同僚全員の前で必ず実現すると約束できることは何ですか？」。マイクがグループからグループへと順に回されていく。「私たちはお約束します。今後数週間のうちに、私たちの職場ではこうしたことが実現するとご期待ください」

その日の終わり、オフサイト・ミーティングの終了時刻がやってくる。「この二日間、〝全体性《ホールネス》〟をテーマにさまざまな活動を行ってきました。今回のイベントを通じて自分にとって印象深かったことを話したい人はいますか？」。しばらく沈黙が続いた後、一人がマイクを握る。「皆さんからのお話をすべて伺った後、今はこの組織にまったく新しい光が当たっているような気がします」と話し始める。自主経営《セルフ・マネジメント》の分科会でものすごい情熱を感じたと話す人もいる。そして、最後にマイクを握った人は、次のように語りかけ、会場全体に共感が広がる。「私は財務チームのメンバーですが、これまで何年もの間、会社に行くときに自分の姿を隠そうとしてきたことが、どんなにつらかったかに気がつきました。そしてこれからはありのままの自分で職場にいられると考えただけで、とても幸せなことだと感じているのです」と言う。

人々が家路に就く頃には、何かしら心の奥深くに変化が起こったという実感が残る。オフサイト・ミーティングのテーマ「もっと自分らしい姿で職場に来よう」は、すでにこの二日間で実践されていたのだ。人々は数百の物語を共有し、ほかの人々が多くを打ち明けるほど、自分もありのままの姿をさらしやすいと感じた。寸劇や詩の朗読や歌を通じて、人々はリスクを取って、楽しく、不器用で、他人とは違う側面を示したのだ。参加者たちは共通の語彙を獲得し、全体性《ホールネス》のイメージをつかんだ。最初は何でも疑ってかかる人々でさえ、何か重要なこと、単に「ほのぼのしたもの」ではない何かが起こったことを感じる。何しろ、これから二〇のプロジェクトが始まろうとしているのだ。

存在目的に関する組織慣行

これから、進化型《ティール》組織において、どのようにして存在目的を業務の中心に据えていくかについて考察していくが、その前に誤解のないようにしておきたい。存在目的は、すぐに忘れ去られてしまうようなミッション・ステートメントをつくる話ではない（「当社はこの製品では我が国でトップのメーカーであり、お客様の期待を常に上回りながら、従業員に刺激的な機会を提供し、株主には優れたリターンを提供するために日々努力を重ねています」といった類いのものだ）。多くの人々にとってとっつきづらい点から説明しよう。進化型《ティール》の視点からすると、存在目的とは「組織がこうあるべき」だとか「組織はこうすべき」というものではない（これは、私たちが機械的パラダイムで考えるときに陥っていた発想だ。なぜなら機械はすべきことを指示されなければならないからだ）。存在目的とは要するに、「自分の組織が世界の中で何を実現したいのか」という独自の目的をあなたや同僚が感じ取り、自分の会社は一つの魂と目的を持った生命体であるととらえられるようなものだ。あなたは、自分の組織がどうありたいと願っているかに耳を傾けられるだろうか？　ホラクラシーの用語で言うところの、組織の「進化的目的」と共に手を取り合って前進していけるのだろうか？

　この問いを探求するにあたって、自分自身にとって最も適当だと思える方法を取ればいい。人々が静寂に耳を傾け、何かが現れるのを待つようなミーティングと同じくらい単純なものかもしれない。あるいは、「U理論」や「AI（アプリシエイティブ・インクワイアリー）」といった特別な方法論を用いて、段階を追いながら組織の創造的な衝動を明らかにしていってもよいだろう。わずか一回の活動で答えが表面化するかもしれない。あるいは、六カ月、一年、さらにはもっと長く探求しないと、はっきりと見えてこないのかもしれない。このプロセスに多くの人々が加わるほど、多くの人々が耳を傾けることになる。そしてこの「耳を傾けること」に加わっていた同僚たちが、立ち現れてくる存在目的に個人的なつながりを感じ、その追求を支持するようになる。

　自分の属する組織の存在目的が求めていることを理解している――そう感じることができたら、次の課題はそれを日々の会話の中に組み込み、存在目的に基づいて意思決定を下すことだ。リーダーとして、あなたは日々の会話や電子メールやミーティングにおいて、組織の存在目的を何度も何度も話すことで自分の役割を果たすことができる。その際は、なぜあなたにとって重要なのかという個人的なことを皆に話すべきだ。それらが彼らにとってどういう意味があるかを尋ねよう。同僚たちが重要な判断について議論しているときには、存在目的の視点から考え直すよう促そう。「だれも座らない椅子」をミーティングに持ち込もうと提案したってかまわない。競争や市場シェア、成長、あるいは利益以外のことについて話すよう働きかけることもできる（存在目的の実現に競争は関係ない。成長と利益は目的ではなく、一日の終わりにその実現に向けた集団的な努力がどの程度進んだかを示す単なる指標にすぎない）。存在目的とミッション・ステートメントを広めるために、ブログへの書き込み、社内報のコラム、ミーティングルーム内のポスターなど新旧の情報ツールを使うことができるし、全社員参加のミーティングに顧客を招待してこれまでの会社の歩みを共有するなど、多くのやり方がある。さらにそうした取り組みを利用して（だれかにそれを任せられればなおよい）、採用、オンボーディング、毎年の評価プロセスに存在目的を組み入れてもよいはずだ。

存在目的が組織内に根づき、同僚たちがそれに共感し、日々の会話の一部になれば、マーケティングや製品開発プロセスを見直すなど、第Ⅱ部第4章で紹介したような大きな変革を提案してもよいかもしれない。すでに自主経営《セルフ・マネジメント》に移行していれば、「予測と統制《コントロール》」から「感覚と反応」への転換を図ることができる——目標数値をなくし、予算と計画立案プロセスを必要最小限にとどめるのだ。

進化型《ティール》組織の三つの突破口《ブレイクスルー》のうち、存在目的に関するこうした慣行が、最も容易に受け入れられる可能性が高い。会社自身が創造的な衝動と方向性の感覚を持っているという考え方には、最初は多少の慣れが必要な人がいるかもしれない。しかし、心の奥底ではだれもが目的と意味のある仕事を望んでいる。したがってほとんどの人たちは心から喜んでこの動きに参加するだろう。

本章では、あなたの組織が進化型《ティール》の組織運営方法を取り入れていくための材料をいくつか提供したつもりだ。FAVI、AES、ホラクラシーの経験からわかるように、実際には進化型組織《ティール》への移行はすんなりとは行かないだろう。この作業はそもそも何度も繰り返して改善していく必要があるし、時には難しく、時には爽快な気分になるだろう。

もう一つ提案がある。もしあなたが組織変革の中心的な役割を果たすのであれば、自分が社内でどう見られているかについて可能な限り意識するように努めてほしい。ほかの人々が、あなたがそこにいることから意識的、または無意識的に何を受け取るだろうか？　どのような恐れ、願望、ニーズであなたは動いているのか？　社内外の人々に、あなたがどう映っているかを教えてくれるよう依頼し、自分の組織内における位置づけを十分意識するよう心がけてほしい。周りを信頼し、愛し、思いやり、明晰な心と決断力を持っているという印象を与えれば与えるほど、組織変革は容易に進むだろう。

先進事例から学べる素晴らしい教訓がもう一つある。CEOが心の底から変革を望み、正しい姿勢を示せば、必ず実現するということだ。自主経営《セルフ・マネジメント》の構造や慣行には、ミドル／シニア・マネジャーを中心に当初は抵抗があるかもしれない。しかし、大半の社員は、もしCEOの意図を理解して信頼できれば、自分の会社の再生に参加できる滅多にない機会に参加しようと立ち上がってくれるはずである。

だれもが心の奥底では、この世界である一つの目的に奉仕する仕事を強く求めている。意思決定の中心に目的を据えるという慣行は、最初はどんなにそれになじめないとしても、必ず全面的に受け入れられるはずである。

第4章

成果

今日の大規模な組織を支えるリーダーシップやマネジメントという思想は組織としての成功に制約を与えている。これは、一六世紀と一七世紀に封建制度という思想が経済的な成功に制約を与えていたのと同じである。

ゲイリー・ハメル

ペンギンは奇妙で、こっけいな生き物だ。足は短すぎて安定しておらず、歩くというよりはよろめいている。身体全体が片方に倒れると思えば逆方向に倒れかかり、バランスを取ろうと時々羽をバタバタと揺らしている。進化の過程でどうしてこれほど不格好になってしまったのだろうと首をひねるかもしれない。ところが、ペンギンがひとたび陸地から水に飛び込むと事情は一変する。泳ぐために生まれてきたかのように、水中でのスピードは速く、敏捷で、とても楽しそうだ。そして一リットルのガソリン分のエネルギーで二〇〇〇キロも泳げてしまう。人のつくった機械でこれほどエネルギー効率の高いものはない。

ペンギンは、「文脈《コンテクスト》の力（power of context）」をよく示す比喩《メタファー》だと思う。自分たちの活動する環境によって、潜在力がどれくらい発揮されるかが決まってしまう。人類はこれまで、一段上の意識レベルに移動するたびに、新たな組織モデル（衝動型《レッド》、順応型《アンバー》、達成型《オレンジ》、多元型《グリーン》）をつくりだし、才能と潜在力を花開かせてきた。今日、人類は再び岐路に立っている。過去一〇〇年間で、現代の組織は未曾有の繁栄と平均寿命を実現してきたにもかかわらず、私たち人類は組織の中で、陸上にいるペンギンのようにヨタヨタと歩いているのではないか。政治や、内紛、官僚制、縄張り争い、意思疎通の低下、変化への抵抗など、企業社会に巣くう数多くの病気によって、人々の才能と潜在力は押さえつけられている——私はそんな気がしてならないのだ。そして職場は、環境を変えることによって、あたかもペンギンにとっての水中生活のように、柔軟で、楽しく、無理なく感じられる場になることを、本書で調べたパイオニア組織は教えてくれる。

これまで、新たな組織モデルに移行するたびに、組織のパフォーマンスは飛躍的な発展を実現してきた。同じことが進化型《ティール》組織にも言えるのだろうか？　ペンギンのたとえが示すように、進化型《ティール》組織は、順応型《アンバー》、達成型《オレンジ》、あるいは多元型《グリーン》の視点で経営されている同じような組織よりも速く、遠くまで泳げるのだろうか？

この問いに答えようとする前に、まずは一息ついて、この問いがどこから来たのかを探ってみることにしよう。これはある意味で進化型《ティール》というよりは達成型《オレンジ》の考え方に端を発しているとも言える。今日では、（「売上、利益、市場シェアを押し上げる秘策！」といった内容の）読者に成功を約束する本が目白押しだ。本書も、もしそのようなメッセージを中心に据え、最後の数章だけでなく、至る所でこの点に触れていればもっと売れていたかもしれない。第I部第2章で論じたように、進化型《ティール》に至る前のすべての段階では、人々をかき立てるのは外発的な動機だということを忘れないでほしい。達成型《オレンジ》組織では、成功は金、利益、地位によって測定されることが多い。

進化型《ティール》組織に移行すると、人々は内発的動機で動くようになる。つまり内在的な価値や前提に照らして正しいと感じられることをするようになるのだ。本書のために調査したパイオニア組織の創業者やCEOにも、この傾向が見られた。彼らは飛躍的な成功を夢見て新たな経営手法を実験したのではない。きっかけは、「これまでと違ったことをしたい」「自分の好きな環境で働きたい」「新しい職業観に従って活動したい」という本能だった。彼らには、これまでの組織運営方法はどうしても合理的に思えない。自分の価値観だけでなく、仕事の目的や、人々がどう支え合うかについての揺るぎない信念が侵害されるからだ。自分のため、会社のためにお金を稼ぐことが主な動機づけになったことはない。しかし、後から振り返ると、自分がつくった新しい経営モデルの方がずっと生産的だったということを全員が納得している。言うまでもないことだが、これは、進化型《ティール》モデルでは有効性が重要ではない、と言っているのではない。組織モデルとは別の理由で重要だ、ということである。人は、本当に意味があると確信できる目的を追求しているときには、効果を高めたいと思うものなのだ！　存在目的を中心に据えるという観点に立つと、進化型《ティール》組織が、成果の観点からもう一つの突破口を開けるか、と問うことは極めて興味深い。

この問いが重要な理由はほかにも二つある。まず、進化型《ティール》組織を設立しようと企てるリーダーは、強い逆風に見舞われるだろう。「リスクが高すぎる」、あるいは単に「馬鹿だ」といった意見をうんざりするほど聞かされるはずだ。しかし、ほかのパイオニア組織の業績が好調なことを示せれば、ある程度の安心感を与えられるかもしれない。第二に、この問題を一組織の視点ではなく、社会全体の視点からとらえれば、状況は急を要することがわかる。アインシュタインが、「どんな問題も、それをつくり出したときの意識レベルのままでは解決できない」といったのは有名な話だ。もしこれが真実ならば、現代の危機的状況（地球温暖化、人口増加、天然資源の枯渇、生態系の崩壊）は、現代の思考様式に従ってつくられた組織では解決できないことになる。持続的な未来を達成できるかどうかは、私たちが現在よりもはるかに強力な解決策を見つけ出せる、ということを信じられるかどうかかもしれないのだ。

証拠となる逸話

調査を通じて、進化型《ティール》組織が人類全体の飛躍的な進歩をもたらすという主張を証明あるいは否定する根拠を得られなかった。まず、こうした主張は方法論的には常に危険だ。どの企業を進化型《ティール》組織として選ぶのか？　比較対象としてどの会社を選ぶのか？　組織モデル以外のあらゆる要素（戦略、テクノロジー、市場環境、人材、運など）をどうやって排除できるのか？　そして最も重要な問いはこれだ。成功をどう定義するのか？　収益性か、市場シェアか、それとも株価の上昇か？　これらを測定するのは簡単だ。しかし進化型《ティール》の観点からは、さほど関係がない。進化型《ティール》の観点で考えると興味深いのは、次の問いである。「**組織が成し遂げたことは、その存在目的をどの程度実現したのか？**」。この手の問いへの答えは、数値で表現するのが難しい。

この問いを学問的に整理するのは、現実的な理由でかなり難しく、したがって理論的に答えようとしてもどこかに無理が生じるだろう。答えは、具体的な事例と個人的な経験に頼るしかない。本書の研究では標本数としては不十分で、「こうに違いない」という結論はとうてい出せない。とはいえ進化型《ティール》組織が圧倒的に素晴らしい成果を上げられるという、意味のある逸話は挙げられる。[1] 本書で最初に取り上げた、オランダの地域看護組織ビュートゾルフの最も驚くべき特徴の一つは、そのすさまじい成長スピードだ。二〇〇六年の設立時には従業員が一〇人だった組織が、二〇一三年半ばには七〇〇〇人となり、オランダの地域看護師の三分の二を雇用するまで拡大していた。以前は安定した競争市場だったところで、看護師たちはビュートゾルフに加入するために既存のやり方をしていた組織を文字通り見捨てたのだ（この傾向は今も勢いを失わずに続いている。本稿執筆時点で、ビュートゾルフには転職希望の看護師からの応募書類が毎月四〇〇通も届く）。

財務状況も非常に良く、二〇一二年には、売上高のおよそ七％の剰余金（同社が非営利組織でなければ「利益」と呼ばれる数値である）を計上した。これは驚くべきパフォーマンスだ。というのも、ビュートゾルフの爆発的な成長にはかなりのコストがかかっているからだ。新チームが損益分岐点に達するには、一チームあたり五万ユーロかかる。成熟したチームになると、間接費の割合が低く生産性が高いため、売上高剰余金率は二桁に達する。将来成長率が低下するころには、非常に「収益性が高く」なっており、ヘルスケアの別の分野への破壊的進出を始める可能性がある。

ビュートゾルフからみると、本当の意味で重要なのは介護の質だ。成長や堅固な財務体質は、同社が介護できる人々を増やせるのに役立つからこそ意味がある。同社の治療効果は医学的にも素晴らしい。第Ⅱ部第2章では、アーンスト・アンド・ヤングが実施した調査の結果について紹介した。

▼患者の自立を促しているため、ビュートゾルフが一顧客あたりに必要とする介護の時間はほかの組織よりも平均して**四〇パーセント近く少ない**（ビュートゾルフの看護師が時間をかけて患者や彼らの家族、近所の人たちとコーヒーを飲み、雑談をしている間に、ほかの組織は「商品」提供の時間を分刻みで記録している。こうした事

実を考えるとなんとも皮肉な結果ではないか)。

- ▼ビュートゾルフの患者たちが要介護の状態である期間は**他の組織の患者の半分**にすぎない。
- ▼緊急病院への入院は**三分の二**で、入院しなければならないときにも、**平均入院期間は短い**。
- ▼社会保障システムが節約した金額は莫大である。アーンスト・アンド・ヤングの試算によると、オランダ国内の在宅介護施設すべてがビュートゾルフと同じ成果を上げると、毎年オランダでは二〇億ユーロ近くが節約できるという。これをアメリカ合衆国の人口に比例して考えると、およそ四九〇億ドルに相当する。それでは病院がこのように運営されたらどれほどの効果になるだろう?

さまざまな調査において、患者と医師によるビュートゾルフのサービスの評価は、ほかの看護組織をはるかに上回っている。[2]そして看護師たちも自分の勤める組織を賞賛する。ビュートゾルフは二〇一二年に二年連続で「最も素晴らしい雇用者《エンプロイヤー・オブ・ザ・イヤー》」に選出された。患者と看護師が、いたわり《ケア》という普遍的な人間関係を共に築くと、小さな奇跡が起こる。ビュートゾルフは、その奇跡を、どんなときでも破格の規模で実現するレシピを見つけ出したのだ。

フランスの金属部品メーカーのFAVIの場合、一九八〇年代に進化型組織《ティール》への移行を始めたときの従業員は八〇名だった。以来、フランス北西部という不利な環境下で、その存在目的を実現しながら業界の雇用をつくり出してきた。欧州の競合他社はすべて閉鎖し、生産拠点を中国に移してしまった。FAVIはそのトレンドに逆らったばかりか、今や従業員五〇〇名を超えるまでに拡大した。財務実績も抜群だ。FAVIは、中国企業との競争が激しい自動車業界を主戦場としている。にもかかわらず、労働者には市場平均を大幅に上回る給料を支払うという偉業を成し遂げながら（例年、労働者は給与の一七～一八カ月分の利益分配を受ける）、五～七％の税引後利益率を毎年計上しているのだ。景気後退のときも、驚くほどの回復力《レジリエンス》を発揮した。二〇〇八年の金融危機が深刻な景気後退を招いた後の二〇〇九年に、ＦＡＶＩは三〇％もの大幅な売上減少を経験した。同社はこの上なく厳しい経営環境の中でも自らの方針を誠実に守り、従業員の一時解雇を行わず、それでも何とか税引後利益率三・三％を達成した。二〇一二年には、自動車用部品の需要が前年比二二％減と大幅に落ち込んだにもかかわらず、一二％のキャッシュフロー利益率を計上した。

　成功を示すもう一つの指標を紹介しよう。ＦＡＶＩの顧客の間では、ＦＡＶＩ製品と言えば「非の打ち所のない品質」と「信頼性」の代名詞となっている。同社は一九八〇年代半ば以降、納期に遅れた受注は一件もない。数年前のエピソードは、同社がその実績をいかに誇りに思っているかを物語ってくれる。ある工場で技術上の小さな問題が起こり、トラックで運ぶと約束した納期から数時間遅れることが判明した。このチームはヘリコプターをチャーターして製品を時間通りに顧客の元に届けた。数時間後、自社の施設に降り立ったヘリコプターを見た顧客が困惑してＣＥＯのゾブリストに電話をかけ、その製品は在庫がまだあるので、実際にはヘリコプターは必要ないと伝えた。「確かに、ヘリコプターはやや贅沢な経費かもしれません」とゾブリストは答えた。「けれどもこれは、このチームメンバーたちが自ら決めた、仕事に対する責任感と誇りの現れなのです。それだけの価値があったのです」

　そのほかにも、ビュートゾルフやＦＡＶＩのような素晴らしい事例を挙げ始めたら非常に長いリストができあがるだろう。二社にとっての真理は、ＲＨＤでも、サン・ハイドローリックスでも、ハイリゲンフェルトでも、モーニング・スターでも同じように真理なのだ。これらの組織では、まるですべての導火線に一斉に火をつけているようだ。従業員が生き生きとする場を提供し、相場よりも高い給与を支払い、毎年成長を続け、極めて高い利益率を上げ、景気低迷期には、従業員を解雇せずに回復力《レジリエンス》を発揮し、そして何よりも、自社の気高い存在目的を世界に実現させるための媒体となっている。

ここで驚くようなパラドックスを一つ指摘しておきたい。これらの企業は、少なくとも達成型《オレンジ》組織の観点から見ると、利益に対してかなり無頓着であるにもかかわらず、収益性が極めて高い。細かい予算を立てず、予算を月末の実績と比較もせず、売上目標を設定せず、社員たちは自分が必要だと考える経費を自由に使えるにもかかわらず。利益ではなく、自分たちがすべきことに集中していながら、すばらしい利益を上げているのだ。たとえばモーニング・スターは、トマト加工という利幅の薄いビジネスを行っている。たった一台のトラックで起業してから世界最大のトマト加工業者になるまで、外部資本を一切受けることなく、ビジネスから生まれたキャッシュフローと銀行ローンだけで成長し続けてきたのだ。ハイリゲンフェルトも自己資金で創業し、ビジネスの利益だけでメンタルヘルス病院のネットワークを築き上げた。サン・ハイドローリックスの総利益率は三二〜三九％で、純利益率は一三〜一八％と、金属部品メーカーというよりはソフトウェア会社を思わせる稼ぎぶりである。

これらはすべて個別事例の積み重ねで、統計的に有効とは言えない。とはいえ、進化型組織《ティール》が、従来の方法で経営されている企業と少なくとも同等の業績は上げられることを示すと考えてよいのではないか。自分の組織を進化型《ティール》方式で経営しようとしているリーダーを「馬鹿げたリスクを背負っている」と評する人がいるようだが、決してそんなことはない。進化型《ティール》の組織構造と慣行を取り入れることで、リーダーはほかの経営方式では達成が難しい成果を狙うことができる。そう主張できるだけの十分な理由があるのだ。こうした

我々が「マネジメント」と呼んでいるものは、その大半が人々を働きにくくさせる要素で成り立っている。
――ピーター・ドラッカー

突破口《ブレイクスルー》の結果、社会的なレベルで持続的な未来を私たちが築けるかどうかは、もちろん、時間が経ってみなければわからない。

画期的なパフォーマンスを引き起こす要因

本書で調べたパイオニア組織があれだけの成果を上げられる理由をどう説明すればよいのだろう？　この問いに答えるにはさまざまな方法がある。もちろん、進化型《ティール》組織の三つの突破口《ブレイクスルー》に焦点を当てて説明することは可能だ。

1. トップの数人ではなく、全員が権限を握っていれば組織としての力が何倍にもなる（自主経営《セルフ・マネジメント》）。
2. 人々が自分らしさを失わずに職場に来るので、権限の使い方に知恵が絞られている（全体性《ホールネス》）。
3. 社員の権限と知恵が組織の生命力と一致すると、なぜか物事がうまく運ぶ（存在目的）。

同じ問いをエネルギーから考える方法もある。というのも生きとし生けるものは詰まるところエネルギーに還元されるからだ。進化型《ティール》組織の構造、慣行、文化のおかげで、それまでは抑圧され、利用できなかった爆発的なエネルギーが解放される。そして、進化型《ティール》に転換すると、そのエネルギーに明確な方向性と知恵がついて、生産性が向上する。このように考えると、進化型《ティール》組織の素晴らしい成果を説明する具体的な要素のいくつかを特定できるかもしれない。

それまでのモデルでは使われなかったエネルギーを解放する

▼**存在目的を通じて**――人々が自分よりも大きな目的を心から理解すると、個々のエネルギーが高まる。

▼**権限の分散を通じて**――自主経営《セルフ・マネジメント》は恐ろしいほどのモチベーションとエネルギーをつくりだす。上司のために働くことをやめ、内在的基準に照らして働き始めるのだが、実はこちらの方が目指す水準も要求も高くなることが普通である。

▼**学びを通じて**――自主経営《セルフ・マネジメント》の下では、私たちは学習への強い意欲がわいてくる。そして学習の意味が、スキルにとどまらず、内面の発達や個人としての成長という領域まで広がる。

▼**人材のよりよい活用を通じて**――組織の中で出世するために、自分には合わないかもしれない管理職的な役割を押しつけられることはもはやない。各人の役割を（事前に定められた職務記述書ではなく）流動的に調整した方が、人材と役割はうまく適合する。

▼**エゴを満たすために浪費されるエネルギーが減る**――上司にゴマをすり、出世のためにライバルを押しのけ、縄張り争いをし、問題を起こさずに見栄えをよくするために精を出し、他人に責任を押しつける、といったことのために費やされる時間やエネルギーが少なくて済む。

▼**コンプライアンスのために費やされるエネルギーが減る**――上司やスタッフ機能が持っていた無駄な統制メカニズムや報告義務をつくり出すような官僚的な能力は、自主経営《セルフ・マネジメント》になるとほぼ完全に不要になる。

▼**ミーティングに費やされるエネルギーが減る**――ピラミッド型組織の場合、情報が指揮命令系統の

エゴは損益計算書上にある目に見えない勘定科目だ。
――D・マーカムとS・スミス

中を円滑に上下するよう、情報を集めたり、まとめたり、浸透させたり、伝達するために、あらゆる階層でミーティングが必要となる。自主経営《セルフ・マネジメント》の組織形態ではほとんど不要になる。

より明確に、しかも賢くエネルギーを活用する

▼**感じ取る力《センシング》を磨くことを通じて**――自主経営《セルフ・マネジメント》では、どの社員も周りの現実を直接感じ取って得た知識に基づいて行動する。情報は、組織階層の中で意思決定者に到達する前に失われたり、選り分けられたりしない。

▼**優れた意思決定を通じて**――助言プロセスを用いると、同僚からの助言を受けて、適切な人が適切な判断を下す。合理的な判断だけでなく、感情や直感、美意識といった経験で培われた見識によっても意思決定が下される。

▼**数多くの意思決定を通じて**――従来の組織では、意思決定がトップに集中しているため停滞が生じる。自主経営《セルフ・マネジメント》の組織構造では、数千もの判断がいつでも、どこでも下されている。

▼**タイムリーな意思決定を通じて**――「海のことは漁師に問え」の諺ではないが、漁師が魚を見つけても、組織の上部から釣りの許可が下りるまで待たなければならないとしたら、魚はとっくに逃げてしまっているだろう。

▼**存在目的に照らすことを通じて**――組織自身が自らの方向性を実感している、つまり存在目的を持っているのだと従業員が理解できれば、彼らは存在目的に照らしながら意思決定をするため、進化に向かう風に後押しされながら航海できるようになるだろう。

進化型組織《ティール》の成果を理解するもう一つの方法がある。組織は人々の意志の力ではなく、進化というはるかに大きな力、生命自体のエンジンによって勢いづいていると考えるのだ。進化はきわめて美しく、そして複雑なプロセスだが、これは特定の全体構想の下に進行するのではなく、同時に進む数多くの、小規模な実験を執拗に繰り返して成し遂げられる。進化はトップダウンのプロセスではない。全体に貢献するためにだれもが招かれ、必要とされる。生態系に棲むあらゆる生命体（あらゆる細胞、感覚のある生物）は、自分の環境を感じ取り、他の生命体と調和し、新しい道を模索する。解決策が繰り返しすばやく試される。うまくいかなければ即座に捨てられ、うまくいくとシステム全体にすぐに広まる。生命は混沌の中で、より多くの生命、美、複雑性、秩序を断固として求める。生命と連携し、自分の意志を他人に押しつけようとしなくなれば、もっとはるか先まで旅することができる。

人類は、進化の乱雑で統制不可能な性質を恐れるあまり、これまでは融通の利かない型に従って組織を運営してきたが、もしかすると、ようやく大きな飛躍の準備ができたのかもしれない。生命を統制し、これまで描いてきた計画通りに進めようとした試みを捨てる準備ができたのだ。生命のドアを開け、生命が解放してきた最も強力なプロセスである進化を招き、集合的な旅へと繰り出す準備ができたのだ。

一つのパラダイムで難しいか不可能なことが、別のパラダイムでは簡単な、いや取るに足らぬことになる。
――ジョエル・バーカー

第5章 進化型《ティール》組織と進化型《ティール》社会

未来についてわかっている唯一のこと、それは現在とは違うということだ。未来を予測しようとすることは、夜中にライトをつけず、後ろを見ながら田舎道を運転するようなものだ。未来を予測する最善の方法は、それをつくることである。

ピーター・ドラッカー

人々の意識レベルが受動的パラダイムから神秘型《マゼンタ》、衝動型《レッド》、順応型《アンバー》、達成型《オレンジ》、そして多元型《グリーン》へと発展するたびに、人間社会の基礎は根本的に変化してきた。技術経済上の基盤は、狩猟と採集から道具を使わない単純農業、本格的な農業、工業、脱工業まで。社会秩序や政治上のガバナンスは、遊牧民から部族、原始的な帝国から封建制に基づく文明、民族国家から超国家機関まで。宗教的・精神的秩序は、霊界から制度的宗教、世俗主義まで変化していった。たとえば、人類の意識が順応型《アンバー》社会に移行すると、封建的な農業文明と制度的宗教に触れるようになった。達成型《オレンジ》社会になって、科学革命と産業革命が起こり、自由民主主義や民族国家、世俗主義が生まれた。おそらく、進化型《ティール》社会に移行すると、人類文明の経済的、技術的、政治的、精神的な基盤に根本的な変化が再び起こるだろう。

個人の精神上の発達段階を測定する手法をつくりだした学者も少なからずいる。彼らの提示したサンプルによると、進化型《ティール》水準に達している人々の割合はまだかなり少数で、西側社会のおよそ五％だ。しかし、それでも進化に方向性があり、意識がかつてないほど複雑なほうに向かっているのであれば、社会の多くが進化型《ティール》に変わるときが来るはずだ。

しかし今のところは、大半の人々は順応型《アンバー》、達成型《オレンジ》、多元型《グリーン》のレンズを通して物を見る世界に生きている。今回の調査で取材した組織はその言葉の本来の意味で「パイオニア」組織として、新しく、未開の領域を開拓している。各組織の今の姿は、未来の世界がどうなるかを垣間見させてくれる。今日進化型《ティール》組織について書くことは、一九〇〇年にダイムラー、ベンツ、フォードの初期モデルを元に自動車について書くようなものだ。当時はすでに、各社のモデルは多くの点で馬車よりも優れていたので、見識ある人々には、未来は車の時代であることが見えていた。しかし、自動車の数が増え、社会の基盤インフラが変化し（道路、高速道路、ガソリンスタンド、郊外、ショッピングモールを思い浮かべるとよい）、それが自動車の設計方法に影響を与えた（走行距離の長距離化、雨風からの保護、サスペンションの改良、衝突時の安全など）。

同じことが進化型《ティール》組織にも言えるのだろうか？　進化型《ティール》社会への動きが拡大すると、進化型《ティール》組織のモデルは、パイオニア組織が現在できる範囲を超えてさらに進化するのだろうか？

これは危機ではない、一周期の終わりなのだ。このことを理解できる人が増えている。
――ジャン・フランソワ・ゾブリスト

未来について推測することは大変に難しく、おそらく「未来についてわかっている唯一のこと、それは現在とは違うということだ」というドラッカーの言葉を心にとどめておいた方が良いのだろう。しかし私は抗いがたい誘惑にかられる。少なくともある二つの分野（株主の地位と組織の境界）では、進化型《ティール》組織のモデルは、本書の第II部で紹介した方法以上の水準まで進化するかもしれない。そのことを示唆する確かな根拠がある。

進化型《ティール》社会はどのように見えるだろうか？

多くの思想家（未来学者、エコノミスト、生態学者、神秘論者）は、社会がどのように進化するのか、あるいはすべきなのかを予想しようとしてきた。すでに起こっているトレンドを元に予想する者もいれば、進化型《ティール》の視点で活動している人々の世界観や態度（たとえば、大量消費を改めようとする考え方）を元に予測する者もいる。予測はかなり確実性の高いものから、根拠のかなり希薄な推測まで多岐にわたる。さらに元米国国防長官のドナルド・ラムズフェルドが「未知の未知」と呼んだものが、最も合理的な予測にさえ干渉するかもしれない。今のところは、最も合理的で広く知られている予測にこだわることにしよう。未来の進化型《ティール》社会はどのように見えるだろうか？

ゼロ成長、循環型《クローズド・ループ》経済

将来は経済成長のない社会になるという概念は、かつては論争の対象となったものだが、次第に多くの人々が受け入れるようになってきた。資源が限られている惑星は無限の成長をまかなえない（エコノミストで神秘主義者のケネス・ボールディングはかつて「有限の世界で指数関数的な成長がいつまでも続くと信じている人は、狂人かエコノミストだ」と冗談を述べたことがある）。原油と天然ガスは、今後どんなに深く掘り続けても、いつかどこかで枯渇する。いや、それだけではない。この二つの資源と同じかそれ以上のスピードで、重要な鉱物資源を使い尽くそうとしているのだ。たとえば、銀は一二年、亜鉛は一五年、ニッケルは三〇年で枯渇すると予想されている。[1]土地と真水も足りなくなってきているが、人類はどちらも汚染し続けている。ほかに手段がない以上、社会（と、したがって進化型《ティール》組織）は、廃棄物も毒性もなく、一〇〇％再生可能な循環型《クローズド・ループ》経済という、理想に近い状態で活動しなければならないだろう。

大量消費の見直し

経済成長がゼロということは、成長しないということを意味しない。人類にとっての悲劇は、繁栄と成長を取り違えていることだ。進化型《ティール》社会のGDP（国内総生産）の成長率はゼロ、あるいはマイナスかもしれないが、感情面でも、人間関係でも、精神面でもはるかに豊かになるのではないか。こうしたあらゆる領域で成長を追求できるのであり、経済面で壁にぶつかることを思い悩むことはない。

進化型《ティール》の視点で活動する人々を見ていると、将来、進化型《ティール》社会の人々が今を振り返ると、現在の大量消費を「節操がない」と感じるだろうと思われる。今日の商品広告は、人々が抱くエゴを失う恐れに訴えかけるものが多い。「この商品を買っておけば、あなたは人気者になり、成功し、見映えがよくなります」というわけだ。人々が外的な動機ではなく、内的な動機に突き動かされるようになると、こうした製品の多くにはもはや価値がないと考えてもよさそうだ。ショッピングモールを歩いているときやテレビのCMを見ていると

現在、我々は未来を盗み、それを今売って、GDPと呼んでいる。
——ポール・ホーケン

きに、私は次のようなクイズを考えてみることがある。「進化型《ティール》社会では、どの製品が残っているだろう?」。この思考実験は楽しいし、示唆に富んでいる。あなたも試してみると、驚きの答えが見つかるかもしれない(私ならそのショッピングモールとCM自体を死者のリストに加えるという皮肉な答えを見いだすだろう)。このように、進化型《ティール》社会では、ある産業自体が消えてなくなり、人類の経済活動が地球にかける負荷であるエコロジカル・フットプリントが減るだろう。そのうえで、私たちの身体面、感情面、精神面の健康を高めようとする「顧客との人間的なつながり」に訴求するサービスが成長するだろう。

既存産業の再生

新しい世界観によって、食物の生育や子どもの教育、病人の手当て、公正さの実現のあり方など、人類の基本的な営みの中で変容するものもあるだろう。集約農業に取って代わり、高度な有機農業の手法が主流となるだろう。教育分野では、「知ること」についての現在のような狭い定義(分析的な、左脳を使うもの)から、身体や感情、人間関係、自然、精神が含まれるような、もっと全体的なアプローチが主流となるはずだ。現在の学校や大学は、制服の規則や、工場の加工作業のようなプロセスを通じて生徒たちを一つの型にはめ込んでいる。こうした仕組みは、学習者ひとりひとりが他者と協働しながら独自の学びの旅を創り出すような方式へと、やがて完全に生まれ変わるはずだ。医療の面でも、もっと心のこもったケアが施されるようになり、これまでの医学と代替医療の長所を統合し、医療機関のあり方も根本的に変わると考えて間違いない。司法制度や刑務所の仕組みについてはどうか? これらはなお、(衝動型《レッド》とは言わないまでも)順応型《アンバー》パラダイムにとどまったままだ。進化型《ティール》の司法制度はどのようなものになるだろう? 失敗しても罰則が求められず、回復と成長の機会が与えられるのだろうか？

これまでとは違う金融システム

利子を前提とした現在の貨幣のあり方は、価値を持続するために増え続ける必要がある。先見の明のある多くのエコノミストは、経済成長率がゼロの社会では、利子を生まないかマイナス利子を生む新しいタイプの通貨に投資しなければならなくなると考えている（すでに小規模でそれは実験されている）。金融は私たちの生活とは切っても切り離せない仕組みであるため、今とは異なるタイプの通貨を扱う未来を思い描くことは大変難しい。資金が利息を生まなくなったら、社会や経済はどうなるだろうか？　あるいはもし利子がマイナスになり、そのお金が使われていないと価値を失っていくとしたら、どうなるのだろう？　進化型《ティール》の段階《ステージ》では、欠乏への不安は豊かさへの信頼に置き換わる。これはつまり、私たちは、個人レベルでは、将来の不幸に備えて富を蓄積しない世界に入るかもしれないということなのか？　自分で貯めておいた資産があるからではなく、さまざまな共有関係が織りなす揺るぎない信頼があるからこそ安心できる社会、そして、何か必要性が生じたときには、お互いに助け合えることを知っている、そんな社会を私たちはイメージできるだろうか？　そのような経済システムは、人々を将来への不安から解放し、日々の暮らしに集中できるような生き方を支援してくれるのだろうか？

管理責任《スチュワードシップ》

衝動型《レッド》、順応型《アンバー》、達成型《オレンジ》、多元型《グリーン》パラダイムを支える一つの柱である「所有」という概念は、進化型《ティール》パラダイムでは見直されるかもしれない。循環型《クローズド・ループ》経済の世界では、個人または組織が、土地や原材料や機械のような、日常に使用するものを所有することに意味があるのだろうか？　機械がもはや必要なくなったときには、工場は単にそれを廃棄するか、どこか埃《ほこり》っぽい隅に放っておけばよいのだろうか？　その工場は、その機械の所有者だと本当に主張できるのだろうか？　私は別に、資産が共同体で所有されていた旧時代に逆戻りすると言っているのではない。進化では、こうした問いへの答えは過去の公式に戻ってもほとんど見つからない。そこで、集団所有と個人所有の双方を超越する何らかの概念をつくり出すことになるのではないか？　おそらく、管理責任《スチュワードシップ》という概念が基本になるかもしれない。ある工場は、それが機械を利用している限りは、その排他的な使用権を持つことにするのだ。この権利は、機械を保守する義務を伴う。そして機械が必要でなくなったときには、それを再び生産に使用する別の管理者に、（コストがかかったとしても）確実に譲渡する義務も発生する。

グローバル・コミュニティー

エネルギーの将来価格がどうなるかは、大きな謎だ。産業革命以降、人類は驚くほどの経済成長と繁栄を遂げてきたが、その強力な推進力となったのは安い石炭、原油、天然ガスだった。残念なことに、私たちは化石燃料におぼれてしまい、間もなくそれらを焼き尽くしてしまうだろう。自然が数億年をかけて築き上げてきたエネルギー備蓄を、私たちはわずか二〇〇年ですっかり使い果たしてしまおうとしている。人間の創意工夫を信頼し、効率的で安価な代替エネルギーを創出する突破口《ブレイクスルー》（核融合や、風力、太陽熱、地熱など）をそのうち見つけ出すと考える人々はいる。エネルギー・コストが今よりはるかに高くなると予想する人々もいる。その場合、経済活動と食糧生産は再び現地化《ローカル》するだろう。というのも、輸送するだけの余裕がなくなるだろうし、肉体労働が再び幅広い規模で必要になるはずだからだ。（達成型《オレンジ》パラダイムの）工業社会が始まるとともに徐々にすたれていった共同体は、進化型《ティール》パラダイムが深く意味のある人間関係を熱望して装いを新たに再び組成されるかもしれない。同時に、既存のテクノロジー（インターネットとソーシャル・ネットワーク）を通じて、そしておそらくまだ開発されていないテクノロジー（世界で即時に通用する翻訳？　拡張現実によるビデオ会議？　テレパシー？）を用いれば、各地まで旅行しなくても人々と相互交流することもできるだろうし、友情や関心のネットワークが真にグローバル化するかもしれない。奇妙な矛盾ではあるが、将来の社会は、現在よりもローカルであり、かつグローバルでもある状態が同時に実現する可能性もあるのだ。

私たちが知っている仕事の終焉

産業革命以降、機械はゆっくりと労働力や馬力に置き換わってきた。人類は今や、日常業務だけではなく、知的労働や創造活動に影響を及ぼすほどの、仕事の破壊と創造の新しい波に入ろうとしている。先端ロボットや人工知能（機械学習、言語の翻訳、音声認識ソフト、パターン認識ソフトなど）によって、中間所得層の多くが職を失い始めている。

すでに、旅行会社の仕事の多くはオンラインの自動予約システムに取って代わられ、銀行員の仕事をATMがこなしている。弁護士たちは、アルゴリズムが判例を検索し、争点を評価し、結論を要約できるという事実に焦りを感じ始めている。すでに多くの訴訟でソフトウェアが使用され、弁護士や専門家よりも安く、しかも徹底的に法的証拠開示を行えることが示されている。大学とインターンシップで一三年間の教育と

本当の意味での豊かさとは、食糧や金を大量にため込んだ状態を言うのではなく、ほかの人々が必要としているときにそれらを分け与え、自分が必要としているときにほかの人々から分けてもらえるようなコミュニティーの一員になることだ。
――パーカー・パーマー

研修を受け、アメリカで三〇万ドル以上を稼ぐ放射線技師も同じ運命にある。自動パターン認識ソフトウェアは、腫瘍のスライドとX線画像の読み取り作業の多くを、これまでの数分の一のコストで実施できる。自動運転技術が進歩して、トラックやタクシーの運転手が必要なくなるという未来は十分にあり得る。

社会は新たな局面に入ろうとしているのかもしれない。必要な労働者の数がどんどん減っていく社会の到来だ。小売業を考えてみよう。私たちはすでに、自分が好みそうな商品を（ヒトを介さずに）アルゴリズムが勧めてくれるウェブサイトから、多くの物を買うようになっている。間もなく倉庫も完全に自動化されて、いつか自動運転のトラックが荷物を配達してくれる日が来るかもしれない。仕事がなくなるのを嘆く者もいるが、この見方には革命的かもしれない意味合いが見逃されている。これまでは、人類の大半が生活のためにたいして面白くもない仕事に就かざるを得なかった。人類史上初めて、幸せな一握りの人々だけでなく、だれもが自分の使命感に従って、創造的に自己表現する人生を自由に選べる時代を予期できるようになったのだ。

革命的な民主主義

現在の民主主義は、達成《オレンジ》型／多元《グリーン》型の世界観から出現した。進化《ティール》型パラダイムに基づくガバナンスは、市民の関わりを増やして民主主義を深めるだろう（たとえば、立法府、行政府のあらゆる段階にクラウドソーシング技術を適用することができる）。人々は自分の意思決定が世界の進化の中にどう位置づけられるかを見いだせるかもしれない。人々が世界に何を求めているかは民主主義の基本的な前提だが、それを反映しようとするのではなく、世界が求めているものに耳を傾ける方法も探すことができるかもしれないのだ。

精神的な多幸感の再現

従来の順応型《アンバー》社会の確立された宗教制度は、科学的で物質主義的な達成型《オレンジ》の「近代化」の洗礼を受けてきた。一部の人々がそれに応えて、なお一層の情熱と激しさを持って伝統的な世界観に固執した揚げ句、現在世界中で起こっているような宗教的、宗派的、人種的な暴力につながっている。これを宗教の復権の兆候と読む人々がいる。意識の発達という観点からすると、これらはおそらく社会が次の段階に移動して、順応型《アンバー》の勢力が弱まっている証拠かもしれない。

進化型《ティール》では、人々は宗教上の教義（順応型《アンバー》）にも、現代の物質的な見方（達成型《オレンジ》）にも満足していない。人々は、個人的な経験と慣行を通じて統合と超越を求める。つまり、以前の宗教的な対立を解消し、非宗教的な精神性を通じて現代の物質的な見方を変え、喜びと幸福をもたらそうとするのだ。

崩壊か、段階的な移行か？

これらのような予言が実現するのか？　もし実現するとしたらどのような形でそうなるのか？　それは時間がたたないと分からない。進化型《ティール》のレンズで世界を見ている人々には、目的地は魅力的に見えている。むしろ、どうやってそこに到達するかのほうが悩ましい問題である。この航海をそれほど傷つくことなく乗り切れるだろうか？　あるいは途中で難破し、文明の中で崩壊する運命にあるのか？　私たち人類は、気候システムの崩壊、人間の生存にとって必要不可欠な動物や植物や生態系の加速度的な絶滅、土地の荒廃、海水の酸性化、ただでさえ乏しい資源（化石燃料、鉱物、地下水）の枯渇、化学物質による汚染、核戦争、流行病

コミュニティーは単に豊かさをつくり出すわけではない。コミュニティー自身がそうなのだ。自然の世界からその公式を学ぶことができれば、人間世界は変革できるかもしれない。
——パーカー・パーマー

の世界的まん延など、その一つ一つでさえ、人類社会を広範囲にわたって苦しめるような災難がこれほど重なってしまったような状況に、かつて直面したことはない。これらはすべて時限爆弾で、その多くは導火線の長さが二〇年から三〇年程度しかない。その間、人口はここからさらに二〇億人は増えると予想されており、これらの苦境を一層緊迫させるだろう。

要するに、大規模な災害が起こっても不思議ではない証拠が十分にそろっているのだ。『文明崩壊』★で、ジャレド・ダイアモンドは、社会自身がもたらした環境悪化で崩壊した数々の社会の事例を検証する。紀元前九〇〇年に少なくとも三〇〇万人の市民を擁し、かつて生き生きとした文明を誇っていた中米のマヤは、一五二四年にスペイン人のコルテスが到着したときは、すでに人口がわずか三万人だった。つまり、九九％の減少である。かつて人口も豊富で繁栄していた東ポリネシアのイースター島は、今や人の住めない荒れ地に変貌してしまった。イースター島の島民たちは、どうして自分たちの未来を奪うまで森林伐採を強行できたのだろう？　しかし、現在もまた、一〇〇年を少々超える現代生活を送っただけなのに、大型魚の九五％、森林の七五％、原油のおよそ五〇％がもはやこの世には存在していない。

……残された時間はあまりない。私たち人間はつい、トレンドを直線的にとらえてしまい、状況がいかに切迫しているかを把握し損ねてしまいがちだ。人類の自然への要求は、経済と同じく拡大しており、しかもそれは直線的ではなく、指数関数的に、つまり利息が膨らむように拡大している。変化が直線的でなく、指数関数的だと、かかる時間は極端に短くなっていく。これを示すために手のひらに一滴の水をたらし、一分ごとに水の量を倍にするシーンをイメージしてみてほしい。六分間ではせいぜい裁縫用の指ぬき一個分、大した量にはならないだろう。では、運動場全体を埋めるにはどれくらいの時間がかかるだろうか？　わずか

★『文明崩壊──滅亡と存続の命運を分けるもの』（ジャレド・ダイアモンド著、楡井浩一訳、草思社文庫、2012年）。

五〇分なのだ。そうなるほんの五分前には、競技場の九七パーセントには水が入っておらず、何らかの解決法を見つけるには時間がたっぷりあると感じられるかもしれない。もちろん、GDPを一秒で二倍にできるはずはなく、中国は今のペースで成長すると、この国の必要な資源とGDPを二倍にするのに一〇年かかることになる。この地球には現在の需要を満たせるだけの余裕がないのだ。ましてやこれまでのペースで倍にするなど、どだい無理な相談である。

テクノロジーだけではもはや人類を救うことができず、意識の変化が必要だと考える人々が次第に増えている。人類は、十分な数の人々がやがて飛躍できるのだろうか？　意識水準も、（62ページのグラフを見ればわかるように）新しいパラダイムには前のパラダイムの半分の期間で到達するなど、後ろの段階《ステージ》に行けば行くほど発達が速くなり、その意味では指数関数的に伸びていると言えそうで、この点からはいくばくかの希望が持てる。ミレニアル世代にも希望は持てる。かつては、大半が四〇代、五〇代で進化型《ティール》パラダイムに変化していた。今は二〇代や三〇代で変化するミレニアル世代が増えている。私たちは、次第に変化への準備ができ、変化を求めるようになっているようだ。小規模ながら、ビュートゾルフは希望の持てる事例を示してくれる。設立から一〇年以内に業界全体（オランダの地域看護師業界）が達成型《オレンジ》から進化型《ティール》までスムーズに変化し、ハーバードのエコノミストのケネス・ロゴフも認めるような生き生きとした現実になったのだ。「システムは我々が考える以上に長く持続することが多いものだが、我々が想像していたよりもずっと速く崩壊して終わってしまう」

自然成長率、言い換えれば天地万物（ユニバース）の拡大のペースと同じ割合の成長率というものが存在する。そして、我々の成長に対する現在の要求には持続性がないばかりでなく、将来は自然に均衡が図られることになろう。私たちはこの均衡を意識的に促進できるのだろうか？　それとも天地万物（ユニバース）にそれをしてもらう必要があるのだろうか？

――ノーマン・ウルフ

進化型《ティール》社会の中の進化型《ティール》組織

本書の第Ⅱ部で紹介した進化型《ティール》組織は、順応型《アンバー》／達成型《オレンジ》の世界で活動している初期のパイオニア組織が発展したものである。今仮に、第Ⅲ部のはじめに要約した進化型《ティール》社会全般に関する予想が出尽くしたと考えてみよう。進化型《ティール》社会はさらなるイノベーションを引き起こし、現在パイオニア組織に見られるようなレベルを超えるのだろうか？　少なくとも二つの分野で、組織モデルは現在可能なことを超えて進化するかもしれないと私は考えている。

株主のあり方

第Ⅱ部で紹介したように、進化型《ティール》組織の登場によって営利事業と非営利事業の区分は明確でなくなった。両者とも存在目的のために奉仕し、結果として豊富な利益を獲得する可能性が高い。違いは、非営利組織は存在目的達成のために余ったお金のすべてを再投資するのに対し、営利企業は一部を投資家に返す点だ。

それでは、人々が富を蓄積しようとせずに、所有権が管理責任《スチュワードシップ》に置き換わるとしよう。そのような文脈では、非営利組織と営利企業の区別は完全になくなる。所有権構造（あるいは正確に言えば管理責任《スチュワードシップ》構造）の観点からこれが何を意味するか。私には推測することしかできないが、おそらく、次のような状況になるのではないだろうか。すべての組織は、現在の株主と寄付者ではなく、管理責任所有権者《スチュワードシップ・ホルダー》を抱えることになる。管理責任所有権者《スチュワードシップ・ホルダー》は、余ったお金がすぐに必要でなければ、自分たちが大切だと思える目的に使うことができる。自動的な配当はないかもしれないが、資金を提供した人が何か不運な目に遭ったときには、組織はその人の貢献額と、彼女の投資が生み出した余剰金に応じて、その個人を支援するという理解がなされている。同じことが組織間にも当てはまり、余剰金を同じような目的を持ったほかの組織に提供することができる。その結果、人々や組織の間には管理責任所有権《スチュワードシップ・ホールディング》が幾重にも重なった構造体ができあがる。それは非常に強靭で、必要なときにはお互いを助け合う仕組みになっている。営利企業と非営利組織という二項対立は、投資家と寄付者という概念と共に消えていくだろう。

存在目的と高通気性組織

今日、組織は非常に互いの境界を定めやすい単位に分かれているため、それらの周りに壁をつくることは簡単だ。資産、オフィス、工場を用意し、従業員を雇えば組織ができあがる。これは従来の組織ではもちろん、本書のために調査したパイオニア組織にとっても真実だ。進化型《ティール》社会への移行が実現しても、やはりこれは真理なのだろうか？

人々が自身の目的を人生の中心に位置づけるほど、組織の通気性が高くなるという有力な証拠を示すことができる。今日、人々と組織を結びつける標準的な雇用形態は常勤契約だ。この形態は極めて硬直的だが、経営者にも従業員にも将来にわたって安心感と統制感★を与える。仕事がそれほどの満足感を提供しなかったとしても、給料を提供してくれる。これは不確実な時代にあっては悪くない条件だ。

人々が進化型《ティール》の意識レベルに転換すると、将来を支配しようとする欲望を抑え、豊かさへの信頼を高めるようになる。常勤雇用という安全性は、本当に意味あることの追求に比べると重要でなくなっている。自営業を営む、あるいはフリーランスやパートタイムで働く心の準備ができ、時にはそうした状態を前向きに

★ 支配している／されているという感覚。

とらえて幸せに思う。自分が本格的に取り組んでいるさまざまな物事にどう時間を振り分けるか。それを柔軟に決められることがとても大切だと考えている。進化型組織《ティール》は、この柔軟性をずっと容易に提供できる。働く時間を減らしたいと思っても、自分の約束《コミットメント》をほかの同僚に引き継げる方法が見つかれば、労働時間を減らすのに人事部や上司からの承認は一切必要ない。職場に戻ってきてもっと多く働きたいと思えば、自分が担当して組織に価値を与えられる新たな役割や約束《コミットメント》は何かを、同僚たちと模索すればよい。

労働時間の調整以外のこともできるだろう。雇用契約（常勤／非常勤）とフリーランスの間を行き来したり、それ以外の時間にはボランティアを選択したり、お金を寄付したり、一時的にどの組織とも関わらず、後になってから戻る人もいるかもしれない。こうしたことの組み合わせもあるかもしれない。お金を払ってボランティアをするケースもあり得る。[2]人々が時間外にさまざまな多くの部署や組織で活躍するようになると、組織の境界も曖昧になる。

組織間の境界にも数多くの穴が開き、通気性がよくなるかもしれない。今日、同じセクター内の企業同士は一定の距離を置き、お互いを競争相手とみている。非営利組織でさえ競争的に物を考えがちで、組織の目的を達成するために団結しなければならないときでもなかなか連携できない。話し合いを始めても、ガバナンスと権限をどうするかを決めるのに延々と時間が費やされ、くたびれ果ててしまう。ある施策を調整するにはどのような組織構造が適当か？　投票権はどう配分するのか？　だれの考え方を中心に据えるのか？　だれがどの委員会の議長を務めるのか？　このような点を話し合うのだ。

進化型組織《ティール》の場合、存在目的の達成に向けて努力することの方が、組織のために働くことよりも重要なので、組織同士が境界をまたいで協力する新たな可能性が広がる。鳥の群れのように、人々は一時的に力を合わせ、また解散する場合もあるだろう。あるプロジェクトでは一つの組織が別の組織に加わるかもしれない。同僚たちでつくったチームが一つの組織から別の組織に、一時的あるいは永続的に移ることを決められるというのはどうだろう。あるいは、ある企業が自社の知的資本や知的財産を別の組織と共有する、あるいは譲渡するケースがあってもよい。

現在、海外進出を図ろうとしているビュートゾルフは、このような柔軟性の事例を示してくれる。一年前、オランダのビュートゾルフに勤めるスウェーデン人の看護師が帰国を決め、スウェーデンにチームを一つつくりたいとビュートゾルフに申請した。そこでスウェーデンに非営利のグループ組織を設立し、一定の法人格の範囲内でチームを支援することになった。ビュートゾルフは、ヨーロッパ、アジア、アメリカ大陸の多くの国からも、オランダで成功したビジネスモデルをそれぞれの国で展開する支援をしてもらえないか、との依頼を受けている。このような案件の場合はヨス・デ・ブロックが窓口になることが多いが、積極的に支援する意思を示している。現地法人がビュートゾルフの旗を掲げるかそうでないかは、彼にとってたいした問題ではない。権限やガバナンスをどうするかよりも、組織の存在目的のほうが大切なのだ。デ・ブロックは、法人の形式がどのようなものであれ、一つの存在目的の周りに団結する看護師のネットワークを思い描いている。

（パートナー企業が）多くのことをしてくれるほど、私たちは支援組織としての役割を果たすことができるのです。彼らは当社が開発したITシステムを使い、それを現地の環境に合わせて調整してかまいません。私にとって重要なことは、新しい事業が何か美しいものに育ってくれる種を植えることなのですから。グローバルな看護師ネットワークが生まれ、あらゆる国の看護師が交流し合うようになれば素晴らしいことだと思うのです。国ごとに必要な専門分野は異なりますが、世界中の看護師が同じ観点で物を考えています。それは、患者のためにベストを尽くすということです。[3]

将来は、組織ではなく、進化型《ティール》の目的が人々の集まる単位になることも考えられる。その時々の必要性に応じて流動的に変化する環境下では、具体的な目標が人々や組織を引きつけるだろう。人々は、フルタイム、アルバイト、フリーランス、ボランティアなどさまざまな形態でつながり、組織は、そのときの存在目的に何が最も貢献するのかに応じて団結し、あるいは解散する。組織の境界を見つけることがだんだん難しくなり、組織の概念そのものも、どうでもよくなってくるのかもしれない。

未来をつくりだす

未来をいろいろ推測することは楽しいかもしれないが、もちろん、ドラッカーの言葉は至言である。**最善の方法は、それをつくることだ。**研究者と心理学者たちの仕事のおかげで、私たちはこれまでとは違った未来をつくるための新たな意識段階を十分に把握することができた。進化型《ティール》パラダイムでは、エゴを超えた全体性《ホールネス》を追い求め、価値ある学びの場として（感情的、本能的、精神的な）内面生活を見つめる。外部的な基準ではなく、内部的な基準で「良く生きる」人生を定義する。人生は新しいことが次々と明らかになる旅なのであり、人々は欠乏への恐れではなく、豊かさへの信頼に基づく人生を求めている。対立と矛盾につながりをつける能力によって、二者択一的な現代の思考を乗り越えられる。

そのような世界観は、新しい働き方を生み出すはずだ。現在の組織運営方法に大きな限界があることを多くの人たちが感じている。もっと良い方法に巡り会えるはずなのだ。さまざまな人生のあり方さまざまな潜在能力が、まだたくさん眠っているのだ。二〇年近く前、マーガレット・ウィートリーとマイロン・ケルナー＝ロジャーズは、組織は将来どうなり得るのかに関する予言の書『もっとシンプルな方法』（未邦訳／*A Simpler Way*）を次の文章で始めた。


人間の活動を組織化するには、もっとシンプルな方法がある。そのためには、世界における自分のあり方を新しくしなければならない。世界を恐れずに存在しなければならない。遊び心と創造性をもって世界の中に存在する。可能なものを追い求める。学び、驚くことに積極的になろう。

人間の活動を体系化する簡単な方法は、世界は本質的に秩序だっていると信じることだ。世界は組織を求めている。我々人類がそれを組織化する必要はない。

そう信じれば、私たちのあるべき姿がわかってくる。これまでとは異なり、楽観的に人間を理解できるようになる。信じれば、自分は創造的な存在だと確認できる。私たちが意味を求めていると認めることができる。信じれば、それほど深刻にならず、自分たちの仕事や人生について目的意識を持つことができる。信じれば、遊びと自然な姿の境界がなくなる。

私たちが見せられてきた世界は、人間性にとっては異質なものだった。私たちはこの世界を巨大な機械として見るように教えられていた。しかし、その中に人間的なものを一切見ることができなかった。

私たちの思考はどんどん奇妙なものにさえなっていき、この世界観を自分に投影し、自分たちも機械なのだと考えるようになった。

思考の中につくり上げた機械の世界には自分自身を見つけられなかったので、世界を異質で恐ろしいと感じるようになった。恐れが統制へとつながった。あらゆるものを利用し、統制したくなった。やってみたが、恐れは止まらなかった。人々は間違いに怯えた。計画が失敗しては傷ついた。無慈悲な機械の力が絶対的服従を要求した。人間が関心を寄せる余地はほとんどなかった。

けれども、世界は機械ではない。世界は生きている。人々の人生と、人生の歴史に満ちているのだ。人生はこの世界から根絶できない。私たちのたとえが試してみたけれども。

もし人類が、人間性にあふれた世界に存在することができれば、一体何を実現できるだろう？ 自由に遊び、実験し、発見することができれば、そして自由に失敗できれば、何をつくり出せるだろう？ 世界を組織化してこの世に出現させようとする試みを止めたら、何を成し遂げられるだろう？ 組織化しようとする人生の自然な傾向と協力したら、何を成し遂げられるだろう？ もっと簡単な方法を見つけ出したら、いったいだれになれるのだろう[4]？

本書では、機械のテンプレートに基づくのではなく、生命と自然の観点からのインスピレーションを求めて組織をつくったとしたらどのような可能性が開けるか、に焦点を当てた。ビュートゾルフ、RHD、モーニング・スター、ハイリゲンフェルト、AES、FAVI、ホラクラシーワンをはじめとする素晴らしいパイオニア組織のおかげで、人類は今や、もう一段階先に進むことができる。ではこの思考を実践に生かすにはどうすればよいか、本当に魂のこもった組織に生命を与えるにはどうすべきかのヒントを得ることができた。組織に目的意識と活気を与える方法をつくり出す組織構造、慣行、文化をおそらく初めて十分に把握したのだ。

もちろん、これらは未だに世界に現れ始めたばかりのものであり、本書がこの新たな組織運営方法について考え得るすべての質問に答えているわけではないことは、言うまでもない。パイオニア組織の足跡を追う人々や組織が増えるに従って、組織の境界を少しずつ押し広げ、新たな慣行をつくりだし、新たな方向への実験を行うことによって、人々はこの新しいモデルへの理解度を高めることができるだろう。

本書が、進化型《ティール》組織に生命を与えたいと思う人々を触発する指針になれればと思っている。とはいえ、組織構造や慣行のリストを紹介し、厳格に実施を義務づける教則本のように読まれることは意図していない。人々は、あたかも機械や建物を組み立てるときのように、客観的に（つまり外側から）組織を設計し、組み立てる必要はもはやないだろう。今できるのは、これらのパイオニア組織から得られる素晴らしい刺激を貪欲に吸収して、組織の内側から新たな存在の仕方、運営の仕方を自ら生み出すことだ。人類はとてつもなく生産性が高く、情熱的で、目的意識の明確な営利企業、非営利組織、学校、病院をつくるだけでなく、場合によっては業界全体でさえ変えることができる。そのことをパイオニア組織は示してくれる。本書は、理論的なモデルや理想的なアイデアではなく、真似され、普及されることを待っている現実を取り扱っている。ここに示した事例を読んで、読者であるあなたや多くの人々が刺激を受け、「自分もやってみよう！」という気になってくれれば本望である。

今こそ、我々が活気づくべきまたとない時代である。私は、未来がどうなるのかを見るのを待てなくなるときがある。マーガレット・ウィートリー&マイロン・ケルナー=ロジャーズの言葉を借りて、今の気持ちを述べれば、まさにこんな感じだろう。**もし私たちが、人間性にあふれた世界に存在することができれば、一体何を実現できるだろう?**

私たちは、自分たちが待ち望んできた人々なのだ。
——ナバホの呪術医

付録①　調査用の質問票

「はじめに」の章では、本書で語ったことを明らかにした調査手法の要点を概説した。各社により程度は異なるものの、本書では一二の組織を分析し、マネジメントと協働の分野で先駆的な実践活動を理解しようと試みた。調査には二種類の質問票を使った。パート1は、これらパイオニア組織が日々どのように運営されているかを理解するための、基本的な業務上の慣行とプロセスに関する四五の質問である。パート2は、過去と未来に関する二五問で、今までにない組織モデルが生まれた環境と、その環境で経営を続けるうえで何が重要な要素かを尋ねている。

調査のための質問集　Part 1
構造、プロセス、慣行

慣行とプロセスに関する次の45問に対して、あなたの組織は、あなたの分野で（行動面か、意思決定の面で）他の組織とはどのように異なるアプローチをしていると感じていますか？

▶ 主な組織プロセス

1　組織の存在目的と戦略
- 存在目的と戦略を決めるためにどのようなプロセスが使われていますか。
- だれが関与していますか。
- プロセスか戦略を見直すタイミングが来たことをだれが感じ取りますか。

2　イノベーション（製品開発、プロセス開発、研究開発／R&D）
- イノベーションを促進するために、どのような慣行とプロセスが用いられていますか。
- だれが関与していますか。
- 注目すべき事象や資金調達をだれが見極め、判断するのですか。

3　営業
- 営業戦略はどうなっていますか。
- 責任者はだれですか。
- 目標やインセンティブにはどのようなものがありますか。

4　マーケティングと価格設定
- マーケティングの哲学は何ですか。
- 何か慣行はありますか。
- 顧客のニーズはどのように汲み取られていますか。
- 提供する商品やサービスはどのように決定されますか。
- 価格はどのように設定されていますか。

5　購買活動とサプライヤーの管理
- 購買の責任者はだれですか。
- サプライヤー選択の基準は何ですか。
- サプライヤーとの関係はどうなっていますか。

6　オペレーション（生産、製造、バックオフィスなど）
- どのような業務上の慣行や手法が使われていますか。
- コスト、品質、継続的な改善、外注のどれを重視していますか。

7　環境への影響
- 環境への影響はどのように追跡し、分析していますか。
- 組織の環境への影響を減らすためにどのような決定がなされていますか。

8　IT
- ITは組織の目的をどう支えていますか。
- プラットフォームとアーキテクチャーの選択はどうされていますか。

9　アフター・サービス
- アフター・サービスは組織の存在目的をどう支えていますか。
- 責任者はだれですか。

10 組織としての学習と変化
- 組織として学びを活かすための慣行はありますか。
- 組織が変化を受け入れるようになるために何かしていることはありますか。

11 予算の作成と統制
- 予算はどのように策定され、守られていますか。
- どのような統制および監査体制が取られていますか。
- リスクはどのように管理されていますか。

12 投資
- 毎年の投資額はどう優先順位がつけられて承認されていますか。
- どのレベルの経営陣が、どの程度の金額を支出できますか。

13 資金調達
- 組織はどのように資金を調達していますか。
- 組織の存在目的の達成に向けて資金提供者に関わってもらう慣行はありますか。
- 資金調達と組織の存在目的との間に二律背反があった場合、それを解決する方法があれば教えてください。

14 報告と利益配分
- 業績が好調なときには、いつもどのような指標やボトムラインを重視していますか。
- 何をだれに報告しますか。
- ステークホルダー間での利益分配はどのようなプロセスで行われていますか。

15 経営委員会と取締役会のガバナンス
- ガバナンス、会議、意思決定にあたって経営委員会や取締役会でかならず行う慣行はありますか。それは何ですか。

▶ 人事関連

16 組織構造
- 全体的な組織構造（ユニット、階層、報告ラインなど）はどのような形になっていますか。
- 中央の支援機能の規模と役割は。

17 プロジェクト・チームとタスクフォース
- プロジェクトやチーム管理を管理するうえで実践されている慣行はありますか。
- プロジェクトのメンバーを決めるのはだれですか。
- 経営資源はプロジェクト間でどのように優先順位付けされるのですか。

18 採用
- 採用活動での慣行があれば教えてください。
- だれが採用を担当していますか。
- 採用基準を教えてください。

19 オンボーディング
- 新しい仲間が入社すると、組織や、組織の存在目的や、自分の役割にどうなじませていきますか。

20 教育研修
- どのような研修が提供されるのですか。
- どの研修が必須で、どれが任意参加ですか。
- だれが講師陣を務めていますか。

21 コーチングとメンター制度
- だれが、だれにコーチングを行いますか。
- こうした制度から期待できることは何ですか。
- どのような研修やどのようなモデルが使われていますか。

22 チームと信頼構築
- チーム内ではどのように信頼が構築されていますか。
- チームが最大限の力を発揮するためにどのような支援体制がありますか。

23 フィードバック、評価と実績管理
- フィードバックを行う文化や慣行はありますか。それはどういうものですか。
- だれが、だれにフィードバックをするのですか。
- 公式、非公式にどのような評価システムがありますか。
- だれが評価を行うのですか。
- 良い／悪い実績を上げると、どのような結果が待っていますか。

24 引き継ぎ、昇進、ジョブ・ローテーション
- 担当の変更はどのようなプロセスで行われますか。
- だれが決定するのですか。
- 担当分野を変更する場合、社員はどのような支援を受けられるのですか。

25 柔軟性
- 家族の面倒を見る社員のために、人事上の配慮はありますか。それはどのようなものですか。
- 何かを学ぼうとする社員に対しては支援がありますか。

26 役職と職務内容
- 役職と職務内容に関して何らかの慣行はありますか。
- 役職と職務内容を決めるのはだれですか。

27 目標設定
- 目標設定のための慣行があれば教えてください。個人目標ですか、グループの目標ですか。
- 目標を決めるのはだれですか。
- だれがフォローアップしますか。

28 報酬、インセンティブ、福利厚生
- 報酬に関する慣行があれば教えてください。
- 報酬の水準を決めるのはだれですか。
- 個人またはチームでの報酬についての慣行があれば教えてください。
- インセンティブはどのような基準で決定するのですか。

29 非金銭的な報償
- 個人やチームの貢献度を認め、讃えるためにどのような慣行がありますか。

30 解雇とレイオフ（一時解雇）
- 成績の悪さを理由に社員を解雇する場合にはどのようなプロセスが取られますか。
- 価値観や存在目的を順守しなかった場合はどうなりますか。
- 決定権者はだれですか。
- 社員と組織は一時解雇から何をどう学ぶでしょうか。
- 一時解雇の場合に何か慣行はありますか。

31 組織を離れる／元社員との関係
- 人々が組織を離れるときの慣行やプロセスにはどのようなものがありますか。
- 以前の同僚たちとの関係はどのように維持されていますか。

▶ 日常生活

32 オフィス・スペース
- オフィス・スペースの設計には何らかの方針がありますか。
- 自然やコミュニティーとの関係はどうなっていますか。
- 付属設備はどうなっていますか。
- 雰囲気はどうですか。

33 労働時間と仕事／生活の統合
- 労働時間については何らかの慣行がありますか。
- 人々は自宅などオフィスから離れたところで仕事をできますか。またしていますか。

34 コミュニティーの構築
- 組織内では、社員間にどのようなコミュニティーが構築されていますか。
- 組織は、近隣のコミュニティーとどういうつながりを持っていますか。

35 ミーティング
- 定期的に開催されるミーティングにはどのようなものがありますか。
- ミーティングでの意思決定はどのようになされていますか。
- ミーティング中に参加者にあてがわれる役割はありますか。
- ミーティング中の慣行はありますか。

36 意思決定
- 意思決定のシステムはどうなっていますか。
- だれが何を決められるのですか。
- データや判断材料はどのような情報源が利用されていますか。

37 紛争の解決
- 個人間の紛争を解決する手段としてどのような慣行やルールがありますか。
- 紛争はどのように表面化しますか。

38 失敗への対処
- 個人、あるいは集団で失敗に対処するための慣行はありますか。
- 失敗から学ぶための慣行はありますか。

39 リーダーシップとマネジメント・スタイル
- リーダーの振る舞い方として期待されていることはありますか。それは何ですか。
- 「成し遂げていない」と見なされていることは何ですか。

40 従業員間の意思統一
- 組織の目的と目標について従業員間で意思統一を図るための慣行があれば教えてください。

41 内部のコミュニケーション
- だれがどのような情報を閲覧できますか。
- 情報は経営トップから現場までどのように伝わりますか。
- 現場からトップへはどのように伝わりますか。
- グループ間では水平に伝わりますか。

42 外部とのコミュニケーション
- どのような情報がだれと共有されていますか。
- コミュニケーションのトーンはどうですか。
- 組織を代表して話せる人はだれですか。

43 文化と価値観
- 価値観と文化を決めたり刷新したりするためにどのようなプロセスが使われていますか。
- 価値観と文化を維持し、伝えるためにどのような慣行がありますか。
- 組織の中にそれらが生きていることをどうやって確認しますか。

44 行事、合宿、祝福
- 社内に何かを祝福する慣行はありますか。だれがそれを行っていますか。
- 儀式と瞑想の目的は何ですか。それらはどれくらいの頻度で、だれによって開催されますか。

▶ その他

45 ここまでに触れられていないそのほかの重要な慣行またはプロセスはありますか。

調査のための質問集　Part 2
組織の立ち上げと回復力（レジリエンス）

▶ 歴史と意図

1　貴社の歴史について簡単にご教示いただけますか？

2　組織の存在目的をどう定義されますか？　貴社が世界に提供できるものは何でしょうか？

3　貴社が現在のような運営方法をするようになったのには、何らかの意図や目的がある（あった）のでしょうか？　それは何ですか？

4　組織の主な前提や価値観は何ですか？

5　貴社の存在目的、意図、価値観を実現できる運営方法が見つかるまで、あとどれくらいかかると思われますか？　今はどの程度の位置にいるでしょうか？

▶ 組織の立ち上げと回復力（レジリエンス）

6　貴社の中にさまざまな運営方法が立ち上がれる環境をつくるうえで、決定的な条件は何だと思われますか？

7　この運営方法をつくり出すうえで重要な瞬間や転換点はありましたか？　それらはどのようなものだったでしょうか？

8　貴社を他の組織とは異なった存在たらしめているプロセスや慣行のうち、どれを維持するのが最も重要ですか？

9　貴社の運営方法はどの程度回復力（レジリエンス）があり、また脆弱だと評価されていますか？

10　現在の運営方法が崩れるとすれば何が原因になり得るでしょうか？　従来の手法に戻ってしまう要因があるとすれば、それは何でしょうか？

▶ 文化

11　貴社の文化をご説明いただけますか？

12　貴社は現在どの程度同質的でしょうか？　あなたはそれをどの程度同質的なものにしたいと考えていますか？

13　組織の中で支配的な感情／気分（ムード）はどのようなものでしょうか？

14　組織の中で発達してきた特定の言葉づかいや用語はありますか？

15　貴社の文化にはどういう人が合いそうでしょうか？

▶ 緊張状態：次の組み合わせが生み出す対立や緊張にどう対処しますか？

16「存在目的の追求」対「収益性／企業としての存続性」

17「トップのリーダーシップ」対「下部組織による積極的な取り組み」

18「リスクの低減」対「信頼と自由を守ること」

19「計画立案と統制」対「感知と適応」

20「個人の決定権」対「協力における集合知」

21「専門的なスキルと知識の必要性」対「現場の意思決定者への権限委譲」

▶ リーダーシップに関する創業者／CEO向けの質問

22 ご自分がCEOである事実（トップの孤独、責任の重さ、再建の必要性がある場合）にどう対処していますか？

23 あなたは組織内にどのようにして「正しく存在」していますか？　ご自分のエゴをどう調整していますか？

24 貴社の組織モデルはリーダーとしてのあなたの存在にどの程度依存しているとお感じになっていますか？

25 組織の外に、同じような志の仲間によるネットワークを持っていますか？　参考や模範にしているものはありますか？

付録②　進化型《ティール》を超えて

いつの時代にも、ほかの人々よりも高い発達段階《ステージ》で活動している人々はいる。進化型《ティール》を超えた段階で活動している人々の数の割合は、今のところは極めて少ない。したがって、この段階についての私たちの知識は乏しい。調べようにも、「被験者」がかなり少ないのだ。研究者はもっと少ない。人類の意識の発達段階《ステージ》について調べ、考え、書いた学者の多くは、進化型《ティール》、あるいはもっと早い段階までで探求をやめてしまっている。たとえば、順応型《アンバー》は、フロイトの論文における最も進んだ段階に相当するといってもよさそうだ。ピアジェは「形式的操作期」、つまり達成型《オレンジ》に相当する認知レベルを最終段階と見ていた。そしてマズローの欲求五段階は「自己実現」が最高位だが、これは進化型《ティール》に相当する（もっとも、マズローはあとになってから、もうひとつ上の「自己超越」段階があると発表しているが）。進化型《ティール》の先を探求した研究者はほんのわずかなのだが、おそらくその理由は単純かもしれない。明確にこれを区別してうまく書き上げるには、これらの発達段階《ステージ》をすべてある程度は試さなければならないからだ。

私たちが高度の段階について知っていることは、発達段階《ステージ》（インテグラル理論の言葉でいう「ライン」）の次元によって異なってくる。進化型《ティール》パラダイムを超える精神的な発達段階《ステージ》については多くのことが知られている。というのも東洋を中心に（無論、西洋でも）精神的伝統は数百年、数千年にわたってこの分野を探求し続けてきたからだ。これに対して、たとえば心理学的、認知的、あるいは倫理的、といったほかの次元での高度の発達段階《ステージ》はよく分かっていない。ケン・ウィルバーとジェニー・ウェイドは、これらの後期の段階《ステージ》について書いた学者たちの論文を批判的に見直し、解説している。彼らの理解を深めたい読者向けに、参考文献リストに載せてある彼らの著作の内容を一部紹介しよう。

超越した意識[1]

進化型《ティール》の段階に移行した人々は、エゴが単に人々の一部にすぎないことを分かっている（一部の伝統的な思想ではこれを「小さな自分」と表現する）。エゴがもし意識における一つの客体だとするなら、それを意識している主体はだれなのだろうか？　それは彼ら自身のもっと深い一部、魂、あるいは「大きな自分」だ。これに気がつくと、この段階にいる人々は全体性《ホールネス》を探し始める。「小さな自分」と「大きな自分」を合わせた自分自身のすべての部分を統合するのだ。時に、瞑想を通じて、あるいは単に運が良いと、人々は大きな自分さえ超えた至高体験をし、絶対的な物、自然、神と一体化する。

そのような至高体験はどの段階でも起こり得る。超越した意識に移行している人々は、そのような体験を積極的に求め始める。彼らは、エゴばかりでなく、魂や「大きな自分」も構成概念（a construct）であることを骨身にしみて感じている。究極的に、これは無以上のものではなく、集中の究極的な凝縮であり、分離状態の究極的な幻想だ。この段階での個人の発達は、瞑想やヨガ、変則的な呼吸法、あるいは意識の最高状態への到達を助けてくれるような方法を毎日規則正しく行うことを通じて、魂の探求と混ざり合って、分離状態や時間と空間を乗り越え、万物の顕現《けんげん》との一体感を経験する。自己超越への道は、さまざまな精神的な伝承によって詳細に説明されてきた。たとえば、仏教では、この段階を二七に分解している。ウィルバーは、こうした伝統の多くを比較したうえで、超越した意識のうち大きな三つの種類に注目する。それは心霊的、微細、元因であり、そこでは、それぞれの意識が自然、神聖、そして絶対との一体感を経験する。練習を積むことによって、意識の超越状態への到達が容易になり、日々の認識と混ざり合うことが可能になる。

進化型《ティール》の限界

ある発達段階《ステージ》からそれ以前の段階を振り返ると、どの意識レベルにも限界があるように見える。私は「進化型《ティール》の世界観の限界は何でしょうか?」と尋ねられることがある。当然の疑問は、「進化型《ティール》組織は、いつどのような局面で限界を感じるのだろうか?」ということだ。超越した意識の段階まで移行した人々にとっては、本書の第II部で概要を説明したような進化型《ティール》組織の慣行は、現実の一つの側面、つまり顕在意識における具体的な経験の範囲に限られているように見える——そう考えて間違いなさそうだ。彼らはこの限界を突き抜けて、情熱と精神の世界と直接協力できる組織をつくろうとするかもしれない。その結果、それほど努力せず、しかも見事に組織の存在目的を明らかにするのだ。

統一意識[2]

人の発達には終着点があるのだろうか? 大半の精神的な伝承や神秘的な伝承は、私たちの意識が絶対的なもの(「神」「完全性」「全存在の基礎」「虚無」などさまざまな表現で言及される)と融合するときに、そのような終着点（それは当然全く新しい何かの出発点だと思われる）が現れると考えているようだ。仏教の「涅槃《ねはん》」、ヨガの「サマディ」、禅の「悟り」、イスラム教神秘主義の「ファナー」、キリスト教の「天の王国」がこれにあたる。統一意識は悟りであり、明瞭な見通しと深い思いやりを伴っている。さまざまな伝承の中でこの段階に到達した人々の物語は、彼らが二元性を完全に超越していることを示している。超越した意識の段階で動いている人々とは異なり、彼らは顕在化しているかいないか、物質的か精神的か、通常の意識か、別の意識状態かのいずれかにいるのではなく、同時にどちらにも存在している。時間の制約の中にも、無限の中にも生きており、空間も時間もない視点から今ある現実を見ている。秘教的伝承は、私たちが愛着へのこだわりをやめ、すでにそうなっていること、常にそうなってきたこととともに静かにその状態でいることを受け入れれば、この状態は人間一人一人の潜在的で本当の状態であると主張する。

付録③　進化型《ティール》組織の組織構造

進化型《ティール》という新たな発達段階《ステージ》より前の段階にある組織は、ピラミッド型の構造をしているが、その理由は単純だ。上司－部下の関係はピラミッド型に積み重なる以外になりようがないからだ。自主経営《セルフ・マネジメント》組織では、これまでの階層関係が仲間同士の約束《コミットメント》に置き換わり、ピラミッドはついに崩壊して歴史上の遺産となり得るのだ。しかし、階層がないからといって、自主経営《セルフ・マネジメント》組織は単純にフラットな状態で組織構造が存在しない、と考えるのは誤りだろう。それでは、自主経営《セルフ・マネジメント》はどういう構造になっているのだろうか？自主経営《セルフ・マネジメント》組織にはピラミッドという単一のひな型があるわけではなく、それぞれの組織の事業環境に合うようにさまざまな形態を採用できる。本書のために調査したパイオニア組織からは、おおむね三タイプの組織構造を抽出できる（おそらく別の構造がもっとあるのかもしれない）。この付録では、三つの組織構造を説明し、特定の環境が（ほかの構造ではなく）ある特定の構造をどうして必要とするのかを考察したい。

1　パラレル構造

これは、私の調査で最も多く遭遇した組織構造だ。FAVIは五〇〇人の工場労働者を二一名の自主経営《セルフ・マネジメント》による「ミニ工場」に分け、RHDは自主経営《セルフ・マネジメント》の「ユニット」を運営し、ビュートゾルフは七〇〇〇人の看護師が地域ごとに一〇～一二名の同僚で構成する数百のチームで成り立っている。このモデルは、チーム間で必要以上に調整をする必要がなく、各チームが高い自律性を持てるような仕事には非常によく適合する。どのチームも独立して働きながら共存できるからだ。このモデルでは、あくまでもチーム内でメンバーが自分の役割と、ほかのメンバーに対する相互の約束《コミットメント》を決める。各チームは自分たちで計画を立て、投資ニーズを決定し、（もし必要なら）予算を策定し、財務上の結果と非財務上の結果を追跡し、採用活動を行い、研修の必要性を決定する、といったことも行う。

理想的な状況では、各チームは完全に自律してそれぞれの目的に生命を与え、最初から最後まであらゆる作業を行う。その場合、組織内の一人一人のメンバーは、大組織の場合や、仕事が非常に専門化したときによくあるように、組織の存在目的のほんの一部に触れるだけではなく、全体に生命が実感するのを見るという満足感を得る。実際には、数人の人々、あるいはいくつかのチームがある程度せまい分野で調整や支援にあたることが多い。

▼**チームのコーチ**――進化型《ティール》組織には中間管理職はいない。しかし、問題の解決にはだれか外部の人の

支援が必要だとチームが感じる局面は多い。ビュートゾルフには「地域コーチ」、RHDには「ハブリーダー」と呼ばれる支援スタッフがいる。

▼**支援チーム**――すべてのチームで同じことをするのは全くの無駄、といった類いの仕事がある。たとえば、FAVIでは、ミニ工場のほとんどがアウディ・チーム、フォルクスワーゲン・チーム、ボルボ・チーム、水道局チームなどの顧客対応チームだ。ところが鋳造チームのように、バリュー・チェーンの最初の段階で、すべての顧客対応チーム向けに金属を成型するチームも少数ながら存在する。すべてのチームが鋳造をかわるがわる行うことは現実的ではないし、各チームが同じ設備を複製し、鋳造工場を持つのも合理的ではない。RHDには、研修（同社の「ミニ大学」）、不動産管理、給与支払いなど、現場にいるあらゆるユニットを支援するユニットがある。

▼**支援業務**――自主経営《セルフ・マネジメント》モデルは専門家の配置を人事担当部門に任せるのではなく、各チームに調達させている。しかし、特定の専門分野、あるいは調整目的のために、支援のための役割をつくることが合理的な場合もある。たとえばFAVIには、チーム間でイノベーションやベスト・プラクティスを交換することを支援するエンジニアが一人いる。創業者とCEOが果たすべき役割の一つも支援業務だ。彼らは進化型《ティール》パラダイムを根づかせる場を提供してチーム全体を支援しているからだ。

2　個別契約の網《ウェブ》構造

これはカリフォルニア州のモーニング・スターが最初に始めたモデルだ。このモデルでは、前の「パラレル構造」と同じく、投資予算と財務結果はチーム内で作成され、議論される。モーニング・スターはこれを「ビジネス・ユニット」と呼び、各ビジネス・ユニットは食品加工のプロセス（たとえば、トマトの調達、みじん切り、缶詰め、包装など）か、支援サービス（たとえば水蒸気の発生やITなど）に関係した業務を担当する。

役割と約束《コミットメント》がチーム内で話し合われることはないが、密接に協力する同僚同士では一対一の話し合いを何度も設ける。同僚間の約束《コミットメント》が正式に文書化される場合もある。たとえば、モーニング・スターでは、各社員が「コリーグ・レター・オブ・アンダースタンディング（CLOU／仲間たちへの覚え書き）」と呼ばれる文書を作成し、その人が同意したさまざまな役割や約束《コミットメント》を記録している。

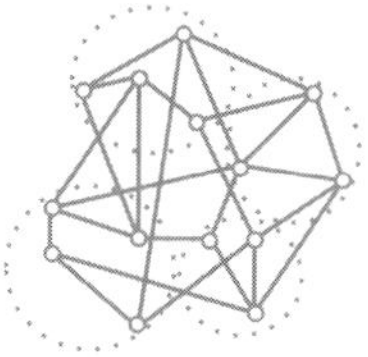

3　チームの入れ子構造

ホラクラシーは、フィラデルフィアを拠点とするターナリー・ソフトウェアで最初に始められた自主経営《セルフ・マネジメント》の手法だが、これは現在、完全に文書化された運営モデルで、チーム編成が入れ子構造になっている。最初のモデルと同じように、チーム（ホラクラシーでは「サークル」と呼ばれている）[1]は完全に自律し、チーム内でどのような役割を割り当てるのか、チームメンバーはお互いにどのような約束《コミットメント》をするのかといった問題を自分たちで話し合い、決めることができる。しかし、チームと支援機能との

関係には重要な違いがある。パラレル構造のモデルでは、すべてのチームが並行して働く構造で、互いに支え合うことはほとんどない。ホラクラシーでは、サークルは入れ子構造の一部なのだ。

ホラクラシー的な構造を採用している社員七〇〇〇名の医薬品メーカーを想像してみよう。この組織の全体の存在目的は、「個人やコミュニティーの健康的な暮らしを支援する」だ。ビュートゾルフでは機能したことを、この会社でそのまま採用してもうまくいかない。七〇〇〇人の社員を、単純に一〇人ごとのチームに分けて七〇〇チームをつくるというわけにはいかない。なぜなら、たった一〇人のチームでは、薬品を開発し、行政の承認を得て、世界中に販売するという業務を担えないからだ。医薬品メーカーの場合は、もっと大きな規模での専門化が必要だ。ホラクラシー的な、入れ子構造ならそれが可能だ。どうすれば機能するのか？　この会社全体の存在目的の追求は、トップにいるサークルが担う。ほかの数多くのサークルは、全体目的の部分的な要素の追求を受け持つことになる。サブサークルの一つは調査・研究部門を受け持つかもしれない。その場合チームの目的は、「個人とコミュニティーの健康的な暮らしを支援する新薬を発見する」になるだろう。さらにこのサブサークルは、この目的を管理可能なパーツに分けて、自らのサブサークルをつくるかもしれない。たとえば、サブサークルの一つは「てんかんに効く画期的な医薬品を開発する」という目的を掘り下げる。もしこの目的がまだ複雑すぎて、妥当な規模のチームでは扱えなければ、さらに分解すればよい。

読者がもし、このプロセスは従来のピラミッド方式に似ていると感じたとすれば、それは正しくもあり、誤りでもある。確かに、小さな問いから始まり、しだいに問いが大きくなり、チームで扱う問題のレベルが高度なものになっていくため、存在目的、複雑性、範囲の階層は存在する。階層の「底」に位置する調査サークルの目的は、組織の最上部のサークルが持つ目的よりも範囲がせまい。しかし、この目的は人々や権限の階層ではない。ホラクラシー的なシステムでは、てんかんの研究チームはその具体的な目的の範囲内ではどんな判断でも行える十分な権限を持っているのだ。意思決定は上に送られるわけではないので、組織の上位にいるサークルのメンバーから却下されることはない。ただし、一人の社員が組織全体を通じて複数のサークルで役割を果たすケースはあるかもしれない。つまり、人々と「組織内での居場所」が一対一ではなくなるわけだ。

サークルとサブサークルは上司と部下の関係ではなく、二重結合によってつながっている。サブサークルは、上位サークルへの代表者を選び、そのサークルのすべてのミーティングに出席する。一方上位サークルは自分の代表者をサブサークルに送り、その話し合いに参加させる。全員の懸念に耳が傾けられて対応が行われるだけでなく、だれの声も他の人の声を打ち負かすことはない、という見事なミーティング・プロセスをたどる。その結果、元々は複雑だった目的が、人々や権限の階層化を生むことなく、存在目的、複雑さ、業務範囲の階層を通じて小さなパーツに分解できる構造となっている。

どの構造が最も適切なのか?

三つの組織構造、あるいはその亜種や混合型のうち、どれがあなたの組織に最も向いているだろうか? 多くのケースでは答えは簡単だ。周囲の地形が湖の形を決めるのと同じように、組織の規模と種類によって自然といずれかのタイプが必要とされるようになる。

小組織

最初の問題は規模だ。あなたの組織が比較的小さく、たとえば従業員数が一二人未満だとすると、三種類の組織構造は事実上同じものに収束する。単一の自主経営《セルフ・マネジメント》チームとして運営されるのだ（二番目の「網《ウェブ》構造」では、役割と約束《コミットメント》が一つのチームとしてではなく、一対一のミーティングが何度も行われるという点が少し異なるが、規模が小さいので、おそらくそうした話し合いをすべてグループ全体ですると合理的かもしれない）。この構造は、業界や業種にかかわらず機能する。建設会社、コーヒーショップ、デザイン会社、地方の美術館、デイケア・センター、民間の診療所、コンサルティング会社、ホームレス支援シェルター、スタートアップ企業など、どんなタイプの企業でも問題ない。仕事の性格や、それがどの程度変わりやすいか、安定しているかによって、役割や方針の変更が多い組織もあれば、少ない組織もあるだろう。役割や約束《コミットメント》、そして存在目的を話し合うためにどの程度の頻度でミーティングを開くべきかは、組織の性格によって決まる。

組織が大きくなって、たとえば従業員数が二〇名を超えると、単独のチームでは切り盛りできなくなってくる。大組織の場合、いわゆる「バリュー・チェーン」の長さが、最も適切な組織構造の決定的な要素となる。地域看護はとても短いバリュー・チェーンだ。顧客を知り、処方箋を読み、医療行為を施す、といったすべての業務を一人の看護師が行う。そしてその一連の行為を一時間かそれ以内にできてしまう。医薬品メーカーのバリュー・チェーンはとても長い。数千人の人々が関わり、しかも数年かかる場合もあるからだ。実に長期間にわたる医薬品の研究プロセス（コンピューター・シミュレーション、研究室でのテスト、臨床試験）があり、開発された物質は定期的に承認を得なければならず、価格設定戦略を立て、どの国でも発売できるように製品を準備し、世界中の営業部隊が医師に情報提供するための専門的な研修を受ける。

短いバリュー・チェーン

バリュー・チェーンが比較的短いと、最初のパラレル構造のモデル（複数の自主経営《セルフ・マネジメント》チームが独立して存在し、最少人数の本社スタッフの支援を受ける）が自然の候補になる。パラレル構造では各チームが同じような仕事をしながら共存できる。たとえばＦＡＶＩでは、さまざまな自動車メーカー向けに複数のミニ工場がギアボックス・フォークをつくっている。ＲＨＤでは、各ユニットがそれぞれのシェルター・プログラムやケア・プログラムを運営している。短いバリュー・チェーンの素晴らしさは、（一部の支援チームを除いて）存在目的をサブ目的に分解する必要がない点だ。ほとんど全員が、存在目的の全体を感じ取り、その実現に向けて努力できるチームの一員なのだ。自分たちの仕事がどのようにして顧客を幸せにできるかを、全員が理解している。

運の良いことに、ほとんどの産業のバリュー・チェーンは比較的短い。いくつかの事例を挙げておこう。

▼**小売り**――店舗は自主経営《セルフ・マネジメント》のチームで容易に運営できる。小規模店舗の場合、店舗全体が単一の自主統治的なチームとして動いている。スーパーマーケットなどの大店舗を抱える小売業者は、各店舗をいくつかのチームに分けている。それを実践しているのがホールフーズだ。店舗内のチームは、本社や地域本部から送られてくる少数の支援チーム（物流、購買、マーケティングなど）に支えられている。

▼**サービス業**――サービス業に従事するほとんどすべての企業（保守サービス、ケータリング、クリーニング、警備など）は、担当地域別の自主経営《セルフ・マネジメント》チーム編成にすれば簡単に運営できる。弁護士事務所、IT企業、経営コンサルタント、広告代理店といった専門職は、すでに地域別、あるいは専門分野別のチームに分けられ、無理なく自主経営《セルフ・マネジメント》チームで運営されていることが多い。

▼**製造・加工組立業**――自動車部品業者、玩具メーカー、アパレル・メーカーなど多くの製造業者のバリュー・チェーンは比較的短いので、FAVIのパラレル構造モデルを使える。

▼**農業**――大規模な農場は、地域別のチームか、穀物あるいは家畜の種類別のチームに分けるパラレル構造でうまくいくだろう。

▼**学校**――大規模校は、小さな、自主統治的なユニット（単位）に分割できる。ESBZのように、ユニット専用の教室と教師の部屋があって、ミニ・スクールのようなコミュニティー感覚が醸成されれば理想的だ。

▼**病院**――病院は自主統治的なチームに分割した組織構造をつくれる。大半の病院では、（たとえば整形外科、心臓外科、救急処置室のように）担当ユニットごとに医師と看護師によるチームができ、いくつかの支援サービス（研究室、保守など）に支えられるという構造になる。

▼**財団や非営利組織**――RHDのような大きな非営利組織も、多くは地域、活動内容、あるいは顧客のタイプによって自然とグループ分けされることが多い。

▼**公共サービス**――非営利組織と同じく、ほとんどの公共サービスは地理、活動、あるいは顧客タイプに応じて容易にチームに分けられる。

長いバリュー・チェーン

サプライ・チェーンが長くなると、パラレル構造によるチーム編成は現実的ではなくなる。銀行や医薬品企業は「ミニバンク」や「ミニファーマ」に分解できない（もっとも、バリュー・チェーンのいくつかの段階には可能だ。たとえば医薬品メーカーの営業部隊と銀行の支店は、自主経営《セルフ・マネジメント》の多数のチームがパラレル構造で存在し得るからだ）。この場合、個別契約の網《ウェブ》構造か、チームの入れ子構造に基づく組織の方が合理的だ。

モーニング・スターで採用している個別契約の網《ウェブ》構造は、継続して比較的安定した業務プロセスには自然に合うモデルで、化学産業、食品加工、あるいは長いラインの加工組立業を行う組織に見いだすことができる。プロセス内の大きなステップの一つ一つは、わずかな人々しか関わらないため入れ子構造は必要ない。個別契約の網《ウェブ》構造では、社員たちは川上の同僚とも川下の同僚とも明確な形で合意に達することができる。

バリュー・チェーンがただ長いだけでなく、深い業界もある。ステップに関わる人が多く、しかも複雑な業務が要求される。家電メーカー、大手のメディア企業、銀行、保険会社、自動車メーカー、宇宙産業、航空産業などだ。こうしたタイプの企業には、ホラクラシーの入れ子構造が非常に適合するかもしれない。この構造では、組織全体の目的が、サブ・チームにおいてより単純でマネジメント可能な目的に絞り込まれていくからだ。

どのような文脈が三つの組織構造に合うかを529ページの表にまとめた。あなたの組織にとって最適な自主経営構造を見つけようとするときは、次のようなことを考えてみるといいだろう。もし管理職がいなくなれば、社員が協力して業務を調整して進めていくのにどんなやり方が自然だろうか？　この表で提起されている問題（会社の規模や、バリュー・チェーンの長さと深さ）は、あなたの思考を助けてくれるだろう。ただし、自分の組織に特有の要素も重要な役割を果たしているかもしれない。組織内のさまざまな部署の同僚たちとともに、最も適切な組織構造は何かについて考えてみてほしい。そして思考をしばらく煮詰めよう。そのうち答えが現れるはずだ。完全な解決策を得てから始める必要はない。「おそらくこれではないか」と思える構造から始め、組織の自主経営《セルフ・マネジメント》の力を信じればよいのだ。そうすれば組織のニーズに最も合う構造へと進化し、環境の変化に応じて進化を続けるはずである。

小さな組織

・小規模な組織は、セクターにかかわらず単一の自主経営（セルフ・マネジメント）チームで運営できる。

規模が大きく、バリュー・チェーンが短い組織

・小売業
・サービス業
・一部の製造業
・学校
・病院
・公共サービス

規模が大きく、バリュー・チェーンが長い組織

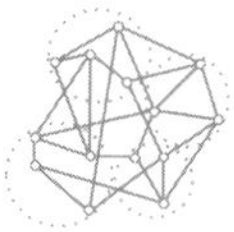

・化学産業
・食品加工
・一部製造業（長い組み立て作業）

・銀行／保険会社
・医薬品会社
・自動車
・航空宇宙
・家電

付録④

進化型《ティール》組織の構造、慣行、プロセスの概要

以下に示す表では、進化型《ティール》組織の構造、慣行、プロセスを達成型《オレンジ》組織（今日の経営思想で圧倒的な基準となっている組織パラダイム）と比べている。

	達成型《オレンジ》組織	進化型《ティール》組織
▶ 構造		
1　組織構造	・ピラミッド型の階層構造。	・自主経営（セルフ・マネジメント）チーム。 ・必要に応じて、コーチ（収益責任を負わず、管理上の権限も持たない）がいくつかのチームを担当する。
2　調整	・（トップ経営陣から下部組織に至るまで）すべての階層で行われる定められたミーティングで調整が行われる。結局朝から晩までミーティングになることも珍しくない。	・経営チームによるミーティングはない。 ・必要が生じたときに調整が行われ、ミーティングが開かれる。
3　プロジェクト	・複雑な状況を管理し、経営資源に優先順位をつけるための重い仕組み（プロジェクト・マネジャー、ガント・チャート、計画、予算など）。	・徹底的に簡素化されたプロジェクト管理。 ・プロジェクト・マネジャーはおらず、プロジェクトに必要な人材は自分たちで集める。 ・計画や予算は最小限で（あるいは全くなく）、自発的に優先順位付けがなされる。
4　スタッフ機能	・人事、IT、購買、財務、管理、品質、安全、リスク管理など、おびただしい数のスタッフ機能。	・そうした機能の大半は各チームで、あるいは自発的なタスクフォースが担う。 ・ごく少数のスタッフ機能は助言のみを行う。
▶ 人事関連		
1　採用	・人事の専門スタッフが採用面接を行い、職務記述書の中身が重視される。	・将来一緒に働くかもしれない社員たちとの面談で、組織と組織の存在目的が重視される。
2　オンボーディング	― （大半が管理面に関するオンボーディング・プロセス）	・人間関係と組織文化に関する徹底的な研修。 ・組織に溶け込むためのローテーション・プログラム。
3　教育研修	・研修内容は人事部が設計。 ・仕事上のスキルや経営の訓練が大半。	・研修は自由に自己責任で受ける。 ・社員全員が参加する組織文化構築の研修が極めて重要。
4　役職と職務内容	・どの仕事にも役職があり、職務内容は決まっている。	・役職はない。 ・決まった職務内容の代わりに流動的できめ細かな役割が多数存在する。

	達成型組織《オレンジ》	進化型組織《ティール》
5 個人の目的	— （従業員が社員個人の人生でなすべき使命を見つけ出すための支援をするのは組織の役割ではない）	・個人の使命と組織の目的の交差点を探るために、採用、教育、評価制度が用いられる。
6 柔軟性と業務時間の取り決め	—	・仕事にかけられる時間と自分が生活のうえで大事にしているほかの時間との割合についての誠実な話し合い。 ・約束（コミットメント）が守られている限り、労働時間には高い柔軟性がある。
7 実績管理	・個人のパフォーマンスに注目する。 ・評価は組織階層上の管理職によって決められる。 ・評価面談は、過去の実績を客観的な視点だけの断片で審査する。	・チームのパフォーマンスに注目する。 ・個人の評価は同僚間の話し合いに基づいて（ピア・ベース）決定される。 ・評価のための面談は、その人がこれまで何を学んだか、その人の使命は何か、一人一人と探索する。
8 報酬	・組織階層上の管理職によって決定される。 ・個人のインセンティブ。 ・実力主義により、社員の給与には大きな差がつく場合がある。	・基本給については、ほかの社員とのバランスを考えながら自分で定める。 ・賞与はないが、全社員平等の利益分配がある。 ・給与の差は狭い。
9 任命と昇進	・少ない昇進機会をめぐる熾烈な争いが政治的駆け引きや秩序を乱す行為を生む。 ・縄張り争い——一人一人のマネジャーが自分の城の王となる。	・昇進はないが、同僚間の話し合いに基づく（ピア・ベース）流動的な役割の再配分がある。 ・自分の権限外の問題について率直に意見表明をする責任がある。
10 解雇	・管理職が（人事部の承認を得たうえで）部下を解雇する権限を持っている。 ・解雇はほとんどが法的、金銭的プロセス。	・解雇は仲介者の入る紛争解決メカニズムの最終段階。 ・実際には極めてまれ。 ・解雇を学習機会へと転換する思いやりのある支援。

	達成型組織《オレンジ》	進化型組織《ティール》
▶ 日常生活		
1　オフィス空間	・標準化された、面白みのない社屋。 ・多すぎるほどの職階。	・自分たちで飾り付けた、あたたかい雰囲気のスペース。子どもたちにも、動物にも自然にも開放されているオフィス。 ・職階が全くない。
2　ミーティング	― （ミーティングの数は多いが、ミーティングでの慣行はほとんどない）	・エゴを抑え、全員の意見に耳が傾けられるような、具体的な慣行がある。
3　意思決定	・組織ピラミッドの上位でなされる。 ・どのような意思決定も組織階層の上部から却下される可能性がある。	・助言プロセスに基づき完全に分権化（あるいはホラクラシー的な意思決定の仕組み）。
4　紛争	― （紛争はうやむやにされることが多く、紛争解決の仕組みはない）	・紛争を明らかにし、対処するための時間が定期的に定められている。 ・複数の段階を踏む紛争解決の仕組みがある。 ・全員が紛争対処の訓練を受けている。 ・紛争は当事者と仲介者以外には知らされず、部外者が引きずり込まれることはないという文化がある。
5　情報フロー	・情報は力であり、知る必要がある場合に開示される。 ・外部に対して秘密を守ることが当たり前。	・会社の財務や報酬も含め、あらゆる情報はいつでも、だれでも入手できる。 ・外部に対して完全に透明で、存在目的をうまく達成するために部外者からの提案が歓迎される。
6　価値観	― （組織の価値観は額に入って壁に飾られているだけのことが多い）	・明確な価値観が、組織内で受け入れられるあるいは受け入れられない行動や態度の基本ルールとして具体化され、働く人々にとって安全な環境を守ろうとしている。 ・価値観と基本ルールについての議論を深めるためのルールや慣行。

		達成型組織《オレンジ》	進化型組織《ティール》
7	内省のための空間	—	・静かな部屋。 ・集団での瞑想と沈黙の慣行。 ・大集団での振り返り会。 ・チームによる管理と仲間同士でのコーチング。
8	気分管理	—	・どのような気分が組織の存在目的に資するかを常に感じ取る。
9	コミュニティーの構築	—	・自分をさらけ出してコミュニティーをつくるための物語る（ストーリーテリング）練習。

▶ 主な組織プロセス

		達成型組織《オレンジ》	進化型組織《ティール》
1	存在目的	— （存在目的に耳を傾けるルールや慣行はない。競争の中でいかに生き残るかが意思決定の主な原動力）	・組織は自らの存在目的を持った生命体として見られている。 ・競争という概念は組織行動に無関係。「競合他社」を受け入れ、共に存在目的を追求する。 ・組織の存在目的に耳を傾ける慣行がある。 ― だれもがセンサー（感知器）。 ― 大集団でのプロセス。 ― 瞑想、誘導ビジュアライゼーションなど。 ― 外部からの働きかけに対する反応。
2	戦略	・戦略は組織のトップが決める。	・戦略は自主経営（セルフ・マネジメント）マインドのある従業員の集団的な知性から自然発生的に現れる。
3	イノベーションと製品開発	・アウトサイド・イン――顧客の調査と顧客セグメンテーションが提供商品／サービスを決める。 ・必要に応じて顧客ニーズがつくられる。	・インサイド・アウト――何を提供するかは存在目的によって定まる。 ・直感と美によって導かれる。
4	サプライヤーの管理	・サプライヤーは価格と品質で選ばれる。	・サプライヤーは存在目的への適合度で選ばれる。

	達成型組織《オレンジ》	進化型組織《ティール》
5　購買と投資	・組織内の階層に応じた限度額。 ・投資予算はトップ経営陣から干渉される。	・だれでもいくらでも使うことができる。ただし助言プロセスは尊重される。 ・チームの投資予算は同僚間の話し合いに基づいて（ピア・ベース）決定される。
6　営業とマーケティング	・ブランドは顧客セグメンテーションに合うように決められる（アウトサイド・イン）。 ・営業部隊は目標とインセンティブでけん引される。	・マーケティングは単純な提案――「これは世界に対する私たちの提案です」（インサイド・アウト）。 ・営業目標はない。
7　プランニング、予算策定、管理	・「予測と統制（コントロール）」に基づく。 ・中期計画、年次予算、月次予算という厳しい周期。 ・計画への固執がルール。逸脱した場合には説明が必要で、足りない分は埋めなければならない。 ・従業員にやる気を出させるための野心的な目標。	・「感覚と反応」に基づく。 ・予算や予実分析はまったくないか、極端に簡素化されている。 ・「完璧な」答えを探すのではなく、実用的な解決策と高速反復。 ・何が必要かを常に感じ取る。 ・目標数値はない。
8　環境と社会への取り組み	・事の本質とは無関係な「金額的基準」――「コストがかかりすぎない限りにおいて取り組む」。 ・業績への影響を考慮しながら経営トップだけが取り組みを始めることができる。	・本質的な基準としての「誠実さ」――「なすべき正しいことは何か？」。 ・何をするのかが正しいかをだれもが感じ、だれもが取り組みを始められる。
9　変更管理	・組織をA地点からB地点に動かすための変革ツールが用意されている。	― （組織は環境変化に合わせて常に内部から変化しているので、「変革」は意識していない）
10　危機管理	・少人数で構成される顧問団が秘密裏に会合し、CEOのトップダウンによる意思決定を補佐する。 ・社員への伝達は判断が下されたときだけ。	・関連する人であればだれでも、集団的な知性に頼ってベストの反応を得ることができる。 ・助言プロセスを停止しなければならないときには、停止の範囲と期間が定められる。

謝辞

多くの人に支えられて、本書は生まれた。もちろん真っ先に感謝を述べるべき相手は、本書で取り上げた先駆的な組織の創業者と従業員の方々だ。彼らが成し遂げてきたすばらしい成果に、私は畏敬の念をいだいている。まったく新しい経営手法を探求しようとして下された数々の判断は、自分たちの正しさを実証しようとしてのものではなく、己の価値観と信念に沿って物事を進めたいという、個人的な欲求に駆り立てられたものだった。

しかし、先駆者たちが実現したイノベーションには普遍的な意味がある。私たちの仕事のあり方について、未来をよくするための方向性が示されているのだ。このイノベーションが大きく広がれば、それらが案内役となって、私たちはより早く、かつ容易に次の意識段階に到達できる状況が生まれるだろう。

多くの方々が、仕事や家族に割くはずだった貴重な時間を犠牲にして、自分が働く組織の基本原則、構造、慣行、業務プロセス、文化などについて、私の理解が深まるように丁寧に説明してくれた。そのような寛大な時間の貢献がなければ、本書を書き上げることはできなかっただろう。

本書の内容に関心をもって原稿を読んでくれた、友人や専門家の方々にも御礼を述べたい。エリック・ミードは、発達理論について触れた第Ⅰ部の各章を改善するために、私の考えを明確な表現に落とし込み、本質的な問いを投げかけてくれた。ディーデリック・ヤンセは多元型《グリーン》組織の突破口《ブレイクスルー》の説明はもちろん、本書のほかのさまざまな箇所についても貴重な指摘をしてくれた。

ベルナデッテ・バーボル、クラウディア・ブラウン、デイヴィッド・プティック、ディエゴ・クアドラ、ジョエル・メリック、クン・デ・ヴィッテ、モーリー・トレバートン、ナディン・シブネ、ナタリア・ヒグビー、ノーマン・ウルフ、テリー・チャズィーからは、素晴らしいフィードバックをもらった。パラグラフごとに感想をくれた人もいるぐらいだ。私にとって、こうしたさまざまなコメント、感動、質問、疑問を発してもらうことは、本書の読者の思考に潜り込む秘密の鍵をもらったような体験だった（まさに著者としての夢だ！）。おかげで、どの箇所が私の言いたいことをきちんと伝えられているのかを理解できたし、誤解を招く数々の表現を修正し、大なり小なりさまざまな部分を明確化することもでき、よりよい本に仕上げられた。そのほかにも、初期の原稿を読んで全般的な印象を語ってくれた友人たちもいる。調査をして本を書くというのは、とても長いプロセスだ。彼らの心のこもった意見や感想に私は大いに励まされ、執筆への高い意欲を持ち続けることができた。

だれよりも長い時間をかけて原稿に向き合ってくれた二人には、特に感謝したい。ジェシカ・エプスタインとエリザベス・グールスビーは、一ページ一ページに忍耐強く丹念に目を通してくれた。二人の多大な労力と細心の注意力に基づく、細部にいたるまでの様々な提案に心から感謝する。二人が余すことなく批判的に見てくれていることをわかっていたので、私は安心して任せることができた。

ビュートゾルフを教えてくれたラース・ファン・タイン、ＲＨＤの調査を提案してくれたマーク・ホラーン、モーニング・スターを知るきっかけをくれたクリストフ・ミコラジャックにも感謝を。マーガレット・ベネフィール、マイケル・ビジョフ、ジュディ・ニール、チャック・パルスも、調査対象組織の選定に情報を提供してくれた。

最後に、エレン、ラファエル、ノエミにも一言申し添えておきたい。ラファエルとノエミは私の執筆への思いなどそっちのけだったが、だからこそ私は幸運だったと思う。二人が常に遊びと驚きの世界へと誘ってくれたおかげで、私は自分の足元にある大切な人生をしっかりと確認しながら、本書に取り組むことができた。エレンはどんなときでも愛情と励ましと関心を惜しみなく注ぎ、私を支えてくれた。執筆という大変な作業であっても、彼女と共にいればすべてが楽しいものに変わる。本書のための調査をしているとき、そこで働く人々が安心感をいだき、ひとりひとりが潜在能力を最大限に発揮して自分らしく成長するような職場を目にした。そのようなコミュニティーを家庭で毎日目の当たりにできるというのは、私の心を言い尽くせぬ感謝で埋めてくれる素晴らしい贈り物だ。

本書に寄せて

本書は、多くの点で非常に重要な書物だ。画期的な調査結果や発想、指針、提案はもちろん、重要な問いや課題も数多く提起している。最近は組織に関する書物が多くなってきたが、本書はその中でも最先端に位置している。人類の（そして、実に宇宙《コスモス》の）進化の現時点において、次々と明らかになっている意識、文化、社会システムの非常に深遠な変化を取り扱っているからだ。著者のフレデリック・ラルーが特に注目したのは、さまざまな規模の組織の価値観、慣行、構造だ。しかもこれらは、世界中で起ころうとしている、とてつもない意識の変容につき動かされているように見える。現在の経営パラダイムには大きな限界があると感じ、もっと意識の高い方法で組織を経営したいと強く望みつつも、果たしてそんなことが可能なのか、どうすればそんなことができるのかといぶかっている人々のために、ラルーは極めて詳細かつ実践的な手引書としてこの本に落としこんでくれた。

本書は極めて実践的な本であるが、誤解してはならない。進化論と発達心理学にしっかりと根付いているのだ。単に組織だけではなく、社会における意識の大きな変容を記述した書物は三〇年前には出始めており、先駆的な書物としては『アクエリアン革命』★、『転換点』（未邦訳／*The Turning Point*）、『緑色革命』★などがある。しかしこれらの書物と本書との間には、大きな、実に根本的な違いがある。過去四〇〜五〇年間に意識と文

★『アクエリアン革命』（マリリン・ファーガソン著、松尾弌之訳、実業之日本社、1981年）。

★『緑色革命』（チャールズ・A・ライク著、邦高忠二訳、早川書房、1971年）。

化に起こってきたのは、一つの大きな変容であると一般に考えられていたが、実際には二つの変容だったということである。それらは連続的に現れてくるもので、「多元的」と「統合的《インテグラル》」、「個人主義的」と「自律的」、「相対主義的」と「体系的」、「ヒューマンボンド」と「フレックスフロー」★、「グリーン」と「ティール」、「オーダー四・五」と「オーダー五・〇」など、さまざまな呼び方がされている。そして、発達心理学者たちが次第に発見してきたように、これらの二つの変容は、たとえばジャン・ゲブサーの言葉を若干修正して述べるならば、古層的、神秘的（部族的）、神話的（伝承的）、合理的（近代的《モダン》）、多元的（脱近代的《ポストモダン》）、そして統合的《インテグラル》（脱・脱近代的《ポスト・ポストモダン》）と続いた意識の変容に関する実に長い行列の最後に現れた二つなのだ。

　こうした意識の発達段階《ステージ》の一つ一つは人類全体が経験してきたものであり、今日の個人の中でも発達は再現される。個人の発達は「第一段階《ステージ》」から始まり、その人が属する文化の平均的な段階《ステージ》まで発達する（もちろん、個人によってそれよりも高い段階まで行く者もあれば、低い段階にとどまる者もある）。それぞれの発達段階《ステージ》はさまざまな価値観、ニーズ、動機、モラル、世界観、自我構造、社会のタイプ、文化的ネットワークなどの基本的な特徴を有している。私が前の段落で述べた二つの変容は、一九〇〇年代に現れて脱近代主義《ポストモダニズム》とともに始まった多元的段階と、近年現れつつある（しかしまだまだ少ない）統合的《インテグラル》な段階で、脱近代主義《ポストモダニズム》とその基礎となる土台をちょうど越えて（それが今後どのように発展するかはともかく）新しく創発しようとしている。

　私が指摘してきた本書が提示した深遠な差異とはこのことだ。この分野の最も初期の書物は脱近代的《ポストモダン》な観点から社会の変容を論じており、人の進化をかなり単純に見ている。本書を通じて、ラルーは統合的《インテグラル》な視点から論点を主張しているが、それは進化論と発達理論とAQAL（全象限、全レベル）と呼ばれるインテグラル理論の高度な理解に根ざしている。

★　発達心理学のひとつスパイラルダイナミクス理論を提唱したドン・エドワード・ベックとクリストファー・コーワンによる発達段階の定義。「ヒューマンボンド」は本書での「グリーン」に相当し、合意志向、平等性、人間性、多様性を重視し、精神的な内面を掘り下げる。「フレックスフロー」は本書での「ティール」に相当し、「生きるシステム」を大局から見つめ、物事の流れ（フロー）を進化的に設計する。ちなみに、ベックとコーワンも発達段階を色で区別しており、「ヒューマンボンド」は本書と同じ「グリーン」だが、「フレックスフロー」は「イエロー」と定義している。

脱近代主義《ポストモダニズム》は、その名が示唆するとおり近代主義《モダニズム》という段階の後に来る人間発達の一般的な側面で、厳しく批判されることも多い（なお、近代主義《モダニズム》は西洋のルネサンスで始まり、啓蒙運動、すなわち「理性と革命の時代」に完全に花開いた）。啓蒙運動の近代性《モダニティ》がもたらしたのは、人間発達におけるそれ以前の、文字通り神話、宗教、伝承の時代を超えた動きだった。かつては聖書が文字通り唯一絶対の真理であり、人類には一つの、そしてたった一人の救済者しかおらず、「母たる教会を通る以外に救済者はだれもいない」、つまり教会の教義が芸術や規範、科学から宗教まで、あらゆる対象に真理を与えていた。啓蒙主義の時代になると、君主制から代議制民主主義へ、奴隷制から自由へと置き換わった（一七七〇～一八七〇年ぐらいまでの百年間で、地球上のすべての合理的な社会、つまり産業社会は奴隷制を非合法としたが、これは人類の歴史上、あらゆる社会体制の中で初めての出来事だった）。さらに、実験に基づく近代科学が（本当の意味での真理の源として）啓示的で神秘的な宗教に取って代わった。そして、マックス・ヴェーバーが「価値領域の区別化」と呼んだものが始まった（つまり、芸術、倫理、科学が差異化されて、だれもが教会の教義という融合されたものの外で自分自身の論理と真実を追求できるようになった。かつて聖職者はガリレオの望遠鏡をのぞくことを拒否したが、数百人、ついには数千人の研究者が望遠鏡をのぞき始め、今や地質学、物理学、化学、生物学、心理学、社会学など、「近代科学」と呼ばれるあらゆる分野が爆発的な発展を遂げたのだ）。

　近代科学がものの見事に成功したために、人間の存在と知識に関わるその他の主要領域（芸術的なものから倫理的なものまで）が科学主義（科学が、そして科学だけがあらゆる有益な真理を実現できる）に侵害され、支配され始めた。ヴェーバーは「現世の呪術からの解放」という有名な言葉で表現したが、「近代性《モダニティ》の威厳」（価値領域の区別化）はすぐに崩壊して「近代性の悲惨」（価値諸領域の分裂）となってしまった。

こうした状況が三〇〇年ほども続いた。その間に科学は偉大な発展を遂げ驚くべき事実が次々と発見された。還元主義と科学的物質主義が進み、ほかのあらゆる分野や領域を、無用で、時代遅れで、子どもじみた、古めかしいものにしてしまった。「社会進化論」――人間の存在のあらゆる側面に適者生存が適用できるという考え方――が、資本主義と社会主義という新たな二大経済システムを含む人類のあらゆる人間性、倫理、政治をじわじわと侵害し始めた。科学的物質主義――意識、文化、創造性を含む世界で起こっているすべての現象が、物質的原子とそれらの相互作用（しかもそれらは科学的手法によってしか確認することができない）に還元されるという考え方――と、その信念に付随する全般的にリベラルな政治が、次の三世紀の発達段階《ステージ》を決定づけた。

一九六〇年代には、科学的物質主義の支配は、それ自身が宇宙の真実への確かな道筋としてではなく、おおむね文化構築の手段だとして異議が唱えられた。それだけでなく、神話と宗教の時代からの名残である、さまざまな屈辱、つまり女性などマイノリティーへの圧力、自然と環境の搾取、市民権の不平等、物質主義そのものの蔓延にも異議が申し立てられた（実は、これらの中には近代主義がうまく対処したものもあれば、悪化したものもある）。こうしたあらゆるものが、脱近代主義《ポストモダニズム》によって激しく攻撃され、治癒が試みられた。発達心理学者たちがこの新たな創発について発見したのは、この動きが、新しい、さらに発達した段階における人間の潜在能力の開花（多元的、個人主義的、相対主義的、脱近代主義《ポストモダン》的などさまざまな表現で言及される）によって大きくけん引された、ということである。とはいえ、これは、脱近代主義《ポストモダニズム》の宣言すべてが真実だということではない。ただ、これらの宣言は、近代（そして今日における個々人の近代的な発達段階《ステージ》）に典型的に見られる形式合理的な構造よりも複雑で、高度で、包括的な思考形式に基づき、幅広い視野を含んでいるということだ。

この新しい、より包括的な発達段階《ステージ》が、現在進行中の「今や偉大な新しい世界観《ニュー・パラダイム》と大きな意識変容が存在する」と主張する第一波の書物群をもたらした。一九七〇年代から八〇年代に現れはじめたこれらの書物には（その一部についてはすでに言及したが）非常に顕著な特徴があった。どの書物も二つの柱で構成されていたのだ。一つは「古い世界観《オールド・パラダイム》」で、これは「分析的（analytic-divisive）」「ニュートン・デカルト的」「抽象的・知的」「断片的」「男性的」で、人類の文字通りあらゆる問題（それこそ核戦争から虫歯に至るまで）の原因となってきた枠組みである。もう一つの「新しい世界観《ニュー・パラダイム》」は、「有機的」「全体論的」「体系的」「包括的」「女性的」で、人類を事実上あらゆる疾病から大胆に救済し、至福の自由へと解放する源となった。さらに、人類にはこの二つ（古い世界観と新しい世界観）の選択肢しかなかった。それ以前の段階（たとえば部族的な世界観）は、単に新しい世界観《ニュー・パラダイム》の初期のバージョンだっただけで、古い世界観《オールド・パラダイム》の攻撃的な近代的《モダン》バージョンによって抑圧され、破壊されたとみなされた。

これらの書物の大半は、単に流行を追う著者が、自分もその一部にすぎなかった変容を記録しただけのものだったと言ってよい。つまり、まださまざまな程度で存在している神秘的、神話的、合理的な世界観《パラダイム》の残党に、新たに現れてきた「脱合理的」または「脱近代的《ポストモダン》」の世界観が加わり、流行を追う著者たちはそれに接した最初の主な世代だった。

これら初期の書物をすべて見渡すと、いくつかの共通点が見受けられる。人類の選択を大きく二つの選択肢（古い世界観と新しい世界観）のみに分け、人類の疾病のすべてを近代《モダニティ》と啓蒙主義の世界観《パラダイム》のせいだと非難し、現実をひどく歪めた、という点である。実は、人類が直面している本当にひどい文化的問題は、神話的な構造がもたらした結果だったにもかかわらず。神話は自民族中心主義的な「選民意識」を生み、女性への抑圧、奴隷制、戦争、環境破壊をもたらしたのだ。さらに、近代《モダン》テクノロジーとこの神話的な動機が結びついて悲惨な結果がもたらされることもあった（たとえば、アウシュビッツなどは、人種、肌の色、性別、信条にかかわらず、すべての人を公平に扱う近代の「世界中心主義的」モラルの産物ではなく、神話的な「自民族中心主義」の産物だった。自民族中心主義とは、異教徒は外集団で、「選民」は内集団であると考え、異教徒には魂《ソウル》がなく、殺してもかまわないのであり、改宗のための伝道師の派遣から十字軍の直接派遣まで何らかの形の聖戦が何よりも大事だ、という考え方である）。多くのケースで、近代《モダニティ》は、神話と自民族中心主義がもたらした屈辱（奴隷制）を終わらせようとしていたし、それ以前は極めてまれな価値だった、「寛容」という近代的《モダン》態度を生んだ。ところが、脱近代《ポストモダニティ》がそのすべてについて、近代（と合理的な啓蒙主義の価値観）を非難し、状況をかなり悪化させたのだ。

しかし、ほかの側面においては、以前より高い段階《ステージ》の観点で物事をとらえる脱近代《ポストモダン》の時代は、科学の発展をもたらし、それ以外の分野も同等に扱った。真理が存在せず、たださまざまな解釈があるということがあり得るのであって、だからこそ当然あらゆる分野が含まれるべきだと主張した。そして、市民権の拡大、環境保護主義、同性愛者と障害者の権利獲得に向かう努力の中で、少なくとも、より高い発達段階《ステージ》に上る可能性のある高い倫理構造が明確に前面に出てきた。「新しい世界観《ニュー・パラダイム》」関連の書物がはやし立てたのは、こうした発展だった。この局面は、単に人類の歴史の四度目か五度目の大きな変容にすぎず、ほかのさまざまな世界観と並走するもので、それらに完全に置き換わるわけではないにもかかわらず、これに熱狂し、世界の全体がこの多元的局面、この「新しい世界観《ニュー・パラダイム》」に向かっていると思い込んでしまったことをだれが非難できるだろう？　これは、マズローに言わせれば「欠乏欲求」、クレア・グレイブスの信奉者なら「第一層（の思考）」と呼ぶものにけん引されたそれ以前の社会状況と、多くの点で似ていた。

しかし、この時代の発達心理学者たちは、どこか得体の知れないものを察知し、やがてそれは完全に驚くべきものだと気づきはじめた。脱近代《ポストモダニティ》／多元的段階に到達した、ほんのわずかな（二、三パーセントの）者たちが、人類の歴史上、文字通りかつてなかったような特徴を示し始めたからだ。グレイブスはこのさらに新しい段階を「意味の重大な飛躍」と呼び、マズローは「存在価値」と呼んだ。あらゆる従前の段階（神秘的、神話的、合理的、多元的）は不足、欠乏、欠陥といった感覚で動いていたのに対し、この新たなレベルの意識（研究者たちは「統合」「統合された」「自律的」「第二層」「包括的」「体系的」などと多様な名称で呼び始めた）は、善、真、美があふれ出しているかのような、極めてポジティブな考え方を基にして行動した。それは、あたかもだれかが一〇億ドルを心理的な口座に預け、したいことはただ、あまりにも豊富にあるお金を皆に分け与えたい、というようなものだ。

それだけではない。第一層の意識レベルが、自分たちの真実と価値こそがこの世に存在する唯一の真相と真価であり、その他のすべては誤りで、邪悪で、子どもじみていて、あるいは単に間抜けだと感じたのに対し、新しい統合的《インテグラル》な段階は、それ以前の価値構造はそれぞれ独自の意味で真実かつ重要で、提供できる何かを持っているが、そのすべてが「真実だが部分的だ」と、直観していた。したがって、脱近代的《ポストモダン》／多元的の段階が「すべてを含んでいる」存在として自らを見たいと思うのと同じくらい、本質的に合理的価値観と神話的価値観をなお嫌っていた。しかし統合的《インテグラル》な段階は、実際にそれらを含み、あるいは包み込み、あるいは全体的な世界観の中でそれらを受け入れる余地をつくった。それは、人の意識の真の意味で包括的で、何も阻害しない段階が史上初めて生まれたときだった。そしてこれが、実に、すべてを変容させるはずだ。

ゆっくりと、しかし次第にスピードを増して、「新しい世界観《ニュー・パラダイム》」関連書物の第二世代が明確な形で現れ始めた。これらの書物には、ジェームズ・マーク・ボールドウィンやジャン・ゲブサーといった初期のパイオニアによるものもあるが、最近は、（ほんの一部を挙げるだけでも）ユルゲン・ハーバーマス、アブラハム・マズロー、ビード・グリフィス、ウェイン・ティーズデール、アラン・クームスなどの哲学者、心理学者、理論家や私自身の書物も含まれている。新しい世界観《ニュー・パラダイム》に関する書物の第一波と違って、この第二波の方がはるかに高度な、少なくとも四ないし五、場合によっては九または一〇の発達段階《ステージ》（ただし、間違いなく「古い世界観」と「新しい世界観」の二段階を超えた数の）の心理的要素を含んでいた。さらに、これらの発達段階《ステージ》を貫く一連の発達領域《ライン》、あるいは多数の知性（認知知能、心の知性、倫理的知性、身体的知性、精神的知性など）を備えていた。彼らはまた、科学と霊性《スピリチュアリティ》の間には統合の余地があることを見いだしていた。つまり片方をもう片方に還元することができない（つまりすべての霊性《スピリチュアリティ》を量子力学あるいは脳の可塑性で説明できる、あるいはすべての科学を神話的な根拠で説明できるものとして見ることもせず、しかし両者ともそれ以上還元できない重要な存在であると見る）ことに気づいていた。そして全員が、「新しい世界観《ニュー・パラダイム》」関連書籍の第一波を脱近代的《ポストモダン》／システミックな段階を説明するものと見ていたが、純粋に統合的《インテグラル》／多元的な段階とは考えていなかった。

フレデリック・ラルーの著した本書は、明らかに第二波のグループに属している。しかし、その重要性は主にこの点にあるのではない。この十年から二十年あまり、ビジネスと一種の「新しい世界観」の両方に注目する書物が次々と現れてきた（大半はまだ第一波の書物だが、次第に第二波の書物も増えてきた）。しかし、ラルーの著作は、私の知るほかのあらゆる書物以上に、四象限（後で説明する）のすべてと少なくとも五段階の意識と文化、いくつかの領域《ライン》または知性、（神秘的から神話的、合理的から多元的、統合的へと進化する）さまざまな種類の組織構造を対象としている。そして焦点を当てているのが最後に現れる最新の統合的《インテグラル》な組織構造とレベルの特徴の周りに築かれているように見える、個別の世界観、文化的価値、個人の行動と集団としての行動、そして社会的な構造、プロセス、慣行などについての、ビジネス組織の高度でかなり詳細な描写である。その結果、本書は真の意味でパイオニア的な作品となっている。

ここで、「象限、段階《ステージ》、領域《ライン》」について簡単に説明しておこう。ラルーが示しているように、本書では私のインテグラル理論からの専門用語や考え方を用いている。これは、数百もの前近代《プリモダン》文化、近代《モダン》文化、脱近代《ポストモダン》文化、そしてそれらが提供した人間の意識と文化を描いた多種多様な地図全体を検索した結果、人を構成する「包括的な地図」に至ったものと言える。あるいはすでに知られている地図をすべてテーブルの上に置き、次にそれぞれの地図を用いてほかの地図にある隙間を埋めて、あらゆる人類が潜在的に持っている次元、段階《ステージ》、および領域《ライン》を純粋に含む包括的な地図、とも言えるかもしれない。この枠組みには五つの次元がある。つまり、象限、発達段階《ステージ》、発達領域《ライン》、意識状態、そして性格タイプだ。

象限とは、あらゆる現象を見ることのできる四つの主要な観点（内面的、外面的、個的、集合的）のことを指している。これらは、頻繁に使われる代名詞で言い表すことができる。個的かつ内面的なスペースは「私（I）」だ（これはあなたが内省すれば経験しうる主観的な思考、感情、情緒、発想、見識、経験を含む）。集団的かつ内面的なスペースは「私たち（we）」だ（これはどんな集団でも持っている共同主観的な、共有された価値、意味、規範、倫理、理解――いわば、その「文化」および「下位文化［サブカルチャー］」だ）。個的かつ外面的なスペースは「それ」だ（臓器や物質で構成される個別の有機体についての「客観的」または「科学的」な事実とデータ、さらには行動も含む）、そして集合的かつ外面的な「その」スペースだ（そして共同客観的なシステム、プロセス、構文、ルール、外部との関係、技術経済学のモード、生態系、社会慣行など）。

すべての人間だけでなく、人間の活動、学問分野、組織はすべてこの四象限のレンズを通して見ることができ、その結果は常に啓蒙的だ。インテグラル理論によると、どんな物についても包括的な説明をしようとすると、これら三つの観点、つまり第一人称（「私」）、第二人称（「あなた」および「私たち」）、そして第三人称（「それ」および「その」）の観点がすべて必要である。人間の学問分野は、大半がこれら三象限のうち一つまたは二つだけを認め、それ以外のものについては存在を無視するか否定する。こうして、たとえば意識の研究では、「意識とは右上の象限、あるいは客観的な〝それ〟のプロセス（つまり人の脳とその活動）による産物以外の何物でもない」という見解と、「意識そのもの（左上、または主観的な〝私〟空間）が主なのであり、（脳のような）あらゆる物体は意識の中に現れているのだ」という見解がほぼ均衡している。インテグラル理論は、どちらの見解も正しいと主張する。つまり、これらの象限（とそれ以外の二つの象限）はいずれも一緒に、しかも同時に現れ、全体の中で互いに関連する側面として相互に影響を及ぼし合うというのである。すべてを一象限に還元しようとすることは、「特定領域の絶対化」である。これは物事を明確にするよりも曖昧にする還元主義の歪んだ形式だ。これに対し、すべての象限が相互に生起して「四点進化」するのを見ることは、（身体／心の問題から科学と霊性《スピリチュアリティ》との関係、そして進化そのもののメカニズムに至る）いつまでたっても解決できない諸問題に、あふれるほどの光を当てることになる。

ラルーは四象限のすべてを慎重に検討し、パイオニア（または統合的《インテグラル》）段階に再び焦点を当て、それぞれがさまざまな組織タイプに現れてくる様子を観察して、そのすべてを詳細に説明している。ラルーは次のように述べる。「『四象限モデル』は、心の持ち方（左上または〝私〟）、文化（左下または〝私たち〟）、態度（右上または〝それ〟）、システム（右下または〝その〟）がいかに深く関わり合っているかを示している。どこか一つの象限が変化するとほかの三つにじわじわと広がっていく」と。さらに、組織の神話的理論と近代《モダン》的理論は「ハード」な、外面的事実（右側の二象限）に特化し、脱近代《ポストモダン》は心の持ち方と文化（左側の二象限）の内部を紹介したのだが、脱近代主義《ポストモダニズム》は極端に走りすぎて、文化だけが重要だと主張しがちになるとラルーは指摘する。統合的《インテグラル》な組織だけが、意図的かつ意識的に、四象限すべてを包含する。インテグラル理論に関する多くの書き手は、四象限すべてに十分気づいているにもかかわらず、意識レベルと世界観に関しては左側の象限に特化し、統合的《インテグラル》な左半分の象限の創発を促すのに必要な右側の象限の行動、プロセス、慣行を考慮しない。たとえば、統合的《インテグラル》な組織文化（左下の〝私たち〟）は、倫理的権威を持った組織にいる人々（上側の象限）が、右下つまり「その」象限の構造、プロセス、慣行に支えられた統合的《インテグラル》なロール・モデルを演じることによって成立したのだとラルーは指摘する。

ラルーは「発達段階《ステージ》」の取り扱いについては、いくら注意しても注意しすぎることはない、と読者を正しく戒めている。ハワード・ガードナーが一般に広め、事実上どの発達心理学者も同意しているように、発達段階《ステージ》または発達レベルの領域《ライン》はただ一本だけなのではない。さまざまな特徴とさまざまな構造を持った複数の領域《ライン》または知性が存在しているのだ。しかし実に興味深いのは、領域《ライン》は互いに非常に異なっているにもかかわらず、いずれも基本的に同じレベルの意識を経過して発達するという点だ。取りあえず、これらのレベルに単に番号を振ることにしよう。あるいは、インテグラル理論がよくするように、色名（たとえば、レッド、オレンジ、グリーンなど）をつけてもよい。しかし、この例では、七つの主な発達レベルがあって、その間を、たとえば、一二の異なる発達領域《ライン》（認知、情緒、倫理、価値、ニーズ、霊性《スピリチュアリティ》など）が通過していくと考えることにしよう。各領域《ライン》は、（たとえば認知、倫理、情緒）はそれぞれのレベルを通って進化する、つまり我々は認知、倫理、価値のそれぞれの「レッド」のレベルについて語れるわけだ（ここでレッドとはレベル三とする）。認知のレベルがオレンジ（レベル五）の人が、倫理のレベルはレッド（レベル三）であってもよい。したがって、領域《ライン》なしにレベルについて語ることは危険なのだ。

人間の複数の知性は、すべて自己実現の階層構造を通じて発達する。たとえば、認知は感覚運動的なものから観念へ、次にシンボル、そして概念、概念的枠組み《シェーマ》、規則、メタ規則、そして体系ネットワークへと動く。これは強調しておく価値があるポイントだ。なぜなら本書によると、統合的《インテグラル》あるいは進化型段階《ティールステージ》で運営されている組織は、もはや今日の組織に一般的である支配的な階層構造や上司／部下の関係では動いていないからだ。しかし、支配的な階層構造がないということは、階層がないことを意味しない。たとえば、グレイブスの書物を見ても、統合的《インテグラル》あるいは進化型《ティール》の決定的特徴の一つは、グリーンの脱近代的《ポストモダン》な多元論をほぼ完全に取り除いた、入れ子型階層構造の復活である（支配者階層構造が全くひどい仕組みであるのに対し、自己実現の階層構造は、たとえば原子から分子、細胞から有機体といったように、世界における自然の成長、発達、といった主な進化形式なのだが、脱近代主義者《ポストモダニスト》は両者を全く区別できない）。脱近代主義者はあらゆる階層を単に邪悪なものとして拒否する。これは、平等主義の多元的段階の特徴であると同時に、影の側面でもある。

しかし、新たに登場した進化型《ティール》の段階では、階層構造がそこかしこに現れている、いや事実上どこにでもある。エリオット・ジャックの著作が実証的に示したように、大半の組織では、組織階層の下部の人々は工場の作業場や組み立てラインで働き、中間層の人々はたいてい中間管理職で、上位層は（CEOやCFO、COOを含む）経営幹部としての責任を果たす。新しい組織では、こうしたレベル（つまり、階層全体）はすべて取り払われ、通常一〇〜一五名のチームに分かれている。どのチームのどの人も、会社のために事実上どんな意思決定でもできる。そして実際に、組織の大きな意思決定はほぼすべて（営業、マーケティング、採用、調査および研究、給与の決定、解雇、人事、設備購入、地域社会《コミュニティー》との関係など）チーム・メンバーによって下される。その結果、それぞれのチームとチーム内の各メンバーは一段と統合的《インテグラル》になる。以前は組織ピラミッド内での立場に制約を受けていた人々が、自分の意思決定の影響を受ける人々に相談している限り（もっとも相談した相手の助言に従う必要はない）、組織階層のどのレベルにいても、どんなことでもできるのだ。ラルーの著作の偉大な知見の一つは、支配的な階層構造が取り払われると、自己実現の階層構造が繁栄できる事実を見いだしたことだ。したがって、五〇〇人が働く会社は、一人ではなく五〇〇人のCEOがいるのと同じことになる。だれもが現状を突破するアイデアを思いつけばそれを実現できるという、真の意味での自主経営《セルフ・マネジメント》が実践され、こうした企業の多くが驚くほどの成功を収めている主な原因となっている。それでは、中間管理職や経営幹部はどうなっているかというと、たいていの場合、この層は存在しない。配置転換されているのだ。

　すでに述べたように、本書は「新しい世界観《ニュー・パラダイム》」を取り扱った第二波の書物の中で第一級の書である。ラルーが冒頭で認めているように、本書で描かれる特徴、プロセス、慣行のすべてが、進化型《ティール》組織の将来の組織構造でも実際に実現するかどうかはまだわからない。しかし、本書の調査は組織や組織開発を学ぶ一人一人が、真剣に受け止める価値がある。ＡＱＡＬの点から、本書ほど高度な書物はない。これほど素晴らしい著作を著したフレデリック・ラルーを讃えたい。本書は、この世界を変革し始めている新しい意識の波に啓発された企業や学校、病院、非営利組織をつくろうという多くの読者にとっての刺激となるはずだ。

二〇一三年秋、コロラド州デンバー

ケン・ウィルバー

解説

新しい時代の幕開け

二〇一七年一一月、私は有志とともに、ホラクラシーの共同開発者トム・トミソンと、ヨーロッパを中心にホラクラシーコーチとして活躍しているクリスティアーナ・ソイス＝シェッラーを日本に招聘して、関東と関西でワークショップを行った。

「ホラクラシー」とは、これまで世界中の様々な規模・業態の五〇〇以上にわたる組織が採用している組織運営手法の一つである。ホラクラシー憲法、ガバナンス・ミーティング、タクティカル・ミーティングなど、ユニークな仕組みやツールを活用して組織内の透明性を飛躍的に高め、上下関係を撤廃して個々人の主体的な動きを促していく。

近年メディアや書籍でも取り上げられ、実際に導入する日本企業も現れてきていることなどから注目を集めているが、手法開発者によるワークショップは日本で初めてのことだった。イベントの定員を増員するほどの応募があり、著名な組織開発・組織風土改革のコンサルタント・経営者なども参加して学びを深めた。

ワークショップのなかでトムは、本書と「進化型《ティール》」の考え方を紹介した。ある参加者が言った、「これらの考え方は『学習する組織』が日本に紹介されたとき以来のインパクトになるかもしれない」という言葉が印象に残っている。

本書では、進化型《ティール》組織という組織論の新しいコンセプトが紹介されている。先ほど紹介したホラクラシーもその形の一つとして捉えられている。

著者フレデリック・ラルーは、人類が誕生して以来、組織は五つの段階を経て発達してきており、現在世界中で五段階目の新たなモデルが生まれ始めていると主張する。

五つの発達段階の全体像については日本語版付録の口絵を参照していただきたいが、ラルーによると現代の資本主義社会で主流となっているのが達成型《オレンジ》モデルだ。目標を設定して未来を予測し、効率を高めてイノベーションを起こすことによって成果をあげようとする。実力主義によって万人に機会が開かれているが、階層の上にいくほど権限や情報が集中しやすい構造になっている。また、効率と成果を追求するあまり人間らしさを無視してしまいやすい。さらに、ますます複雑化するビジネス環境において、計画と予測は機能しなくなる恐れもある。

多元型《グリーン》モデルは、ある意味で達成型《オレンジ》モデルへのアンチテーゼとして生まれた。人生には成功か失敗か以上の意味があり、平等と多様性を重視し、多様なステークホルダーを巻き込んで合意を形成して物事を進めようとする。しかし、極端な平等主義は、多様な意見をまとめきれずに袋小路にはまってしまうリスクもはらんでいる。

これらの問題を打開すべく生まれつつあるのが、進化型《ティール》モデルだ。これは階層構造におけるトップダウン型の意思決定でも、ボトムアップ型の合意形成による意思決定でもない。本書で取り上げられる組織の運営方法はさまざまだが、以下三つの特徴のいずれかあるいはすべてを備えている（本書では既存のモデルの限界を打開するという意味で「突破口《ブレイクスルー》」と定義している）。

▼自主経営《セルフ・マネジメント》……階層やコンセンサスに頼ることなく、同僚との関係性のなかで動くシステム。

▼全体性《ホールネス》……だれもが本来の自分で職場に来ることができ、同僚・組織・社会との一体感をもてるような風土や慣行がある。

▼存在目的……組織自体が何のために存在し、将来どの方向に向かうのかを常に追求しつづける姿勢を持つ。

これは決して頭の中だけで考えた理想論を語っているのではない。著者が実際に新しいモデルを実践する組織を訪問したりインタビューを行ったりして分析を行い、整理したコンセプトだからだ。

進化型組織の運営方法は、一〇社あれば一〇社とも違う形をとっている。その中でもホラクラシーは、再現性が高いと言われる手法の一つだ。

実際、靴を中心としたアパレル関連の通販サイトを手がけるザッポスでは二〇一三年からホラクラシーを導入している。二〇一五年にはCEOのトニー・シェイが全社員にメールを送って本書を読むよう求め、進化型《ティール》組織への移行に賛同できない人は、給料三カ月分の退職金と共に去るようにと通達した。

ホラクラシーとは異なる運営方法を実践する進化型《ティール》組織の代表例が、本書で紹介されるビュートゾルフだ。この組織は数多くの組織論に関する記事や論文などに取り上げられるほど有名で、医療福祉業界でも世界的な注目を集めている。ビュートゾルフの運営形態は、ホラクラシーとは異なっている。

在宅ケアを行う看護師たちは一二人以下で一つの自主経営《セルフ・マネジメント》チームを構成し、担当エリア内の患者に対するケアプランの作成、業務管理、オフィスの立地場所などすべての面について自分たちで意思決定を行う。

ビュートゾルフ設立当時の在宅ケア業界では、エリアマネジャーが効率性を重視したケアプランを作成し、看護師は分刻みで患者から患者へと移動しながら治療にあたる達成型《オレンジ》モデルが主流だったという。

しかしビュートゾルフでは、看護師たちはじっくり時間をかけて患者と対話し、患者の病状や嗜好を理解して、深い信頼関係を築くことに努める。また、必要があれば家族や近隣住民にも協力を依頼する。

このようなやり方は非合理的に見えるかもしれないが、ビュートゾルフがあげた成果は目覚ましいものだ。従来の方法よりも格段に治療期間が短く、オランダ国内において患者満足度は業界一位、スタッフ満足度はすべての産業で一位というから驚きだ。二〇〇六年にたった四人で始めた片田舎の小さなグループが、現在では一万人を超える看護師を擁するオランダ最大の在宅ケア組織にまで成長した。

私が初めてティールの概念と出会って興奮しながら周辺情報を調べていたとき、当時東京大学でビュートゾルフの研究を行っていた堀田聰子さんの存在を知る。彼女はなんとビュートゾルフが数百人から数千人規模に成長する過程をオランダで目の当たりにしたというのだ。堀田さんは、二〇一〇年に一人暮らしの方々を支えるしくみについての日蘭比較研究を行っており、オランダのとある組織からビュートゾルフのことを紹介されたという。

ビュートゾルフの躍進にはさまざまな理由があるが、堀田さんが調査する中で見えてきた重要な要素の一つが、ＩＣＴの活用である。野中郁次郎のファンでもあるという代表のヨス・デ・ブロックが社内ＳＮＳの整備に力を入れ、職員が日々の活動やノウハウを発信しあい、連携が促進されるようにしている。

従来型の組織モデルから進化型《ティール》への突破口《ブレイクスルー》の一つである「自主経営《セルフ・マネジメント》」が実現した背景として、このICTの進化は欠かせないだろう。逆に考えれば、技術が進歩した現代だからこそ、ようやく理想の組織を構築できる段階に人類が到達したと言えるのかもしれない。

このように海外では、二〇年ぐらい前から同時多発的に新しいモデルの組織があちこちで現れ始めているようだが、日本においてはどうであろう。

一つ進化型《ティール》モデルに近い方式を採用している組織として紹介したいのが、ダイヤモンドメディア株式会社だ。「不動産業界における健全なマーケットの育成」を目指して、仲介業者・管理会社・不動産オーナー向けサービスを開発・提供するITベンチャーである。

代表の武井浩三氏は、二〇〇七年の創業時より経営情報を透明化する独自の仕組みを築いてきた。給与はみんなで決める、給与・経費・財務諸表は全て公開、役職・肩書の廃止、働く時間・場所・休みは自分で決める、社員の起業・副業を推奨、社長・役員は選挙と話し合いで決める、といった慣行は、「管理しない」マネジメント手法を用いた先行事例として注目を集めている。

このような動きはダイヤモンドメディアだけはない。本書でも紹介されるポイントサイトを運営する「オズビジョン」、「規則も命令も上司も責任もない」お店でお母さん世代が気持ちよく働く「おふくろさん弁当」、シンプルな給与設計と自由な風土で開発者にとって仕事に集中する環境を実現した「ソニックガーデン」、中間管理職なし、人事・経理・総務部なし、社長は四年で交代する任期制の「めがね21」など、ティールに近いコンセプトを採用する組織は、日本中で同時多発的に生まれ始めているようだ。

このムーブメントの独特な広がり方も注目に値する。著者が原著『*Reinventing Organization*』を自費出版したのが二〇一四年、現在日本語以外の一二か国語に翻訳され、二〇万部以上に達しているという。

ここまで広がった経緯は自己組織化的だ。実は、著者のラルー自身が、セミナーやワークショップをすることはあまりない。本を読んだ人たちが自分たちで実践し、読者同士で学びあうことを推奨しているようだ。その結果、世界中でティールに関する学びと実践のコミュニティが生まれつつある。

販売方法も斬新でおもしろい。原書の印刷版は正規の価格で販売しているが、電子版は好きな価格を指定してダウンロードできるという実験的な方式をとっている。また、最近ではこの哲学に賛同した人たちがイラストを提供し、要点を絞ったイラスト版も出版され、原書と同じような販売方式をとっている。

進化型《ティール》モデルにたどり着くために、未知（unknown）の世界に飛び込もう

私がティールと出会ったのは二〇一五年のこと、ちょうど組織変革の仕事をし始めて一〇年ぐらい経ったころだった。

もともとは、学生時代から住んで愛着をもっていた京都をよりよい町にするべく、対話のアプローチを使ってまちづくりをしていた。活動を通じて、「ワールド・カフェ」や「オープン・スペース・テクノロジー」など、老若男女、さまざまな立場の人が対等に話せるような対話の手法を探求するようになった。

やがて、組織開発の仕事にも取り組むようになった。その中で、従来のトップダウンの組織マネジメントではなく、個人と組織の学習能力を高めていくアプローチである「学習する組織」や、集団の叡智を探求していくプロセスである「U理論」と出会う。特に「学習する組織」の中核をなすシステム思考の「問題は個

人にあるのではなく構造にある」という考え方は、今でも私のファシリテーターとしての軸になっている。
これらの理論を組織に当てはめて個人や組織の変容に携わるプロセスは、とてもエキサイティングでやりがいの大きいものであった。

同時に、少しずつ問題意識を持つようにもなった。それはメンタルヘルスや離職率の問題、縦割り組織における部署間の対立や非協調関係についてのものだった。また、どの組織のリーダーも口をそろえて「当事者意識が足りない」ともらしていた。社員個人の自発性が足りないというよりは、社員のモチベーションをうまく引き出せないような組織になっているという構造的な問題があるように思われた。法人種別や業種や規模に関係なく、ほぼすべての組織で似たような課題を抱えていたのだ。

次第に私の中で「そもそも根本的にやり方が間違っているのでは？」という疑問がわき上がってきた。テクノロジーの分野では、人類はさまざまなイノベーションを起こしてきた。数年前では想像もできなかった形や機能をもった製品が次々と現れている。

しかし、「組織形態」についてはどうだろう。はるか昔に生まれた軍隊的な組織運営から小さな改善を繰り返しただけで、それほど大きなイノベーションは起こっていないのではないだろうか？ 確かに組織はテクノロジーと違って簡単に試行錯誤できるものではない。しかし、人と人が本質的な部分でつながって、質の異なる成果をあげるようなこれまでと全く違う組織の形態があり得るのではないか？ そんなことを考えていたとき、「組織の再発明（Reinventing Organization）」と名付けられた本書と運命的に出会ったのである。

翌年の二〇一六年九月、私は友人の組織変革コンサルタントの吉原史郎とギリシャのロードス島へ向かった（吉原は自然の恵みを活かした野菜作りの「恵み循環農法」を実践し、そこで得た知見を組織変革にも活かしている）。

世界中からティールの実践者や研究者が集まる初めての会合「NEXT-STAGE World」に参加するためだった。ギリシャが選ばれたのは、アジアとアフリカとヨーロッパの結節点にあるような場所が、新しい時代をつくるうえでふさわしいと主催メンバーが考えたからだ。

ティールのコンセプトと出会い、すぐにでもより本質的な理解と具体的な組織変革の方法を知りたかった私は『Enlivening Edge』という経営論や組織論について最先端の情報を発信するメディアと出会う（現在日本語サイトを準備中）。その中心メンバーはラルーとともに仕事もしていた元マイクロソフトのクリス・クラークと、ザッポスの元コンサルタントのジョージ・ポアだ。私が彼らに本格的にティールのモデルを探求する機会がないか相談したところ、紹介されたのがギリシャでの会合だった。

参加者の中には、EUやGEなど、大組織で働いていた人や組織コンサルタントもいた。だれもが、新しい組織論の可能性を夢見ていた。冒頭に記述したクリスティアーナともここで出会い、トム・トミソンの招聘につながった（この会合の意義を実感した吉原と私は、さらに仲間を集めて、二〇一七年四月に開催された第二回の会合に日本人一〇数名で参加した）。

その会合自体がまさに進化型《ティール》のあり方を体現するような場であった。ファシリテーターの一人ジョージは、初日のオリエンテーションで次の問いを投げかけた。

「この場の存在目的（evolutionary purpose）は何だろう？　この五日間の会合が世界にとっての贈り物（gift）だとしたら、それはどういうものなんだろう？」

その後もジョージは、口癖のようにこの問いを発していた。あらゆる対話の時間を、一瞬一瞬のかけがえのないものとして大切にしようという思いが込められているのだ。

また、進化型《ティール》モデルに移行しようとする組織や個人を支援する人を「ティール・メンター」と呼ぶが、そのスキルを養うワークショップでも深い学びが得られた。それは「未知（unknown）」と「最大の潜在能力（highest potential）」の重要性である。

実は、ティールの実践者であっても多元型《グリーン》と進化型《ティール》を混同しやすい。あるとき、ファシリテーターから次のような問いが投げかけられた。

「今までの発達段階《ステージ》の組織に比べて、新しい組織の特徴やキーワードとは何だろう？」

会場には「一体感」「自律」「イノベーション」「わくわく」「変化に対応できる」「安心感」など様々なキーワードが飛び交っていたが、ファシリテーターは次のように指摘した。

「もしかしたら、これらのキーワードには、進化型《ティール》というよりも達成型《オレンジ》や多元型《グリーン》の考え方も混ざっているかもしれないですね」

そして「キャンプファイヤーモデル」という考え方を紹介した。キャンプファイヤーをすると、暗闇の真ん中に大きな炎がともる。炎の近くは明るくなり、暖かい。キャンプファイヤーを囲む人々の関係も穏やかになり、ときに深い対話に発展して一体感も生まれる。それ以外にも様々な素晴らしさがキャンプファイヤーにはある。

「しかし」とファシリテーターは強調し、次のように続けた。「実は、キャンプファイヤーで得られるこれらの効用を、組織内で生み出すために作られてきた様々な仕組みがあります。例えば、一体感を得るためのチームビルディングやワークショップ。明確さを得るための業務の標準化、スローガン。暖かさを得るための組織文化の構築など。そういったものはうまく機能することもありますが、その周りに広がる暗闇、つまり『未知（unknown）の領域』に足を一歩踏み出す行為を阻む仕掛けになっているかもしれません。暗闇にはモンスターがたくさん潜んでいるかもしれませんが、同時に宝物もあるかもしれない。その暗闇に足を踏み出せるかどうかが進化型《ティール》モデルと従来型のモデルを区別するカギなのです。そのときティール・メンターは、個人や組織が恐れを超えて未知（unknown）に踏み込み、その個人や組織が最大の潜在能力（highest potential）を発揮するために寄り添う存在となります。メンター自身がつねに自分の未知（unknown）に対してオープンで勇気をもって歩んでいなければ、その支援はできないのです」

これを聞いて私はハッとした。多元型《グリーン》組織は、人間関係が強いあまり、異端児が生まれにくい空気になることがある。あるいは組織全体のコンセンサスを重視するあまり、話し合いが終わらず、なかなかアクションに移れないときがある。

私自身、自分の組織を進化型《ティール》モデルに移行しようとしているが、最も苦労したことの一つが自己決定だ。進化型《ティール》組織では上司の承認や会議での決定などが少なくなり、個人の意思決定の割合が増える。初めはそれが自由で素晴らしいと感じているが、どこかで会議や上司のお墨付きがないことによるストレスを感じるようになるのだ。

キャンプファイヤーの比喩が物語るように、進化型《ティール》に向かうためには、自分の中に未知の領域があるかもしれないという謙虚さと、そこに飛び込む勇気が極めて重要になる。急いで言語化しようとしたり明確さを保とうとしたりするとすぐに元のパラダイムに戻ってしまい、本当に到達したい世界観に届かなくなってしまう危険性がある。自主経営《セルフ・マネジメント》ができているか、一人ひとりが全体性《ホールネス》を感じることができているか、個人と組織の存在目的を追求できているか、本書を参考にこれらの問いを丁寧に振り返りながら実践を進めることが、進化型《ティール》に向かううえで極めて重要なのだと気づいた。

存在目的をどう探求するか

さて、進化型《ティール》モデルの三つの突破口《ブレイクスルー》のなかで、特に読者の中で感覚がつかみにくいと感じるのが「存在目的（evolutionary purpose）」という概念ではないかと思う。

ギリシャの会合が終わったあと、私は引き続きオンラインでジョージのコンサルを受けることにした。あるときジョージは、存在目的について次のように説明してくれた。

「賢州さん、子供が生まれたとき、その子の人生をあなたが決めることはできませんよね。組織も一緒です。一度この世に生まれてしまった組織はもうあなたがコントロールできるものではありません。組織に寄り添い、組織が何のために生まれたのか？　どこに向かおうとしているか？　これらを一緒に探求するということしか、あなたにはできないのです」

また、別の実践者からは、組織全体の存在目的、日々の業務を定義する役割の存在目的、そしてそこで働く一人ひとりの存在目的を探求するのに役立つ、洗練された問いを教えてくれた。

①この組織（役割・個人）は、この世界で何を実現したいのか？
②世界はこの組織（役割・個人）に何を望んでいるのか？
③この組織（役割・個人）がなかったら、世界は何を失うのか？

これらの問いを真摯に探求することで、組織・役割・個人が世界にどんな贈り物（gift）をもたらせるのかを見つけ、更新し続けることができるだろう。ぜひあなたと組織の探求にも役立ててほしい。

進化型《ティール》モデルは日本の組織にとってどんな意味があるか

最後に、進化型《ティール》モデルと日本の組織文化との関係についても触れておきたい。

正直に告白すると、ホラクラシーと出会ったとき、さまざまな進化型《ティール》のアプローチの中でも一番違和感をいだいたのを覚えている。

ホラクラシーでは、組織内の権力関係をリセットするために「ホラクラシー憲法」というルールブックにサインする。そして、その組織の目的に対して必要な役割について具体的に明文化し、人を割り当て、日々の活動を行う。もし、その役割と目指している存在目的との間にギャップ（これをホラクラシーでは「テンション」という）があると感じたら、柔軟に組織構造をアップデートしていく。このアップデートのためのミーティングは一見とても機械的で淡々と進む。私は、「ホラクラシー憲法」や進め方などすべてに違和感をいだいたのだ。

たぶんそれは、日本の組織の特徴であるハイコンテクスト文化にそぐわないと感じたからかもしれない。私は、明文化されたルールがなくてもお互い察しあい、時に以心伝心で活動できる文化は素晴らしいと思うし、そこにある種の美しさがあると感じている。それに対してホラクラシーの進め方は、きわめて欧米的なローコンテクスト文化の印象をいだいたのだと思う。

しかし、冷静に今の日本の組織を取り巻く現状を見てみると、少し考え方が変わってきた。日本では昨年「忖度」という言葉がはやったし、数年前には「KY（空気が読めない）」なんて言葉も流行した。もしかすると、日本のハイコンテクスト文化は私たちが思うほど機能していないのが実情ではないだろうか？

実際、組織変革プロジェクトで様々なチームに関わっていると、「うちの組織は風通しがよいから」「なんでも言えるチームだよな」と言う人に出会うこともある。しかし実際深く見ていくと、そう思っているのはリーダーや一部の社員だけで、ヒアリングの結果「言いたいことが言えない」という声が出ることもある。それは、「なんでも言えるチームだよな」と言う社員が気を悪くしないように、他の社員が「空気を読んでいる」だけにすぎない。これは極端な事例だが、日本組織ではハイコンテクスト文化のせいで一人ひとりの潜在性を花開くチャンスが失われているのではないかと感じるときがある。

しかし、だからといってこの文化が悪いと決めつけるわけにはいかない。むしろ、どのようなあり方が望ましいのかを再検討する必要があるのではないだろうか。私は、進化型《ティール》のコンセプトを学ぶことで機能不全のハイコンテクスト文化を進化させることができるのではないかと考えている。

もう一つ進化型《ティール》を説明するときによく言われることがある。それは「自主経営《セルフ・マネジメント》のようなあり方は、海外の個人主義の文化があるからできるのではないか？」という言い方だ。しかし私はそんなことはないと思うし、日本はさらに進化型《ティール》のモデルを進化させる可能性さえあると感じるのだ。それはすでに紹介した日本にも現れ始めている様々な先進的企業を見ても理解できるし、過去の日本企業の歴史を見ても感じることはできる。元ソニー取締役の天外伺朗さんに進化型《ティール》のコンセプトを紹介したとき、昔のソニーこそまさにそういう文化だったとおっしゃった。つまり、本来日本には進化型《ティール》の世界観を体現できる土壌があるのではないかと思う。日本人だからできないということはないのだ。日本は八百万の神に代表されるように多様性をそのまま生かしていく文化がある。健全に機能すればハイコンテスト文化も美しく生産的だ。私たち日本人は、世界の叡智から謙虚に学びながら、日本本来のハイコンテクスト文化の強みも活かすことで、逆に海外に希望の光を照らすような新しい組織を生み出せるのではないか。そのような時代の到来を、私は夢見ている。

二〇一七年一二月

特定活動法人　場とつながりラボ home's vi 代表理事
組織の進化に向けての実践型ラーニングコミュニティ　オグラボ（ORG LAB）呼びかけ人
嘉村賢州

人間の発達のさまざまな段階について書かれた膨大な文献のほんの一部を紹介する．この考え方に接するのが初めての読者には，ウィルバーの『万物の歴史』とウェイドの *Changes of Mind*（未邦訳）がある．いずれもこの分野の入門書として，全体像をきちんとつかむのに有益だろう．

Beck, Don Edward, and Christopher C. Cowan. *Spiral Dynamics*. Oxford: Blackwell Publishing, 2006.

Cook-Greuter, Susanne R. "Ego Development: Nine Levels of Increasing Embrace." S. Cook-Greuter: 1985.

Feuerstein, Georg. *Structures of Consciousness: The Genius of Jean Gebser: An Introduction and Critique*. Integral Publishing, 1987.

Fowler, James W. *Stages of Faith: The Psychology of Human Development and the Quest for Meaning*. San Francisco: Harper & Row, 1981.

Gilligan, Carol. *In a Different Voice: Psychological Theory and Women's Development*. Cambridge: Harvard University Press, 1993.〔『もうひとつの声――男女の道徳観のちがいと女性のアイデンティティ』キャロル・ギリガン著，岩男寿美子訳，川島書店，1986年〕

Graves, Clare W. *The Never Ending Quest*. Santa Barbara: ECLET, 2005.

Kegan, Robert. *In Over Our Heads: The Mental Demands of Modern Life*. Cambridge: Harvard University Press, 1994

Kohlberg, Lawrence. *The Philosophy of Moral Development: Moral Stages and the Idea of Justice*. San Francisco: Harper & Row, 1981.

Loevinger, Jane. *Ego Development: Conceptions and Theories*. San Francisco: Jossey-Bass, 1976.

Piaget, Jean, and Bärbel Inhelder. *The Psychology of the Child*. New York: Basic Books, 1969.

Wade, Jenny. *Changes of Mind: A Holonomic Theory of the Evolution of Consciousness*. Albany: State University of New York Press, 1996.

Wilber, Ken. *A Brief History of Everything*. Boston: Shambhala Publications, 1996.〔『万物の歴史』ケン・ウィルバー著，大野純一訳，春秋社，1996年〕

Wilber, Ken. *Integral Psychology: Consciousness, Spirit, Psychology, Therapy*. Boston: Shambhala Publications, 2000.

Koehler Publishers, 2005.

Lebow, Rob, and Randy Spitzer. *Accountability: Freedom and Responsibility Without Control.* San Francisco: Berrett-Koehler Publishers, 2002.

Logan, Dave, John King, and Halee Fischer-Wright. *Tribal Leadership: Leveraging Natural Groups to Build a Thriving Organization.* New York: Collins, 2008.

Mackey, John, and Rajendra Sisodia. *Conscious Capitalism: Liberating the Heroic Spirit of Business.* Boston: Harvard Business Press, 2013〔『世界でいちばん大切にしたい会社 コンシャス・カンパニー』ジョン・マッキー，ラジェンドラ・シソーディア著，鈴木立哉訳，翔泳社，2014年〕

Kofman, Fred. *Conscious Business: How to Build Value Through Values.* Boulder: Sounds True, 2006.〔『コンシャス・ビジネス――価値ある企業に生まれ変わるための意識革命とは何か』フレッド・コフマン著，増田沙奈訳，駒草出版，2014年〕

Morgan, Gareth. *Images of Organization.* 2nd ed. Thousand Oaks: Sage Publications, 1997.

O'Reilly, Charles A., and Jeffrey Pfeffer. *Hidden Value: How Great Companies Achieve Extraordinary Results with Ordinary People.* Boston: Harvard Business School Press, 2000〔『隠れた人材価値』チャールズ・オライリー，ジェフリー・フェファー著，廣田里子，有賀裕子訳，翔泳社，2002年〕

Palmer, Parker J. *A Hidden Wholeness: The Journey Toward an Undivided Life.* San Francisco: Jossey-Bass, 2004.

Palmer, Parker J. *Let Your Life Speak: Listening for the Voice of Vocation.* San Francisco: Jossey-Bass, 2000.

Pflüger, Gernot. *Erfolg ohne Chef: Wie Arbeit aussieht, die sich Mitarbeiter wünschen.* Berlin: Econ, 2009.

Semler, Ricardo. *Maverick: The Success Story Behind the World's Most Unusual Workplace.* New York: Warner Books, 1993.〔『奇跡の経営――一週間毎日が週末発想のススメ』リカルド・セムラー著，岩元貴久訳，総合法令出版，2006年〕

Senge, Peter M. *The Fifth Discipline: The Art and Practice of the Learning Organization.* New York: Doubleday/Currency, 1990.〔『学習する組織――システム思考で未来を創造する』ピーター・M・センゲ著，枝廣淳子，小田理一郎，中小路佳代子訳，英治出版，2011年〕

Sisodia, Rajendra, David B. Wolfe, and Jagdish N. Sheth. *Firms of Endearment: How World-Class Companies Profit from Passion and Purpose.* Upper Saddle River: Wharton School Pub., 2007.

Taylor, William C., and Polly G. LaBarre. *Mavericks at Work: Why the Most Original Minds in Business Win.* New York: William Morrow, 2006.〔『マーベリック・カンパニー――常識の壁を打ち破る超優良企業』ウィリアム・C・テイラー，ポリー・ラバール著，小川敏子訳，日本経済新聞出版社，2007年〕

Torbert, William R. *Action Inquiry: The Secret of Timely and Transforming Leadership.* San Francisco: Berrett-Koehler Publishers, 2004.〔『行動探求――個人・チーム・組織の変容をもたらすリーダーシップ』ビル・トルバート著，小田理一郎，中小路佳代子訳，英治出版，2016年〕

Wheatley, Margaret J., and Myron Kellner-Rogers. *A Simpler Way.* San Francisco: Berrett-Koehler Publishers, 1996.

Wolfe, Norman. *The Living Organization: Transforming Business to Create Extraordinary Results.* Quantum Leaders Publishing, 2011.

人間の発達段階について

Down. Boston: Harvard Business School Press, 2010〔『社員を大切にする会社 ―― 5万人と歩んだ企業変革のストーリー』ヴィニート・ナイアー著，穂坂かほり訳，英治出版，2012年〕（HCLTについて）

Parker, James F.. *Do the Right Thing: How Dedicated Employees Create Loyal Customers and Large Profits*. Upper Saddle River: Wharton School Publishing, 2008.（サウスウエスト航空について）

Pfeffer, Jeffrey. Kent Thiry and DaVita: Leadership Challenges in Building and Growing a Great Company. Case study. Stanford: Stanford University, 2006.（ダビータについて）

Spiegelman, Paul. *Smile Guide: Employee Perspectives on Culture, Loyalty, and Profit*. Dallas: Brown Books Publishing Group, 2012.（ベリル・ヘルスについて）

Stewart, Henry. *The Happy Manifesto: Make Your Organization a Great Workplace*. London: Kogan Page, 2012.（ハッピーについて．happy.co.ukで無償ダウンロード可）

組織論，経営，リーダーシップ，精神生活について

以下は，組織論，経営，リーダーシップに関する示唆に富む書籍だ．とはいえ，この分野に広がる膨大な文献からのほんの一部を個人的に選択したものにすぎない．私が特に素晴らしいと思うのは，ウィートリーとケルナー＝ロジャーズが著した*A Simpler Way*（未邦訳）だ．同書は組織を機会として考えるのではなく，私たちが生命と自然からインスピレーションを求めようとすると，組織はどのようなものになるかを詩的に考えている．パーカー・パーマーの著作も，進化型（ティール）の観点から人生を深く，個人的に考えるヒントを与えてくれる．こうした書籍は，「進化型（ティール）」の範疇にピタリと当てはまる．リストの他の文献は，多くが多元型（グリーン）か，達成型（オレンジ）の観点を標榜するものだが，経営に関する考え方を深い視点から考えるのに役立つもので，興味深く読めるだろう．

Arbinger Institute. *Leadership and Self-Deception: Getting out of the Box*. 2nd ed. San Francisco: Berrett-Koehler Publishers, 2010.〔第1版の邦訳は『自分の小さな「箱」から脱出する方法』アービンジャー・インスティチュート著，冨永星訳，金森重樹監修，大和書房，2006年〕

Barrett, Richard. *Liberating the Corporate Soul: Building a Visionary Organization*. Boston: Butterworth-Heinemann, 1998.

Benefiel, Margaret. *Soul at Work: Spiritual Leadership in Organizations*. New York: Seabury, 2005.

Block, Peter. *Stewardship: Choosing Service Over Self-Interest*. San Francisco: Berrett-Koehler Publishers, 1993.

Carney, Brian M., and Isaac Getz. *Freedom, Inc.: Free Your Employees and Let Them Lead Your Business to Higher Productivity, Profits, and Growth*. New York: Crown Business, 2009.

Collins, James C. *Good to Great: Why Some Companies Make the Leap... and Others Don't*. New York: HarperBusiness, 2001.〔『ビジョナリー・カンパニー 2――飛躍の法則』ジム・コリンズ著，山岡洋一訳，日経BP社，2001年〕

Drucker, Peter F. *The Essential Drucker: Selections from the Management Works of Peter F. Drucker*. New York: HarperBusiness, 2001.〔『プロフェッショナルの条件――いかに成果をあげ，成長するか』P・F・ドラッカー著，上田惇生訳，ダイヤモンド社，2000年〕

Hamel, Gary. *The Future of Management*. Boston: Harvard Business School Press, 2007〔『経営の未来』ゲイリー・ハメル著，藤井清美訳，日本経済新聞出版社，2008年〕

Hamel, Gary. *What Matters Now: How to Win in a World of Relentless Change, Ferocious Competition, and Unstoppable Innovation*. San Francisco: Jossey-Bass, 2012.〔『経営は何をすべきか』ゲイリー・ハメル著，有賀裕子訳，ダイヤモンド社，2013年〕

Hock, Dee. *One from Many: VISA and the Rise of Chaordic Organization*. San Francisco: Berrett-

参考文献

ここからは，本書で論じた内容をさらに深く学びたい読者のための参考文献を紹介する．

進化型《ティール》組織の具体例

本書に紹介したパイオニア企業の中には，これまでの経緯や組織慣行について，自ら経験したことを直接読みやすい形で書籍に著した創業者が何人もいる．

Bakke, Dennis *Joy at Work: A Revolutionary Approach to Fun on the Job.* Seattle: PVG, 2005.（AESについて）

Chouinard, Yvon. *Let My People Go Surfing: The Education of a Reluctant Businessman.* New York: Penguin Books, 2005.〔『社員をサーフィンに行かせよう――パタゴニア創業者の経営論』イヴォン・シュイナード著，森摂訳，東洋経済新報社，2007年〕.（パタゴニアについて）

De Blok, Jos, and Aart Pool, *Buurtzorg: menselijkheid boven bureaucratie.* Den Haag: Boom Lemma Uitgevers, 2010.（ビュートゾルフについて）

Fishman, Robert, and Barbara Fishman. *The Common Good Corporation: The Experiment Has Worked!* Philadelphia: The Journey to Oz Press, 2006.（RHDについて）

Rasfeld,Margret and Peter Spiegel. *EduAction: Wir machen Schule.* Hamburg: Murmann Verlag, 2012.（ESBZについて）

Wintzen, Eckart, and Robert Jan Pabon. *Eckart's Notes.* Rotterdam: Wintzen, 2007.（BSO/Originについて）

Zobrist, Jean-François. *La belle histoire de FAVI: L'entreprise qui croit que l'Homme est bon.* Tome 1, Nos Belles Histoires. Paris: Humanisme et Organisations, 2008.（FAVIについて）

多元型《グリーン》組織の具体例

以下は，もっぱら多元型（グリーン）パラダイムに基づく原則，構造，慣行，文化に沿って運営されている組織に関するケース・スタディ集である．今日の大半の企業は，順応型（アンバー）か，達成型（オレンジ）組織で運営されている．進化型（ティール）にするのは行き過ぎだが，多元型（グリーン）パラダイムなら使えそうだと感じるリーダーであれば，多元型（グリーン）組織に関するこれらの素晴らしいケースから多くのことを学べるかもしれない．

Blanchard, Ken, and Colleen Barrett. *Lead with LUV: A Different Way to Create Real Success.* Upper Saddle River: FT Press, 2011.〔『世界でいちばん従業員を愛している会社』ケン・ブランチャード，コリーン・バレット著，佐藤利恵訳，辰巳出版，2012年〕（サウスウエスト航空について）

Cohen, Ben, Jerry Greenfield, and Meredith Maran. *Ben & Jerry's Double- Dip: Lead with Your Values and Make Money, Too.* New York: Simon & Schuster, 1997.（ベン&ジェリーズについて）

Conley, Chip. *Peak: How Great Companies Get Their Mojo from Maslow.* San Francisco: Jossey-Bass, 2007.（ジョア・デ・ヴィーヴホテルについて）

Johnson, Judy, Les Dakens, Peter Edwards, and Ned Morse. *SwitchPoints: Culture Change on the Fast Track to Business Success.* Hoboken: Wiley, 2008.（カナディアン・ナショナル鉄道でのカルチャー変革について）

Nayar, Vineet. *Employees First, Customers Second: Turning Conventional Management Upside*

III－5　進化型《ティール》組織と進化型《ティール》社会

1　A. M. Diederen, "Metal Minerals Scarcity and the Elements of Hope," The Oil Drum: Europe, March 10, 2009, http://europe.theoildrum.com/, accessed March 20, 2012.

2　ボランティアにお金を支払っている企業に，非営利の教育機関，マン・カインド・プロジェクト（MKP）がある．MKPは1984年に，アメリカ海兵隊員だったリッチ・トスィと，ソーシャル・ワーカー，セラピスト，作家のビル・カウス，そして大学教授のロン・ヘリングが、男性のための実験的な週末活動「ワイルドマン・アドベンチャー」（その後，「ニュー・ウォリアー・トレーニング・アドベンチャー」に変更した）を始めたのがきっかけである．この週末合宿は，伝統的な男らしさのモデルが崩壊しつつある時代に，健全で成熟した男性として成長するための2日間の一種の通過儀礼，人生を振り返り次のステップに移るための重要な節目として設計された．この合宿はあまりにも人気が高かったため，一つのムーブメントになった．マン・カインド・プロジェクト（MKP）は現在，4大陸，8カ国にわたる43の独立したセンターの上部団体になっている．入会者数は5万人近くに及ぶ．週末合宿の参加費は参加者1人当たりおよそ650ドルだ．かなり奥の深い体験を経て，その後はボランティア・スタッフとしてほかの人々が参加する週末合宿に参加する人も多い．週末合宿への参加者は通常20～32人で，これに対しおよそ30～45人のスタッフが担当する（要するに，参加者1人当たりのスタッフが1.5人という贅沢な研修になる）．こうしたトレーニングのために世界中を飛び回り，少額の報酬をもらっている経験豊かなスタッフを除くと，大半のスタッフは彼らが使う時間と費用に対する報酬を得ていない．いやむしろ，スタッフの仲間入りをするためにお金を支払っているのが実態である．こうしたスタッフの貢献によって，参加費を妥当な金額に抑え，奨学金を提供できるのだ．2010年には，2700人を超える男性がこの週末合宿にスタッフとして参加した（ボランティアの方が多いが，ボランティア枠はすぐに埋まってしまう）．お金を支払ってボランティアをする人が本当にいるかと思うかもしれない．だがこの人たちには，当然のことなのだ．彼らは，自分が参加した週末合宿を通じて人生観が完全に変わった人たちだ．スタッフとして働くことは自分が得た物を返すだけでなく，自分の学びを深め，自分がその一員となっている存在目的を重視するコミュニティーにおける人間関係を深める機会となっている．MKPは，役割が流動的だという，将来は今よりももっと当たり前になる好例だ．MKPに関わる男性は，①集中的にボランティアとして参加する，②全く参加しない，③報酬を得てスタッフとなる，④無報酬または報酬を得て管理業務に携わる，といった役割を行きつ戻りつしている．

3　"Buurtzorg Nederland verovert Buitenland," *Zorgvisie Magazine*, June 29, 2012, http://www.zorgvisie.nl/Home/Nieuws/2012/6/Buurtzorg-Nederland-verovert-buitenland-ZVS014262W, accessed November 26, 2012.

4　Wheatley and Kellner-Rogers, *A Simpler Way*, 5-7.

付録2　進化型《ティール》を超えて

1　「超理論的（Transcendent）」はウェイドの用語を拝借した．これはウィルバーのIndigo（インディゴ），Violet（ヴァイオレット），Ultra-Violet（ウルトラ・ヴァイオレット），マズローのSelf-Transcendence（自己超越），トルバートのIronist（アイロニスト），クック＝グロイターのUnitive（統合）などに相当する．

2　「統一意識（Unity Consciousness）」はウェイドの用語を拝借したもので，ウィルバーのClear light（クリア・ライト）に相当する．

付録3　進化型《ティール》組織の組織構造

1　正確にはホラクラシーの用語では，「サークル」と「チーム」は2つの異なる現実を意味している．ホラクラシーは，人々と，人々が果たす役割とを区別するよう常に注意している．ホラクラシーでは，「チーム」は人々の集団で，「サークル」は役割の集団を意味する．

19　これらの書籍はすべて，程度の差はあれ，達成型（オレンジ）のリーダーシップや経営スタイルを批判的に分析し，権限委譲，企業文化，存在目的の重要性を指摘する．こうした書籍の達成型（オレンジ）的なタイトルにもかかわらず，その内容や推奨は，少なくとも部分的には多元型（グリーン）の視点によるものである．2002年に発行されたペーパーバック版で，*Build to Last*〔『ビジョナリー・カンパニー――時代を超える生存の原則』ジム・コリンズ，ジェリー・ポラス，山岡洋一訳，日経BP出版センター，1995年〕の著者たちは，同書のタイトルは著者ではなく編集の天才が考えたものだと述べた．このリストにあるほかの書籍の達成型（オレンジ）的なタイトルは，ビジネスというゲームで成功を収めたい達成型（オレンジ）の読者への訴求を目的として，達成型（オレンジ）の編集者によって選ばれたのかもしれない．

II－7　共通の文化特性

1　サン・ハイドローリックスの運営者からボブ・コスキへのインタビュー・ビデオ．

2　Brian Robertson, "Differentiating Organization & Tribe," blog post, August 28, 2013, http://holacracy.org/blog/differentiating-organization-tribe, accessed August 30, 2013.

III－1　必要条件

1　Fishman and Fishman, *The Common Good Corporation*, 58-60.

2　Ibid., 31.

3　Bakke, *Joy at Work*, 55-56.

4　"Holacracy Distributes Heroes," YouTube video, posted by HolacracyOne, January 7, 2013, http://www.youtube.com/watch?v=QGphlvr4jdE, accessed June 16, 2013.

5　著者との会話（2013年3月14日）．

6　もちろん，技術的なプラットフォームは実際にはそれほど問題ではない．それはブログやほかのメディアへの書き込みでもかまわないのだ．数年前，クリス・ルーファーは，モーニング・スターに新しい戦略的方向性の必要を感じた．そこで，全社員向けのメモを書いて送った．それは全社ミーティング（異なる場所にいる人々はビデオ会議への参加となる）への招待状で，ミーティングで新しい戦略の方向性に関するアイデアとその理由を発表した．ミーティングが終わると，彼の計画について質問や，懸念やコメントのある人はだれでも個人的に連絡をほしいと頼んだのだ．

7　Eckart Wintzen and Robert Jan Pabon, *Eckart's Notes* (Rotterdam: Wintzen, 2007), 184.

8　Bakke, *Joy at Work*, 207.

9　Ibid., 68-70.

10　Ibid., 208.

11　Deborah Boyar, "Living Holacracy: The Tip of the Iceberg," blog post, August 12, 2012, http://holacracy.org/blog/living-holacracy-the-tip-of-the- iceberg, accessed August 22, 2013.

III－3　組織を変革する

1　Bakke, *Joy at Work*, 176-177.

2　Zobrist, *La belle histoire de FAVI*, 38.

3　Anthony S. Bryk and Barbara Schneider, *Trust in Schools: A Core Resource for School Reform* (New York: Russell Sage Foundation, 2002).

III－4　成果

1　もちろん，私たちは選択バイアスの可能性について注意する必要がある．本書の調査基準（従業員は最低100人，創業後5年は経過しており，経営の原則や社内の慣行に，いくばくかでも進化型（ティール）のパラダイムが見受けられること）に適合すると思った組織をすべて調べたとはいえ，とりわけ成功した企業が私の関心をひいたということは十分にあり得るだろう．

2　たとえばA. J. E. de Veer, H. E. Brandt, F. G. Schellevis, and A. L. Francke, "Buurtzorg: nieuw en toch vertrouwd――Een onderzoek naar de ervaringen van cliënten, mantelzorgers, medewerkers en huisartsen," Nederlands instituut voor onderzoek van de gezondheidszorg (NIVEL), 2008.

II－6　存在目的に耳を傾ける

1　私は，ほかのパラダイムにも達成型（オレンジ）におけるウェルチの『ウィニング　勝利の経営』に相当する書名の本がないかと考え、*Lead with LUV*〔『世界でいちばん従業員を愛している会社』ケン・ブランチャード，コリーン・バレット著，佐藤利恵訳，辰巳出版，2012年〕を見つけた．サウスウエスト航空の慣行に関するこの本は，多元型（グリーン）ビジネスがどのようなものかを見事に描いている．進化型（ティール）については，ノーマン・ウルフの*The Living Organization*（未邦訳／生きている組織）が最適だろう．

2　著者との会話（2013年4月9日）．

3　"Interview with Tami Simon, Sounds True Founder," YouTube video, interview by Lisa Spector on June 25, 2010, posted by "ThroughaDogsEar," June 19, 2011, http://www.youtube.com/watch?v=LbWEdmQw9PY.

4　Yvon Chouinard, *Let My People Go Surfing*, 3.〔『社員をサーフィンに行かせよう』〕

5　Ibid., 31.

6　ロバートソンへのインタビュー．

7　Brian Robertson "Outvoting the Low Voltage Light," blog post, July 9, 2012, http://holacracy.org/blog/outvoting-the-low-voltage-light, accessed November 4, 2012.

8　Judi Neal, "Spreading Spiritual Wisdom: Business Leader Tami Simon, CEO of Sounds True," electronic document (Louisville, Ken.: BrownHerron Publishing, 2003), 4-5.

9　次のようなことを考えると興味深い．チャネリングやシステム療法といったテクニックを通じて組織の存在目的に直接つながり，重要な意思決定を行うための指針を提供してほしいと頼むことはおそらくできるのだろうか？　この発想は組織という枠組みの中ではまだ未開拓の領域で，おそらく予想外の突破口が開けるかもしれない．

10　この儀式では美しい小石が使われる．90人の従業員全員が，手に一杯の小石を持ってしばらくの間静かに座り，幸せの気持ちをそこに吹き込む．その後，会社施設の周囲を歩いて，祝福が必要だと感じた場所に小石を1個ずつ置いていくのだ．

11　ロバートソンへのインタビュー．

12　組織内でよく耳にするのは，「意思決定がなされるまでには徹底的に議論すべきだが，いったん決まったら決定は決定であり，人々はそれに従わなければならない」というフレーズだ．いつでも，どのような決定についても再び議論できるというのは，組織が混沌とするための処方箋に響く．そして，エゴが表に出ると，本当に混沌状態に陥る．たとえばどの部門が勝ったのか，あるいは負けたのか，意思決定がだれかの立場やキャリアの見通しにどのような影響を及ぼすのか，といった点から意思決定の見直しが始まると，人々は組織の存在目的をさらに追求するためではなく，自分自身の利益のために議論を蒸し返そうとしたがるのだ．ホラクラシーとビュートゾルフの意思決定プロセスは，エゴの支配を防ぐ工夫が明示的に施されている．何が「機能する」解決策で，どのような「反対意見」が有効かに関する数多くのルールにより，組織ではなく個人や部門を利する意思決定を正当化することが難しくなっているのだ．

13　Margaret J. Wheatley and Myron Kellner-Rogers, *A Simpler Way* (San Francisco: Berrett-Koehler Publishers, 1996), 73.

14　Hill and Suesse, Sun Hydraulics.

15　著者との会話（2013年1月29日）．

16　Casey Sheahan, interviewed by Jeff Klein, En*theos Radio, "It's Just Good Business," February 17, 2012, http://www.entheos.com/radio/shows/Its- Just-Good-Business, accessed October 3, 2012.

17　気分と感情を区別することは有益だが，2つの概念はしばしば混同される．感情は特定の出来事（だれかが何かを言って私がそれに怒っている，といったこと）が引き金となる．気分は，多くは無意識のうちに，長期間続く感情である．特定の出来事がきっかけとなるものではない．気分は明示的な感情の背後に潜んでいて，生活の中で起こる出来事を私たちがどう見るかに影響を及ぼす．もし私が怒りの気分でいると，目の前の出来事を非難または脅威と読みがちになるだろう．もし怒りではなく，自信や感謝の気分で生活していると，私は同じ出来事をかなり異なって解釈し，先ほどとは異なる意思決定や態度を取ることになるだろう．自分の気分を読み，管理できるようになることは，個人的にも組織的にも相当の好影響をもたらす．

18　ベリル・ヘルス社は，多元型（グリーン）の原則と慣行を採用して大成功を収めている会社の例だ．共同創業者でCEOのポール・シュピーゲルマンと同社の従業員はこれまで2冊の書籍を上梓している（*Smile Guide*と*Why Is Everyone Smiling?*）．両者とも文化を重視する企業をつくるための素晴らしいガイドブックだ．

3 Parker Palmer, *A Hidden Wholeness* (San Francisco: Jossey-Bass, 2009), 58-59. 同書の第2パラグラフは，パーカー・パーマーが“Teaching with Heart and Soul, Reflections on Spirituality in Teacher Education（心と魂による教授法．教師教育におけるスピリチュアリティーに関する考察）”, www.couragerenewal.org/parker/writings/heart-and-soul, accessed October 21, 2012. に書き下ろしたパラグラフで置き換えられている．

4 Robert Fishman and Barbara Fishman, *The Common Good Corporation: The Experiment Has Worked!* (Philadelphia: The Journey to Oz Press, 2006), 11.

5 Ibid., 24-26.

6 Ibid., 26-27.

7 Ibid., vii-viii.

8 Ibid., 165.

9 Ibid., 165.

10 ドイツ，バート・キッシンゲンでの著者との会話（2013年2月）．

11 ハイリゲンフェルトはバート・キッシンゲンに4カ所，そこから200マイル離れたヴァルドミュンヘンに1カ所の病院を運営している．従業員は同じ時間に集合し，ビデオ会議用の大きなディスプレイを使って全員ミーティングを行っている．

12 「インタービジエ（Intervisie）」に関する英語の資料は見つからなかった．パーカー・パーマーの「サイクル・オブ・トラスト®」は，クエーカー教徒の伝統的な慣行を起源としており，ほとんど同じような原則と手順を踏む．興味のある読者はパーマーの*A Hidden Wholeness*を読めば詳しいことがわかるはずだ．

13 Parker Palmer, “On the Edge: Have the Courage to Lead with Soul,” *Journal for Staff Development*, National Staff Development Council, Spring 2008.

14 注意深い読者であれば，役割と魂に関する美しいパラドックスに気がついたかもしれない．ホラクラシーは役割を魂から分けるべきだ（肩書はあなた自身ではない）と主張する．この分離は必要な第1ステップだ．そうして初めて，再び役割と魂を，別の場所から再び結びつけることができるというのだ．パーカー・パーマーが勧めるように，私たちの自我のすべてを，私たちが果たしている役割に結びつけるのだ．

15 著者との会話（2013年5月10日）．

16 ロバートソンへのインタビュー．

17 著者との会話（2013年3月14日）．

18 Fishman and Fishman, *The Common Good Corporation*, 15.

19 Yvon Chouinard, *Let My People Go Surfing: The Education of a Reluctant Businessman* (New York: Penguin Books, 2005), 161.〔『社員をサーフィンに行かせよう――パタゴニア創業者の経営論』イヴォン・シュイナード著，森摂訳，東洋経済新報社，2007年〕

II－5　全体性《ホールネス》を取り戻すための努力／人事プロセス

1 Tami Simon, interviewed by Jeff Klein, En*theos radio, “It's Just Good Business,” April 27, 2012, http://www.entheos.com/radio/shows/Its-Just-Good-Business, accessed October 3, 2012.

2 Charles A. O'Reilly, *Hidden Value: How Great Companies Achieve Extraordinary Results with Ordinary People* (Boston: *Harvard Business Review* Press, 2000), 162.〔『隠れた人材価値――好業績を続ける組織の秘密』チャールズ・オライリー，ジェフリー・フェファー著，広田里子，有賀裕子訳，長谷川喜一郎監修，翔泳社，2002年〕

3 Bakke, *Joy at Work*, 101.

4 Colleen Kaftan and Louis Barnes, Sun Hydraulics Corporation, case study (Cambridge: Harvard Business Publishing, 1991), 5.

5 De Blok and Pol, *Buurtzorg*, 67.

6 Fishman and Fishman, *The Common Good Corporation*, 54-55.

7 著者との会話（2012年4月9日）．

8 Rob LeBow and Randy Spitzer, *Accountability: Freedom and Responsibility Without Control* (San Francisco: Berrett-Koehler Publishers, 2002), 208.

9 Terry Chadsey, 著者への電子メール，May 22, 2012.

10 Hill and Suesse, Sun Hydraulics.

11 Bakke, *Joy at Work*, 185-186.

ときに，従業員たちは，組織を生き延びさせるため自分の給料を喜んで一時的に引き下げたことが何度かある．もしその決定が自分の上司から伝達されていたら，彼らは容易には同意しなかったろう．

21 「合意形成」（紛争解決）プロセスは，本人と報酬委員会の評価に隔たりがある場所をより深く探求し，両者が合意に達する場と時間をつくり出す．

22 セムコは，（ここ数十年にブラジルが何回か襲われた）危機のときに組織を守るための興味深い方法を編み出した．

従業員は，リスク給料プログラムを選ぶことができる．25%の給与カットを受け入れて，業績が良い年には報酬を125%まで増額する仕組みだ．つまり，業績の悪いときには，賃金の75%に耐えることになる．好調な年の方が悪い年よりも多いため，これは自らリスクを取った従業員にとって有利な取り決めだ．このプログラムによって労務費の一部が発注書の量とともに変動し，不景気のときには会社を守ると同時に一時解雇のリスクを低下させるのだ．

23 "Fortune 50 CEO pay vs. our salaries," CNNMoney, http://money.cnn.com/ magazines/fortune/fortune500/2012/ceo-pay-ratios/, accessed March 25, 2012.

24 Bakke, *Joy at Work*, 123.

25 ドイツで自主経営（セルフ・マネジメント）つまり、階層も，職務記述書もなく，助言プロセスなどで意思決定がなされているといった仕組みを実践しているCPPは社員40人で，高級イベント組織と映画製作の分野で活躍しているが，全社員同一給料という徹底的な一歩を踏み出した（これを「差異労働，同一賃金」と呼ぶことにしよう）．この仕組みは，たとえば高度なスキルを持ったコンピューター・アニメーションの専門家が，他社で得られるはずの給料よりもはるかに収入が低いことを意味する．そして，ほかの人々，たとえば装置の入った箱をイベント会場に運び入れたり，持ち出したりする道具担当の社員は，他社よりもはるかに高い給料を得られることになる．同社は長年にわたって目を見張るほど成功しているが，同社の賃金構造が興味深い課題を生んでいることを認める．同社は，例外的な組織文化を維持するためにとりわけ気を配らなければならない．さもないと最も才能ある人材が他社の高給を求めて辞職して意思表示することになるだろう．さらに，同社は極めて価値の高いスキル（たとえば3Dレンダリング）を持った人材を外部から雇い入れることはほとんど不可能であることがわかった．CPPはこの問題を強みに変えたと考えている．必要性から，同社スタッフは独学を芸術の域にまで高め，最新の専門的技術を常に習得して最先端の位置を維持している．

26 Hamel, "First, Let's Fire All the Managers."

27 Ibid.

28 Brian Robertson, "The Irony of Empowerment," Holacracy Blogs, October 28, 2010, www.holacracy.org/blog, accessed November 2, 2011.

29 Gary Hamel, *What Matters Now* (San Francisco: Jossey-Bass, 2012), 176-177.〔『経営は何をすべきか』有賀裕子訳，ダイヤモンド社，2013年〕

II－4　全体性《ホールネス》を取り戻すための努力／一般的な慣行

1 Brian Robertson, "Holacracy: Empowerment Built In," Holacracy Blogs, January 16, 2013, www.holacracy.org/blog, accessed January 20, 2013.

2 学校の教室に赤ん坊をつれてくると同じような効果が生まれる．カナダの教育者，メアリー・ゴードンは，学校で子どもたちが赤ん坊との時間を共にするプログラムを初めて考案した．すると目を見張るほどの素晴らしい成果を上げたため，このプログラムは現在カナダ，アメリカ合衆国，イギリス，ニュージーランドその他の数千のクラスで採用されている．ニューヨーク・タイムズ紙のあるブロガーは次のように書いている．

「強情な子どもはほほえみ，問題児は集中し，恥ずかしがり屋の子どもは打ち解ける．赤ん坊は心を和ませる磁石のように機能しているようだ．『共感は教えられないが，つかまえることはできる』とゴードンはよく言う．そしてそれを教えてくれるのは単に子どもたちではない．『教育プログラムの面から私が最も驚いたのは，子どもたちの共感度が高まったばかりではなく，先生方の共感度も高まったことです．そしてそのことは，私にとっても素晴らしいことでした．というのも先生は子どもたちに強い権力を持っているからです』．無作為比較試験を行った科学的な研究によると，『能動的な攻撃』（弱い子どもを餌食にするいじめっ子の意図的で冷血な攻撃）も，ゴシップや仲間はずれ，誹謗中傷といった『関係性の攻撃』も驚くほど減少したのだ」

David Bornstein, "Fighting Bullying with Babies," Opinionator, *The New York Times*, November 8, 2010. 詳しくは，www.rootsofempathy.org. を参照のこと．

II－3　自主経営《セルフ・マネジメント》／プロセス

1　Bakke, *Joy at Work*, 82.

2　Ibid., 98-99.

3　Ibid., 44-45.

4　Ibid., 72.

5　Zobrist, *La belle histoire de FAVI*, 318.

6　Bakke, *Joy at Work*, 101-102.

7　Shari Caudron, "Meditation and Mindfulness at Sounds True," *Workforce*, June 2001.

8　Gary Hamel, "First, Let's Fire All the Managers," *Harvard Business Review*, December 2011, http://hbr.org/2011/12/first-lets-fire-all-the-managers, accessed April 11, 2012.

9　Ibid.

10　Brian Robertson, "Dialog: The History of Holacracy," Holacracy Community of Practice, October 2011, www.holacracy.org/resources, accessed February 24, 2012.

11　Ibid.

12　Brian Robertson, interviewed by Jeff Klein, En*theos Radio, "It's Just Good Business," March 9, 2012, 2012, http://www.entheos.com/radio/shows/Its- Just-Good-Business, accessed April 12, 2012

13　この最低限必要な運営方法は，「ホラクラシー憲法（Holacracy Constitution）」と呼ばれる文書の中に描かれており，ホラクラシーのウェブサイト（www.holacracy.org）でダウンロードできる．

14　ホラクラシーの用語では，「チーム」ではなく「サークル」という用語を使うべきところだ．すると，人々と役割を分離するという概念に戻ることができる．チームは人々の集団，サークルは役割の集団なのだ．

15　ホラクラシーは緊張状態をもっと中立的に，「今あるものと，あるべきものとの不協和音」と定義している．

16　興味のある読者は，ホラクラシー憲法などの資料を読んで理解を深めることができる．www.holacracy.orgで入手可能．

17　ダニエル・ピンクの*Drive*〔『モチベーション3.0——持続する「やる気!」をいかに引き出すか』大前研一訳，講談社，2010年〕は，この問題に関する研究をよく俯瞰している．

18　1カ月後（2月）に，同社は2日間の休日をとり，カリフォルニア州モンテレー近郊にある海辺のリゾートに社員全員が集まって合宿を行った．各ビジネス・ユニットは20分に凝縮したプレゼンテーションを，今度は同僚たち全員の前で行い，質疑応答に10分間が費やされた．最後に，参加者全員の投票に基づき，各チームは計画の質によってランク付けされた．モーニング・スターの社員たちは，全ビジネス・ユニットで情報共有を図るこのセッションを，他のユニットで何が起こっているかを知り，全員の計画が全員の目によって新たな視点を得ることができ，各チームがベストの計画に挑戦し続けるためになくてはならないと考えている．

19　O.J. Mason and F. Brady, "The Psychotomimetic Effects of Short-Term Sensory Deprivation," *Journal of Nervous and Mental Disease*, October 2009, http://www.ncbi.nlm.nih.gov/pubmed/19829208, accessed March 13, 2013.

20　セムコは1990年代に事務職向けにこの制度を導入した．マネジャーなどとの賃金交渉に辟易したセムコのオーナー兼CEO，リカルド・セムラーは，全員が自分の給料を決められる（しかも，AESとは異なり，同僚たちに相談する必要もない）仕組みにしようと決めたのだ．悲惨な状況を呼び込むかと思われたが，実際にはうまく機能した．ほかの社員からやり過ぎだと見なされるほどに自分の賃金を引き上げる者がほとんどいなかったからだ．セムラーによると，この仕組みがうまくいったのには多くの理由があるという．まず，セムコでは報酬に関するすべての情報が公開されているので，「あいつは高すぎる」と思われた者は同僚たちからの厳しい質問に向かい合わなければならない．CEOと経営幹部は，自分たちには業界標準から見て低い給料を設定している．そしてブラジル経済は好況と不況の波が激しいため，深刻な不況で余剰人員を減らさなければならない場合には，不当な給料を自分に許していた者が先にいなくなるべきだということを皆がわかっている．

しかし，何かもっと深いものがここには働いているようだ．だれかが自分たちよりも権力を握っていると感じる限り，そして上司との間が親子のような関係に陥っていると感じる限り，自分が不当に扱われていると感じ，多くの報酬を求めやすくなる．自分が正しい判断をしていると同僚たちから信頼される（そして今度は自分が同僚たちを信頼しなければならない）と，自分の貢献度を正直に評価するだろう．セムコの場合，ブラジルが深刻な不景気に襲われたそしてそれに続く発達段階を飛び越えてそのトップにまで上り詰めることはない．彼または彼女が意識の覚醒状態になると明らかになるのだが，その人はまだ順応型（アンバー）のパラダイムで活動している．ウィルバーとクームスは，どの段階にいてもどの状態でも経験できる証拠を見いだした．たとえば，人々はどの段階にいても瞑想をはじめとする，非日常的な意識状態に入るための活動に取り組むことができる．進化型（ティール）より先の段階では，人間の経験の全領域に触れる非日常的な意識状態（non-ordinary consciousness）を実現する活動を行うことへの強い関心がある．

5 David Rooke and William R. Torbert, "Organizational Transformation as a Function of the CEO's Developmental Stage," *Organization Development Journal*, April 2005.

6 Clare W. Graves, *The Never Ending Quest* (Santa Barbara: ECLET Publishing, 2005), 371.

II－2 自主経営《セルフ・マネジメント》／組織構造

1 Jos de Blok and Aart Pool, *Buurtzorg: menselijkheid boven bureaucratie* (Den Haag: Boom Lemma Uitgevers, 2010), 20.

2 Ibid., 20.

3 Ibid., 21.

4 デ・ブロックは，自分が働いていた介護組織がどうすれば看護師による自律的なチームという組織構造を採用できるかを説明するメモを書いた．そこでは，部門長の数を13から3に減らし，デ・ブロック自身を含む多くの部長職を廃止することが提案されていた．経営陣からの受けがよくなかったことはある意味当然だろう．

5 オランダのグルースベークにあるInstituut voor Samenwerkingsvraagstukkenのベン・ヴェンティングとアストリッド・フェルメールによって開発，教授されている方法．

6 Annemarie van Dalen, *Uit de schaduw van het zorgsysteem: Hoe Buurtzorg Nederland zorg organiseert* (Den Haag: : Boom Lemma, 2010), 66.

7 Ibid., 73.

8 生産性は，チームに属する看護師の総契約（労働時間）あたりの顧客への請求時間（つまり，医師の処方箋に基づいて患者と過ごした時間）と定義されている．チームは自分たちの生産性を，たいていは月に一度自分で計算する．

9 ゾブリストを社長に指名した経緯は，まるで映画のストーリーのようで知る価値がある．FAVIは元々マックス・ルソーがオーナーの会社である．ルソーは数多くの製造業企業を所有する並外れた人物である．1970年代後半から80年代前半まで，ゾブリストは姉妹会社でルソーの下で働いていた．彼は時々FAVIの夜勤部門とやりとりがあったので，同社の工場のことも少しは知っていた．ある日，ルソーはゾブリストを事務所に呼んだ．彼は1ドル金貨をゾブリストの手においてこう言った．「私は迷信を信じることはないが，君には運がありそうだ」．それ以上は何も説明せずに立ち上がり，ついてきてほしいと言われて事務所を出ると，ヘリコプターが待っていた．ゾブリストは「一体これはどうしたことですか？」とルソーに尋ねるほど愚かではなかった．1時間後にFAVIに到着すると，ルソーはすべての機械を止めてほしいと頼み，労働者全員にヘリコプターのそばに集まってほしいと呼びかけた．全員が集まると，FAVIのCEOを指さしてこう言った．「ドミニクが辞職したいと申し出ました」．次にゾブリストを指さし，「ここにいる方が彼の後継者です」と言ってヘリコプターに乗り，突然の昇進とCEOへの指名をどうとらえればよいのか途方にくれているゾブリストを置いて飛び去った．

10 他の方法を採用している会社もある．彼らは金額で語るのだが，すべての作業員が会計用語に習熟するよう訓練している．どちらの例も目的は同じだ．だれもが財務上の議論やトレードオフを理解し，それに貢献できるようにするのだ．

11 Jean-François Zobrist, *La belle histoire de FAVI: L'entreprise qui croit que l'Homme est bon, Tome 1, Nos belles histoires* (Paris: Humanisme & Organisations, 2008), 93.

12 Linda Hill and Jennifer Suesse, Sun Hydraulics: Leading in Tough Times (A), case study (Cambridge: Harvard Business Publishing, 2003).

13 平常時には，サン・ハイドローリックスの売上総利益率は32～39％で，純利益率は13～18％だ．

14 Dennis Bakke, *Joy at Work: A Revolutionary Approach to Fun on the Job* (Seattle: PVG, 2005), 47-48.

15 Ibid., 19-20.

16 Alex Markels, "Blank Check," *The Wall Street Journal*, April 9, 1998.

Endearment: How World-Class Companies Profit from Passion and Purpose の中で2007年に同様の結論に達した．著者らが調査した「愛される企業」は，調査期間となった10年間で株主が得た収益率が1025%と，S&P500種指数の122%を大幅に上回った．ただし，調査手法の点から，この結果は割り引いてとらえるべきではある．企業選択には明らかにバイアスがかかっている．最初から同業他社の業績を上回ることが期待される例外的な企業だけをサンプルに選んでいるからだ．ベンチマークであるS&P 500の指数は産業，企業規模その他の基準で調整されていなかった．さらに，組織モデル以外にも特許，革新的なビジネスモデル，資産活用といった，優れた業績を説明できそうな基準があるにもかかわらず，それらは企業選択に使われなかった．ラジェンド・シソーディアとジョン・マッキーによる最新の書籍は，関心のある読者が参照できる類似の研究結果に一章を割いている．

ある組織モデルがほかのモデルよりも優れているという一般的な主張を行おうとする研究は，必ず方法論的な考察にぶつかる（そして，この種の研究の大半がそうしているように，一定のレベルでは，成功を測る主な基準としての株主利益や成長に疑問を呈することもできるだろう）．おそらく，最終的には直接的な経験の方が学問上の主張よりも重要である．サウスウエスト航空やザ・コンテナ・ストアのような組織で時を過ごした人はだれでも，価値を重視する企業で権限を与えられた労働者たちは，従来の慣行の中で働く同業他社の社員を平均的に上回る実績を上げるはず——そう確信して帰ってくるはずだ．

15　ダビータを取り上げた2006年のスタンフォード・ビジネス・スクールのケーススタディは非常に面白く，多元型（グリーン）組織の原則や慣行のくわしい内容に浸りたい読者には素晴らしい素材になるだろう

I－2　発達段階《ステージ》について

1　人々に発展理論，つまり「意識は段階を追って進化する」という考え方を教えた場合にも大きく飛躍することがある．瞑想のような内省的な活動も有益であることが研究でわかっている．

2　これは，政治分野では私たちになじみ深い現象である．衝動型（レッド）または順応型（アンバー）パラダイムで経営している独裁的な統治者は，達成型（オレンジ）——多元型（グリーン）的な民主主義に口先だけの賞賛を与えようという義務感をよく覚えるが，その原則や慣行を取り入れようとはしなかった．自分たちの権限が民主主義によって奪われそうになると，彼らは自分が実践しているパラダイムと一致した方法で対処し（つまり権力にとどまるために下の者をいじめ），民主主義が求めている方法（自ら辞職し，勝者を讃えること）ではない．

I－3　進化型《ティール》

1　この段階は，ゲブサーのIntegral（統合），ローヴィンガーのIntegrated（統合された），クック＝グロイターのConstruct-Aware（建設的気づき），キーガンのInter-individual（個体相互的），トルバートのStrategist（ストラテジスト）とAlchemist（アルケミスト），グレイブスのGT，スパイラル・ダイナミクスのYellow（黄色），マズローの"Self-actualization（自己実現），ウェイドのAuthentic（本物）などに相当する．「インテグラル」と呼ばれることが多い．

2　極めて簡略化して言うと，それぞれの段階では、世界をほかの人とは違った方法で見る人々のことを、意志薄弱で利用され（衝動型［レッド］），異端者として真の道に導かれ（ブルー），成功ゲームのやり方を知らない馬鹿（達成型［オレンジ］），あるいはだれにでも発言権を与えるわけではない不寛容な人々（多元型［グリーン］）とみなす．

3　Parker Palmer, *Let Your Life Speak: Listening for the Voice of Vocation* (San Francisco: Jossey-Bass, 2000), 5.

4　ケン・ウィルバーは，意識段階（Stages）と意識状態（States）を完全に区分した．状態とは，はかない，通り過ぎていくタイプの意識で，段階とは，人々が成長してそこに入っていける長期の構造なのだ．「状態」には起きている意識，夢をみること，眠ること，変容した状態（たとえば瞑想や仮説，心理劇，あるいは麻薬），そして神秘的な経験の頂点のような気持ちの状態などが含まれている．（ウィルバーは普段から，粗大［gross］，微細［subtle］，元凶［causal］，目撃［witnessing］，非二元［non-dual］という分類を用いている）．意識状態と意識段階はときに混同される．というのも至高体験に関する用語は，最高段階を説明する用語と似ているからだ．しかしこれらは意識に関する全く異なる2つの特性なのである（ウィルバーのインテグラル・モデルでは，クオドラント［象限］，ライン［領域］，タイプ［個々人の特性］は第3，第4，第5の特性となる）．

だれかが，至高神秘体験の状態にあって，同時に順応型（アンバー）の段階にいたとしよう，至高状態にいるからといって，達成型（オレンジ），多元型（グリーン），進化型（ティール），

10 この段階は，ローヴィンガーとクック＝グロイターのIndividualistic（個人主義的），トルバートのIndividualist（個人主義者），ウェイドのAffiliative（親和的な），グレイブスのFS，スパイラル・ダイナミクス理論のGreen（グリーン）などに相当する．単に脱近代的（ポストモダニティ）と言われることも多い．

11 歴史を紐解くと，古代ギリシャの民主政治のように，その時代よりも進んだ，つまりその当時の人々が到達していた発達段階よりも進歩した，さまざまなアイデアを見つけることができる．こうしたアイデアが花開くためには，それをきっかけに人々がアイデアに追いつき，アメリカ人の哲学者，リチャード・タルナスが述べた正しい「文化的子宮」が生まれるような「進化」を待たなければならない．

ここで大きな疑問は，コペルニクス的転回が16世紀にはコペルニクス自身によって，そして17世紀はじめにはケプラーとガリレオによってなぜ起こったのか，ということである．コペルニクス以前にも多くの人々が太陽中心の地動説，そして惑星としての地球という仮説を立てていたにもかかわらず，なぜあの時代にコペルニクス的転回が起こったのだろう？　古代ギリシャ時代にも，そしてヨーロッパ中世時代のインドやイスラム文化でも，この説が唱えられた証拠はあるのだ．この疑問について考えると，とてつもなく大きなパラダイム・シフトを起こすには，単なるいくつかの追加的な実証データや，新たなコンセプトを用いた素晴らしい新理論では足りないことがわかる．もっと大きな文脈が必要なのだ．強力なアイデアの種がまかれ，この有機体，この新しい概念的な枠組みが育つことのできるような，それまでとは全く異なる土壌，言い換えれば新しい文化的，歴史的な子宮または基盤での文字通りの「受胎」を実現させる器である．

Richard Tarnas and Dean Radin, "The Timing of Paradigm Shifts," *Noetic Now*, January 2012.

12 企業セクターでは，労働者協同体は十分な勢力を拡大できなかった．勢力を伸ばした組織は，達成型（オレンジ）と多元型（グリーン）を組み合わせた慣行を取り入れて運営されているものが多い．成功した事例としてよく取り上げられるのはモンドラゴンだ．同社はスペインのバスク州モンドラゴンを基盤とする協同組合の集合体（およそ250社，従業員数は約10万人で，売上高はおよそ150億ユーロ）だ．すべての協同組合は従業員が所有している．リーダーは選挙で選ばれる．賃金格差はほかよりも低い（とはいえかなり大きく，1対9か，それ以上になる）．臨時雇いの労働者には議決権がなく，つまり「平等」の程度が高い人たちと，そうでない人たちという2段式のコミュニティーができあがっている．

教育セクターでは，大人の子どもに対する権威構造が存在しない学校のモデルがいくつか存在している．その筆頭に来るのが1920年代に設立されたイギリスの寄宿学校，サマーヒル・スクールだ．同校は徹底的な形式の民主制度を実践している．学生と教師が同じ投票権を持ち，とりわけ，授業は強制ではない．

社会制度に目を向けると，国際連合，欧州連合（EU），世界貿易機関（WTO）といった超国家的組織の多くは，そのトップレベルでは，さまざまな加盟国で民主的，あるいは全会一致で物事を決め，あるいは議長を交代制にするなど，少なくとも部分的には多元型（グリーン）の原則に沿って形成されている．こうした多元型（グリーン）の意思決定の原則を維持するのは難しく，豊かな国，あるいは力のある国ほど多くの投票権を要求し，結局それが通りやすい（とはいえ明示的な投票権ではなく，暗黙の投票権となることが多いのだが）．こうした機関のスタッフ部門はたいてい順応型（アンバー）組織として運営されている．

13 この慣行はブラジルの製造企業，セムコによって有名になった．同社で実践されているさまざまな慣行を描いた書籍（*Maverick* by Ricardo Semler）はベストセラーになった．（ゴアテックスでよく知られる）W. L.ゴアでも数十年にわたって実践されている．また、この慣行はシリコンバレーをはじめとするITのスタートアップ企業で広がり始めている．英語の教育会社ハッピーはこれにひとひねり効かせた慣行を取り入れている．社員が2人のマネジャーを持つのだ．一人は業務の意味（方向性の設定や意思決定）を担当するマネジャーで，組織の上から任命される．もう一人はマネジメント（コーチング，挑戦，支持）の担当者で，従業員自身から選ばれる（詳しくはヘンリー・スチュワートによる「ハッピー・マニフェスト」を参照のこと）．

14 最初の主な研究は1992年にさかのぼる．ハーバード・ビジネス・スクールの教授ジョン・コッターとジェームス・ヘスケットが*Corporate Culture and Performance* (New York: Free Press).〔『企業文化が高業績を生む――競争を勝ち抜く「先見のリーダーシップ」207社の実証研究』梅津祐良訳，ダイヤモンド社，1994年〕の中で企業文化と企業の長期的業績との関係について調べたのだ．二人は，11年間の研究で，力強いビジネス文化と権限が委譲されたマネジャー／従業員の関係を持った企業が売上成長（4倍），株価の上昇率（8倍），純利益（700倍以上）上回ったことを立証した．

もっと最近の研究としてはラジェンドラ・シソーディア，ジャー・シェイト，デイビッド・ウルフのものがある．多元型（グリーン）組織モデルについての決定版とも言える書 *Firms of*

原注

はじめに　新しい組織モデルの出現

1　「ヒト，ヒツジ，ヤギ，ブタでは雄が雌よりも歯がたくさんある」Aristotle, *History of Animals*,〔『動物誌』アリストテレス著，金子善彦他訳，岩波書店，2015年，第2巻第3章〕

2　心臓と内臓の神経システムにはそれぞれ4千万，1億のニューロン（神経細胞）がある．一方頭部の脳は平均850億のニューロンでできている．

3　小規模な組織ほどインフォーマルなプロセスと慣行に基づいて運営されていることが多く，階層ができることによる最も面倒な問題の多くは，構成員が100人を超えると現れてくる可能性が高い．

I－1　変化するパラダイム――過去と現在の組織モデル

1　「受動的（Reactive）」という言葉はジェニー・ウェイドの用語を拝借した．この段階はゲブサーのArchaic（古代），ローヴィンガーとクック＝グロイターのPre-social（前社会），Symbiotic（共生），グレイブスのAN，スパイラル・ダイナミクス理論のBeige（ベージュ色），ピアジェのSensorimotor（感覚運動期）などに相当する．

2　「神秘的（Magic）」という言葉はゲブサーの用語を拝借した．この段階は，ローヴィンガーとクック＝グロイターのImpulsive（衝動的），グレイブスのBO，スパイラル・ダイナミクス理論のPurple（紫），ピアジェのPre-operational（前操作期：象徴的思考段階），ウェイドのNaïve（未熟）などに相当する．

3　この段階は，ローヴィンガーとクック＝グロイターのSelf-protective（自己防衛的），キーガンのImperial（尊大な），トルバートのOpportunistic（日和見主義的な），スパイラル・ダイナミクス理論のRed（赤），ピアジェのPre-operational（前操作期：直感的試行段階），ウェイドのEgocentric（自己中心的）などに相当する．

4　ウィキペディアによると，オオカミの群れの中で積極的に全体を支配しようとする「アルファ・ウルフ」の存在は，オオカミの研究者からは否定されており，実際の「アルファ」とは，単に繁殖動物にすぎない．この情報は，興味深い考察を生む．もし我々が，オオカミの群れでは「アルファ」の役割を演じる雄が支配的な地位を担っているという物語を想像したとすると，おそらくそれは人類が長くそのように機能してきたからだろう．研究者たちが，オオカミの群れにもっと微妙な関係を見いだし始めたという事実は，私たち自身が以前よりも複雑な物の見方で動き始めていることを意味しているのかもしれない（もちろん，反対のこともあり得る．つまり，多元型（グリーン）パラダイムで活動している研究者たちは，オオカミの中にアルファ的な行動を見たくないと考え，彼らに多元型（グリーン）のスタンスを想像しているかもしれないのだ）．

5　「順応型」は，ローヴィンガー，クック＝グロイター，ウェイドなどが使っている用語だ．この段階は，ゲブサーのMythical（神話的な），ローヴィンガーとクック＝グロイターのConformist（順応型），グレイブスのDQ，スパイラル・ダイナミクス理論のBlue（ブルー），キーガンのInterpersonal（対人），トルバートのDiplomat（外交官）とExpert（専門家），ピアジェのConcrete Operational（具体的操作期）などに相当する．

6　認知的には，順応型（アンバー）の段階は，衝動型（レッド）よりも抽象的な思考能力が著しく高い．しかし，神経学的には，この段階では大脳辺縁系（主に情動をつかさどるシステム）の方がまだ強く，それを脳の左半球が合理化しようとするのだ．たとえば，達成型（オレンジ）の発達段階にいる自己は，何かに属し，そこに適合する必要性があるが，それは合理的な思考と集団の規範との間にあり得る矛盾をことごとく合理化する．

7　Ken Wilber, *A Brief History of Everything* (Boston: Shambhala Publications, 1996), 278-279.〔『万物の歴史』ケン・ウィルバー著，大野純一訳，春秋社，1996年〕

8　「達成型（Achievement）」はウェイドの用語を拝借した．この段階は，ゲブサーのMental（メンタル），ローヴィンガーとクック＝グロイターのSelf-Aware（自覚的）とConscientious（意識的），キーガンのInstitutional（機構的），トルバートのAchiever（達成者），ピアジェのFormal Operational（形式的操作期），グレーブルのER，スパイラル・ダイナミクス理論のOrange（オレンジ）などに相当する．

9　Ken Wilber, *A Brief History of Everything* (Boston: Shambhala Publications, 278-279.〔『万物の歴史』〕

や行

ら行

わ行

ま行

な行

は行

た行

さ行

か行

索引

数字・A～Z

あ行

著者

フレデリック・ラルー

Frederic Laloux

マッキンゼーで10年以上にわたり組織変革プロジェクトに携わったのち、
エグゼクティブ・アドバイザー／コーチ／ファシリテーターとして独立。
2年半にわたって新しい組織モデルについて
世界中の組織の調査を行い、本書を執筆。
12カ国語に翻訳され20万部を超えるベストセラーとなる。
現在は家族との生活を最も大切にしながら、
コーチや講演活動などを行い本書のメッセージを伝えている。

本書特設サイト（英語）

www.reinventingorganizations.com

訳者

鈴木立哉

Tatsuya Suzuki

実務翻訳者。
一橋大学社会学部卒業。
コロンビア大学ビジネススクール修了(MBA)。
野村証券勤務などを経て2002年から現職。
専門はマクロ経済や金融分野の英文レポートと契約書等の翻訳。
著書に『金融英語の基礎と応用 すぐに役立つ表現・文例1300』(講談社)、
訳書に『世界でいちばん大切にしたい会社』(翔泳社)、
『Q思考』(ダイヤモンド社) など。

解説

嘉村賢州

Kenshu Kamura

場づくりの専門集団NPO法人場とつながりラボhome's vi代表理事。
コクリ!プロジェクト ディレクター(研究・実証実験)。
京都市未来まちづくり100人委員会 元運営事務局長。
集団から大規模組織にいたるまで、人が集うときに生まれる
対立・しがらみを化学反応に変えるための知恵を研究・実践。
研究領域は紛争解決の技術、心理学、脳科学、先住民の教えなど
多岐にわたり、国内外問わず研究を続けている。
実践現場は、まちづくりや教育などの非営利分野や、
営利組織における組織開発やイノベーション支援など、分野を問わず展開し、
ファシリテーターとして年に100回以上のワークショップを行っている。
2015年に1年間、仕事を休み世界を旅する。
その中で新しい組織論の概念「ティール組織」と出会い、
日本で組織や社会の進化をテーマに実践型の学びのコミュニティ
「オグラボ(ORG LAB)」を設立、現在に至る。

● 英治出版からのお知らせ

本書に関するご意見・ご感想を E-mail（editor@eijipress.co.jp）で受け付けています。
また、英治出版ではメールマガジン、ブログ、ツイッターなどで新刊情報やイベント情報を配信しております。ぜひ一度、アクセスしてみてください。

メールマガジン　：会員登録はホームページにて
ブログ　：www.eijipress.co.jp/blog/
ツイッター ID　：@eijipress
フェイスブック　：www.facebook.com/eijipress

ティール組織

マネジメントの常識を覆す次世代型組織の出現

発行日　2018 年 1 月 31 日　第 1 版　第 1 刷

著者　フレデリック・ラルー
訳者　鈴木立哉（すずき・たつや）
解説　嘉村賢州（かむら・けんしゅう）
発行人　原田英治
発行　英治出版株式会社
〒 150-0022 東京都渋谷区恵比寿南 1-9-12 ピトレスクビル 4F
電話　03-5773-0193　FAX　03-5773-0194
http://www.eijipress.co.jp/
プロデューサー　下田理
スタッフ　原田涼子　高野達成　藤竹賢一郎　山下智也　鈴木美穂
田中三枝　安村侑希子　平野貴裕　上村悠也　山本有子
渡邉吏佐子　中西さおり　関紀子
印刷・製本　大日本印刷株式会社
装丁　竹内雄二
校正　株式会社ヴェリタ

ISBN978-4-86276-226-9　C0034　Printed in Japan